广东农工商职业技术学院出版基金资助

# 高职院校教师教学能力大赛理念与实践

高俊文 李 梅 主 编
杜方敏 何 伟 蔡建轩 副主编

电子工业出版社·
Publishing House of Electronics Industry
北京·BEIJING

## 内 容 简 介

本书共分 7 章，第 1 章介绍全国职业院校技能大赛教学能力比赛的概况，阐述比赛方案的要点；第 2 章从教学理念、教学模式、教学环境、教学资源与平台、教学评价 5 个方面描述"互联网+"时代的信息化教学；第 3 章从学校的角度谈比赛的组织工作，分享经验做法；第 4 章介绍了 2016—2019 年教学设计赛项的相关获奖案例；第 5 章介绍了 2018—2019 年课堂教学赛项的相关获奖案例；第 6 章介绍了 2017 和 2019 年实训教学赛项的相关获奖案例；第 7 章介绍了 2020 年教学能力比赛三个组别的相关获奖案例。

本书适合作为参加全国职业院校技能大赛教学能力比赛教师的参考用书。

未经许可，不得以任何方式复制或抄袭本书之部分或全部内容。
版权所有，侵权必究。

**图书在版编目（CIP）数据**

高职院校教师教学能力大赛理念与实践 / 高俊文，李梅主编. —北京：电子工业出版社，2022.6
ISBN 978-7-121-43668-0

Ⅰ. ①高… Ⅱ. ①高… ②李… Ⅲ. ①高等职业教育－教师－教学能力 Ⅳ. ①G715

中国版本图书馆 CIP 数据核字（2022）第 095932 号

责任编辑：孟　宇
印　　刷：三河市鑫金马印装有限公司
装　　订：三河市鑫金马印装有限公司
出版发行：电子工业出版社
　　　　　北京市海淀区万寿路 173 信箱　邮编：100036
开　　本：787×1092　1/16　印张：20　字数：544 千字
版　　次：2022 年 6 月第 1 版
印　　次：2023 年 7 月第 5 次印刷
定　　价：79.00 元

凡所购买电子工业出版社图书有缺损问题，请向购买书店调换。若书店售缺，请与本社发行部联系，联系及邮购电话：（010）88254888，88258888。
质量投诉请发邮件至 zlts@phei.com.cn，盗版侵权举报请发邮件至 dbqq@phei.com.cn。
本书咨询联系方式：mengyu@phei.com.cn。

# 前　言

2016年，广东农工商职业技术学院易弦、赖巧晖两位老师组队参加了全国职业院校技能大赛教学能力比赛高职组教学设计赛项，经过几个月的艰辛备赛，在国赛中一举获得一等奖，本书编制团队亲历了备赛服务过程，从此与全国职业院校技能大赛教学能力比赛结下了不解之缘，开始对比赛的理念及实践进行相关研究，并且取得了丰硕的成果。

经过多年的发展，全国职业院校技能大赛教学能力比赛深入贯彻落实了全国教育大会精神和《国家职业教育改革实施方案》部署，坚持育人为本，持续深化"三教"改革，面对新冠肺炎疫情的影响，主动求变、化危为机，强调"三全育人"、落实育训并举，确保"1+X"证书制度试点、高职质量型扩招、中职公共基础课程改革等专项工作的推进，明确深化教师、教材、教法改革内涵要求。在赛制的引导下，各校坚持"以赛促教、以赛促学、以赛促改、以赛促建"，紧随教育教学改革进展动态更新完善比赛方案和机制，教师综合素质、专业化水平和创新能力全面提高，课程建设水平显著提升，课堂生态逐步优化，信息技术应用持续深化。

把握科学合理的教学理念，研究新型教学模式的应用，提高课程质量，并在此过程中逐步推进教学环境、平台和资源的建设，促进教师教学能力的全面提升，是职业院校技能大赛教学能力比赛的初衷。本书结合全国职业院校技能大赛教学能力比赛的发展脉络，剖析"互联网+"时代的信息化教学，并从参赛组织者的角度介绍学校的经验做法，最后提供了历年来的获奖案例，为职业院校及参赛教师提供相关参考。

由于编写团队的学识和经验有限，本书难免有疏漏与不足之处，恳请读者批评指正。

编者<br>
2022年1月

# 目 录

**第1章 认识全国职业院校技能大赛教学能力比赛** ............................................. 1
 1.1 全国职业院校技能大赛教学能力比赛简介 ............................................. 1
 1.2 全国职业院校技能大赛教学能力比赛方案 ............................................. 2
 1.3 全国职业院校技能大赛教学能力比赛现场决赛 ......................................... 3

**第2章 "互联网+"时代的信息化教学** ..................................................... 5
 2.1 教学理念 ........................................................................... 5
 2.2 教学模式 ........................................................................... 6
 2.3 教学环境 ........................................................................... 7
 2.4 教学资源与平台 ..................................................................... 8
 2.5 教学评价 ........................................................................... 9

**第3章 从校赛到国赛——谈学校的组织工作** ............................................... 10
 3.1 校赛—省赛—国赛选拔机制 ......................................................... 10
 3.2 "构建'MEPRH'模式,助力教育教学改革"的职业院校信息化建设新模式 ............. 10
  3.2.1 建立"持证上岗"机制,提升教师信息化教学水平 ................................ 11
  3.2.2 打造智慧教学环境,支撑信息化教学模式改革 .................................... 11
  3.2.3 构建混合式教学平台与大数据分析平台,支撑规模化与个性化人才培养 ............. 11
  3.2.4 校企合作共建教学资源,提升学生自主学习能力 .................................. 12
  3.2.5 项目化培养信息服务人才,助力教育教学改革持续推进 ............................ 12
 3.3 校赛—省赛—国赛培训机制 ......................................................... 13
 3.4 备赛流程 .......................................................................... 13
  3.4.1 初赛阶段 ................................................................... 13
  3.4.2 决赛阶段 ................................................................... 15

**第4章 教学设计赛项案例** ............................................................... 16
 4.1 2016年国赛一等奖作品《景观化的生态护岸设计》——易弦 .......................... 16
  4.1.1 案例展示 ................................................................... 16
  4.1.2 专家评价 ................................................................... 17
  4.1.3 教学分析 ................................................................... 17
  4.1.4 教学设计与实施 ............................................................. 18
  4.1.5 教学效果 ................................................................... 22
  4.1.6 特色与创新 ................................................................. 23
  4.1.7 参赛教师感悟 ............................................................... 23

## 4.2 2017年国赛一等奖作品《人工湿地植物配置设计》——赖巧晖 ............ 24
### 4.2.1 案例展示 ............ 24
### 4.2.2 专家评价 ............ 25
### 4.2.3 教学分析 ............ 26
### 4.2.4 教学设计与实施 ............ 27
### 4.2.5 教学效果 ............ 29
### 4.2.6 特色与创新 ............ 30
### 4.2.7 参赛教师感悟 ............ 30

## 4.3 2018年国赛一等奖作品《跃动乒乓，灵动艺匠》——叶宇森 ............ 31
### 4.3.1 案例展示 ............ 31
### 4.3.2 专家评价 ............ 32
### 4.3.3 教学分析 ............ 32
### 4.3.4 教学设计与实施 ............ 33
### 4.3.5 教学效果 ............ 36
### 4.3.6 特色与创新 ............ 36
### 4.3.7 参赛教师感悟 ............ 37

## 4.4 2019年广东省省赛一等奖作品《货币时间价值》——陈倩媚 ............ 37
### 4.4.1 案例展示 ............ 37
### 4.4.2 专家评价 ............ 39
### 4.4.3 教学分析 ............ 39
### 4.4.4 教学设计与实施 ............ 40
### 4.4.5 教学效果 ............ 49
### 4.4.6 特色与创新 ............ 50
### 4.4.7 参赛教师感悟 ............ 51

## 4.5 2018年广东省省赛一等奖作品《存货审计》——张奕奕 ............ 51
### 4.5.1 案例展示 ............ 51
### 4.5.2 专家评价 ............ 54
### 4.5.3 教学分析 ............ 54
### 4.5.4 教学设计与实施 ............ 56
### 4.5.5 教学效果 ............ 62
### 4.5.6 特色与创新 ............ 63
### 4.5.7 参赛教师感悟 ............ 63

## 4.6 2018年广东省省赛一等奖作品《花境的建植》——汤慧敏 ............ 64
### 4.6.1 案例展示 ............ 64
### 4.6.2 专家评价 ............ 66
### 4.6.3 教学分析 ............ 66
### 4.6.4 教学设计与实施 ............ 67
### 4.6.5 教学效果 ............ 73
### 4.6.6 特色与创新 ............ 73

| | 4.6.7 | 参赛教师感悟 | 73 |
|---|---|---|---|
| 4.7 | 2018年广东省省赛一等奖作品《随心而动的CSS定位》——何丽 | | 73 |
| | 4.7.1 | 案例展示 | 73 |
| | 4.7.2 | 专家评价 | 74 |
| | 4.7.3 | 教学分析 | 74 |
| | 4.7.4 | 教学设计与实施 | 75 |
| | 4.7.5 | 教学效果 | 78 |
| | 4.7.6 | 特色与创新 | 78 |
| | 4.7.7 | 参赛教师感悟 | 78 |
| 4.8 | 2019年广东省省赛一等奖作品《基于CSS盒模型的浮动布局》——杨颖 | | 80 |
| | 4.8.1 | 案例展示 | 80 |
| | 4.8.2 | 专家评价 | 85 |
| | 4.8.3 | 教学分析 | 85 |
| | 4.8.4 | 教学设计与实施 | 86 |
| | 4.8.5 | 教学效果 | 91 |
| | 4.8.6 | 特色与创新 | 94 |
| | 4.8.7 | 参赛教师感悟 | 95 |
| 4.9 | 2019年广东省省赛一等奖作品《油茶的工厂化育苗》——马晓晓 | | 95 |
| | 4.9.1 | 案例展示 | 95 |
| | 4.9.2 | 专家评价 | 99 |
| | 4.9.3 | 教学分析 | 99 |
| | 4.9.4 | 教学设计与实施 | 100 |
| | 4.9.5 | 教学效果 | 106 |
| | 4.9.6 | 特色与创新 | 106 |
| | 4.9.7 | 参赛教师感悟 | 107 |
| 4.10 | 2019年广东省省赛一等奖作品《住宅项目价值评估——比较法》——伍岳连 | | 107 |
| | 4.10.1 | 案例展示 | 107 |
| | 4.10.2 | 专家评价 | 110 |
| | 4.10.3 | 教学分析 | 110 |
| | 4.10.4 | 教学设计与实施 | 111 |
| | 4.10.5 | 教学效果 | 113 |
| | 4.10.6 | 特色与创新 | 114 |
| | 4.10.7 | 参赛教师感悟 | 115 |
| 4.11 | 2019年广东省省赛一等奖作品《唤醒水果店消费者的消费需要》——孔韬 | | 116 |
| | 4.11.1 | 案例展示 | 116 |
| | 4.11.2 | 专家评价 | 117 |
| | 4.11.3 | 教学分析 | 118 |
| | 4.11.4 | 教学设计与实施 | 119 |
| | 4.11.5 | 教学效果 | 122 |

4.11.6 特色与创新 125
4.11.7 参赛教师感悟 126

# 第5章 课堂教学赛项案例 127

## 5.1 2018年广东省省赛一等奖作品《文化遗产解说》——任欣颖 127
5.1.1 案例展示 127
5.1.2 专家评价 131
5.1.3 教学分析 131
5.1.4 教学设计与实施 131
5.1.5 教学效果 132
5.1.6 特色与创新 132
5.1.7 参赛教师感悟 132

## 5.2 2018年广东省省赛一等奖作品《收入——开票与核算》——施秋霞 133
5.2.1 案例展示 133
5.2.2 专家评价 135
5.2.3 教学分析 136
5.2.4 教学设计与实施 138
5.2.5 教学效果 140
5.2.6 特色与创新 140
5.2.7 参赛教师感悟 142

## 5.3 2019年广东省省赛一等奖作品《蒙版之海报设计与制作》——崔强 143
5.3.1 案例展示 143
5.3.2 专家评价 145
5.3.3 教学分析 146
5.3.4 教学设计与实施 147
5.3.5 教学效果 149
5.3.6 特色与创新 151
5.3.7 参赛教师感悟 152

## 5.4 2019年广东省省赛一等奖作品《压力传感器的原理与应用》——廖中文 152
5.4.1 案例展示 152
5.4.2 专家评价 154
5.4.3 教学分析 154
5.4.4 教学设计与实施 155
5.4.5 教学效果 162
5.4.6 特色与创新 162
5.4.7 参赛教师感悟 163

## 5.5 2019年广东省省赛一等奖作品《房地产户型策划》——纪倩 163
5.5.1 案例展示 163
5.5.2 专家评价 166

|     |       | 5.5.3 教学分析 | 167 |
| --- | --- | --- | --- |
|     |       | 5.5.4 教学设计与实施 | 168 |
|     |       | 5.5.5 教学效果 | 174 |
|     |       | 5.5.6 特色与创新 | 175 |
|     |       | 5.5.7 参赛教师感悟 | 175 |

## 第 6 章 实训教学赛项案例 … 177

### 6.1 2017 年国赛一等奖作品《果树切接技术——以柑桔的高接换种为例》——李荣喜 … 177

- 6.1.1 案例展示 … 177
- 6.1.2 专家评价 … 180
- 6.1.3 教学分析 … 180
- 6.1.4 教学设计与实施 … 181
- 6.1.5 教学效果 … 183
- 6.1.6 特色与创新 … 183
- 6.1.7 参赛教师感悟 … 183

### 6.2 2019 年广东省省赛一等奖作品《宴会设计》——郝芳 … 184

- 6.2.1 案例展示 … 184
- 6.2.2 专家评价 … 186
- 6.2.3 教学分析 … 186
- 6.2.4 教学设计与实施 … 188
- 6.2.5 教学效果 … 189
- 6.2.6 特色与创新 … 191
- 6.2.7 参赛教师感悟 … 191

### 6.3 2019 年广东省省赛一等奖作品《汽车空调系统检修》——管卫华 … 192

- 6.3.1 案例展示 … 192
- 6.3.2 专家评价 … 194
- 6.3.3 教学分析 … 194
- 6.3.4 教学设计与实施 … 196
- 6.3.5 教学效果 … 203
- 6.3.6 特色与创新 … 203
- 6.3.7 参赛教师感悟 … 203

## 第 7 章 2020 年教学能力比赛案例 … 205

### 7.1 2020 年广东省省赛公共基础组一等奖作品《撸袖加油，逆境出彩——新时代大学生创业指南》——许统德、王林、丁文峰、赵艾菁 … 205

- 7.1.1 案例展示 … 205
- 7.1.2 专家评价 … 206
- 7.1.3 教学分析 … 206
- 7.1.4 教学设计与实施 … 207

　　　　7.1.5 教学效果 226
　　　　7.1.6 特色与创新 226
　　　　7.1.7 参赛教师感悟 226
　7.2 2020年广东省省赛公共基础组一等奖作品《明大德守公德严私德》
　　　——杨洁、郑景云、杨浩英、丁节 227
　　　　7.2.1 案例展示 227
　　　　7.2.2 专家评价 228
　　　　7.2.3 教学分析 228
　　　　7.2.4 教学设计与实施 229
　　　　7.2.5 教学效果 234
　　　　7.2.6 特色与创新 236
　　　　7.2.7 参赛教师感悟 237
　7.3 2020年广东省省赛专业课程一组一等奖作品《长尾客户盘活的3T法则》
　　　——张乖利、莫琳、薛宇辰、李小杭 238
　　　　7.3.1 案例展示 238
　　　　7.3.2 专家评价 239
　　　　7.3.3 教学分析 239
　　　　7.3.4 教学设计 240
　　　　7.3.5 教学过程实施 246
　　　　7.3.6 教学效果 249
　　　　7.3.7 特色与创新 251
　　　　7.3.8 参赛教师感悟 253
　7.4 2020年广东省省赛专业课程一组一等奖作品《揭秘产品成本》
　　　——李典、沈丽媛、古青菲、舒文芳 254
　　　　7.4.1 案例展示 254
　　　　7.4.2 专家评价 255
　　　　7.4.3 教学分析 255
　　　　7.4.4 教学设计与实施 259
　　　　7.4.5 教学效果 260
　　　　7.4.6 特色与创新 261
　　　　7.4.7 参赛教师感悟 262
　7.5 2020年广东省省赛专业课程一组一等奖作品《有"备"而来，为会议保驾护航
　　　——会议筹备与组织》——邹宇君、周曦、周婉莹、罗琼玮 262
　　　　7.5.1 案例展示 262
　　　　7.5.2 专家评价 263
　　　　7.5.3 课程概况 264
　　　　7.5.4 教学整体设计 264
　　　　7.5.5 课堂实施成效 267

## 目录

- 7.5.6 教学反思与诊改 ... 271
- 7.5.7 参赛教师感悟 ... 271

### 7.6 2020 年广东省省赛专业课程一组一等奖作品《匠守初心，展绘空间——主题展位设计与构建》——金晗、任欣颖、朱雪颖、朱一鸣 ... 272
- 7.6.1 案例展示 ... 272
- 7.6.2 专家评价 ... 273
- 7.6.3 教学整体分析 ... 273
- 7.6.4 教学实施过程 ... 276
- 7.6.5 学习效果 ... 278
- 7.6.6 特色与反思 ... 279
- 7.6.7 参赛教师感悟 ... 281

### 7.7 2020 年广东省省赛专业课程一组一等奖作品《Go Digital—助力中国新外贸》——易勇、王华、黄冬梅、林愉青 ... 282
- 7.7.1 案例展示 ... 282
- 7.7.2 教学分析 ... 283
- 7.7.3 教学设计与实施 ... 284
- 7.7.4 教学效果 ... 288
- 7.7.5 特色与创新 ... 288
- 7.7.6 参赛教师感悟 ... 289

### 7.8 2020 年广东省省赛专业课程二组一等奖作品《荣华历四时，人间芳菲日——露地花卉栽培与应用》——许雯、黄敏、容伊梨、岳海林 ... 289
- 7.8.1 案例展示 ... 289
- 7.8.2 专家评价 ... 290
- 7.8.3 教学分析 ... 290
- 7.8.4 教学设计与实施 ... 292
- 7.8.5 教学效果 ... 293
- 7.8.6 特色与创新 ... 293
- 7.8.7 参赛教师感悟 ... 294

### 7.9 2020 年广东省省赛专业课程二组一等奖作品《"智"造前线，使"料"所及——供料单元安装与调试》——李敏、罗旭、林奕水、刘宇容 ... 294
- 7.9.1 案例展示 ... 294
- 7.9.2 专家评价 ... 295
- 7.9.3 整体教学设计 ... 295
- 7.9.4 课堂教学实施 ... 299
- 7.9.5 教学成效 ... 304
- 7.9.6 教学反思与诊改 ... 305
- 7.9.7 参赛教师感悟 ... 307

## 参考文献 ... 308

# 第1章 认识全国职业院校技能大赛教学能力比赛

## 1.1 全国职业院校技能大赛教学能力比赛简介

全国职业院校技能大赛教学能力比赛（简称"比赛"）是职业教育领域唯一由教育部主办的全国性教师教学比赛，至今已连续举办 11 届，成为职业教育教学改革的重要引擎。

比赛始办于 2010 年，前两届比赛的名称为"全国中等职业学校信息化教学大赛"，主要参赛对象为全国中等职业学校教师，设置了多媒体教学软件和信息化教学设计两个赛项。自 2012 年，比赛将高等职业院校教师纳入参赛对象，更名为"全国职业院校信息化教学大赛"，分为中职组、高职组两大组别进行评比，分别设置了多媒体教学软件、信息化教学设计、信息化实训三个赛项，开始采取网络初评与现场决赛相结合的方式进行比赛。自 2014 年，中职组、高职组均取消多媒体教学软件赛项，增设信息化课堂教学赛项，同时参赛选手由个人参赛调整为团队参赛。2015—2017 年，比赛分为中职组、高职组、军事组三个组别，各组别均设信息化课堂教学、信息化教学设计、信息化实训三个赛项。2018 年，比赛首次被纳入全国职业院校技能大赛赛事体系，更名为"全国职业院校技能大赛教学能力比赛"，此届比赛是落实全国教育大会精神的重要举措，比赛贯彻落实党和国家对职业教育的重要部署，设置了教学设计、课堂教学和实训教学三个赛项，切实把提高教师教学能力和信息素养作为新时代职业院校教师队伍建设的重要内容，促进教师综合素质、专业化水平和创新能力的全面提升。2019 年，为贯彻落实《国家职业教育改革实施方案》，比赛对考核内容及赛项分组做出调整，整合三个单项赛项为一个全面、真实反映职业教育教学常态的赛项，提高参赛容量，克服"颗粒"小、"堆砌"多的弊端，进一步拓展为全面考察教师的教学设计能力、教学实施与教学反思能力，全面提升职业院校教师素质。2020 年，比赛继续贯彻落实全国教育大会精神和《国家职业教育改革实施方案》部署，坚持育人为本，持续深化"三教"改革，面对疫情影响，主动求变、化危为机，强调"三全育人"、落实育训并举，确保 1+X 证书制度试点、高职质量型扩招、中职公共基础课程改革等专项工作的推进，明确深化教师、教材、教法改革内涵要求，鼓励提交"疫情防控相关的思政、医药卫生类教学内容，线上线下混合式教学效果良好"的参赛作品。

比赛参与区域覆盖面不断扩大，赛项设置实现专业全覆盖。比赛内容更加全面，评价体系职教特色更加鲜明。11 年来，比赛已经从参赛对象（一线教师）、比赛内容（课程教材）、考查重点（课堂教法）三个方面实现了"三教"改革的有机统一和集中呈现，成为推动深化"三教"改革的重要抓手。自 2019 年推出并实施的全新比赛方案在"统筹设计新赛项""突出课堂新要求""引领建设新团队"等方面的变化与成效，得到了全国职教战线的普遍认同和赞赏。同时，各地各校坚持"以赛促教、以赛促学、以赛促改、以赛促建"，紧随教育教学改革进展动态更新完善比赛方案和机制，教师综合素质、专业化水平和创新能力全面提高，课程建设水平显著提升，课堂生态逐步优化，信息技术应用持续深化。

## 1.2 全国职业院校技能大赛教学能力比赛方案

自 2016 年起，全国职业院校技能大赛教学能力比赛方案在比赛赛项设置、考核侧重点和比赛办法等方面逐步优化，更加贴合国家职业教育改革的进程。

2016 年和 2017 年，比赛包括信息化教学设计、信息化课堂教学和信息化实训教学三个赛项，再根据专业类别进行分组。信息化教学设计重点考察教师合理、充分运用信息技术、数字资源和信息化教学环境，解决教学难点，突出教学重点，系统优化教学过程，完成教学任务的能力；信息化课堂教学重点考察教师根据信息化教学设计，实施课堂教学，达成教学目标的能力；信息化实训教学重点考察教师针对给定的教学内容进行信息化实训教学设计和完成相关技术技能操作的能力。在比赛方法方面，信息化教学设计和信息化实训教学 2016 年与 2017 年均采取先初评后现场决赛的方式；而信息化课堂教学 2016 年通过直接网评的方式决出成绩，2017 年也采取了先初评后现场决赛的方式。在作品制作方面，参赛教师均必须严格按照比赛要求录制好参赛视频，由于 2016 年多数参赛教师为了达到良好的视觉效果，对课堂教学的视频进行过度剪辑，导致课堂过程失真，为了反映真实的教学过程，2017 年起，组委会要求课堂教学的视频必须采用一个机位的方式全程连续录制，不允许另行剪辑，不加片头、字幕、注解等，更加有效地反映了信息化教学落实到真实的教学中。

2018 年，比赛全面考察教师的教学设计能力、整合信息资源的能力、信息技术应用能力、教学实施能力和教学评价能力。比赛设置教学设计、课堂教学和实训教学赛项。教学设计赛项重点考察教师针对一个教学任务或教学单元完成教学设计的能力。课堂教学赛项重点考察教师针对一节课能完成的教学任务或知识点（技能点）实施课堂教学，达成教学目标的能力。实训教学赛项重点考察教师在限选范围内，按照自行确定的实训教学内容，完成教学设计和核心技术技能操作的能力。在比赛方法方面，三个赛项均采取先初评后现场决赛的方式。在作品资料方面，更注重实际应用，因此各赛项参赛作品除了提交教学设计解说稿（课堂教学除外）、教案，还需要提供本课程授课计划表、学校本专业实施性专业人才培养方案。

2019 年，比赛更注重团队的作用，要求团队的每位成员均参与实际教学，且要求教学团队坚持把立德树人作为中心环节，推进全员、全过程、全方位"三全育人"，实现思想政治教育与技术技能培养的有机统一；要加强劳动教育，弘扬劳动精神，教育引导学生崇尚劳动、尊重劳动；要推进信息技术与教育教学深度融合，创新教学方式方法、学习支持环境、服务供给模式，实现因材施教，为个性化学习提供支撑。在比赛分组方面，不再采用原先的分组方式，而是分为公共基础课程组、专业课程一组和专业课程二组。公共基础课程组参赛作品应为公共基础课程中不少于 12 学时的连续、完整的教学内容；专业课程一组参赛作品应为专业基础课程或专业核心课程中不少于 16 学时的连续、完整的教学内容；专业课程二组参赛作品应为专业核心课程中不少于 16 学时的连续、完整的教学内容，其中必须包含不少于 6 学时的实训教学内容，职业学校专业（类）定岗实习标准中的实习项目工作任务也可参赛。在参赛资料方面，需要提交参赛教案、教学实施报告、专业人才培养方案和课程标准，既讲求实际应用，又要求参赛团队在教学中加以总结提升。参赛视频要求录制 2～5 段课堂实录视频，原则上团队每位成员不少于 1 段，每段视频应分别完整、清晰地呈现参赛作品中内容相对独立完整、课程属性特质鲜明、反映团队成员教学风格的教学活动实况。

2020 年，比赛的赛项设置、比赛方法及作品资料要求大体上沿用 2019 年的方案，区别主要体现在以下几个方面：一是受疫情影响，比赛要求高度重视、积极应对新型冠状病毒肺炎疫情给教育教学带来的影响，落实"停课不停学"的要求，及时调整教学策略、组织形式和资源提供等，总结疫情防控期间线上教学经验，推动创新、完善线上线下混合式教学方式，更好地适应"互联网+"时代的教育生态；二是与 2019 年相比，专业课程一组和专业课程二组的课程范围均增加了专业拓展课程；三是对教学实施报告提出明确要求，要求报告的内容是教学团队在完成教学设计和实施后，对参赛作品的教学整体设计、教学实施过程、学习效果、反思改进等方面情况进行的梳理总结，突出重点和特色，突出疫情防控期间线上教学的创新举措和成效，可用图表加以佐证，中文字符在 5000 字以内，插入的图表应有针对性、有效性，一般不超过 12 张；四是要求课堂实录视频采用单机方式全程连续录制，不得使用摇臂、无人机、虚拟演播系统、临时拼接大型 LED 显示屏等脱离课堂教学实际、片面追求拍摄效果、费用昂贵的录制手段，有效防止参赛作品走进"轻内涵、重包装"的误区。

## 1.3　全国职业院校技能大赛教学能力比赛现场决赛

一直以来，比赛一般采用网络初评和现场决赛的方式开展，经初评排名前 30%的作品进入现场决赛，通过现场决赛评审出比赛的一等奖和二等奖。2016—2018 年，现场决赛连续三年在山东济南举办，2019—2020 年均在湖南株洲举办。随着比赛的改革，现场决赛每年均有变化。

2016 年，仅有信息化教学设计和信息化实训教学进行现场决赛，在进行现场决赛时，由作品主讲人展示、讲解教学设计 10 分钟，答辩 5 分钟。

2017 年，信息化教学设计和信息化课堂教学比赛现场决赛时，评委根据初评提交的讲解视频和相关材料进行评审、提问，参赛教师回答问题并阐述个人观点，答辩时间不超过 10 分钟，换场 3 分钟。信息化实训教学比赛在进行现场决赛时，主讲人利用自行携带的工具、材料完成实践操作（与初评视频的操作内容一致），时间不超过 8 分钟，评委根据初评提交的视频和相关材料进行评审、提问，参赛教师回答问题并阐述个人观点，答辩时间不超过 10 分钟，换场 5 分钟。

2018 年，相关比赛在进行现场决赛时的方式统一为按抽签顺序对参赛作品视频和相关材料进行评审和答辩，参赛教师团队回答所有问题并阐述个人观点。答辩时间不超过 10 分钟，换场 3 分钟。

2019 年，决赛环节侧重教师的教学片段，展示教师教学的基本功，在进行现场决赛时，教学团队按抽签顺序在参赛作品范围内随机抽定 1 学时的教学内容，在备赛场内在规定的时间内完成准备，然后进行现场讲解和模拟实际教学，并回答评委提问。根据参赛作品材料评审、教学团队现场展示和答辩情况，确定比赛成绩。决赛当天，教学团队按顺序进入备赛场内，在参赛作品范围内随机抽定 1 学时的教学内容。教学团队在备赛场内可利用自带资源与网络资源进行准备，限时 40 分钟。现场展示总时长为 14~18 分钟，教学团队自选方式进行教学设计讲解和模拟实际教学，先后讲解抽定内容的教学设计（6~8 分钟）、针对抽定内容中的部分内容进行模拟实际教学（8~10 分钟），现场提供投影和黑板，无学生。评委针对参赛作品材料和现场展示集体讨论提出问题（3～4 题），时间不超过 10 分钟（教学团队回避）。教学团队针对屏幕呈现的问题逐一回答并阐述个人观点（评委不再复述或解读、可以指定答题者），时间不超过 10 分钟（含读题审题）。

2020 年，决赛环节侧重对教师教学素养的考核，决赛当天，教学团队按抽签顺序进入备赛场内，在参赛作品范围内随机抽定两份不同教案，自选其中部分内容进行准备。教学团队在备赛场内可利用自带资源与网络资源进行准备（现场提供网络服务），限时 30 分钟。教学团队按时进入比赛场内，首先简要介绍教学实施报告的主要内容、创新特色；然后由两名参赛教师分别针对所抽定的两份不同教案中的自选内容进行无学生教学展示（如新知讲解、示范操作、学习结果分析、课堂教学小结等），教学展示应符合无学生教学情境。介绍教学实施报告时间不超过 6 分钟，两段无学生教学展示合计时间为 12～16 分钟。评委针对参赛作品材料、教学实施报告介绍和无学生教学展示，集体讨论提出 3 个问题（包括参赛作品所涉及的学科、专业领域的素质、知识、技能等），评委讨论时教学团队回避。教学团队针对屏幕呈现的问题（评委不再复述或解读、可以事先指定答题者）逐一回答并阐述个人观点（可以展示佐证资料），时间不超过 8 分钟（含读题、审题）。

# 第 2 章　"互联网+"时代的信息化教学

《国家职业教育改革实施方案》提出，适应"互联网+职业教育"发展需求，运用现代信息技术改进教学方式方法，推进虚拟工厂等网络学习空间建设和普遍应用。《加快推进教育现代化实施方案（2018—2022 年）》提出，构建"互联网+教育"支撑服务平台，深入推进"三通两平台"建设。

"互联网+"时代的信息化教学是基于"互联网+教育"背景下提出的新型教学理念与教学模式的改革，是指在"互联网+"和大数据时代背景下，充分利用移动互联网、云计算、大数据、物联网等现代网络信息技术，创新教育教学模式，将所有的教学环节数字化，并依托互联网为学生打造"随时可学、随处能学"的学习环境，从而提升教学效率，提高教学质量，最终培养出高素质的技能型人才。"互联网+"时代背景下的信息化教学涵盖教学理念、教学模式、教学环境、教学设计、教学资源与平台、教学评价等方面的改革。

## 2.1　教学理念

"互联网+"时代的到来、信息化教学模式的发展，归根结底是因为科学技术的创新，对于高职教师也一样，要想适应"互联网+"时代的信息化教学模式，教师必须不断更新教育理念，创新教学方法，提高课堂质量，并改变传统的教学模式，从而提高学生的学习兴趣，帮助学生掌握学习方法，达到提升教学质量的最终目的。"互联网+"时代的新型教学理念依然是建立在"以学生为中心"的教学理念之上的，是为了达到规模化教学与个性化教学目标的理念改革。

传统的高职教学理念一直沿用本科教学的理念，上课以教师为主体，以课本为中心，学生被动接受知识。而"以学生为中心"的教学理念则是重视和体现学生的主体作用，教师为教学环节的主导，通常与之对应的教学形式包括协作式、个别化、小组讨论等。"以教师为中心"的教学方法，其意图是帮助学生理解学科的基本概念及其相互关系，而"以学生为中心"的教学方法，目的则是帮助学生进一步深化理解知识，激发学生主动性，挖掘自身的潜能，是一个知识得到升华的过程。希腊哲学家、教育家苏格拉底说过，"教育不是灌输，而是点燃火焰。"

"以学生为中心"的教学理念要求学生、教师的角色发生变化，教学方法、教学内容、教学资源等更是要发生翻天覆地的改变：首先要转变学生、教师的角色认知，学生是信息加工的主体，是知识的主动建构者；教师则成为学生学习的组织指导者，是学生建构知识的帮助者。角色认知的改变需要通过制度化、持续不断的培训、奖惩机制的健全等来实现。

## 2.2 教学模式

《中国教育现代化 2035》提出，加快信息化时代教育变革，利用现代技术加快推动人才培养模式改革，实现规模化教育与个性化培养的有机结合。当前，职业院校信息化教学应用凸显其进一步深化信息技术支持下的教学模式改革与创新，融合国际领先教育理念与教学技术，开展数字化资源利用的研究性学习、深度互动的协同式学习、虚拟仿真情境下的体验式学习，并在此基础上突破单一课程的教学模式改革，从培养目标、课程设置、教学方法与手段、考核机制等方面，促进信息技术与人才培养各个环节的深度融合，助力专业与产业、职业岗位对接，专业课程内容与职业标准对接，教学过程与生产过程对接，职业教育与终身学习对接。面临"技术进步、产业升级、创新驱动"的经济社会背景，技术技能型人才是现代职业教育新的培养目标，这要求职业院校要实现信息化与教育的深度融合，创新教学模式，提升人才培养质量。MOOC、SPOC、翻转课堂、混合式教学等教学模式的兴起，为职业院校开展信息化背景下的"以学生为中心"的教学改革提供了理论支持；互联网的快速发展、学生移动学习设备的普及，为实现线上、线下一体的现代职教信息化教学提供了可能。

混合式教学模式，是指将在线教学和传统教学的优势结合起来的一种"线上"+"线下"的教学模式。通过两种教学组织形式的有机结合，把学生的学习引向深度学习。自从教育部在《新媒体联盟地平线报告：2017 高等教育版》中将混合式学习列为当前促进教育变革的趋势之一，混合式教学的热潮涌向一批又一批高校，各高校不断引进新兴信息技术来提高教学的质量与效果。混合式教学模式依托 MOOC、微课等教学平台，通过视频、动画、课件等教学资源，采用在线讨论、在线作业等形式进行教学，激发学生自主学习的积极性，提高学生学习的兴趣，达到教学目标。在混合式教学改革的过程中，教师担任的是改革的设计者、组织者和评价者的角色；学生要主动将自己的身份由被动式接受转化为主动性学习，培养自己的学习兴趣和创新学习的能力，提升自己的学习效率；而互联网技术的发展则为混合式教学的开展提供了充分的技术支持；爱课程网、智慧职教、雨课堂、蓝墨云等平台的崛起则为混合式教学模式的落地奠定了基础。

翻转课堂教学模式是指重新调整课堂内外的时间，将学习的决定权从教师转移给学生。在这种教学模式下，对于课堂内的宝贵时间，学生能够更专注于主动的、基于项目的学习，共同研究解决本地化或全球化的挑战及其他现实世界面临的问题，从而获得更深层次的理解。教师不再占用课堂时间来讲授知识，这些知识需要学生在课前完成自主学习，可以通过看视频讲座、听播客、阅读功能增强的电子书等媒介进行学习，还能在网络上与别的同学讨论，能在任何时候查阅需要的材料。教师也能有更多的时间与每名学生进行交流。在课后，学生自主规划学习内容、学习节奏、风格和呈现知识的方式，教师则采用讲授法和协作法来满足学生的需要和促成他们的个性化学习，其目标是为了让学生通过实践获得更真实的学习。翻转课堂教学模式与混合式教学模式、探究性学习等在含义上有所重叠，都是为了让学生更加灵活、主动地学习，提高学生的参与度。翻转课堂教学模式起源于美国的中小学教育，其特点也更适用于基础教育，而在高职教育中，却存在着一定的弊端。如高职学生不擅于提问，主动学习的积极性不高，如何把握课前、课后的学习效果，特别是对于一些概念性的理论知识，都存在着不确定性。因此，近年来，一些学者更加强调"线上+线下混合式教学",而不鼓励使用单纯的翻转课堂教学模式。

MOOC 致力于"将世界上最优质的教育资源,递送到地球最偏远的角落",其兴起后如海啸般席卷全球,引发社会尤其是教育界的广泛关注。MOOC 的中文名为大规模开放课程,依托网络教学平台,以其开放性访问与大规模参与的特点,为更多的人提供更公平的教育平台。与翻转课堂教学模式不同,MOOC 起始就是针对高等教育的。但是在后续的实际使用过程中,也凸显了 MOOC 在高等教育,特别是高职教育中的缺陷。例如,对于学生学习过程的监控、教师的在线指导等,均远远达不到课堂教学的效果。因此,如何应用 MOOC 成为近年来学者的研究重点,在此背景下,基于 MOOC 理论的 SPOC 教学应运而生。SPOC 是指小规模限制性在线课程,是针对小部分特定群体开放的课程。由于其规模小,一般数量限定在数十人到数百人之间,对于学生具有一定的准入条件,同时也对教学过程全程监控,以保证教学的效果。SPOC 主要采用"线上+线下混合式教学"模式,结合 MOOC 资源,改变 MOOC 只有线上教学的模式,注重与线下结合,鼓励学生进行探究性学习、自主学习、团队合作式学习,将课前、课中、课后有机融合,为师生带来不同的学习体验。

《国家职业教育改革实施方案》《加快推进教育现代化实施方案(2018—2022 年)》等文件多次提到虚拟仿真实验教学项目、虚拟工厂等概念,教育部也早就开展了职业能力培养虚拟仿真中心项目的评选,基于虚拟现实技术的教学模式已引起国家的重视。虚拟现实技术在教学中具有广泛的应用前景,能够通过计算机、图形工作站及其他相关设备生成逼真的三维多感官环境,并利用头盔显示器、眼镜、手柄和数据手套等设备,让虚拟环境对学生的行为产生相应反馈,使学生感觉身临其境,从而达到人与环境的深度融合和交互。虚拟技术在教学中的设计目标主要是阐释学习条件及学习成果的生成,其过程经历了从最初关注学习过程的模拟到尝试借助技术创建虚拟仿真的学习情境体验。虚拟技术能够优化传统教学方法,提升情境体验学习效果。虚拟技术在高校教学中的应用主要体现在以下方面:通过虚拟现实技术搭建实训室,学生不仅可以利用虚拟的实训器材体验实训过程,还能够为学校节省相应的教学资金和资源,实训场地、时间不再受限,更加灵活、方便,提升学生实训的效率与效果;通过虚拟现实技术进行场景再现,让学生有更好的感知和认识,从而可以让学生对教学内容有更深刻的记忆和了解,不但增加了教学的趣味性,而且增进了学生对工作的认知,有效帮助教师提升教学质量,帮助学生提升学习效率;通过虚拟现实技术进行事物的缩放,将微观的事物模拟成虚拟事物,帮助学生理解微观事物的运行情况,有效提升学生对所学知识的认识。

## 2.3 教学环境

大学教室在经历了以黑板、图片、图表、地图、照片、磁铁、实物、模型、标本、计算器、地球仪等直观教具为主体的传统教室,以及以幻灯片、视频、音频等视听媒体为主体的多媒体教室之后,如今进入了以高新技术辅助的智慧教室时代。智慧教室是指借助云计算技术、物联网技术、大数据技术、虚拟现实技术和人工智能技术建设的一种软硬件结合的智慧学习空间,其核心是打造师生互动教学环境,贯彻"以学生为中心"的教学理念,推动混合式教学、翻转课堂等新型教学模式改革,最终目的依然是激发学生的学习兴趣,提高教学质量。智慧教室不仅包括硬件环境的打造,还应该包括学习资源的建设。智慧教室的主体包括课程录播系统、多屏互动教学系统、智慧教室管理平台及其他新技术，如 VR、AR、AI 等技术的应用。智慧教室是建立在物联网、云计算、大数据、人工智能等技术基础上的。智慧教室的使用将更有利于知识的传递、接受和发现，更有利于课堂内外的师生互动和生生互动，有助于学生个性化学习和个性化发展，也有助于教师的专业化成长。智慧教室的建设将会成为信息化教学的重要支撑和基本保障。

## 2.4 教学资源与平台

《国家职业教育改革实施方案》提出，健全专业教学资源库，建立共建共享平台的资源认证标准和交易机制，进一步扩大优质资源覆盖面；遴选认定一大批职业教育在线精品课程，建设一大批校企"双元"合作开发的国家规划教材，倡导使用新型活页式、工作手册式教材并配套开发信息化资源。教学资源的建设一直是教学过程中的重头戏，随着互联网的发展，数字教学资源的建设越来越重要。信息化教学资源可以通过信息技术将不同学校、不同专业、不同课程的教学资源进行整合分类，并利用互联网实现随时随地的共享查看。信息化教学资源类别包括微课、视频、动画、课件、VR/AR 资源、全息影像等，在建设时应该分为通用泛性资源、专业课程资源、优质精品资源三级资源体系，分步建设。常用信息化教学资源的开发工具如表 2-4-1 所示。

表 2-4-1 常用信息化教学资源的开发工具

| 教学资源类别 | 常用工具 |
| --- | --- |
| 教学文本 | Word、WPS、记事本、写字板、Adobe reader、CAJViewer |
| 教学图片 | Photoshop、CorelDRAW、Adobe InDesign |
| 教学视频 | Adobe Premiere、会声会影、爱剪辑 |
| 教学音频 | SoundForge、CoolEdit、Adobe Audition、MP3 剪切合并大师、GoldWave |
| 教学动画 | Flash、3DMAX、Maya、Imageready |
| 教学课件 | PowerPoint |
| VR/AR | Unity3D、AR Foundation |

教学资源的使用离不开信息化教学平台，自 2003 年国家启动精品课程建设开始到 2011 年慕课在世界范围内的迅速崛起，随着翻转课堂、混合式教学等教学模式的兴起，信息化教学平台一直在不断创新与改革中建设，其作为实施信息化教学的支撑平台，呈现着快速的发展趋势。从早期的教师个人教学网站到通用网络教学平台，信息化教学平台的建设经历了从个体到通用的过程，更便于普通教师的学习和应用。随着"互联网+"时代的到来，几乎没有人没有用过信息化教学平台，从通过身边的微信、QQ 等"社交平台"布置作业、发布通知到利用专业的信息化教学平台上传下载学习资料，再到今天的在线讨论、互动答疑等，信息化教学平台的使用越来越广泛。大部分通用教学平台均建设了计算机端和移动端两种版本，计算机端主要实现教师的备课，学生的课前、课后学习，考试、互动答疑等功能，而移动端则更倾向于课中的课堂教学实施，如考勤、弹幕、讨论、头脑风暴、评价、测试等。利用信息化教学平台，可以实时获取反馈和各种学习数据，为教学评价与考核带来方便，也为精准教学和个性化教学带来可能性。常用的教学平台有 Blackboard、中国大学 MOOC 网、

爱课程网、智慧职教、超星、蓝墨云等。

## 2.5 教学评价

　　教学评价是根据教学目的，运用一切可行的评价技术手段对教学活动的过程及其结果进行测定、衡量，并予以价值判断的过程。教学评价的目的是诊断教学过程中存在的问题，并给予改进；评价和考核学生的学习效果，并引导教学活动朝预期的目标发展。信息化教学评价是指在新的教学理念和教学理论指导下，运用一系列评价技术、评价手段，对信息化教学过程进行测量和价值判断，为教学问题的解决提供根据，并确保"教与学"的效果。信息化教学评价包括对教师教学的评价，如对教师基本功的评价，对教师教学态度的评价，对教师教学方法和教学手段的评价，对教师现代教育观念、信息意识、信息能力、信息技术的操作技能及整合能力的评价；对学生的评价，如对学生的学习能力、水平和学习成绩的评价，对学生信息意识、信息能力和信息技术操作技能的评价；对学习资源的评价；对教学效果的评价；以及对评价及其方法的再评价。

　　信息化教学评价的指标体系是信息化评价的依据和标准，应尽可能量化，我们可以借鉴其他学科比较成熟的评价指标体系，如 AHP 评价体系，再结合计算机辅助教学的特点来选取评价指标，并根据每项指标在教学中的作用大小来确定权重。信息化教学评价需要依托信息化技术与手段实现，贯穿于课前、课中、课后的教学评价必须依托信息化教学平台来完成，利用互联网的优势，做到随时随地可评，全程可控。目前，常用的信息化教学平台均包括在线评价的功能，可根据学生在线提交的作业、参加的讨论、在线学习时长、日常考勤情况、小组任务完成情况等方面给出评分，也可以由教师手动给出评价。

# 第 3 章　从校赛到国赛——谈学校的组织工作

由于全国职业院校技能大赛教学能力比赛是唯一由教育部主办的全国性教师教学比赛，因此，该项比赛受到了全国各地各职业院校的高度重视，教师个体取得成绩的背后是学校的组织、服务与技术支持的综合能力比拼。2020 年 9 月，教育部等 9 个部门联合印发《职业教育提质培优行动计划（2020—2023 年）》，其中明确提出了"建立健全国家、省、校三级教学能力比赛机制"。广东农工商职业技术学院 2017 年就开始探索教师教学能力比赛的"校赛—省赛—国赛"选拔机制，经过几轮尝试，逐渐形成了一套自成体系地从校赛到国赛的组织模式。

## 3.1　校赛—省赛—国赛选拔机制

由于该比赛本身的周期非常长，因此，每年的校赛会从前一年的 12 月份开始启动。第一个环节就是在全校范围内进行广泛宣传，通过以前获奖选手的经验分享、对大赛文件的解读、备赛关键环节的讲解等，激发广大教师的积极性。当年的 1~3 月份是校赛备赛阶段。这一阶段，主要是教师自建团队、自选比赛内容、准备比赛材料的时间，在此期间，学校层面会给予各参赛团队集中性或者个性化的指导。从 4 月份开始，正式进入校赛阶段，校赛与省赛、国赛的赛制类似，只是将初赛环节提前到各二级学院自行组织，通过二级学院的初选，选拔具有一定竞争力的作品与团队参加校赛的决赛，而决赛的赛制则完全接轨国赛的现场决赛环节。以 2019 年以后国赛的新规则为例，校赛分为教师介绍教学实施报告、两位教师分别模拟授课、答辩三个环节，评分标准也完全采用国赛的评分标准，高标准，高要求。通过校赛，所有参赛选手已经对这个比赛的规则有了较深的理解，并在团队内部初步完成了磨合。对于通过校赛选拔出的省赛参赛团队，学校将会根据不同团队的参赛内容与参赛组别聘请不同类型的专家进行一对一辅导，以期尽快提高作品的质量，达到省赛的要求。在省赛的备赛环节中，除了聘请专家进行辅导，学校还统一为参赛作品提供视频拍摄及信息技术支持，从视频拍摄时间、地点安排到拍摄前的化妆、机位的选择等，均统一进行组织与指导；从 PPT 的制作到文档的美化，再到教学资源的自主研发，学校也统一为每个参赛团队配备专门的信息技术服务团队，提供相关定制化服务。省赛开始后，从初赛前的报名，到各种提交资料的审核，再到各种比赛相关通知的及时传达，一直到现场决赛的后勤服务，学校均统一安排、统一组织，最大限度地解决参赛教师的后顾之忧，让教师将精力全部放在比赛上，而不用顾及其他方面。这种服务一直延续到国赛。

## 3.2　"构建'MEPRH'模式，助力教育教学改革"的职业院校信息化建设新模式

教师教学能力比赛原名为信息化教学大赛，因此，此项赛事的信息教育技术影响因子非

常大，虽然从 2019 年开始更名为教师教学能力大赛，但是并不是不强调信息技术的影响，而是将信息化教学能力当成了教师教学的一种必备能力，潜移默化，不再着重强调。在此背景下，职业院校的信息化建设，特别是信息化助力教育教学改革，就显得尤为重要。广东农工商职业技术学院在多年的信息化建设改革过程中，逐步形成了一套新的信息化建设模式——构建"MEPRH"模式，助力教育教学改革。

### 3.2.1 建立"持证上岗"机制，提升教师信息化教学水平

在管理机制（Mechanism）方面，通过制定一系列教学信息化制度，特别是"持证上岗"制度，为教学改革提供制度保障。通过制定《教师信息化教学能力认定方案》，建立"持证上岗"制度，明确教师信息化教学能力的认定是为了教师利用先进的教学理念，运用信息技术、平台和资源组织教学，促进学生的全面发展。除此以外，通过《微课群建设与管理办法》《软件管理办法》等一系列信息化教学改革制度，在教学环境、教学平台、教学资源及信息技术人力保障四个方面提供制度保障。

### 3.2.2 打造智慧教学环境，支撑信息化教学模式改革

在教学环境（Environment）方面，通过智慧课室、VR/AR 综合技能训练中心、常态化录播室、自助式微课资源制作室等信息化教学环境的构建，为教学改革提供环境保障。信息化教学环境建设如图 3-2-1 所示。

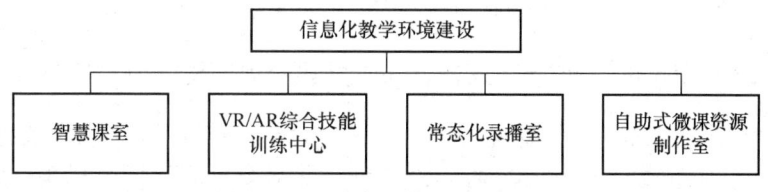

图 3-2-1  信息化教学环境建设

智慧教室为教师采用项目教学、协作教学、混合式教学、翻转课堂、任务驱动式教学等一系列新型教学模式提供了智能化的教学环境，为人才培养质量的提升打造了基础环境；校企合作共建校级 VR/AR 综合技能训练中心，充分融入产教融合的新理念，为校企双方提供共享虚拟现实和 3D 打印等实训工位，形成一个集教学、科研和社会服务为一体的公共实训中心，为开展虚拟现实教学实训提供必备的信息化环境；打造不同规模的常态化录播室，为教师提供课程资源录制、远程教学直播的常态化环境，推进课程资源建设的常态化，也为跨校区远程教学奠定了硬件基础；建设多间自助式微课资源制作室，促进微课教学资源建设全员参与，鼓励教师充分利用微课资源开展课堂教学，优化教学过程，改变传统的教学模式，全面提升课堂教学效果，提高人才培养质量。

### 3.2.3 构建混合式教学平台与大数据分析平台，支撑规模化与个性化人才培养

在教学平台（Platform）方面，通过混合式教学平台，实现师生"一人一空间"，助力规模化与个性化教学的实现，同时通过大数据分析平台精准分析"教师教与学生学"的行为数据，为教学改革提供决策保障。

通过混合式教学平台，教师可以完成在线备课、课程教学、学习指导、课程资源共享等操作；平台支持各种师生课堂互动，学生进行课堂评价、教学评价等。平台构建了线上+线下教学空间，方便教师以混合式教学模式进行教学，以促进主动式、协作式、探究式等学习模式的开展，可以更好地改造传统教育教学，增加课堂吸引力，促进教学质量的提高，促进信息技术与课堂教学的深度融合。

在打通教务系统、科研系统、招生与就业系统、门禁管理系统等各业务系统数据壁垒的基础上，建设大数据分析平台，实现从招生到就业、从学生到师资、从专业到课程的各教学指标的数据分析与预警，为精准教学提供科学决策。

### 3.2.4 校企合作共建教学资源，提升学生自主学习能力

在教学资源（Resource）方面，通过校企合作共建共享微课、动画、视频、VR/AR、3D打印等教学资源，提高学生自主学习的能力。

依托校企合作的 VR/AR 综合技能训练中心内先进的多功能、大容量信息化教学环境，有效解决信息化教学资源用不起来的难题，让学校从信息化教学推广普及聚焦到信息化教学资源建设和开发中。在虚拟仿真内容研发中心、三维模型与虚拟现实开发工作室的支撑下，通过校企共建教学团队，带领专业学生参与教学资源建设，进一步强化学校自主研发教学资源的能力。通过自主研发与引入，积淀一批特色专业教学资源，基本覆盖学校专业核心课程、主干课程；强调教学资源的共建、共享、共用，以提高信息化教学资源的使用率和复用率，降低信息化教学资源的建设成本。

### 3.2.5 项目化培养信息服务人才，助力教育教学改革持续推进

在信息技术人力（Human）保障方面，探索"115 模式"，即 1 名学校导师+1 名企业导师+5 名在校学生组成一个团队，建立 N 个信息化教学服务团队，以项目为依托，服务范围涵盖教学环境与教学平台的维护、教学资源的自主研发，在为信息化教学提供持续人力资源保障的同时还可以为社会培养一批与岗位无缝对接的 IT 研发与运维人才。"115 模式"如图 3-2-2 所示。

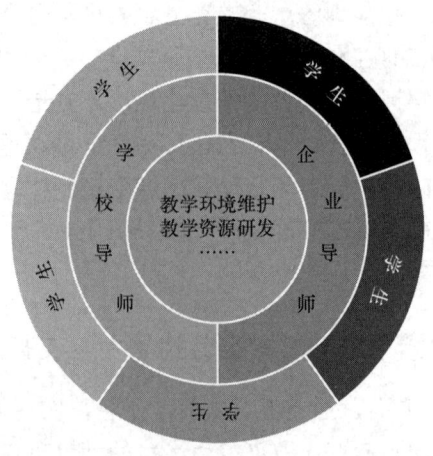

图 3-2-2 "115 模式"

以校内信息化教育教学研发及运维项目为依托，学校导师负责组建项目团队、发布项目任务、监督项目进程、沟通项目各方及培训学生主要技术，企业导师负责对学生进行技术指导，而学生则在校企双方导师的指导下实施项目。"115 模式"充分发挥企业的技术优势、学校的人才优势，为校内各类项目提供技术服务，解决了职业院校人员不足、技术支持力量不够、投入大等问题，而且具有灵活多变、更贴近需求方等优势，对目前大多数职业院校信息化技术人力不足的问题提供了很好的解决方案。

## 3.3 校赛—省赛—国赛培训机制

比赛脱胎于真实的教学，但是又高于真实的教学，具有一定的规则，并要求创新。因此，比赛培训对于比赛获得好的成绩起着十分重要的作用。该项比赛的培训体系从校赛到省赛再到国赛是不一样的。一般来说，校赛阶段主要经过两轮培训，第一轮是集中培训，主要针对初次接触此赛事的教师进行普及培训，其培训内容涵盖赛制的讲解、备赛的步骤与技巧、比赛材料准备经验等；第二轮则是在教师组好队、选好题，备赛材料已经初步准备好后进行的，主要形式是一对一辅导、各参赛团队交流等，针对不同的参赛作品请专家进行辅导，不但对作品中的主要内容进行辅导，更重要的是与参赛教师共同探讨作品的创新与特色。在第二轮培训中，很重要的一个环节是针对教师的仪表仪态、讲课语言、答辩技巧等进行培训，以提高参赛教师的综合素质。进入省赛后，培训形式主要是一对一辅导，此时的培训重点放在作品的创新与特色、材料的完备性检查等方面，力争将作品打磨成精品。而在国赛备赛阶段进行的培训，对于培训者的资历与经验要求都比较高，需要既熟悉该比赛，又熟悉专业知识，还能够把握最新的信息技术动态，对参赛团队进行一对一辅导，主要还是挖掘创新与特色，让作品质量更高。

## 3.4 备赛流程

从 2019 年开始，比赛在赛制上进行了改革。2020 年的赛制没有大的改动，仅在 2019 年的基础上进行了微调。在最新的赛制下，备赛流程可以归纳为初赛和决赛两个阶段。

### 3.4.1 初赛阶段

首先要明确初赛提交的材料，包括教案、3～4 段课堂实录视频、教学实施报告、专业人才培养方案、课程标准。

1. 选题

在准备这些材料时，第一个环节是选题，选题将决定作品的最终获奖等级，因此非常重要。选题应该从以下三个方面考虑：教学内容、教学手段、教学成效。在教学内容方面，要注意选择能够体现时代性并对接新技术、新工艺、新规范的教学内容，在教学内容中要有效融合课程思政、劳动教育、工匠精神、职业道德等，推进"三全育人"。教学内容还应该考虑育训结合、书证融通、1+X 证书制度试点及中外办学、高职扩招生源等。公共基础课程教学内容应该突出思想性，体现职业性，特别是要注重与专业的融合性。在教学手段方面，要选取能够体现师生、生生深度有效互动，在教学实施过程中能够做到"教与学"全过程的信息采集，适合采用混合式教学模式的内容。同时，在选题过程中，要注意引入新型活页式、工作手册式教材，引入典型生产案例，灵活运用虚拟仿真、虚拟现实和增强现实等信息技术手段，以提高学生分析问题和解决问题的能力。在教学成效方面，要选择容易体现教学成效、容易利用数据分析呈现效果的内容。

### 2. 教案的准备

从 2019 年开始，比赛要求公共基础组提供 12 学时、专业课程组提供 16 学时的连续教案。教案内容一般包括：教学基本情况（简要介绍授课基本信息、教学内容分析、教材分析、学情分析、教学目标、教学重点、教学难点等）、教学方法与策略（详细介绍教学方法、信息技术与教学资源）、教学活动（详细介绍教学总体设计、具体教学环节、教学评价、教学效果，这一部分要注意图文并茂，尽量多地展示教学实景）、教学特色与反思（包括教学特色提炼、反思与改进，注意反思点与改进点要一一对应）。准备教案时，需要注意教案的完整性，并注意图文并茂、排版整齐、条理清晰，以方便评委查询、阅览。

### 3. 教学实施报告的准备

新的赛制要求提供一份针对 12 或 16 学时的教学实施报告，字数不能超过 5000 字，图片不能超过 12 张。内容包括：教学整体设计（说明教学内容选取背景、学情等分析及教学方法与策略的介绍）、教学实施过程（简明扼要介绍教学总体设计、教学活动特色及教学评价方法）、学习效果（利用数据、图表、案例等展示学生的学习效果）、反思改进（提炼整体的教学特色、反思与改进，同样注意反思点与改进点需要一一对应）。由于字数与图片数量的限制，在撰写教学实施报告时需要突出重点和特色，文笔要简洁明了，可适当使用图、表等对实施过程和成效加以佐证。

### 4. 视频的拍摄

2~4 段教学视频是最能体现教学实施过程的缩影，因此拍摄时需要注意的点也比较多。首先，在选取拍摄内容时，每段以 10 分钟左右为宜，教学内容需要选取相对完整的部分，能够体现"以学生为中心"的教学理念。专业课程二组在选取教学内容时，需要注意选取有教师实操演示的环节。其次，在正式拍摄之前，需要简单编写拍摄脚本，脚本主要是给摄影师在拍摄时提供的参考，如远景、近景切换的建议；对于教师教学过程，最好注明时间的分配，便于摄影师捕捉教师或学生的镜头，等等。再次，在拍摄前，需要注意教学环境的布置，教室应该整洁，有一定的装饰，如社会主义核心价值观等的张贴，另外教室环境还要能够体现现代化教学环境，如一体机、VR 设备、活动桌椅等。最后，要注重拍摄质量，基本要求是高清，不能模糊，镜头的远景与近景不能随意切换，师生、生生互动时需要留意镜头的焦点，等等。

### 5. 特色创新点的提炼

随着该赛事的发展，要想在比赛中提炼出作品的特色与创新越来越难，在备赛时可以根据国家的最新职业教育政策文件、新技术在教育领域的应用等进行探索。例如，可以从以下四个方面提炼：一是从课程思政上面提炼，包括思政元素与基础课程或专业课程教学内容的融合点、思政元素在教学实施过程中的潜移默化、与劳动教育的结合，等等；二是教学模式的创新，在目前流行的混合式教学模式的基础上，自创出适合自己课程的教学模式，并取得一定的教学效果；三是在信息技术的应用方面，能够紧跟时代最新技术，有机融合云计算、大数据、物联网、人工智能等新型 IT 技术，有效运用虚拟现实技术、增强现实技术、混合现实技术、3D 打印等，体现最新的教学方法；四是在教学内容的选取上，要注重与时俱进，体现新技术、新工艺、新标准，具有借鉴和推广价值。

### 3.4.2 决赛阶段

决赛阶段备赛的关键是准备教学实施报告的讲解、两段独立的模拟教学环节及答辩。在准备教学实施报告的讲解时，需要注意如何能在 6 分钟之内将作品的重点内容、特色与创新讲清楚，并给评委留下深刻的印象。参赛教师在汇报时需要注意语速、表情、肢体语言等。两段独立的模拟教学环节，需要注意选取能够体现作品特色的不重复的两段 6~8 分钟的教学内容，可以是新知识点讲解、示范操作、学习结果分析、课堂教学小结等，要注意教学内容的完整性，以及师生互动与生生互动。由于是无学生教学展示，因此师生互动、生生互动如何体现，将是对参赛教师的一大挑战。专业课程二组在选取教学内容时需要注意选择实操性强、能够体现教师实操能力的环节。答辩的备赛需要分别就教学内容、教学理念、教学模式、教学方法、教学设计、信息技术、教学评价等方面的若干问题进行准备。现场答辩时，需要注意教学团队分工合作，有序回答问题，适当进行补充，答辩内容要切题，语言精练，概念准确，举例恰当，有头有尾，并通过展示一定的材料对答辩内容进行佐证。

# 第4章 教学设计赛项案例

## 4.1 2016年国赛一等奖作品《景观化的生态护岸设计》——易弦

### 4.1.1 案例展示

案例展示如图 4-1-1～图 4-1-7 所示。

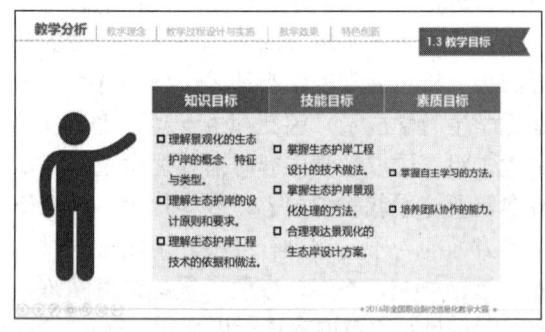

图 4-1-1 教学分析——教学目标

图 4-1-2 教学过程设计与实施——信息技术应用

图 4-1-3 教学实施过程——课前预习

图 4-1-4 教学实施过程——内容讲解

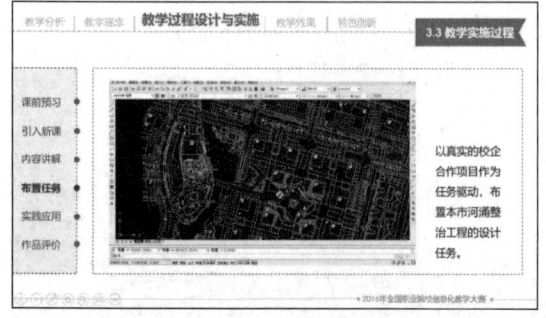

图 4-1-5 教学实施过程——布置任务

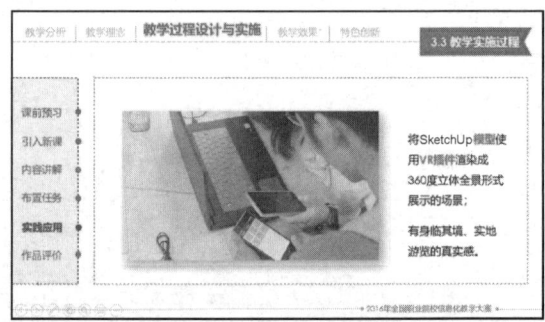

图 4-1-6 教学实施过程——实践应用

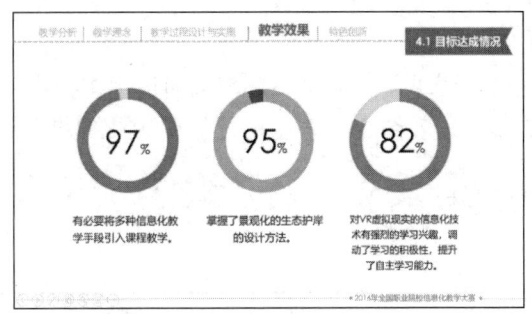

图 4-1-7　教学效果——目标达成情况

### 4.1.2　专家评价

"绿水青山就是金山银山",该案例选取目前的热点——生态城市建设中的生态护岸为教学内容,紧跟国家政策,体现了高职教育的特点;采用任务驱动教学策略,融合企业真实案例,激发学习动机与潜能;合理应用 VR 等信息技术,突破重难点,提升教学效率和效果。

### 4.1.3　教学分析

#### 1．教学背景

随着我国城市化进程的加快,生态城市建设成为人们聚焦的热点。因此,在城市建设过程中,寻求水利工程建设与生态、景观建设之间的平衡点尤为重要。河道是水生态环境的重要载体,在设计和施工的过程中,必须重视水质的提高、水环境的改善和水生态系统的完善。生态护岸是对河道坡面进行防护的一种护坡形式,它集防洪效应、生态效应、景观效应和自净效应于一体,是如今护岸工程常见的建造形式。

生态护岸不同于普通堤坝、护岸等水工建筑物,除了满足生态性要求外,还有一个重要因素是,它和周围的景观是相协调的,具有一定的美学特征。因此,掌握生态护岸的设计方法,并且与景观进行有机结合,是课程的重要内容之一。本次信息化教学设计的内容是 "景观化的生态护岸设计"教学单元,共计 4 个学时,授课地点位于实训楼多功能教室。

#### 2．学情分析

授课对象是园林技术专业大三的学生,他们已经掌握了园林规划设计、园林工程学、植物生态学和土壤学的相关知识,正处在对专业知识强化实践技能训练的阶段。他们有理论学习的基础。作为 90 后,他们善于接受新式的学习方式,思维活跃、动手能力强,渴望表现自己。但是,还需要进一步提高自主学习能力和学习时的专注力。

#### 3．教学目标

根据教学背景和学情分析,梳理出知识目标、技能目标和素质目标,如表 4-1-1 所示。

表 4-1-1　教学目标

| 知识目标 | 技能目标 | 素质目标 |
| --- | --- | --- |
| 1. 理解景观化的生态护岸的概念、特征与类型。 | 1. 掌握生态护岸工程设计的技术做法。 | 1. 掌握自主学习的方法。 |
| 2. 理解生态护岸的设计原则和要求。 | 2. 掌握生态护岸景观化处理的方法。 | 2. 培养团队协作的能力。 |
| 3. 理解生态护岸工程技术的依据和做法。 | 3. 合理表达景观化的生态护岸设计方案。 | |

### 4．教学重点与难点

教学重点：设计符合技术要求、适应生态环境的河道生态护岸。
教学难点：将生态护岸与景观结合、表达视觉仿真效果的方法。

### 4.1.4　教学设计与实施

#### 1．教学单元设计

| 教学模块 | 教学内容 | 教学目标 | 时间分配（学时） |
| --- | --- | --- | --- |
| 一 | （1）创设情境，引入新课。通过图文并茂的形式，展示城市里常见的河道护岸景观，引入新的课程内容。 | （1）了解景观化的生态护岸的概念、特点和分类。 | 1 |
| 二 | （1）讲解河道生态护岸与传统护岸的区别，及河道生态护岸的设计要点。 | （1）掌握景观化的生态护岸的设计流程与方法。<br>（2）掌握河道生态护岸的设计要点。 | 1 |
| 三 | （1）教师布置实训任务，并分析实训任务的设计要求。<br>（2）学生查找相关工程技术规范。<br>（3）课后，学生根据任务书的要求，使用 AutoCAD、SketchUp 等软件进行河道生态护岸的设计。 | （1）掌握常见生态护岸设计的方法。<br>（2）掌握生态护岸设计与景观表现有机结合的方法。 | 1 |
| 四 | （1）根据工程设计图纸和模型展示，分别进行教师评价、小组互评和企业人员评价。<br>（2）教师和企业人员对本单元内容进行总结。 | 明确设计作品的不足之处，并加以改进。 | 1 |

#### 2．教学过程实施

| 教学环节：（1）课前预习 | | |
| --- | --- | --- |
| 教学内容 | 教师活动 | 学生活动 |
| 1. 在上课前两天，使用微信公众号推送课前预习内容。内容采用图文并茂的形式，先展示城市里常见的河道生态护岸景观，然后列举相应的分类形式。 | 利用微信公众号推送课前预习内容。 | 用手机或平板电脑接到微信推送后进行课前预习。 |
| 2. 设置关于生态护岸常见形式、材料应用的测试题，考查学生的课前预习完成情况。 | 根据测试结果及时调整教学策略。 | 在微信上完成测试题部分。 |
| 信息化教学技术和资源 | | |

- 微信公众平台

使用微信公众号的群发功能，提前将预习内容推送到微信公众号上。学生可以随时随地接收预习任务并开始预习。

(续表)

| 教学环节：(2) 引入新课 | | |
|---|---|---|
| 教学内容 | 教师活动 | 学生活动 |
| 1. 根据学生课前预习测试结果，重点讲解错误率高的相关知识点。 | 对相关的知识点进行重点讲解。 | 结合课前预习内容，思考问题。 |
| 2. 创设情境，引入新课。用新闻和视频的形式明确课程内容的重要性，激发学生的学习兴趣，引发学生的思考，让学生逐渐进入学习的状态。具体的材料包括：<br>(1) 观看视频新闻"生态和景观建设并举，把河道建成亮丽的城市风景"。<br>(2) 基于生态建设的发展，目前企业有许多生态护岸设计和建设的实际项目，这也要求学生充分掌握生态护岸设计技能。 | 播放新闻视频，强调学习景观化的生态护岸设计的重要性，以及明确教学目标。 | 观看新闻视频，理解学习内容的重要性。 |
| 信息化教学技术和资源 | | |
| ● 视频：以新闻的形式导入新课，明确学习内容的重要性。 | | |
| 教学环节：(3) 内容讲解 | | |
| 教学内容 | 教师活动 | 学生活动 |
| 1. 理解河道生态护岸与传统护岸的区别、河道生态护岸的分类与特点。 | 归纳生态护岸的分类与特点。 | 积极思考和理解内容。 |
| 2. 由于生态护岸的设计有相应的技术规范，先重点强化关于工程规范和技术的相关知识，让学生理解在设计中需要遵守相应的技术规范。需要参考的工程技术规范包括：<br>《河道生态建设技术规范（DB33/1038—2007）》<br>《生态环境状况评价技术规范（HJ 192—2015）》<br>《河道整治设计规范（GB 50707—2011）》 | 讲解工程技术规范的相关要求，引导学生登录网络课程平台查阅相关规范，指出在生态护岸设计中需要重要注意的规范知识。 | 登录网络课程平台，查阅工程技术规范图集，并且理解工程技术规范的要求，同时记录重要知识点，方便在设计中随时参考翻阅。 |
| 3. 利用 PPT 和微课视频对实际项目中的典型案例进行展示和讲解，让学生理解生态护岸的技术要求和应用形式。 | 播放微课视频，展示和讲解生态护岸的典型案例。 | 观看微课件视频，学习生态护岸设计的案例。 |
| 4. 应用本校自建的VR虚拟现实案例库进行案例学习。 | 讲解案例的设计。 | 观看VR场景，以浸入式的体验来学习。 |
| 信息化教学技术和资源 | | |
| ● 网络课程平台：提供工程技术规范的查阅和下载。<br>● 微课视频：通过视频展示河道生态护岸设计的实际案例。根据地质条件，河道护岸设计采用了多种安全可靠、投资节省的结构形式，例如，采用鱼巢砖挡土梯级复式断面的设计，这样的结构对地基适应性好、造价低、河岸硬化少，还有利于各种滨水植物生长。 | | |

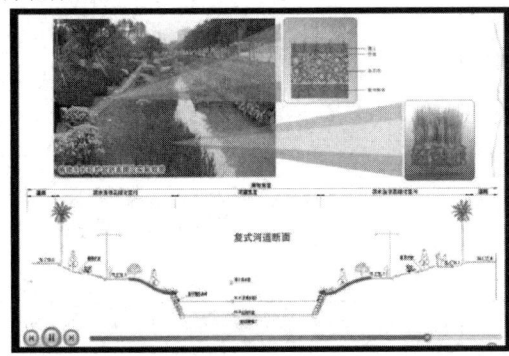 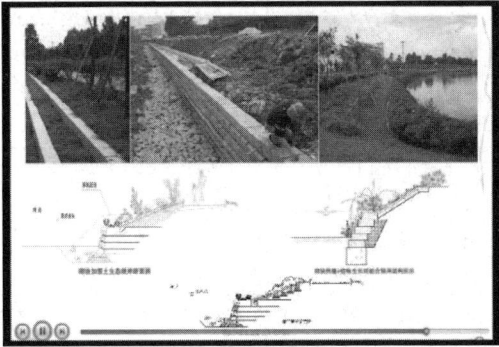

该案例在具体做法上拆除了河底硬化基底，采用了石笼、木桩或浆砌石块（设有鱼巢）等透水性生态护岸，并且在建造有一定坡度的土堤、斜坡种植植被，采用乔木、灌木、草本植物相结合种植，并在多处河道设置了人工湿地。

● VR 案例库

(续表)

| 教学环节：(4) 布置任务 | | |
| --- | --- | --- |
| 教学内容 | 教师活动 | 学生活动 |
| 以企业真实的校企合作项目作为任务驱动，布置本市河涌整治工程的设计项目。该项目河道长度为 3.61 千米，需要对水环境进行综合治理，其中涉及河道整治、景观建设等工程内容。由于该项目原本的环境较差，因此不仅需要对污水进行治理，更需要对景观质量进行大幅度提升，故在设计成果上要求实现生态、景观与水利工程的紧密配合。 | 布置任务，引导学生进一步分析任务。 | 在网络课程平台下载任务书文件，并且分析任务。如果对项目有疑问，可以与企业人员实时视频连线。 |
| 信息化教学技术和资源 | | |
| • 网络课程平台：提供任务书文件和场地，cad 基本文件的下载。<br>• 实时视频连线：如果学生对实际项目有疑问，可以利用 QQ 群视频功能通过实时视频连线向企业人员提问。 | | |

| 教学环节：(5) 实践应用 | | |
| --- | --- | --- |
| 教学内容 | 教师活动 | 学生活动 |
| 1. 展示典型案例的生态护岸设计图册，让学生清楚完成任务后的预期成果。由于生态护岸最终建成的效果是随着时间推移而逐渐变化的，植物的生长和水位的变化都会带来景观的不同，因此在教学中需要进一步明确设计过程中进行虚拟现实的重要性。 | 展示和讲解生态护岸的设计图册，展示项目施工完成后的实景图。 | 学习案例设计成果，明确设计成果要求，对比案例设计和实景图的效果。 |
| 2. 根据设计任务书的要求，结合前面的学习案例，生态护岸的设计流程通常为"总体设计—平面设计—断面设计—种植设计"。因此，教师引导学生对项目的总体情况进行分析后，让学生以小组的形式，按照工程规范要求计算设计洪水水量和设计水位，然后使用 AutoCAD 软件进行总体设计、平面设计。 | 明确生态护岸的设计流程，关注学生的操作过程，适当引导。 | 下载工程规范图集、计算设计洪水水量和设计水位，使用 AutoCAD 软件进行总体设计、平面设计。 |
| 3. 在断面设计、种植设计过程中，需要结合项目的平均洪水位、平均水位和平均低水位来进行针对性设计，并且还要综合考虑景观效果以及植物的选择。在此以视频动画的形式来表现水位的变化和设计的要点。 | 播放视频动画，讲解工程技术与景观结合的运用。 | 使用 AutoCAD 制作草皮护岸断面、石笼护岸断面等图纸，并进行种植设计。 |
| 4. 在制作完成总体设计、平面设计和断面设计等二维图纸后，为了充分展示生态护岸与景观有机结合的视觉效果，需要展示图纸的三维效果。SketchUp 软件相对其他三维软件来说，易上手、操作简单，让学生利用该软件以小组形式合作完成三维建模。 | 观察学生的建模过程，并且给予适当指导。 | 完成三维场景建模。 |
| 5. 完成河道整体场景的三维建模后，可以使用 SketchUp 的插件将护岸设计渲染成 360°立体全景形式展示的场景，显示在具有重力感应的手机上。这样，教师和学生可以佩戴 VR 眼镜直接观看生态护岸多维度、立体化的效果意。 | 观看 VR 虚拟现实效果，根据展示效果指导学生再次调整方案。 | 对 SketchUp 模型使用 VR 插件进行渲染，并且观看效果，根据效果再次调整设计方案。 |

（续表）

| 信息化教学技术和资源 |
|---|
| ● 视频动画：展示断面设计过程中，结合水位变化的设计要求<br>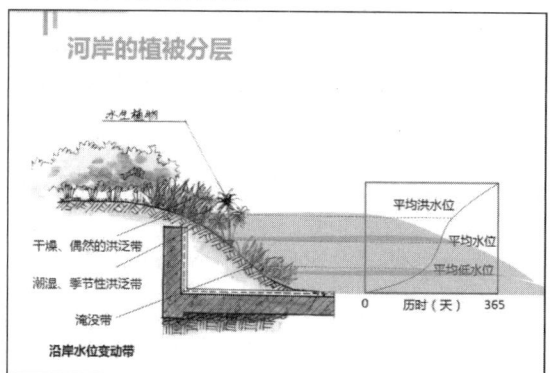 |
| ● SketchUp 三维建模：使用 SketchUp 软件对项目河道场景进行整体建模。<br>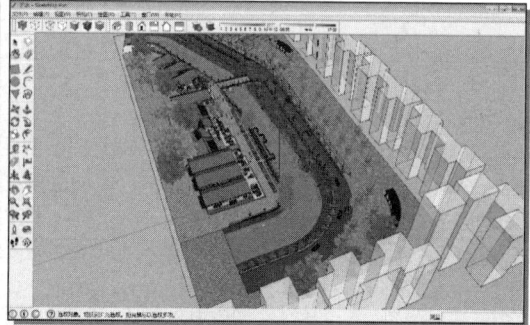 |
| ● VR 虚拟现实：将设计模型渲染成 360°立体全景形式展示的场景，显示在具有重力感应的手机上，结合 VR 眼镜可以体验到身临其境的效果，根据虚拟现实的效果再次调整方案。<br> |

| 教学环节：（6）作品评价 |||
|---|---|---|
| 教学内容 | 教师活动 | 学生活动 |
| 课程作业的成果包括：<br>1. A3 电子图册一套（包括总平面图 1 张、断面图 4～6 张、效果图 3 张和设计说明 600 字）。<br>2. SketchUp 模型，并且使用 VR 渲染河道主体部分。<br>要求学生按照要求将课程作业提交到网络课程平台上。<br>在课程的考核方面，采用多重考核的形式。根据工程设计图纸和模型展示，分别进行教师评价、小组互评和企业人员评价。评价内容和分数可以上传到网络课程平台，由系统自动生成课程成绩。 | 批量下载作业文件，并且根据评价量规表进行评分。 | 完成作业，并将其提交到网络课程平台，并且对其他小组的作业给出评价和评分。 |

(续表)

| 信息化教学技术和资源 |
|---|
| ● 网络课程平台 |

| 教学环节：(7) 课后扩展 | | |
|---|---|---|
| 教学内容 | 教师活动 | 学生活动 |
| 在课程结束后，推送课后复习内容，以要点的形式总结课后复习内容。列出课后扩展学习网址链接和自学书目，便于学生课后扩展学习：<br>许士国 等.现代河道规划设计与治理：建设人与自然相和谐的水边环境[M]. 北京：中国水利水电出版社，2006.<br>日本财团法人河流整治中心 编著，周怀东 等译.多自然型河流建设的施工方法及要点[M]. 北京：中国水利水电出版社，2003. | 利用微信公众号推送课后复习内容。 | 利用微信、网络课程平台复习旧的知识点。在学校图书馆查询课后学习书目，进行课后扩展学习。 |
| 信息化教学技术和资源 | | |
| ● 微信公众号：提供课后小结内容和扩展学习的相关资源链接。<br>● 网络课程平台：提供微课学习视频，如果学生还有未能完全理解的问题，则可以再次进行学习。 | | |

### 4.1.5 教学效果

将多种信息化手段应用到教学后，有效实现了教学的知识目标、技能目标和素质目标，从课前预习率到作业成绩都有了大幅度的提升。在评价标准和评价人员相同的前提下，成绩平均分从过去的 71 分提高到 80 分。

从学生的作业成果来看，设计的表现质量也有了明显提高，视觉表达效果突出的优秀作业增加了两成，成果同样也受到了企业人员的肯定。企业人员评价主要的优点在于设计成果更符合实际项目的需求，VR 成果的创新表达也得到了项目甲方的重视，能够更好地表达视觉仿真效果。

### 4.1.6 特色与创新

**1. 采用任务驱动教学策略，融合企业真实案例，激发学习动机与潜能**

以真实企业任务为导向，鼓励学生自主进行创新设计，培养学生的动手能力和职业素养，强调校企合作，紧跟行业变化。"理论、仿真、实操"一体化，将理论教学与实践教学有机融合，指导学生确定目标，拟定计划，逐步完成方案的设计。

**2. 合理应用信息技术，突破重难点，提升教学效率和效果**

充分利用 VR 虚拟现实案例库的实际案例，打破空间的限制，全方位展示案例的设计细节，让学生浸入式学习各类案例，以此解决教学重难点，并且提升学生的学习兴趣和专注力。利用微课视频为学生提供及时的指导和帮助，提升教学效果。利用微信公众号、网络课程平台提供预习和拓展材料，提供课前课中、课后的全方位学习支撑服务。利用远程视频连线实现校企联合培养。

### 4.1.7 参赛教师感悟

2012 年，我成为一名高职教师，教学也是我最热爱的事情之一。为了解决在教学过程中遇到的问题，我在 2014 年开始探索将信息技术与教育教学相融合。微课视频是我的第一次尝试，我惊喜地发现自己制作的这些视频可以有效帮助学生理解教学重难点。紧接着，我建设了网络教学平台提供课程资源，并使用微信公众号来促进师生互动……这些信息化教学手段得到了历届学生的充分肯定，突破了教学重难点、活跃了课堂气氛、提升了教学效率和效果。有了这些实践和积累，我在 2016 年作为主讲、2017 年作为第二参与人连续两年参赛，都很幸运地获得了国赛一等奖的好成绩，有以下三点体会：一是领导高度重视。我校领导高度重视信息教学工作，在数字资源开发、信息化教学环境建设和相关政策制定上都给予了大力支持。在教学比赛中，从备赛阶段到决赛现场，校领导从部门协调配合、聘请专家技术指导到后勤保障服务等方方面面为我们排忧解难，为我们鼓劲打气。在我们参加全国决赛时，校长带队亲临决赛现场，更让我们树立了必胜的信念。二是专家指导得力。我们在国赛前数次参加集训，参赛作品得到了省里各位专家的点评与指导，集训过程大大提升了我们的现代教育教学理论水平、教育技术和创新的能力，金牌的背后凝聚了很多人的智慧和心血。三是选手奋力拼搏。在近一年的参赛过程中，我们的参赛团队成员不怕苦、不怕累、不计得失，付出了许多时间和精力，一次又一次打磨自己的参赛作品，奋力拼搏，最终才获得了较好的成绩。在"以赛促教"的精神指导下，教学比赛只是一个开始，我也将不忘初心，继续在职业教育教学的道路上不断思考、奋力前行。

## 4.2  2017年国赛一等奖作品《人工湿地植物配置设计》——赖巧晖

### 4.2.1  案例展示

案例展示如图 4-2-1～图 4-2-16 所示。

图 4-2-1  目录

图 4-2-2  教学分析——教学背景

图 4-2-3  教学分析——教学目标

图 4-2-4  教学分析——教学重难点

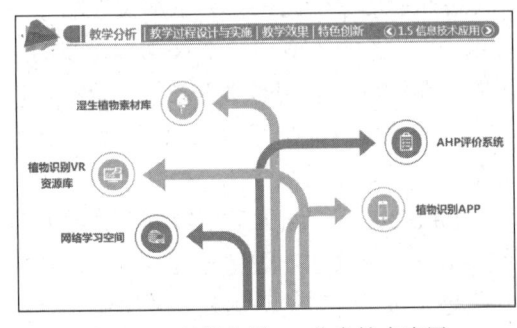

图 4-2-5  教学分析——信息技术应用

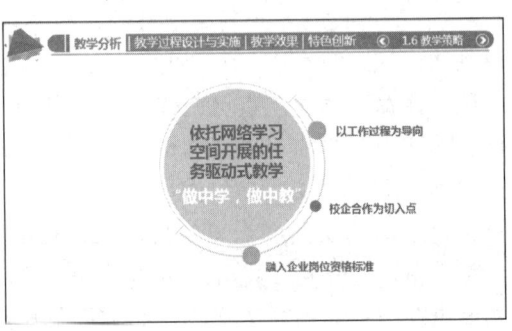

图 4-2-6  教学分析——教学策略

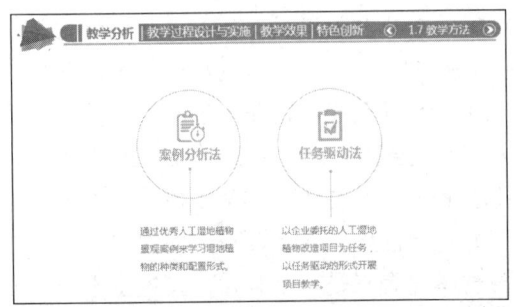

图 4-2-7  教学分析——教学方法

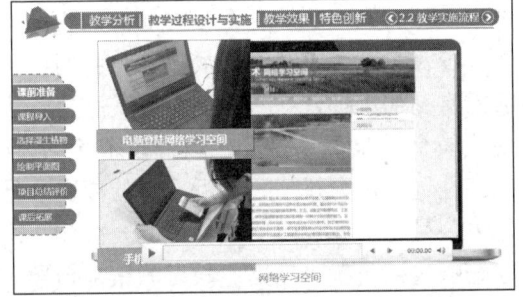

图 4-2-8  教学过程设计与实施——课前准备

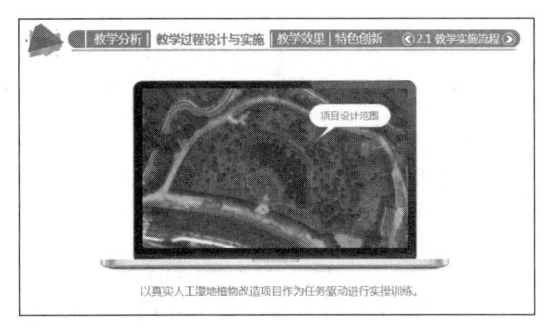

图 4-2-9 教学过程设计与实施——布置任务 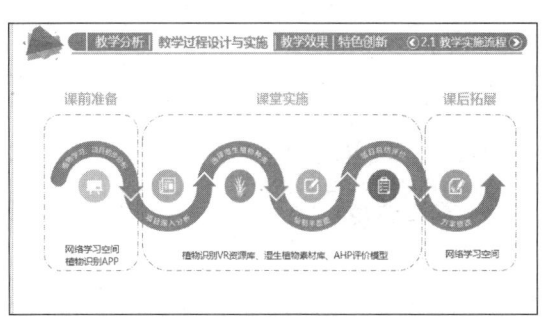　　图 4-2-10 教学过程设计与实施——教学实施流程

图 4-2-11 教学过程设计与实施——课程导入 　　图 4-2-12 教学过程设计与实施——选择湿生植物

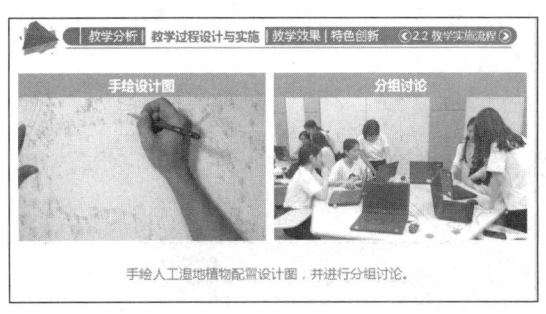

图 4-2-13 教学过程设计与实施——绘制平面图 　　图 4-2-14 教学过程设计与实施——作品评价

图 4-2-15 特色创新一 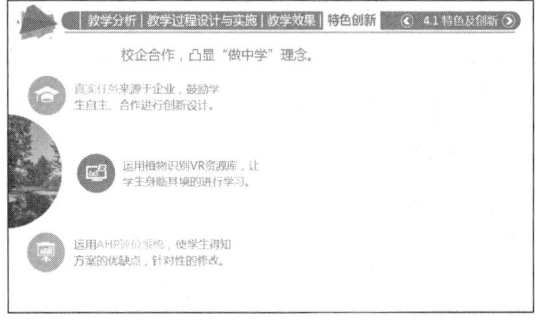　　图 4-2-16 特色创新二

## 4.2.2　专家评价

该案例选取海绵城市中的人工湿地植物改造项目作为教学内容，依据"做中学，做中教"

的教学理念，利用网络学习空间开展任务驱动式教学，以工作过程为导向，以校企合作为切入点，融入企业岗位资格标准，合理采用 VR 等多种教学手段，促进学生自主、合作探究学习。

### 4.2.3 教学分析

#### 1. 教学背景

随着城市的不断扩建与发展，水污染和洪涝灾害日益严重。人工湿地作为一种低影响开发设施，其吸纳径流、去除污染及景观价值方面的优势将在海绵城市建设中发挥重要作用。湿地植物是人工湿地的重要组成要素，在水质净化过程中发挥着举足轻重的作用。植物的净化功能与其生长状况及植物间的合理搭配有着密切的关系，同时，湿地植物生长状况越好、搭配越合理，对水质的净化功能越强。另外，植物也是形成人工湿地植物景观的重要条件之一。

"人工湿地植物配置设计"是环境工程技术专业核心课程"水污染控制技术"中"稳定塘和污水的土地处理"教学单元的教学内容，也是相对较难解决的教学内容。本次案例共计 4 学时，面向高职三年级学生授课，授课地点位于多功能实训室。

#### 2. 学情分析

授课对象是高职环境工程技术专业大三的学生，他们已经掌握了污水的化学和物理处理、图纸设计，也掌握了人工湿地处理系统的结构和作用机理，并熟悉其特点和类型等基础知识。另外，近几届学生的教学反馈显示：学生在常用人工湿地植物种类的识别、选择及应用方面的能力还不够强。但是，他们乐于通过网络和移动设备去获取信息和资源，对信息技术教学有较大的兴趣和热情。

#### 3. 教学目标

通过分析职业市场需求，结合学生学情和教材内容，确定教学目标如表 4-2-1 所示。

表 4-2-1 教学目标

| 知识目标 | 技能目标 | 素质目标 |
| --- | --- | --- |
| • 熟悉常用的人工湿地植物种类。<br>• 理解人工湿地植物配置的设计要点。 | • 掌握人工湿地植物选择及应用的方法。<br>• 掌握人工湿地植物配置设计评价的方法。 | • 培养独立自主的学习能力和团队协作精神。<br>• 增强实践能力，培育工匠精神，提高解决实际问题的能力。 |

#### 4. 教学重点与难点

教学重点是人工湿地植物配置的设计方法，教学难点是人工湿地植物品种的选择。

#### 5. 教学策略

在教学上以学生为中心，依据"做中学、做中教"的教学理念，利用网络学习空间开展任务驱动式教学，并以工作过程为导向，以校企合作为切入点，融入企业岗位资格标准，合理采取多种教学策略，促进学生自主、合作探究学习。任务驱动法：在教学中，引入真实的校企合作项目（企业委托的人工湿地植物改造项目），以任务驱动的形式开展教学，并在实施任务的过程中解决教学重点与难点，进而达成教学目标。案例教学法：通过网络学习空间，学习优秀人工湿地植物景观案例，熟悉并掌握湿地植物的种类和配置形式，在案例学习的过程中达成教学的知识目标。

### 4.2.4 教学设计与实施

本次教学以人工湿地植物改造项目为任务，借助网络学习空间、手机 App 等信息技术手段，开展任务驱动教学。企业完成人工湿地植物改造项目的流程包括资料收集、案例分析、项目分析、选择湿地植物种类、绘制平面图、图纸审核。根据实际项目流程，教学整体设计安排如下：

| 教学环节 | | 教师活动 | 学生活动 | 信息技术应用 |
| --- | --- | --- | --- | --- |
| 课 前 ||||||
| 项目准备 | 【发布项目设计任务书】<br>1. 利用网络学习空间发布项目设计任务书（真实的企业委托的人工湿地植物改造项目）。<br>2. 在线对学生项目分析成果进行检查。 | 1. 登录网络学习空间查看项目设计任务书，了解人工湿地植物改造任务。<br>2. 查阅相关规范和标准，以小组形式进行项目分析。包括：收集与改造场地相关的资料、综合分析整个改造场所及周边状况。<br>3. 上传项目分析成果至网络学习空间。 | 网络学习空间：<br>教师利用网络学习空间发布任务；学生在学习空间中查看任务，完成项目分析成果并上传。 |
| | 【识别湿地植物】<br>1. 在网络学习空间制作相关资源并上传植物识别 VR 资源库，让学生识别常见湿地植物。<br>2. 引导学生利用手机下载植物识别 App，识别全景 VR 中未标注的植物种类。 | 1. 登录网络学习空间，借助 VR 眼镜学习植物识别 VR 资源库中常见湿地植物种类。<br>2. 利用手机下载植物识别 App，识别全景 VR 中未标注的植物种类和生活中遇到的植物种类。 | 1. 植物识别 VR 资源库：运用全景 VR 技术，使学生足不出户便可身临其境地感受人工湿地景观，进行湿地植物识别，了解湿地植物的特性。<br>2. 植物识别 App：可结合植物全景 VR 资源库使用，识别全景 VR 中未标注的植物种类，也可让学生随时随地识别生活中遇到的植物品种。 |
| 课 中 ||||||
| 情境引入<br>（25min） | 【湿地植物种类识别检测练习】<br>1. 根据学生课堂上的植物种类识别情况，掌握学生课前自学情况。（5min）<br>【讲解人工湿地植物景观】<br>2. 播放人工湿地视频，讲解人工湿地植物景观。（5min）<br>【分析湿地植物种类及配置形式】<br>3. 引导学生以小组形式分析案例中的湿地植物种类和配置形式。（10min）<br>4. 点评和讲解学生归纳的湿地植物种类。（5min） | 1. 使用植物识别 VR 资源库，通过 VR 眼镜识别常见湿地植物，进行检测练习。<br>2. 观看人工湿地视频，了解人工湿地植物景观。<br>3. 小组学习，分析案例中所运用的湿地植物种类及配置形式。<br>4. 根据案例分析及课前自学的湿地植物种类，开展交流讨论，归纳湿地中常用的植物种类。 | 1. 植物识别 VR 资源库：通过湿地植物种类识别检测练习，考查学生课前自学湿地植物种类的情况。<br>2. 人工湿地视频：播放优秀人工湿地案例视频，让学生快速进入本次课的任务情境。<br>3. 多媒体课件：借助多媒体课件，归纳呈现湿地植物的种类。 |

(续表)

| 教学环节 | 教师活动 | 学生活动 | 信息技术应用 |
|---|---|---|---|
| 课　中 ||||
| 任务一：分析项目要求（20min） | 【分析人工湿地项目】<br>1. 播放项目现场视频。<br>2. 点评总结学生课前完成的项目初步分析成果。<br>3. 引导学生更深层次地分析该人工湿地项目的构造。 | 1. 观看项目现场视频。<br>2. 认真听教师对项目初步分析成果的点评意见。<br>3. 深入分析项目要求，尤其是该人工湿地项目的构造。 | 1. 无人机拍摄的项目现场视频：借助无人机拍摄的项目现场情况视频，让学生对项目有更直观、更全面的了解。<br>多媒体课件：通过课件分析本次任务中人工湿地项目的构造，为后续湿地植物的选择做准备。 |
| 任务二：选择湿地植物种类（45min） | 【学习湿地植物素材库的应用】<br>指导学生利用湿地植物素材库选择植物（10min） | 学习应用湿地植物素材库选择所需植物。 | 湿地植物素材库：<br>学生根据人工湿地的功能和景观需求，以及湿地植物的种类特性，从素材库中选取合适的植物进行配置。 |
| | 【子任务1：根据人工湿地的水深，划分不同生活型湿地植物的种植范围】<br>指导学生分析人工湿地的水深与湿地植物种植的关系，正确划分不同生活型湿地植物的种植范围。（5min） | 依据任务深入分析，了解人工湿地的不同水深范围，从而确定挺水植物、浮水植物、沉水植物和漂浮植物的种植范围。 | |
| | 【子任务2：根据人工湿地的水质特点和湿地系统类型，选择植物种类】<br>指导学生分析该人工湿地的水质特点和湿地系统类型，并选择合适的植物种类。（10min） | 分析该人工湿地的水质特点和湿地系统类型，在湿地植物素材库中选择合适的植物种类。（该人工湿地的主要处理生活污水，具有含氮量、含硫量和含磷量高的特点，且为表流湿地。） | |
| | 【子任务3：根据植物的观赏性，选择植物种类】<br>指导学生分析植物的观赏性有哪些方面，并依此选择植物种类。（10min） | 从植物的花色、季相变化、形态等观赏性方面选择植物种类。 | |
| | 【子任务4：植物群落配置】<br>指导学生从水平尺度横向、水平尺度纵向和垂直尺度三方面进行植物群落配置。（10min） | 学习从水平尺度横向、水平尺度纵向和垂直尺度三方面进行植物群落配置。 | |
| 任务三：绘制人工湿地植物配置CAD平面图（45min） | 【子任务1：绘制挺水植物区植物种植平面图】<br>巡视课堂，查看并点评学生对挺水植物选择和配置方式的合理性，再予以针对性指导。（10min） | 根据所选植物种类在AutoCAD中绘制挺水植物种植平面图。 | |

(续表)

| 教学环节 | 教师活动 | 学生活动 | 信息技术应用 |
|---|---|---|---|
| 课 中 | | | |
| 任务三：绘制人工湿地植物配置CAD平面图（45min） | 【子任务2：绘制浮水植物区植物种植平面图】<br>巡视课堂，查看并点评学生对浮水植物选择和配置方式的合理性，再予以针对性指导（10min） | 根据所选植物种类在AutoCAD中绘制浮水植物种植平面图。 | AutoCAD：<br>采用AutoCAD辅助设计软件，绘制湿地植物配置平面图，标注、输出，并完成人工湿地植物改造任务。 |
| | 【子任务3：绘制沉水植物区植物种植平面图】<br>巡视课堂，查看并点评学生对沉水植物选择和配置方式的合理性，再予以针对性指导（10min） | 根据所选植物种类在AutoCAD中绘制沉水植物种植平面图。 | |
| | 【子任务4：对平面图进行文字标注】<br>使用极域电子教室软件，检查学生绘图进度情况。（10min） | 对平面图进行文字标注。 | |
| | 【子任务5：输出平面图】<br>使用极域电子教室软件，检查学生图纸输出情况。（5min） | 对完成的湿地植物配置平面图进行输出。 | |
| 总结评价（45min） | 1. 连线企业技术人员讲解AHP评价系统的操作方法。<br>2. 引导学生运用AHP评价系统进行自评与互评。<br>3. 根据AHP评价系统后台数据，有针对性地点评学生方案。 | 1. 上传方案成果至网络学习空间。<br>2. 运用AHP评价系统进行自评与互评。<br>3. 分析AHP评价系统评价结果，并听取教师点评。 | 网络学习空间：学生将方案成果和AHP评价结果上传至网络学习空间，师生间进行交流评价。<br>企业技术人员连线：连线企业技术人员，讲解AHP评价系统的操作方法，使学生能够运用评价系统进行自评与互评。<br>湿地植物景观AHP评价系统：学生运用AHP评价系统进行自评与互评；教师根据AHP评价后台数据，有针对性地点评学生方案。 |
| 课 后 | | | |
| 拓展提升 | 1. 对学生修改后的湿地植物配置平面图进行评分，并录入相应的分数。<br>2. 将企业技术人员对学生作品的点评上传至网络学习空间，并引导学生听取点评。 | 1. 根据教师点评和AHP评价结果，修改湿地植物配置平面图，并在规定时间内将平面图提交到网络学习空间。<br>2. 听取企业技术人员的点评。 | 网络学习空间：<br>学生将最终完成的方案上传到网络学习空间，并听取企业技术人员的点评。<br>企业技术人员留言音频：<br>企业技术人员以语音留言的形式对学生的改造方案进行点评。 |

## 4.2.5 教学效果

### 1. 目标达成情况

网络学习空间中湿地植物识别和选择的测验练习数据显示，正确率高达90%，说明学生很好地掌握了人工湿地植物的种类识别和选择应用方式，实现了知识目标和技能目标。运用植物识别 VR 资源库，让学生身临其境地学习湿地植物，提高了学生的学习效率和热情；应用 AutoCAD 辅助设计软件，绘制湿地植物配置平面图，增强了学生的动手实践能力，锻炼了学生解决问题的能力，逐步达成学习目标。由此可见，该课程的目标达成情况较好。

### 2．项目配置设计方案质量

校企共建的湿地植物景观 AHP 评价系统的评价结果显示，全班 45 人平均分为 84 分，其中，1/4 学生的方案获得优秀（90 分以上）。对比往届学生，平均分从 75 分提高到了 84 分。另外，项目配置设计方案成果受到了委托任务的企业人员的肯定，反馈结果符合实际项目的需求。

### 4.2.6 特色与创新

#### 1．依托网络学习空间开展的任务驱动式教学

网络学习空间提供开放、动态的学习环境，满足学生个性化学习的需求，它充分整合课程资料，包括个人信息、植物识别 VR 资源库、湿地植物素材库和湿地植物景观 AHP 评价系统等，为教与学提供强大的技术支持。综合应用网络学习空间、手机 App 及专业制图软件 AutoCAD 等，突破教学重难点，完成学习任务，提高学习绩效。

#### 2．校企合作，凸显"做中学"理念

真实任务来源于企业，真实教学产生于学校。融合特定教学目标，鼓励学生自主、合作进行创新设计，锻炼学生运用已有的知识和自己特有的经验提出方案和解决问题的思维和能力。另外，通过校企合作，共建植物识别 VR 资源库和 AHP 评价系统，使学生主动建构、思考和实践，在做中学，掌握熟练的职业技能。

### 4.2.7 参赛教师感悟

2016 年，在成为一名高职教师 6 年后，我作为第二参与人，第一次参加了信息化教学设计比赛。在这次比赛中，我第一次接触到微课，第一次尝试探索在教学中运用 VR 虚拟技术解决教学难点，第一次去认真思考信息技术将给传统教学带来多么大的改革……经历 2016 年从省赛到国赛的全过程并获得国赛一等奖后，我对信息技术在教学中的使用有了较深的理解。于是，2017 年，在实施了一年的信息化教学后，我作为主讲人，站在了赛场上。在信息化教学过程中，我深深地感受到，信息技术只是一种帮助我们解决教学重难点的手段，而不是教学重点。传统教学中，有很多知识因为缺乏现代信息技术而无法直观地展现，学生不能浸入式地体验，以至于他们不能很好地理解知识点，无法更好地掌握技能技巧。在运用现代信息技术后，作为教师，我在课堂中可以明显感觉到学生的学习兴趣大大地提高了，课堂教学活动形式更加丰富，教学效率得到了提升。最重要的是，学生的学习习惯和学习方式也得到了改变，教学效果与传统教学方式相比也有了显著的改善。信息化教学比赛，让我重新思考，教学的目的和意义是什么，我们如何能够更高效的达成教学目标。随着信息技术的发展，教育教学也将发生持续性的变革，路漫漫其修远兮，吾将上下而求索。

## 4.3 2018 年国赛一等奖作品《跃动乒乓，灵动艺匠》——叶宇森

### 4.3.1 案例展示

案例展示如图 4-3-1～图 4-3-7 所示。

图 4-3-1 教学分析——教学目标

图 4-3-2 教学策略

图 4-3-3 教学过程——观看微课

图 4-3-4 教学过程——多维讲解

图 4-3-5 教学过程——分层管理

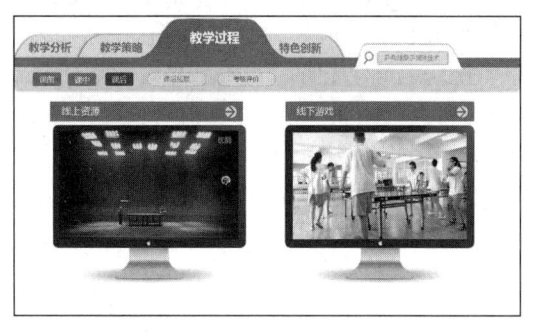

图 4-3-6 教学过程——课后拓展

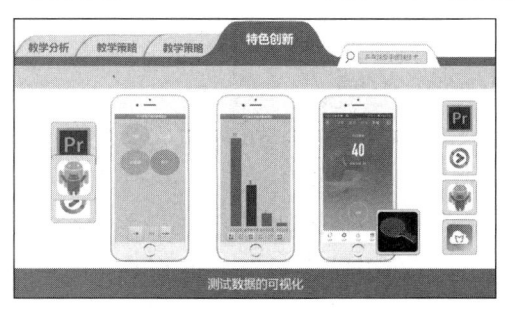

图 4-3-7 特色创新

### 4.3.2 专家评价

《跃动乒乓，灵动艺匠》选题新颖，突显工匠精神，把握时代脉搏，采用多种信息化手段，有效地突破了体育教学过程中的难点和痛点。任务驱动和分层教学贯穿整个教学过程，让不同层次的学生都能体验到课堂的快乐。

### 4.3.3 教学分析

**1. 课程分析**

通过对美发与形象设计专业人才培养方案和行业标准的分析，我们发现学生不仅要掌握基础理论和专业技能，而且要有良好的身体素质。经过对美发师的工作情况调查发现，他们需要长时间、高强度地集中注意力，站立的平均时间超过 10 小时/天，而且对手腕的柔韧性和手指的精细用力有特别的要求，这与"乒乓球基础"课程的目的和要求不谋而合。因此，本课程既能通过体育锻炼增强身体素质，提升体质水平，也能在一定程度上辅助专业技能的掌握，使人才培养目标能够有效地达成。

**2. 教材分析**

本课程内容选自"乒乓球基础"课程的配套教材《乒乓球教程》中的内容，并结合美发与形象设计专业人才培养方案，我们选取了第二章的第四节"乒乓球的反手拨球技术"作为本次课的教学内容，旨在提升学生的耐力，增强其手腕的柔韧性和上肢的灵活性，让学生养成体育锻炼的习惯，以降低美发师职业病的发生概率。

**3. 学情分析**

在专业起点方面，学生熟悉美发技能，由于长时间的站立和高强度的低头工作，容易产生颈椎和腰椎劳损。

在认知结构方面，学生已掌握反手拨球和正手攻球技术，但手腕的柔韧性和上肢的协调性较差，而且耐力有待加强。

在学习特点方面，学生想象力和创造力丰富，有很强的创新意识，对信息化教学具有很强适应能力，但容易喜新厌旧，注意力很难持久地集中。

**4. 教学目标**

一是让学生会打，初步了解和掌握反手拨球技术的知识。二是让学生能打，能按正确的动作结构完成反手连续拨球。三是让学生乐打，培养竞争意识和规则意识，提高团队协作能力。

**5. 教学重难点**

教学重点是调节拨球时手腕角度；教学难点是拨球动作的协调配合。

**6. 教学策略**

"策略主要针对问题"，而我们传统的乒乓球教学主要存在"手腕角度难体会""球的落点难控制""即时反馈难实现"这三方面的问题，因此，通过引入智能球拍、智能发球机和蓝墨云班课 App 等手段来解决以上问题。主要采用混合式教学，多种信息化技术贯穿课内外；采用任务驱动法和分层教学法，结合多种信息化资源，完成定点训练、智能拨球任务，有效地突破教学重难点。教学手段、教学方法及信息化手段如图 4-3-8、图 4-3-9 所示。

图 4-3-8 教学手段

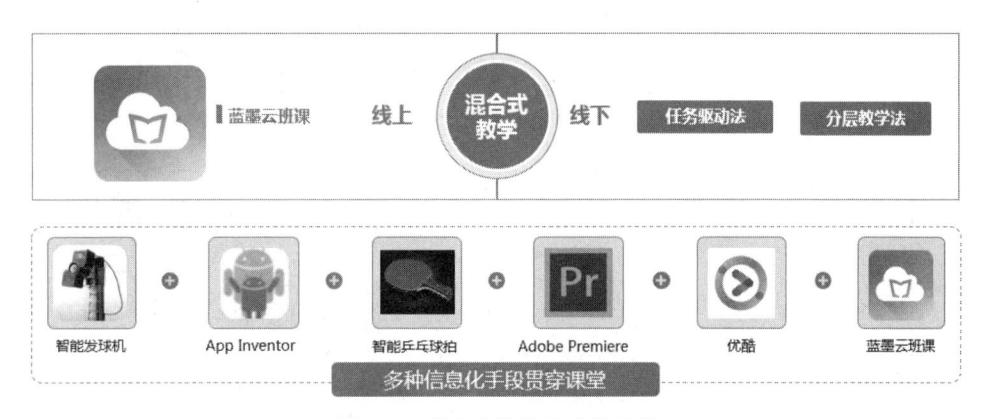

图 4-3-9 教学方法及信息化手段

### 4.3.4 教学设计与实施

| 课前模仿 | | | | |
| --- | --- | --- | --- | --- |
| 教学环节 | 教师活动 | 学生活动 | 队形与剪影 | 信息化手段 |
| 发布任务 | 在教学平台发布导学任务和微课。 | 1. 查阅任务内容及要求。<br>2. 观看微课。<br>3. 技术知识测试。 | | 蓝墨云班课 App |
| 模仿训练 | 查看平台视频或照片。 | 1. 模仿微课视频进行训练。<br>2. 拍摄视频或照片，并将其上传至平台。 | | 蓝墨云班课 App |

（续表）

| 分组测试 | 分析发球机测试数据 | 分局进行发球机测试 | | 智能发球机 |
|---|---|---|---|---|

课中探究

| 教学环节 | 教师活动 | 学生活动 | 队形与剪影 | 信息手段 |
|---|---|---|---|---|
| 视频导入<br>（5min） | 1. 组织学生集中观看视频。<br>2. 播放视频。 | 1. 体委集队，报告人数。<br>2. 听从指挥，认真观看。 | | 1. 微课视频。<br>2. 交互式一体机。 |
| 课上热身<br>（5min） | 1. 让全班根据场地大小依次散开。<br>2. 教师示范讲解，口令指挥。 | 1. 学生动作准确，充分活动。<br>2. 按节拍练习。 | | — |
| 多维讲解<br>（10min） | 1. 对三维仿真的动作进行分析。<br>2. 技术动作示范。<br>3. 讲解反手拨球动作的要领。 | 1.边听、边看、边思考，总结归纳技术的要点。<br>2.上台体验技术动作。 | | 三维动画 |

(续表)

| | | | | |
|---|---|---|---|---|
| 定点训练<br>（25min） | 1. 组织练习。<br>2. 巡回指导。<br>3. 及时纠错。<br>4. 展示评价。 | 1. 分层练习。<br>2. 个别展示。<br>3. 巩固练习。<br>4. 展示互评。 | | 1. 智能发球机。<br>2. App Inventor。 |
| 智能拨球<br>（25min） | 1. 播放音乐，调动激情。<br>2. 组织探究，适时评价。<br>3. 随时监控，有效督学。 | 1. 跟随音乐，进行律动。<br>2. 组内探究，协作训练。<br>3. 课堂展示，组间评价。 | | 1. 交互式一体机。<br>2. 智能球拍。 |
| 放松评价<br>（10min） | 1. 组织学生进行放松练习。<br>2. 总结本节课学习情况。<br>3. 布置作业。<br>4. 组织学生收还器材。 | 1. 跟教师进行放松练习。<br>2. 听教师讲评学习情况。<br>3. 体委组织学生收还器材。 | | 1. 蓝墨云班课。<br>2. 交互式一体机。 |
| 课后拓展 | | | | |
| 教学环节 | 教师活动 | 学生活动 | 队形与剪影 | 信息手段 |
| 课后拓展 | 1. 多维评价。<br>2. 体育考核。 | 1. 线上学习拓展资源。<br>2. 线下完成实战训练。 | | 蓝墨云班课 |

### 4.3.5 教学效果

**1.提高学生反手拨球的命中率**

与传统课堂对比,通过信息化课堂教学,学生反手拨球的命中率显著提高。如图 4-3-10 所示。

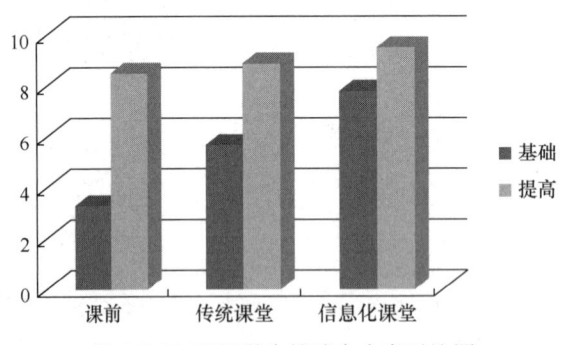

图 4-3-10 两组学生拨球命中率对比图

**2.提高学生美发专业技能**

通过乒乓球课堂的训练,有助于提高学生的手腕的灵活性,帮助学生在专业技能比赛上获得更好的成绩。如图 4-3-11 所示。

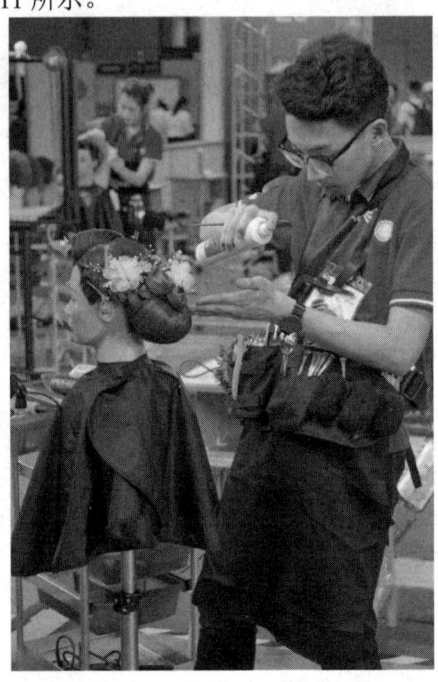

图 4-3-11 学生在专业技能竞赛的表现

### 4.3.6 特色与创新

**1. 示范讲解立体化**

利用三维动画和画中画技术,深度剖析教学重难点,全方位感知技术动作要领。

### 2. 测试数据可视化

利用 App Inventor 开发数据统计软件，实现课内外测试数据的即时统一，使教学更有针对性；利用智能球拍动态追踪连续回击次数，随时监控、适时评价、有效督学。

### 3. 体育考核一体化

利用蓝墨云班课平台，轻松地完成学习过程性评价，实现体育考核的课内外一体化。

#### 4.3.7 参赛教师感悟

从 2018 年 4 月接到市赛报名通知到 2019 年 2 月国赛成绩公布，历时 10 个月的比赛终于画上了句号。但是，留给我们内心的却是逗号，因为 2018 年早已成为了过去式，一切都从零开始，我们重新回归日常实践中，耐心地寻找新的突破口，巧妙地运用现代信息技术，优化整合信息资源，来攻克我们所遇到的难题和挑战。这次比赛值得我们反思的地方有很多，如团队的力量是关键所在，从单兵独立作战到团队成员的头脑风暴，从狭窄专业领域研究到跨学科跨专业的融合，从井底之蛙的闭门造车到专家教授的悉心指导，这些都离不开团队的协作精神。再比如，无数个不眠之夜的付出，终于换来济南胜利后流下的泪水。从市赛到省赛再到国赛，整个作品真的可以说是脱胎换骨，我们有时会为了专家的一句话而苦思冥想，怎样才能达到她所要求的高度和标准；有时会为了作品的细节而废寝忘食，一直奋战到理想的状态为止。让我体会最深的是：无论是市赛的激烈选拔、省赛的遴选淘汰，还是决赛前的准备，我们都在跟自己说，把它当作人生的最后一天，不要留下遗憾，尽量发挥出最好的自己。最后，我想借用"超级演说家"刘媛媛的一句话与大家共勉：每一个理想都值得你拿一生去拼命，人生这么短，我就选择做那种又盲目又热情的傻瓜，永远年轻，永远热泪盈眶，永远相信梦想，永远相信努力的意义！

## 4.4 2019 年广东省省赛一等奖作品《货币时间价值》——陈倩媚

### 4.4.1 案例展示

案例展示如图 4-4-1～图 4-4-11 所示。

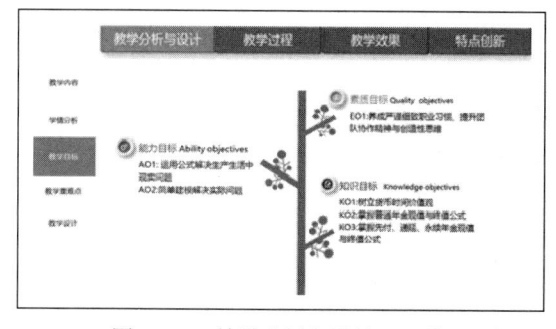

图 4-4-1 教学分析与设计——教学目标

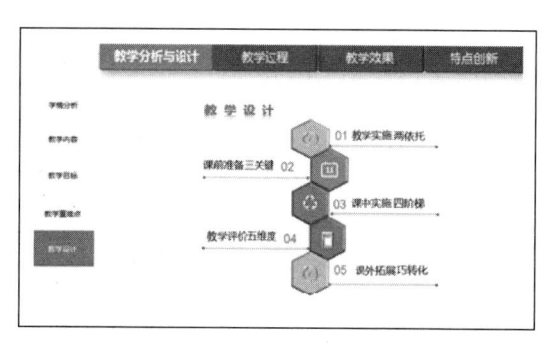

图 4-4-2 教学分析与设计——教学设计

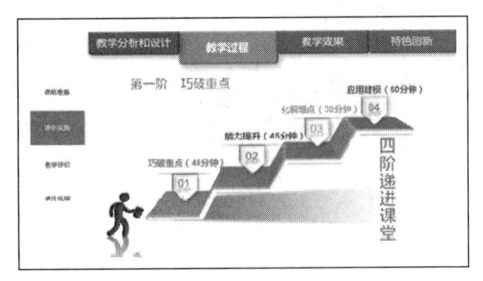

图 4-4-3　教学过程——四阶递进课堂

图 4-4-4　教学过程——分组教学

图 4-4-5　教学过程——游戏教学

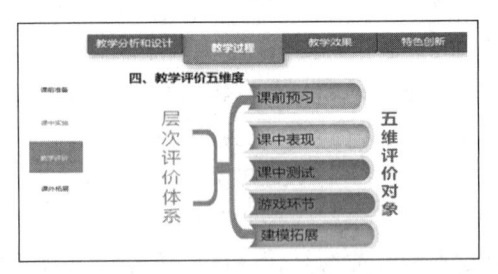

图 4-4-6　教学过程——教学评价维度

图 4-4-7　教学过程——课外拓展

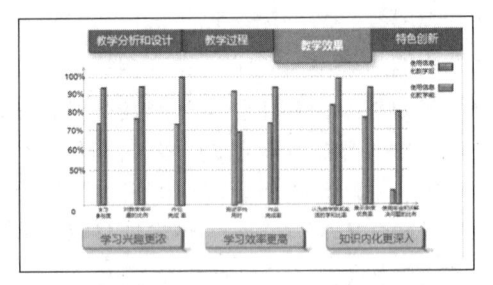

图 4-4-8　教学效果

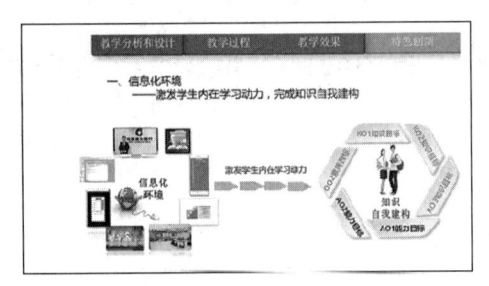

图 4-4-9　特色创新——信息化环境

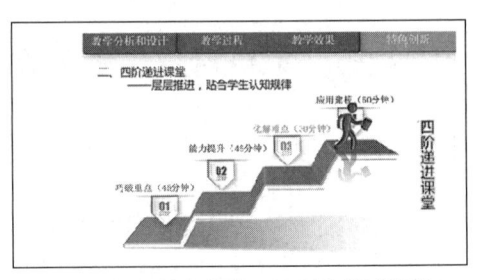

图 4-4-10　特色创新——四阶递进课堂

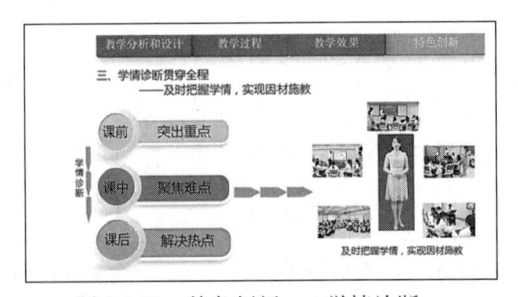

图 4-4-11　特色创新——学情诊断

## 4.4.2 专家评价

该案例基于 OBE 成果导向理念设计教学内容,将课程思政有机融合于教学过程,采用"教学实施两依托""课前准备三关键""课中实施四阶梯""教学评价五维度""课外拓展巧转化"等关键词设计教学策略并实施,引导学生完成知识的自我重构,达到教学目标。

## 4.4.3 教学分析

### 1. 教学背景

课程内容分析。货币时间价值在社会经济活动和金融业务中无处不在,无论是企业运营管理行为,还是个人投资行为,都会受货币时间价值作用的影响,因此投资和管理决策方案应考虑货币时间价值的净现值、终值、IRR 等指标。投资与管理主体都应当培养并应用货币时间价值的观念服务于经济活动,积极促进有限货币的有效利用,从而获得合理经济利益。

课堂思政要求。个人理财本身就是国家法律、政策、导向的微观体现。在讲授理财规划课程时,以学生原生家庭理财、未来家庭理财规划等为主题,让学生不仅能体会父母的艰辛,还能把自己的职业发展与国家发展紧密结合起来,在潜移默化中接受思想教育。

人才培养方案实施要求。当前,以学习者为中心的 OBE 成果导向理念在职业教育中得到广泛认同,开始应用于专业人才培养方案中,我们需要进一步将其落实到专业课程的课堂教学活动中。

### 2. 理财客户经理职业技能要求

对理财客户经理职业的技能要求包括:通过与客户沟通,了解客户在家庭财务方面存在的问题及理财方面的需求;根据客户的资产规模、生活目标、预期收益目标和风险承受能力进行需求分析,出具专业的理财规划方案,推荐合适的理财产品;通过调整存款、股票、债券、基金等金融工具所占的比重,达到帮助客户合理配置资产、保值增值的目的。

### 3. 学情分析

本知识点的授课对象对金融专业二年级学生,经过学情分析,了解其知识基础、技能现状及学习特点如下。

(1) 知识基础。学生已完成《经济学基础》《商业银行会计》《金融基础》等前置课程,已掌握货币基础知识和单利计算方法,了解利息的概念与产生的原因,了解货币时间价值的概念。

(2) 技能现状。熟练掌握单利计算方法,了解 TVM calculator App 的基本功能,初具 VBA 函数的操作经验,但缺乏必要的实战操练,难以根据给定的客户理财需要熟练应用 TVM calculator App 等理财计算工具。

(3) 学生特点。乐于接受移动学习的方式,可以利用碎片化时间对简单知识与技能进行学习,希望教师能提供自主探究的平台,渴望通过团队协作方式呈现学习成果。另一方面,这些学生的数学基础较薄弱,在学习本知识点时普遍反映公式晦涩难懂,存在"公式在手,难以应用"的学习困境。

### 4. 教学目标

针对学生特点及学习诉求,结合教学内容,确定教学目标如下。

知识目标（Knowledge Objectives）：建立货币时间价值的观念；掌握普通年金现值与终值的公式及计算方法；掌握先付、递延、永续年金现值与终值的公式及计算方法。

能力目标（Ability Objectives）：利用公式解决生产、生活中的现实问题；简单建模解决实际问题。

素质目标（Quality Objectives）：养成严谨细致的职业习惯、提升团队协作精神与创造性思维。

**5．教学重点、难点**

教学重点：掌握普通年金的现值与终值公式及计算方法。
教学难点：运用数学公式解决生产生活中的实际问题。

**6．参考资料**

教材：陶永诚，潘静波.《个人理财》（第二版）[M].高等教育出版社"十二五"职业教育国家规划教材）

教学标准：国际金融专业人才培养方案，《个人理财》课程标准、授课计划等。

### 4.4.4 教学设计与实施

**1．教学设计**

本知识点教学设计包括五个部分，如图 4-4-12 所示。

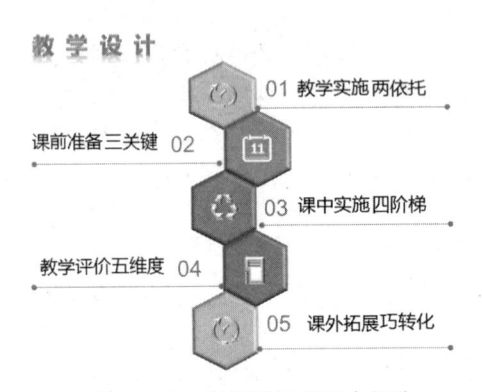

图 4-4-12　教学设计的五个部分

教学实施依托"对分易平台"与 MR 混合现实智慧课堂。

依托"对分易平台"构建资源空间、教师空间与学生空间。资源空间由丰富的颗粒化资源组成，包括微课库、游戏库、案例库、App 库、习题库等，方便教师根据授课需要灵活地组合资源。教师使用教师空间备课、发布任务，并与学生互动。学生通过学生空间开展线上线下学习，记录自身成长路线。

"MR 智慧课堂"由多屏显示、电脑、手机及多种信息化工具构成，营造出师生互动、生生互动、人机互动、机机互动的信息多向交互沟通空间。

以双平台为依托进行教学设计，包括课前准备三关键、课中实施四阶梯、课外拓展巧转化三大模块，其中课中实施共计四学时，由浅入深地逐步设定阶段性教学目标，如图 4-4-13 所示。

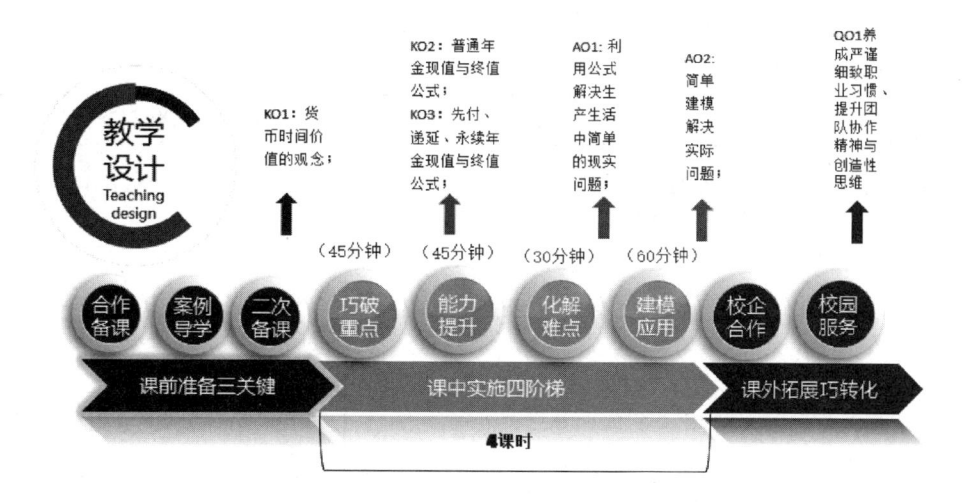

图 4-4-13 课时安排

**2. 信息化平台与工具**

在教学过程中,根据教学目标使用多种信息化平台与工具,充分突出学生的主体地位,具体为使用"对分易平台"实现一体化和碎片化学习设计;通过"MR 智慧课堂"实现信息多向交互沟通;通过"101 课堂软件"实现机机互动;使用 IRR(内部收益率)App 突破教学重点;使用理财 TVM calculator App 提升职场能力;通过"闯关游戏"化解学习难点;通过 VBA 函数工具帮助学生呈现学习成果。

**3. 教学方法**

课程组以"建构主义"为理论基础,基于"以学生为中心"的教学理论,在网络化泛在式学习的新模式下,合理使用案例教学法和任务驱动法等教学方法,如图 4-4-14 所示。

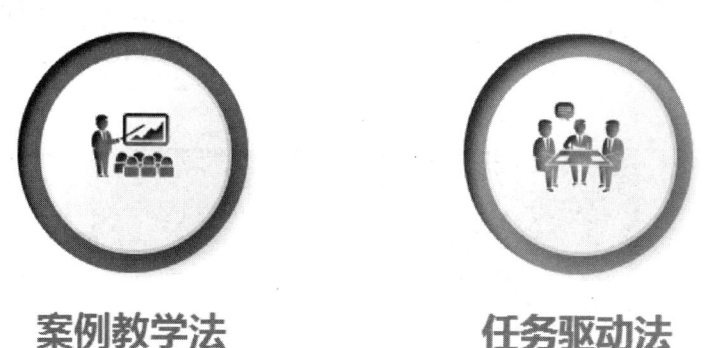

图 4-4-14 教学方法

以案例导入启动教学,以四个任务推动教学,四个任务具体如下。

任务 1——重破重点:分期付款实际年利率是多少?

任务 2——能力提升:推导先付、递延、永续年金公式。

任务 3——化解难点:利用公式解决租金、住房贷款、养老金、股票收益率四个实际问题。

任务 4——拓展应用:设计"住房贷款月供款"和"分期实际年利率"计算器。

## 4．教学实施过程

### （1）课前准备三关键

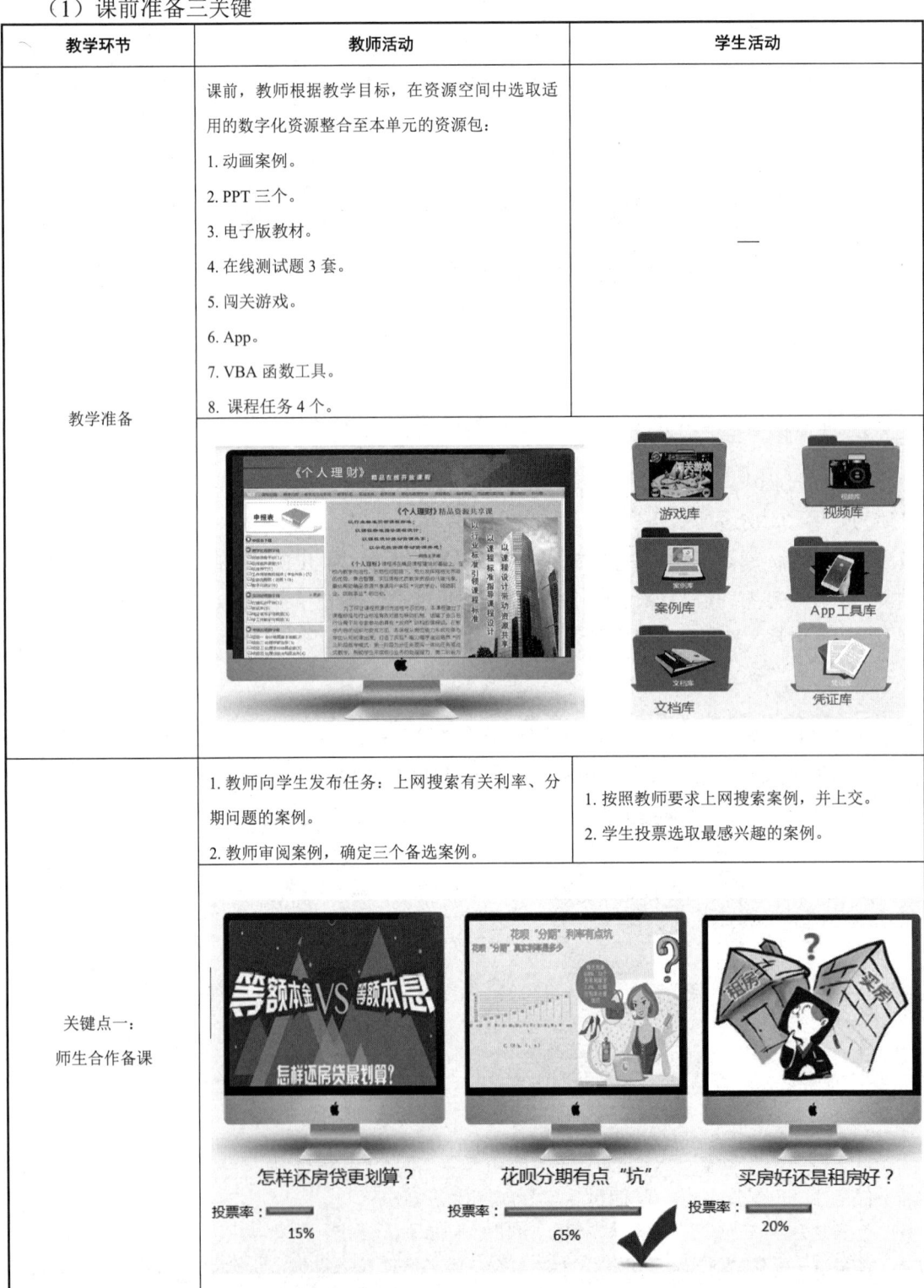

| 教学环节 | 教师活动 | 学生活动 |
|---|---|---|
| 教学准备 | 课前，教师根据教学目标，在资源空间中选取适用的数字化资源整合至本单元的资源包：<br>1. 动画案例。<br>2. PPT 三个。<br>3. 电子版教材。<br>4. 在线测试题 3 套。<br>5. 闯关游戏。<br>6. App。<br>7. VBA 函数工具。<br>8. 课程任务 4 个。 | — |
| 关键点一：<br>师生合作备课 | 1. 教师向学生发布任务：上网搜索有关利率、分期问题的案例。<br>2. 教师审阅案例，确定三个备选案例。 | 1. 按照教师要求上网搜索案例，并上交。<br>2. 学生投票选取最感兴趣的案例。 |

怎样还房贷更划算？ 投票率：15%

花呗分期有点"坑" 投票率：65% ✓

买房好还是租房好？ 投票率：20%

(续表)

| 教学环节 | 教师活动 | 学生活动 |
|---|---|---|
| 关键点二：<br>案例驱动，启动预习 | 1. 教师通过移动微课堂向学生发布预习任务，以师生共同选取的案例启动预习。<br><br>导入案例：花呗分期有点"坑"<br><br>实际年利率是7.2%吗？<br><br>2. 教师发布在线测试题。<br>3. 教师根据学生提交的问题清单进行在线答疑。<br><br>自主学习　　团队探究 | 1. 学生接收预习任务，观看案例。<br><br><br><br><br>2. 学生结合案例视频，根据任务清单进行分组讨论，形成问题清单。<br>3. 通过自学与团队讨论完成预习任务，并完成在线测试。 |
| 关键点三：<br>课前评测，二次备课 | 教师根据测试结果及互动空间的答疑情况，确定教学目标达成情况，并根据课前评测进行二次备课，调整教学内容，优化教学流程，重组教学资源。 | — |

(续表)

| 教学环节 | 教师活动 | 学生活动 |
|---|---|---|
| | 学情诊断 二次备课 → 调整教学内容 / 优化教学流程 / 重组教学资源 | |
| 达成教学目标 | 知识目标：<br>KO1：建立货币时间价值的观念；<br>KO2：初步认识普通年金。 | |

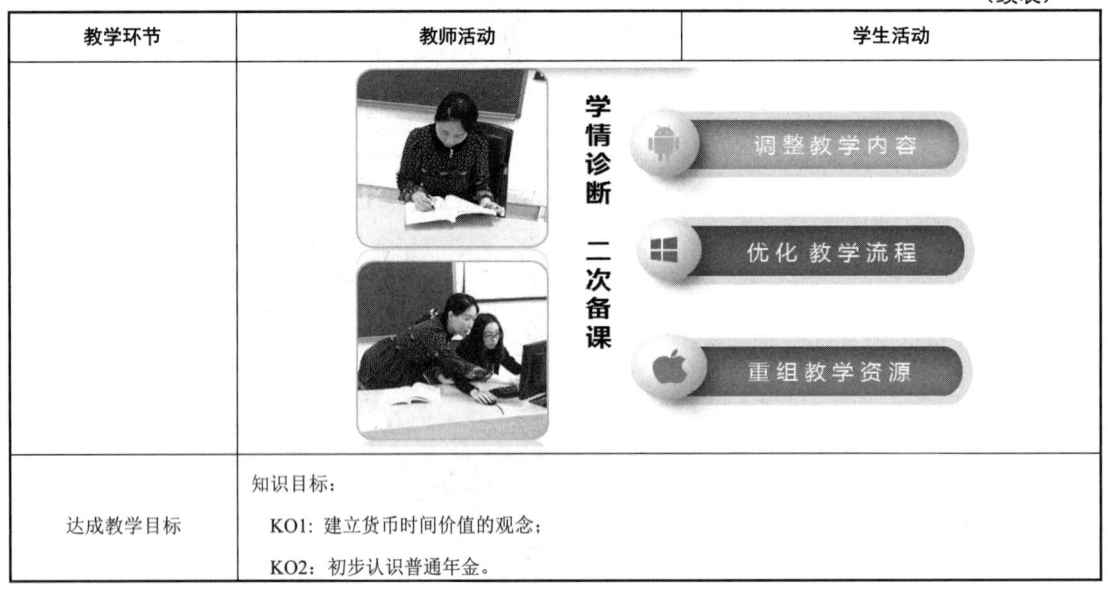

（2）课中实施四阶梯

四阶递进课堂如图 4-4-15 所示。

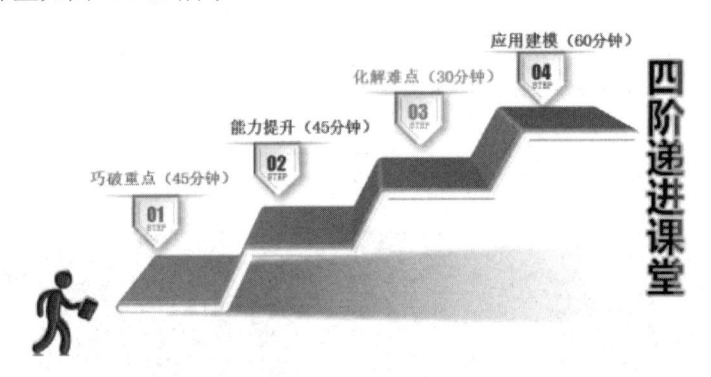

图 4-4-15　四阶递进课堂

| 教学环节 | 教师活动 | 学生活动 |
|---|---|---|
| 第一阶：巧破重点 | 1. 教师引导学生进行分组讨论，连线三位银行专家与学生进行交流互动。 | 1. 带着问题进入课堂，由小组代表陈述观点，列举问题。 |

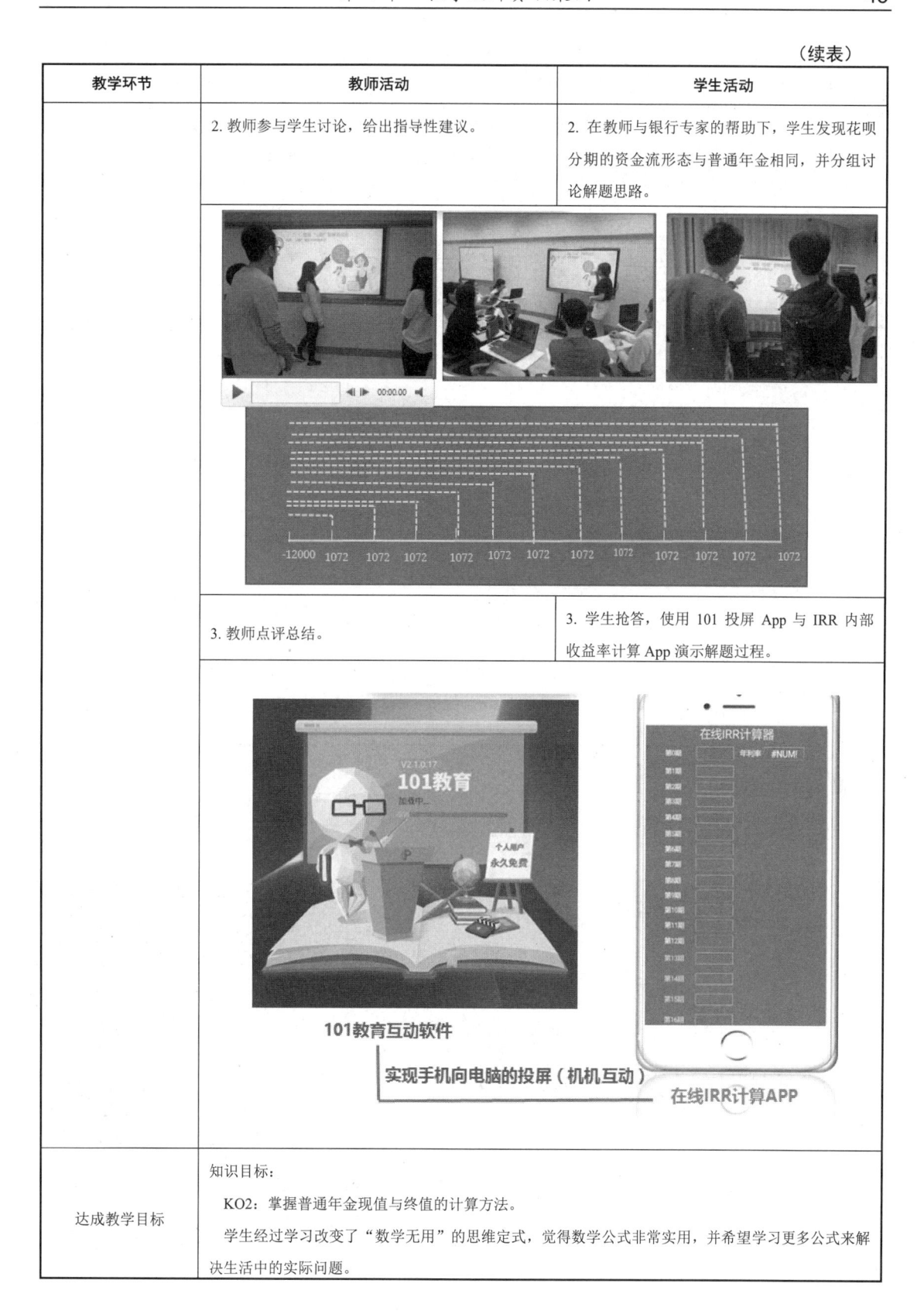

（续表）

| 教学环节 | 教师活动 | 学生活动 |
|---|---|---|
| | 2. 教师参与学生讨论，给出指导性建议。 | 2. 在教师与银行专家的帮助下，学生发现花呗分期的资金流形态与普通年金相同，并分组讨论解题思路。 |
| | 3. 教师点评总结。 | 3. 学生抢答，使用 101 投屏 App 与 IRR 内部收益率计算 App 演示解题过程。 |
| 达成教学目标 | 知识目标：<br>KO2：掌握普通年金现值与终值的计算方法。<br>学生经过学习改变了"数学无用"的思维定式，觉得数学公式非常实用，并希望学习更多公式来解决生活中的实际问题。 | |

| 教学环节 | 教师活动 | 学生活动 |
| --- | --- | --- |
| 第二阶：能力提升 | 教师在学生的浓厚兴趣中继续发布任务，引导学生在普通年金的基础上加以变形，推导出先付、递延、永续年金的图形与公式。 | 学生通过讨论、上网搜索资料、头脑风暴等方法，推导出三种年金的形态与公式，并由每个小组代表进行演示。 |
| 达成教学目标 | 知识目标：<br>KO4：掌握先付、递延、永续年金现值与终值的计算方法。<br>学生使用思维导图在普通年金的基础上，通过上网搜索、小组讨论等，推导出三种年金的公式与形态。 | |
| 第三阶：化解难点 | 1. 在学生学习了八种年金的公式后，教师发布具体金融案例，考查学生公式应用能力，后台显示得分情况不理想，进一步聚焦难点AO1。 | 1. 学生进行在线测试。存在着"公式在手，难以应用"的学习困境。 |

第 4 章　教学设计赛项案例　　47

（续表）

| 教学环节 | 教师活动 | 学生活动 |
| --- | --- | --- |
| | 2. 课程组开发趣味闯关游戏，锻炼学生应用公式的能力。 | 2. 学生在课余时间反复操作闯关游戏，大大提升了公式的应用能力。 |
| 达成教学目标 | 能力目标：<br>AO1：利用公式解决生产生活中的现实问题。 | |
| 第四阶：应用建模 | 1. 教师引入理财职场工具——TVM calculator App，通过投屏 App 演示使用步骤，随后教师发布案例任务，对学生进行课中测试，实时后台数据显示测试成绩良好。 | 1. 学生使用 TVM calculator App 在规定时间内答题。 |

(续表)

| 教学环节 | 教师活动 | 学生活动 |
|---|---|---|
|  | 2. 针对学生希望有成果展现的学习诉求，教师引导学生分析住房贷款的月供款和分期付款实际利率两个热门问题。 | 2. 学生接收任务，通过 VBA 函数工具进行推导建模，最后形成学习成果：房贷月供款计算器和分期付款实际年利率计算器。 |
|  | | |
| 达成教学目标 | 能力目标：<br>AO2：利用公式解决生产生活中简单的现实问题。<br>素质目标：<br>QO1：养成严谨细致的职业习惯，提升团队协作精神与创造性思维。 | |

（3）教学评价五维度

本知识点针对学生的课前预习、课中表现、课中测试、游戏环节、建模应用五维评价对象设计教学评价体系，如图 4-4-16 所示。

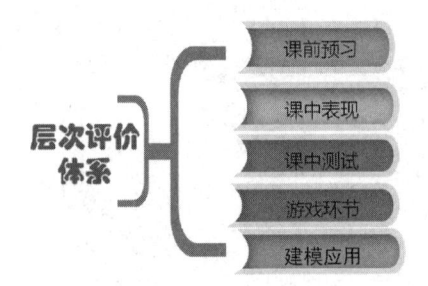

图 4-4-16　教学评价体系

以五维评价对象为一层指标，构建二层指标，具体做法是：根据二层指标依次收集学生在各环节中的得分，并将各得分乘以相应权重并汇集至一层指标，再由一层指标汇集得到学生总体的评价分数，如图 4-4-17 所示。

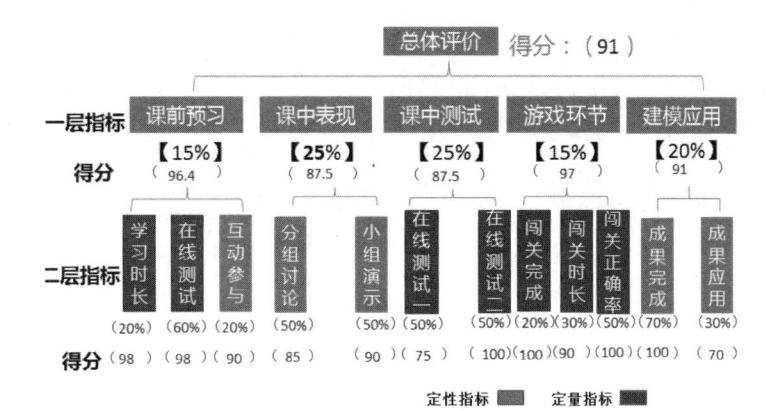

图 4-4-17  评价指标内容

（4）课外拓展巧转化

学生开发的分期付款实际年利率计算器被建设银行参考借鉴，银行给予了学生较高的评价。同时，学生将两个计算器上传至学院的金融服务中心公众号，提供给更多的人使用，增强了专业的社会服务力。如图 4-4-18 所示。

图 4-4-18  课外拓展

### 4.4.5  教学效果

**1. 教学目标的达成**

教师针对学生认知规律，依托"对分易教学平台"和"MR 智慧课堂"进行教学设计，由浅至深地设置阶段性教学目标，根据教学目标分步推送以下学习任务：

（1）课前预习，达成 KO1 知识目标；

（2）课中实施阶段，以动画案例驱动法突破 KO2 学习重点；

（3）使用多种信息化工具激发学生学习兴趣，驱动学生自主学习与团队探究的内在动力，引导学生自主达成知识、能力目标；

（4）针对知识目标 AO1 开发闯关游戏，巧妙化解难点，提高公式应用能力；

（5）引导学生使用 VBA 函数工具呈现学习成果，并将其应用于经营与社会服务，最终达成本知识点所有教学目标。

**2. 教师利用信息化手段，引导学生完成知识自我建构**

教师利用多种信息化手段进行导学，引导学生经历"疑、议、学、导、用"等认知环节，完成知识自我建构，并激发学生内在学习动力，突破重点、化解难点、解决热点，高效达成教学目标。多项统计数据表明使用信息化手段教学后，学生的学习兴趣更浓，学习效率更高，知识内化更深入。信息技术应用贯穿整个教学过程如图 4-4-19 所示。信息技术应用效果如图 4-4-20 所示。

图 4-4-19　信息技术应用贯穿整个教学过程

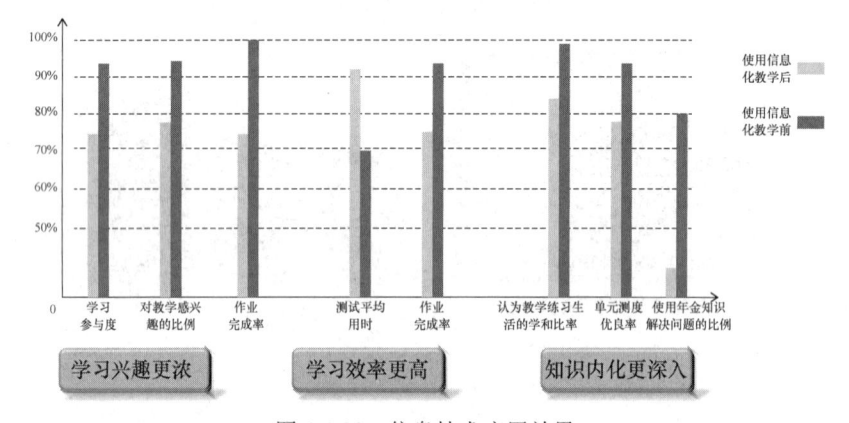

图 4-4-20　信息技术应用效果

### 4.4.6　特色与创新

（1）信息化环境——激发学生内在学习动力，完成知识自我建构，如图 4-4-21 所示。

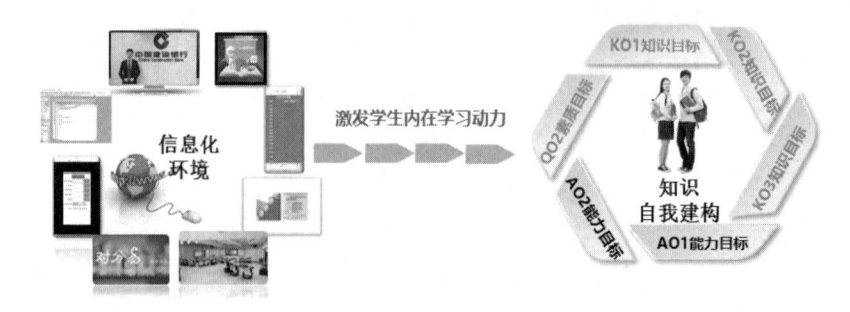

图 4-4-21　信息化环境

（2）四阶递进课堂——层层推进，符合学生认知规律，如图 4-4-22 所示。

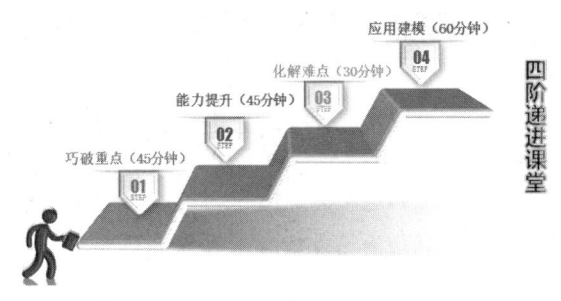

图 4-4-22　四阶递进课堂

（3）学情诊断贯穿全程——及时把握学情，实现因材施教，如图 4-4-23 所示。

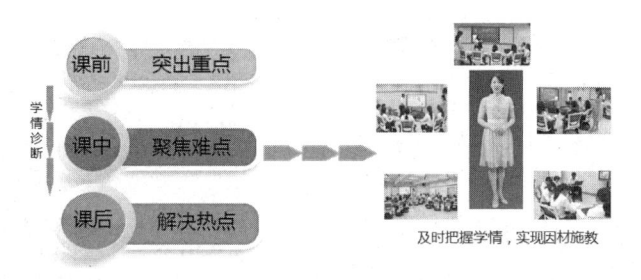

图 4-4-23　学情诊断

### 4.4.7　参赛教师感悟

在运用信息化技术辅助教学时，教师应着重考虑以下两方面：

一是使用信息化手段有效整合学生课前、课中、课余、课后的时间，实现碎片化学习、一体化设计，扩大学习时空，提高学生参与度及教师对教学过程的把控度。

二是利用信息化手段实现有效的因材施教，及时获取学生学习情况和学习效果，并有针对性地调整教学内容与教学思路，在教学过程中根据学生学习数据发现教学难点，并及时构思实施化解难点的策略。

## 4.5　2018 年广东省省赛一等奖作品《存货审计》——张奕奕

### 4.5.1　案例展示

案例展示如图 4-5-1～图 4-5-22 所示。

图 4-5-1　教学分析——教学背景

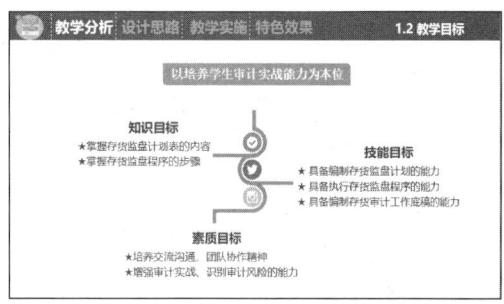

图 4-5-2　教学分析——教学目标

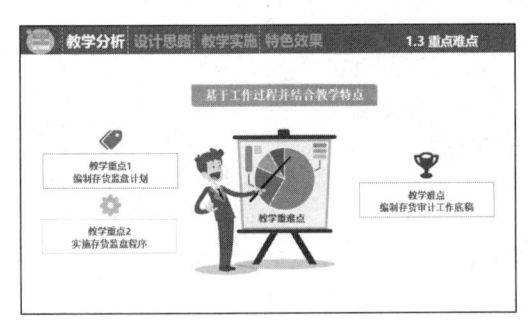

图 4-5-3　教学分析——重点难点

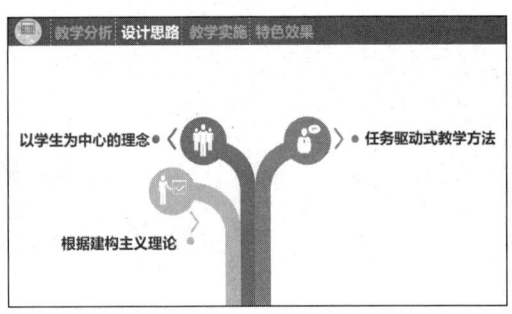

图 4-5-4　设计思路

图 4-5-5　设计思路——网络学习空间应用

图 4-5-6　设计思路——虚拟仿真系统应用

图 4-5-7　设计思路——审计教学软件应用

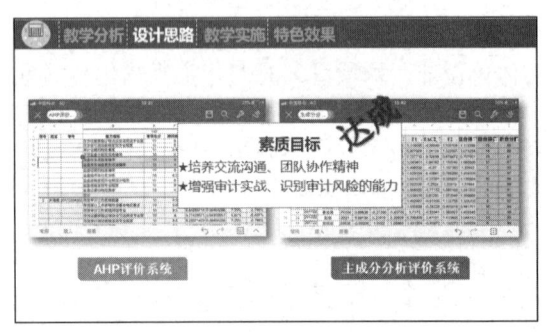

图 4-5-8　设计思路——AHP 评价系统应用

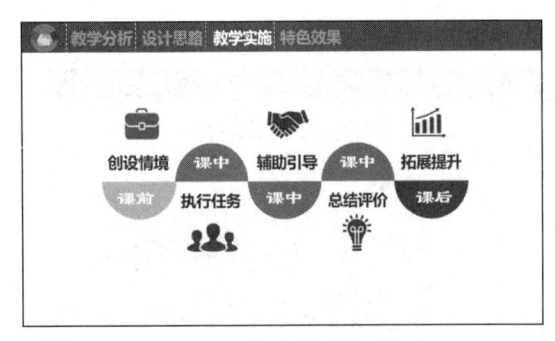

图 4-5-9　教学实施总体过程

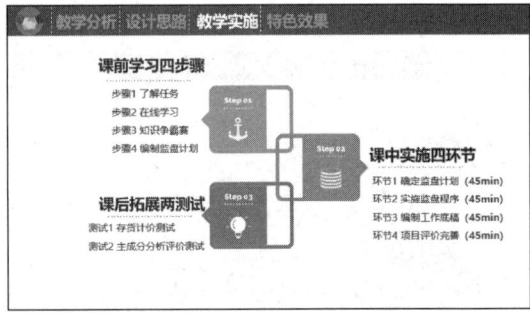

图 4-5-10　教学实施步骤

第 4 章　教学设计赛项案例

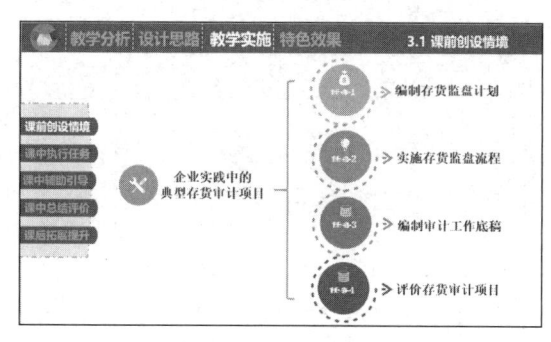

图 4-5-11　课前创设情境

图 4-5-12　课前信息技术手段应用

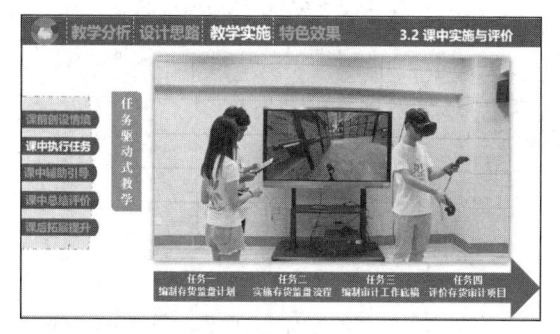

图 4-5-13　课中实施与评价一

图 4-5-14　课中实施与评价二

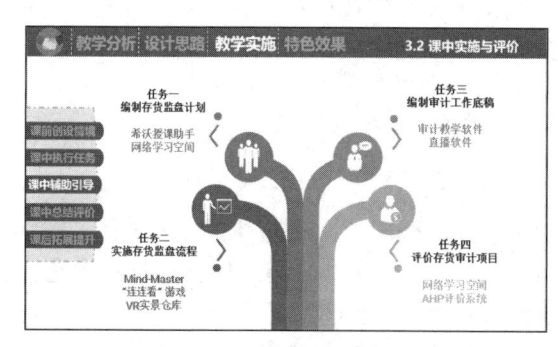

图 4-5-15　课中实施与评价三

图 4-5-16　课中实施与评价四

图 4-5-17　课后拓展提升一

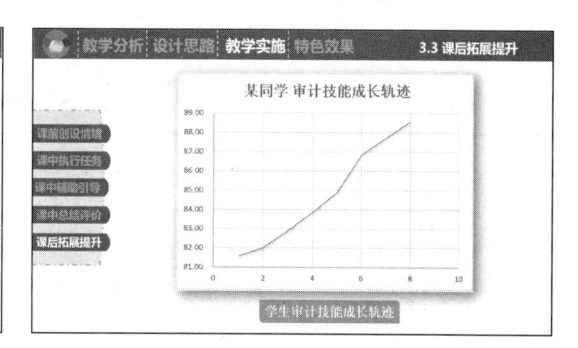

图 4-5-18　课后拓展提升二

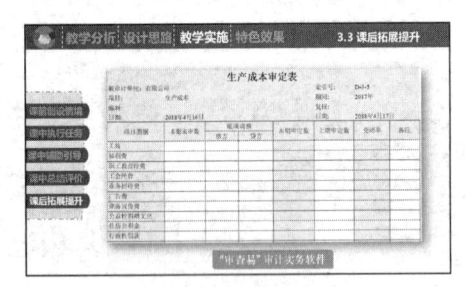

图 4-5-19　课后拓展提升三　　　　　　图 4-5-20　教学效果一

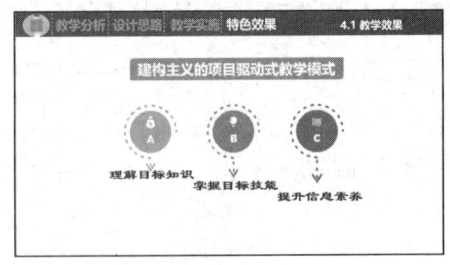

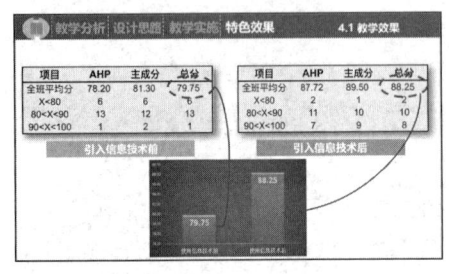

图 4-5-21　教学效果二　　　　　　　　图 4-5-22　特色创新

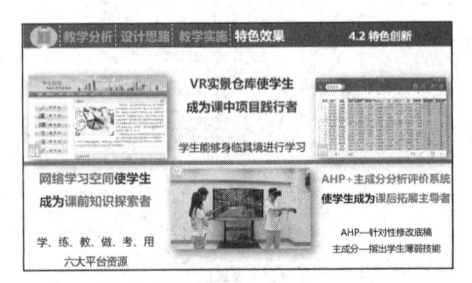

### 4.5.2　专家评价

该案例将岗位工作流程转换为学生直观可操作的学习任务，采用支架式教学策略，使用自主学习、小组讨论、案例分析及任务驱动等多种教学方法，依托网络学习空间让学生成为课前知识的探索者，利用 VR 实景仓库让学生成为课中项目的践行者，而 AHP 评价系统的设计则让学生成为课后拓展的主导者，充分体现了"以学生为中心"的教学理念。

### 4.5.3　教学分析

**1. 教学背景**

存货审计是指对存货增减变动及结存情况的真实性、合法性和正确性进行的审计。存货审计直接影响财务状况的客观反映，对于揭示存货业务中的差错弊端，保护存货的安全完整，降低产品成本和费用，提高企业经济效益等都具有十分重要的意义。

"存货审计"是会计、审计专业核心课程，"审计实务"中生产与存货循环审计教学单元的教学内容，也是比较难以理解的教学内容。本次课共计 4 学时，面向高职会计、审计专业三年级学生授课，授课地点位于多功能实训室。课程基本情况如表 4-5-1 所示。课程内容如图 4-5-23 所示。

表 4-5-1　课程基本情况

| 教学内容 | 存货审计 |
|---|---|
| 所属课程 | 审计实务 |
| 学时数 | 4 学时 |
| 授课班级 | 2016 级审计 1 班 |
| 授课地点 | 多功能实训室 |
| 使用教材 | 俞校明等，《审计实务》（第四版）．清华大学出版社（"十三五"职业教育国家规划教材） |

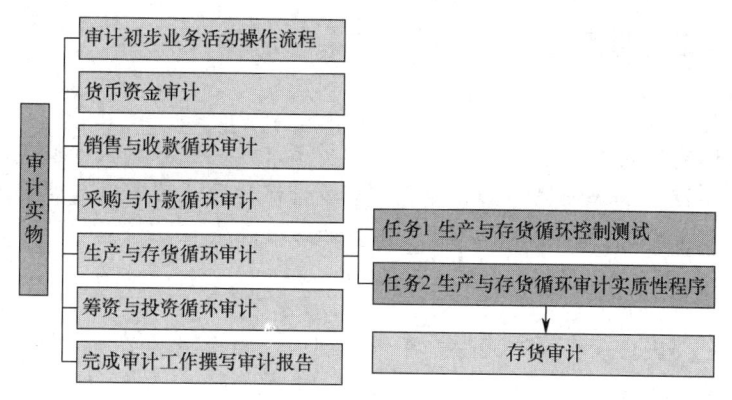

```
审计实物
├─ 审计初步业务活动操作流程
├─ 货币资金审计
├─ 销售与收款循环审计
├─ 采购与付款循环审计
├─ 生产与存货循环审计 ─┬─ 任务1 生产与存货循环控制测试
│                      └─ 任务2 生产与存货循环审计实质性程序
│                                              ↓
│                                           存货审计
├─ 筹资与投资循环审计
└─ 完成审计工作撰写审计报告
```

图 4-5-23  课程内容

**2. 学情分析**

授课对象为高职会计、审计专业大三的学生,他们经过前期系统的学习,已掌握存货控制程序及存货计价方法,但在执行存货监盘程序及编制工作底稿的能力上仍存在不足。

**3. 教学目标**

根据教学大纲,以培养学生审计实战能力为目标,确定本次课的教学目标如图 4-5-24 所示。

**知识目标**
★ 掌握存货监盘计划表的内容
★ 掌握存货监盘程序的步骤

**技能目标**
★ 具备编制存货监盘计划的能力
★ 具备执行存货监盘程序的能力
★ 具备编制存货审计工作底稿的能力

**素质目标**
★ 培养交流沟通、团队协作精神
★ 增强审计实战、识别审计风险的能力

图 4-5-24  教学目标

**4. 教学重点、难点**

基于工作过程并结合教学特点确定本次课的教学重点、难点如图 4-5-25 所示。

教学重点1  编制存货监盘计划
教学重点2  实施存货监盘程序
教学难点  编制存货审计工作底稿

图 4-5-25  教学重点、难点

### 4.5.4 教学设计与实施

**1. 教学策略**

本次教学采用支架式教学策略，将复杂的存货审计学习任务加以分解，建立存货审计的项目框架，让学生逐步进入项目情景、独立探索、合作学习、效果总结评价等环节。配合教学策略，使用自主学习法、案例分析法及任务驱动教学方法。

**2. 教学设计**

本次教学设计将岗位工作流程转换为学生直观可操作的学习任务，将教学设计分为以下六个环节，如图 4-5-26 所示。

图 4-5-26 教学设计

以模拟 ABC 有限公司的存货审计项目为导向，将任务拆分成多个子任务，学生分组协作进行审计，具体任务表如表 4-5-2 所示。具体教学过程如图 4-5-27 所示。

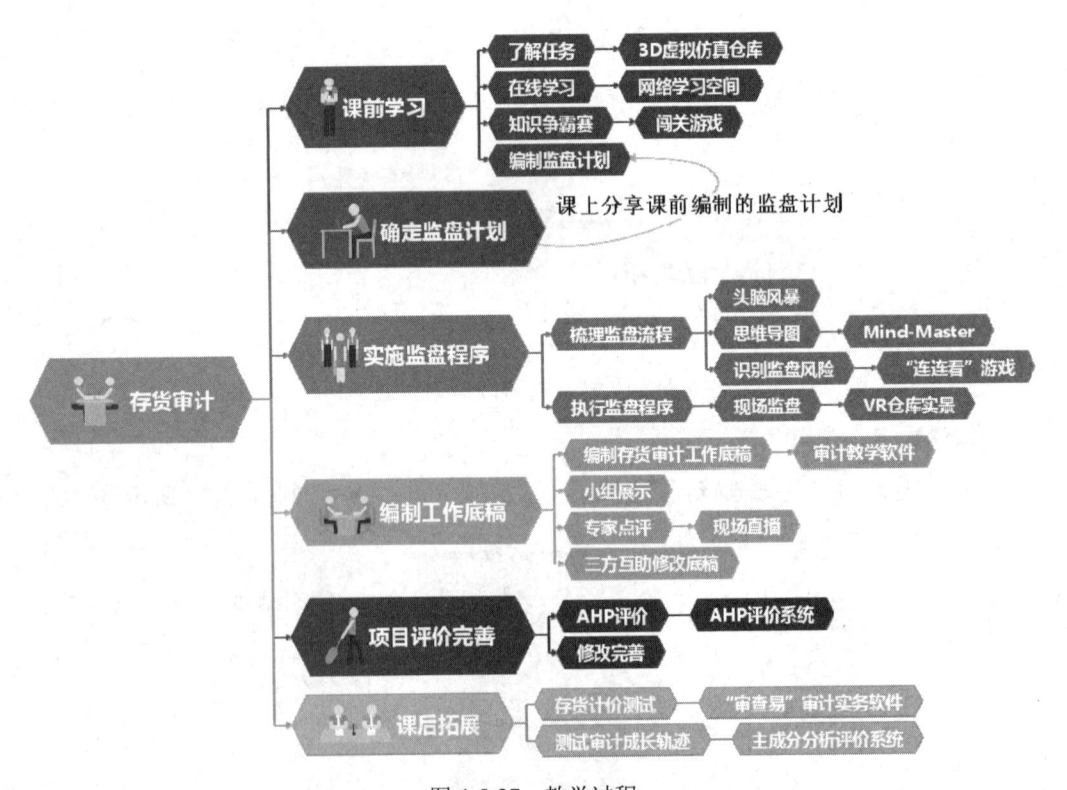

图 4-5-27 教学过程

表 4-5-2  任务表

| 教学内容 | 教学目标 | 学时分配 |
| --- | --- | --- |
| 任务 1 确定监盘计划 | 掌握存货监盘计划表的内容。<br>具备编制存货监盘计划的能力。 | 1 学时 |
| 任务 2 实施监盘程序 | 掌握存货监盘程序的步骤。<br>具备执行存货监盘程序的能力。<br>培养交流沟通与团队协作精神。 | 1 学时 |
| 任务 3 编制工作底稿 | 具备编制存货审计工作底稿的能力。<br>增强审计实战、识别审计风险的能力。 | 1 学时 |
| 任务 4 项目评价完善 | 评价存货审计程序及工作底稿编制情况。<br>增强审计实战、识别审计风险的能力。 | 1 学时 |

### 3．信息技术

本次教学设计利用信息技术有效解决教学重难点，以达成预设的教学目标，详情内容如下。

| 教学环节 | 信息技术 | 达到效果 |
| --- | --- | --- |
| 课前学习 | 网络学习空间、3D 虚拟仿真仓库、闯关游戏。 | 使学生成为课前知识探索者。 |
| 实施监盘程序 | Mind-Master、连连看游戏、VR 实景仓库。 | 使学生成为课中项目践行者。<br>解决教学重点、达成知识目标。 |
| 编制工作底稿 | 审计教学软件、现场直播。 | 解决教学难点、达成技能目标。 |
| 项目评价完善 | AHP 评价系统。 | 客观评价学生审计程序及底稿，给予学生有针对性的修改意见。 |
| 课后拓展 | "审查易"审计实务软件、主成分分析评价系统。 | 达成素质目标、标识审计技能成长轨迹。 |

### 4．教学实施

（1）课前学习

| 教学环节 | 教师活动 | 学生活动 |
| --- | --- | --- |
| 项目准备 | 【发布学习动态地图】<br>1. 利用网络学习空间发布学习动态地图；<br>2. 在线对学生学习情况进行分析；<br>3. 在线对学生提交的存货监盘计划进行检查。 | 1. 接收学习动态地图，根据地图指示进行课前学习；<br>2. 登录网络学习空间下载项目任务；<br>3. 读取任务后，利用 3D 虚拟仿真仓库了解项目任务；<br>4. 登录网络学习空间的学、练、教、做、考、用六大学习平台进行在线学习；<br>5. 进行知识争霸赛闯关游戏；<br>6. 以小组为单位编制项目任务的存货监盘计划并将其上传至网络学习平台上。 |

(续表)

| 信息化技术及资源 |
| --- |
| ★ 1. 学习动态地图：为学生课前预习指明路径。<br>★ 2. 3D 虚拟仿真仓库：让学生更为深入地了解项目任务。<br>★ 3. 网络学习空间：使学生成为课前知识探索者。<br>★ 4. 知识争霸赛：促使学生为登榜首而不断加强知识点的学习。 |

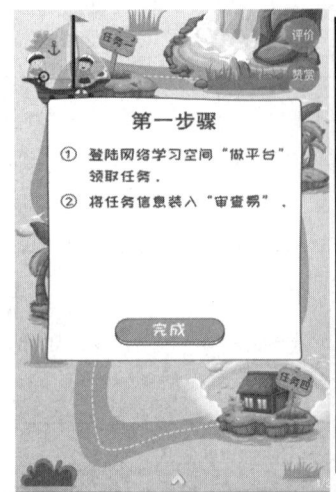

**教学效果**

引入信息技术后，学生课前学习路径更为明确，学生课前知识储备更具指向性，学生获取知识的主观能动性有了大幅度地提高。

## （2）课堂实施

| 教学环节 | 教师活动 | 学生活动 |
| --- | --- | --- |
| 确定监盘计划<br>（45min） | 【分析课前学习情况】<br>教师分析课前学习情况数据列表，评选"课前探索王"（10min）。 | 学生获取自己课前的学习数据。 |
| | 【点评学生分享的作品】<br>引导学生全面认识监盘计划（20min）。 | 学生以小组为单位，分享课前编制的存货监盘计划。 |
| | 【开拓审计思维及风险意识】<br>引导学生以小组为单位，分析案例中的存货监盘计划的风险领域（15min）。 | 以小组协作的方式分析案例中存货监盘计划的舞弊错报情况，开展交流讨论，归纳监盘计划编制中常见的风险现状。 |

(续表)

| 信息化技术及资源 |
|---|
| ★ 1. 希沃授课助手：学生使用移动端进行投屏，将作品展示在教室屏幕上。 |
| ★ 2. 网络学习空间（教平台）：通过对风险案例的讨论使学生提高存货审计风险意识。 |

**教学效果**

引入信息技术后，学生能够便捷地将小组成果进行展示，并能轻松获取多个存货审计相关的风险案例，强化风险意识，拓展审计思维，解决教学重点 1。

| 教学环节 | 教师活动 | 学生活动 |
|---|---|---|
| 实施存货监盘程序（45min） | 【头脑风暴】<br>教师通过头脑风暴的方式帮助学生理清存货监盘流程（5min）。 | 学生进行头脑风暴，梳理存货监盘流程。 |
| | 【连连看游戏】<br>引导学生进行连连看游戏，进一步拓展监盘流程风险（5min）。 | 学生进行连连看游戏，提高审计风险意识。 |
| | 【VR 实景仓库监盘】<br>教师提供 VR 存货资源，引导学生以小组为单位，现场执行存货监盘程序（35min）。 | 以小组协作方式对比课前提供的存货台账信息，VR 存货信息，进行实地监盘，查找存货舞弊风险。 |

| 信息化技术及资源 |
|---|
| ★ 1. Mind-Master：帮助学生梳理存货监盘流程，使学生对监盘流程及风险有了全面的认识。 |
| ★ 2. 连连看游戏：进一步拓展监盘流程风险，提高学生审计风险意识。 |
| ★ 3. VR 实景仓库：使学生能够身临其境地进行学习，现场执行监盘程序，提高审计实战能力。 |

**教学效果**

引入信息技术后，学生能够清晰地理解、掌握存货监盘程序，拓展监盘风险意识，通过 VR 实景仓库资源，学生身临其境地进行现场监盘，提高审计实战能力，解决教学重点 2，知识目标全部达成。

（续表）

| 教学环节 | 教师活动 | 学生活动 |
|---|---|---|
| 编制审计工作底稿（45min） | 【引导学生编制工作底稿】<br>教师引导学生在审计教学软件中编制审计工作底稿（25min）。 | 学生登录审计教学软件，根据步骤提示编制存货审计工作底稿。 |
| | 【点评学生展示的工作底稿】<br>教师连同专家一并点评学生编制的工作底稿（15min）。 | 1. 学生展示小组编制工作底稿。<br>2. 教师及专家点评学生工作底稿。 |
| | 【学生修改工作底稿】<br>指导学生对底稿进行修改完善（5min）； | 学生根据教师、专家的意见对底稿进行修改完善 |
| 项目评价完善（45min） | 引导学生运用 AHP 评价系统进行自评和互评（15min）。<br>根据 AHP 评价系统后台数据，有针对性地点评学生方案（30min）。 | 1. 学生运用 AHP 评价系统进行自评与互评。<br>2. 听取教师点评，并根据教师点评修改完善工作底稿。 |
| 信息化技术及资源 | | |

★ 1. 审计教学软件：为学生编制工作底稿提供平台，并给出步骤提示，指引学生完成工作底稿的编制。

★ 2. 直播软件：连接课堂场景及工作场景，使得企业专家能够参与到课堂教学中，教师、专家、学生三方互助完成存货审计任务。

★ 3. AHP 评价系统：为学生提供直观的数据，针对审计程序及底稿提出针对性修改意见。

(续表)

| 教学环节 | 教师活动 | 学生活动 |
|---|---|---|
| | (AHP评价表截图) | |

**教学效果**

引入信息技术后,学生能够根据指引进行存货审计工作底稿编制,提高了审计实战能力。现场连线专家能够让学生对审计错漏及时得到修正及反馈,连接教学现场及工作现场,突破难点,技能目标全部达成。

## (3) 课后拓展

| 教学环节 | 教师活动 | 学生活动 |
|---|---|---|
| 课后拓展 | 拓展1:教师提供拓展任务并在线对学生拓展任务完成情况进行分析;<br>拓展2:教师利用主成分分析评价系统,对学生的成长轨迹进行测试,结合AHP评价分数,得出学生学习全过程分数。 | 学生登录"审查易"审计实务软件完成拓展任务,并将结果上传至网络学习空间;<br>学生获取自己的审计技能成长轨迹,有针对性地加强技能训练。 |
| 信息化技术及资源 | | |

★ 1. 网络学习空间:为学生提供了充分的拓展资源,学生可根据自己薄弱环节选择拓展任务进行训练;

★ 2. "审查易"审计实务软件,为学生的拓展任务提供底稿编制平台,提高了学生的审计实战能力;

★ 3. 主成分分析评价系统:为学生提供审计技能成长轨迹,学生可获知自己审计技能欠缺部分,并对其进行针对性训练。

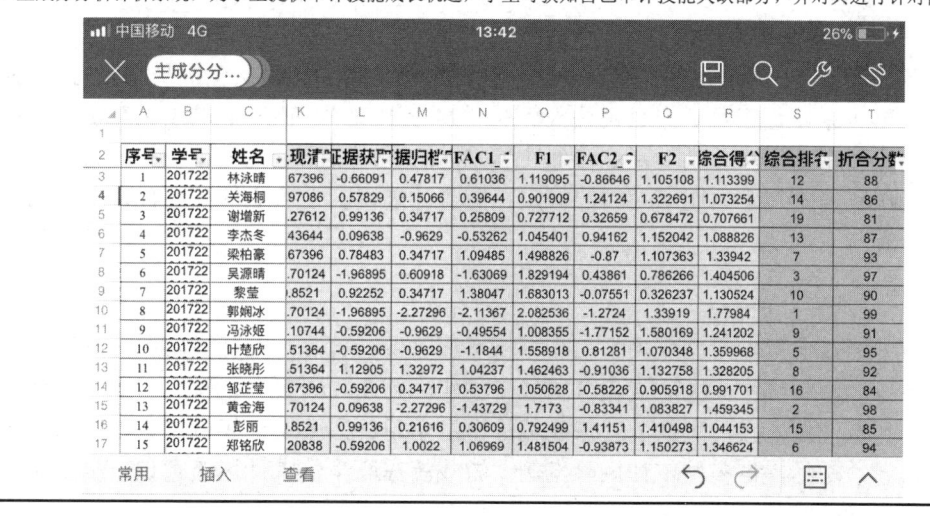

(续表)

**教学效果** 引入信息技术后，学生能够根据自身审计技能缺陷，选择课后拓展任务有针对性地进行审计技能训练，促使学生课后积极参与拓展任务学习，达成全部素质目标。

引入信息技术前

| 项目 | AHP | 主成分 | 总分 |
|---|---|---|---|
| 全班平均分 | 78.20 | 81.30 | 79.75 |
| X<80 | 6 | 6 | 6 |
| 80<X<90 | 13 | 12 | 13 |
| 90<X<100 | 1 | 2 | 1 |

引入信息技术后

| 项目 | AHP | 主成分 | 总分 |
|---|---|---|---|
| 全班平均分 | 87.72 | 89.50 | 88.25 |
| X<80 | 2 | 1 | 2 |
| 80<X<90 | 11 | 10 | 10 |
| 90<X<100 | 7 | 9 | 8 |

### 4.5.5 教学效果

**1. 知识目标实现情况**

学习平台的"课前检测"中对存货内部控制流程、存货成本计价、存货监盘计划、监盘认知的测验练习的数据结果进行显示，正确率高达 92%，说明学生较好地掌握该部分知识。再者，"考平台"中对存货审计的考试的数据结果进行显示，正确率高达 91%，说明学生很好地掌握了存货监审计的程序选择，实现了知识目标。

**2. 技能目标达成情况**

根据存货审计 AHP 评价系统及主成分分析评价系统结果显示，全班平均分为 88 分，其中有 2/5 的学生审计程序及工作底稿达到优秀（90 分以上），有 3/4 的学生在访谈交流用于专业性、审计程序充分性、风险判定合理性等方面的审计技能呈现增长轨迹。另外，存货审计程序及工作底稿受到企业技术人员的肯定。监盘计划编制、监盘程序执行、工作底稿编制技能目标达成。

**3. 素质目标培养情况**

课前学生通过自主学习完成项目初步分析及通过课前检测。在任务实施过程中，学生均以小组为单位，团队协作，共同交流分析项目的实际问题，研究寻找解决问题的思路，最终做出令教师、企业技术人员满意的工作底稿。自主学习、团队协作等方式可以增强学生的实践能力；再者，教师提供多种审计风险案例、游戏等提高学生审计风险意识，学生通过小组讨论、头脑风暴等方式，完成风险识别任务，素质目标达成情况较好。

### 4.5.6 特色与创新

#### 1. 网络学习空间使学生成为课前知识探索者

网络学习空间由学习过程空间及学习交流空间组成，学习过程空间包括学、练、教、做、考、用六大平台资源，而学习交流空间则包括企业交流、学习交流及网站交流等。除了计算机端，学生也可通过手机端完成网络学习空间的知识点资源学习。资源包括微课资源库、风险案例库、项目实训库、考练检测库等，学生可以随时随地进行课前学习，使学生成为课前知识探索者。

#### 2. VR 实景仓库使学生成为课中项目践行者

教师提供 VR 实景仓库资源，学生配合存货台账、存货财务账、审计软件等信息化手段，使学生身临其境地进行学习，实践存货监盘全过程，为了提高学生的风险识别能力，教师将存货错报设置在 VR 资源及存货台账中，提高了学生的审计实战能力，使其成为课中项目践行者。

#### 3. AHP 及主成分分析评价系统使学生成为课后拓展主导者

教师通过课堂项目实训，学生已掌握了 AHP 评价系统的使用方法，因此在课后拓展项目的评价中，学生可自行对拓展项目实施情况进行自检并有针对性地修改、完善。另外，教师通过主成分分析评价系统发布学生审计技能的成长轨迹，学生通过轨迹图可得知自己审计技能的薄弱环节，因此可针对性地选择课后拓展项目对自身薄弱技能进行训练，使学生成为课后拓展主导者。

### 4.5.7 参赛教师感悟

本课程根据建构主义理论，采用以学生为中心的理念，使用任务驱动式教学方法，利用网络平台，构建人人皆学、处处能学、时时可学的网络学习空间，形成线上线下有机结合的网络化泛在学习模式，突出教学重点 1，达成知识目标；利用 3D 虚拟仿真仓库、VR 实景仓库创设情境，小组协作解决教学重点 2，审计教学与实务软件提升技术技能水平，突破教学难点，达成技能目标，AHP 及主成分分析评价系统用于展开"多维度"评价，提升学生信息素养，达成素质目标。

教学实施过程依据课前创设情境，课中执行任务、辅助引导、总结评价及课后拓展提升的思路进行设计，分为课前学习四步骤，课中实施四环节及课后拓展两测试。

课前创设情境。教师选取企业实践中的存货审计项目进行教学，将典型岗位工作流程转换为学生直观可操作的四个任务。根据任务需求，教师发布课前学习动态地图引导学生自学，学习过程空间提供学、练、教、做、考、用六大平台资源，学习交流空间用于答疑互动，协助学生自学，知识争霸赛为了竞争促学，3D 虚拟仿真仓库创设情境用于开展线上线下混合式教学。

课中项目实施与评价。首先，执行任务。课中主要由学生以小组为单位协作完成存、货、审、计四个任务，教师引入 VR 实景仓库等信息化手段，使学生在创设的情境中执行项目，展开任务驱动式教学。其次，辅助引导。在任务驱动教学过程中，教学活动的主导权由教师转移到了学生，因而，教师引入多种信息化手段，辅助引导学生完成项目任务。最后，总结评价。教师导出网络学习空间的全过程评价数据，并将其装入 AHP 评价系统进行数据分析，对学生执行的存货审计程序进行精准评估。

课后拓展提升。教师引入主成分分析评价系统，追踪学生审计技能成长轨迹，有助于学生了解自身审计技能薄弱点，并于课后选取拓展任务，在审计实务软件中进行针对性锻炼提升。

本课程依托网络学习空间，使学生成为课前知识探索者，VR 实景仓库，使学生成为课中项目践行者，AHP 及主成分分析评价系统使学生成为课后拓展主导者，有效转换了学生学习的地位，实现了基于项目和协作的信息化学习。

## 4.6　2018 年广东省省赛一等奖作品《花境的建植》——汤慧敏

### 4.6.1　案例展示

案例展示如图 4-6-1～图 4-6-18 所示。

图 4-6-1　教学分析——教学目标

图 4-6-2　教学分析——教学重难点

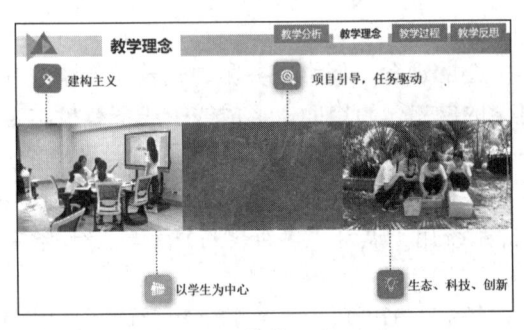

图 4-6-3　教学理念

图 4-6-4　教学分析——信息技术应用

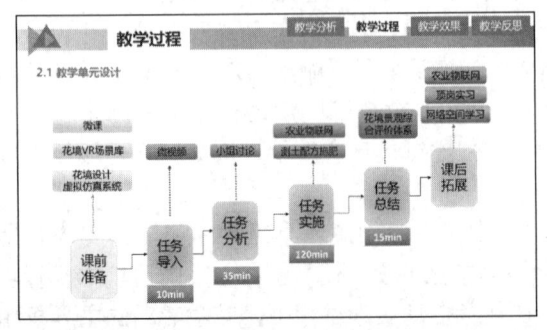

图 4-6-5　教学过程——教学单元设计

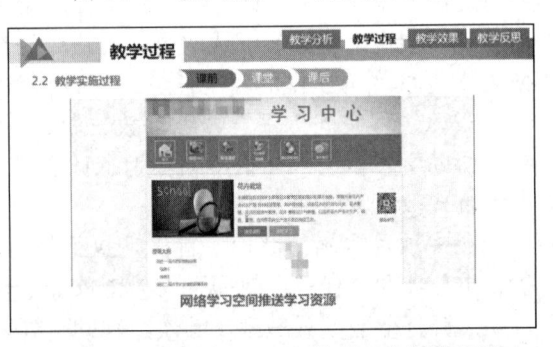

图 4-6-6　教学过程——网络学习空间的使用

图 4-6-7　教学过程——虚拟仿真系统的使用 　　　　图 4-6-8　教学过程——微课教学资源

图 4-6-9　教学过程——任务导入 　　　　图 4-6-10　教学过程——小组讨论

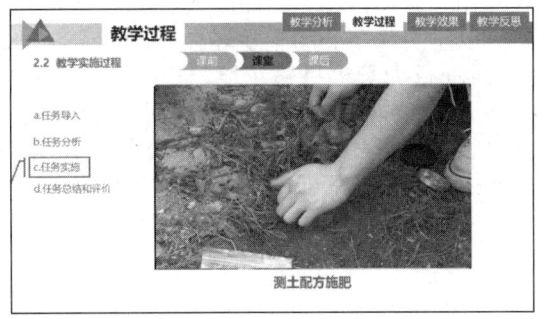

图 4-6-11　教学过程——测土配方施肥 　　　　图 4-6-12　教学过程——仪器的使用

图 4-6-13　教学过程——植物栽植 　　　　图 4-6-14　教学过程——小组互评

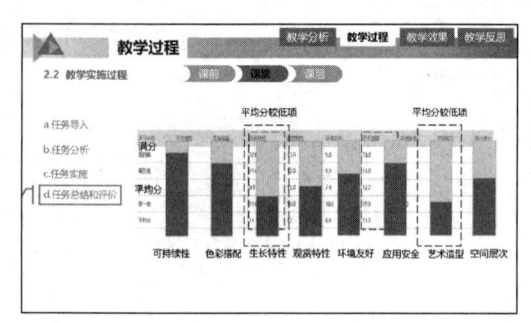

图 4-6-15　教学过程——任务总结和评价

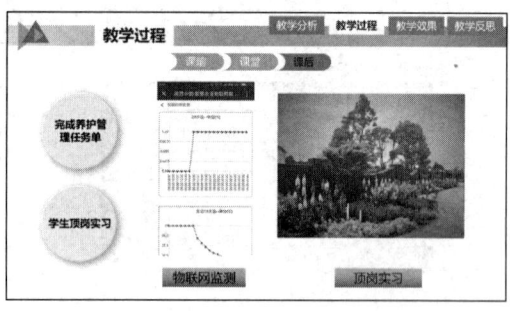

图 4-6-16　教学过程——课后拓展

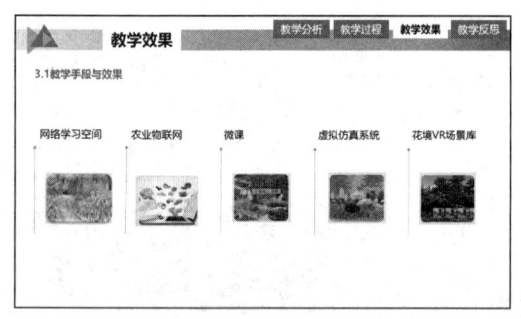

图 4-6-17　教学效果——信息技术应用

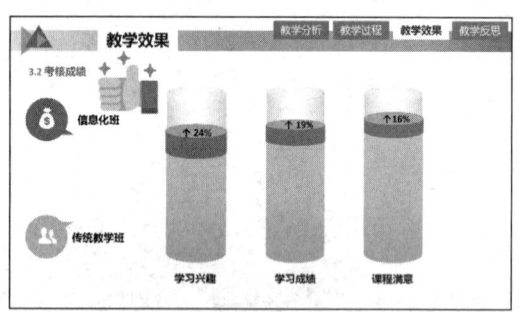

图 4-6-18　教学效果——考核成绩

### 4.6.2　专家评价

该案例选取新农村建设中乡村环境美化的内容作为教学内容，紧跟时代要求，服务于乡村振兴战略，具有较强的时代感。基于成果导向、以学生为中心的教学理念，采用"项目引导、任务驱动"的教学方法，以校园绿化改造升级项目为契机搭建花境，任务实施中融入"生态、科技、创新"的现代园艺生产理念，合理使用多种信息化教学手段辅助教学，培养学生的专业技能；同时，依托学习任务，着力培育学生吃苦耐劳、生态高效、精耕细作的农业工匠精神，也为培养企业生产一线所需的高素质劳动者打好基础。

### 4.6.3　教学分析

#### 1. 教学背景

花境是模拟自然界中林地边缘多种野生花卉交错生长的状态，运用艺术手法制作而成的一种植物造景方式。外轮廓多为狭长带状式，广泛应用于路边、林下，是最为常见的花卉室外应用形式之一，是现代园林绿化美化、生态造景的重要内容，也是新农村建设中乡村环境美化的常用造景手法。我校园艺技术专业人才培养目标明确提出：培养理念先进、紧贴产业一线，实践能力突出，能从事现代园艺生产的高素质劳动者和技术技能人才。对接的职业岗位包括：景观施工员、园艺师、农业技术员。"花卉栽培"课程标准提出：能根据季节、位置和环境进行花卉的景观设计和建植。根据专业人才培养目标，结合课程标准确定"花境的建植"课程任务。

#### 2. 教学理念和方法

基于成果导向、以学生为中心的教学理念，采用"项目引导、任务驱动"的教学方法，以校园绿化改造升级项目为契机搭建花境，任务实施中融入"生态、科技、创新"

的现代园艺生产理念,合理使用多种信息化教学手段辅助教学,培养学生能够根据不同的外界环境合理选择植物,以及科学建植花境的专业技能。同时,依托学习任务,着力培育学生吃苦耐劳、生态高效、精耕细作的农业工匠精神,也为培养企业生产一线所需的高素质劳动者打好基础。

### 3. 教学内容

"花境的建植"是园艺技术专业核心课程"花卉栽培"的教学内容,培养学生对花卉的识别、应用和造景技能,为企业生产一线所需的花卉园艺师、园林绿化工打好基础。选用"十三五"职业教育国家规划教材,结合国家规范,参考花境建植新理念和新技术,对授课内容重新整合。课前确定施工方案,课堂开展花境建植,将建植任务分为"种植床整理——植物种植——设计变更"三个子任务,学生分组施工,组内分工协作,组间沟通协调,完成花境建植任务并予以评价,课后持续养护,累计4学时。

### 4. 学情分析

授课对象为园艺技术专业高职二年级学生,对其进行知识基础、技能现状及学习能力的分析情况如下:

知识基础:学生在前置课程中已经学习了"植物学""土壤与肥料"课程,具备一定的植物识别分类和栽培学理论知识;学习过前置课程"设计初步",具备造景设计理论基础。

技能现状:学生能够识别本地区常见的园林花卉,能够熟练手绘或者用软件设计花境图纸,但多数学生对植物的生物学特性不够了解,存在植物滥用现象;学生熟悉花卉的种植,可以熟练在室外开展花卉栽培,但操作过程不科学、不规范,导致后期观赏效果差。

学习能力:班级有76%的学生来自农村,大多数具有吃苦耐劳的品质,但对传统的植物栽培兴趣不高;接受新事物的能力强,对现代农业新的理念和技术兴趣浓厚。

### 5. 教学目标

根据专业人才培养方案和课程标准,结合学情分析,确定本次课的三维教学目标。知识目标为能准确描述花境设计中植物配置的要点;能详细说明花境建植的流程和养护内容。技能目标为能合理选择和应用花境植物;能利用现代园艺技术开展花境施工作业。素质目标为培养吃苦耐劳、团队合作的工作意识;强化绿色生态、智能高效的园艺理念。

### 6. 教学重点、难点

教学重点:在花境建植中,前期的植物选择应用和后期的施工,决定了花境的质量,因此确定教学重点为:花境植物配置和花境施工流程。

教学难点:种植床的施工影响花境的美观程度和可持续性,其程序复杂,学生难以掌握,因此确定教学难点为:花境种植床施工。

## 4.6.4 教学设计与实施

### 1. 教学总体设计

教学总体设计如表4-6-1所示。

表 4-6-1　教学总体设计

| 课时分配 | 内　　容 | 目　　标 | 场　　所 |
|---|---|---|---|
| 第 1 阶段<br>（45min） | 任务导入（20min） | 点评学生课前学习成果，明确课程重难点 | 智慧课室 |
| | 任务分析（25min） | 分组针对问题展开讨论，优化建植任务书 | |
| 第 2 阶段<br>（45min） | 任务实施<br>任务一：种植床施工 | 整理土壤，施肥，埋入物联网探头，完成定点放线 | 室外实训基地 |
| 第 3 阶段<br>（60min） | 任务二：植物种植 | 小组分工协作，按照任务书完成花境主体植物栽培 | 室外实训基地 |
| 第 4 阶段<br>（30min） | 任务三：设计变更（20min） | 根据现场施工情况做出小范围调整，优化种植效果 | 室外实训基地 |
| | 任务总结和评价（10min） | 利用花境景观综合评价体系的各项指标，完成小组互评 | |

## 2. 教学设计流程图

教学设计流程图如图 4-6-19 所示。

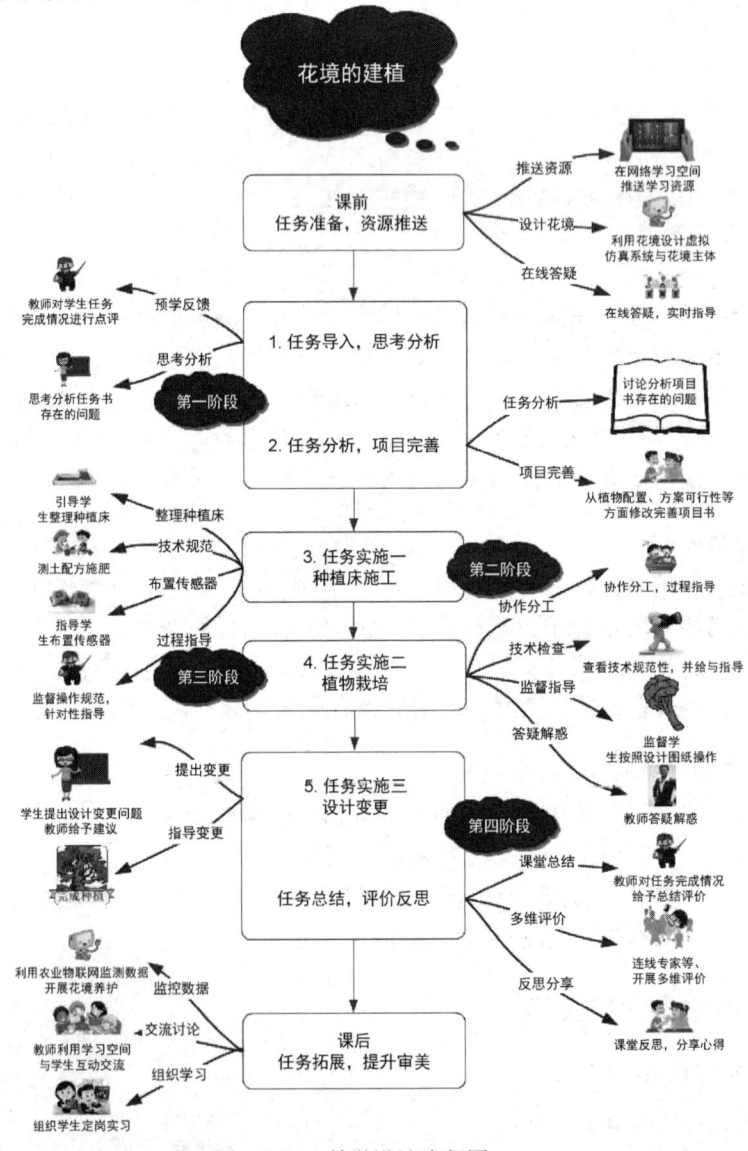

图 4-6-19　教学设计流程图

## 3. 教学实施过程

### （1）课前

| 内容 | 教师活动 | 学生活动 |
|---|---|---|
| 课前任务准备 | 1. 更新学习资源，发布学习任务。在网络学习空间更新学习资源：PPT、案例、微课、花境设计虚拟仿真系统、相关国家标准。<br>2. 分析学习空间课前学情反馈。<br>3. 在线答疑，实时指导。 | 1. 学生利用学习空间推送的学习资源进行自主学习，完成知识点检测。<br>2. 利用花境设计虚拟仿真系统，完成花境主体设计。<br>3. 小组合作撰写花境建植方案。 |
| 设计意图 | | |
| 利用"得实平台"网络学习空间推送各类学习资源，发布学习任务，促进学生课前自主学习。利用花境设计虚拟仿真系统辅助学生更好地完成花境设计；利用花境建植流程微课，辅助学生掌握施工技术要点，通过知识点检测进一步巩固重点内容，为课堂任务顺利实施打好基础。 |  |  |
| 教学随记 | | |
| 园艺专业学生的植物栽培能力较强，但图案设计、色彩搭配的能力较弱，前期的设计直接影响后期建植效果，利用花境设计虚拟仿真系统，提高学生的植物选择应用能力，为花境施工做准备。 | | |

### （2）课中——任务导入

| 内容 | 教师活动 | 学生活动 |
|---|---|---|
| 1. 任务导入<br>（20min） | 1. 对各小组课前学习情况予以点评，提出重点、难点，并明确课程任务。<br>2. 针对学生出错率高的问题给予讲解。 | 1. 学生听取教师对任务完成情况点评。<br>2. 思考分析，查找任务书存在的问题。 |
| 设计意图 | | |
| 总结课前学习成果，对学生任务完成情况进行点评，指出出错率高的问题，明确课程重点、难点。 | | |
| 教学随记 | | |
| 利用网络学习空间自动监测学生的学习行为，知识点检测自动评分，使课前学情分析更客观、更高效。利用学校 VR 资源库中的花境 VR 场景库解决学生季相搭配难的问题，并取得良好的效果。 | | |

## （3）课中——任务分析

| 内容 | 教师活动 | 学生活动 |
|---|---|---|
| 2. 任务分析<br>（25min） | 1. 分析项目书，引导各小组学生展开讨论并答疑。<br>2. 针对本次花境建植任务，确定最佳方案。 | 1. 讨论。针对教师点评结果，对项目进行深入讨论。<br>2. 修改项目书。从植物配置、方案可行性、施工流程等方面修改项目书。 |
| 设计意图 |||
| 通过团队讨论，共同探究的方法修改项目书，确定最佳施工方案。   |||
| 教学随记 |||
| 教师点评引导，肯定学生的构思，引导学生发现自身不足。利用组内讨论分析，提高团队合作能力和对作品的创新性。 |||

## （4）课中——任务一

| 内容 | 教师活动 | 学生活动 |
|---|---|---|
| 3. 任务实施<br>（共125min）<br>任务一<br>种植床施工<br>（45min） | 1. 引导学生对种植床整理，除草、翻土、整理地形。<br>2. 查看学生施肥量和施肥技术是否规范。<br>3. 指导学生布置农业物联网系统传感器。<br>4. 监督学生各项操作是否规范，实时纠错、答疑、指导。 | 1. 对土壤进行翻耕，清除杂草、碎砖、石块等杂物。<br>2. 根据土壤养分测定结果，使用有机肥、化肥开展施肥任务。<br>3. 按照设计图的要求平整土地。<br>4. 布置农业物联网系统传感器，监测土壤环境因子。<br>5. 定点放线，用石灰做好标记。 |
| 设计意图 |||
| 鼓励学生积极参与除草、修剪、翻土等工作，培养学生吃苦耐劳的品质。使用测土配方施肥技术，通过检测和计算让施肥更科学、合理，训练学生科学严谨的作风；在施工中布置农业物联网系统传感器，对土壤实时监控，在吸引学生兴趣的同时，让栽培管理更科学、高效，突破种植床施工课程难点。 |||
| 教学随记 |||
| 种植床施工是难点，其施工质量决定了植物后期的长势。在此环节引入测土配方施肥技术与农业物联网系统传感器，为后期植物的种养打好基础。 |||

## （5）课中——任务二

| 内容 | 教师活动 | 学生活动 |
|---|---|---|
| 任务二<br>植物种植<br>（60min） | 1. 引导学生分小组、分段栽培植物。<br>2. 查看植物栽培技术是否规范，给予技术指导。<br>3. 监督学生是否按图纸栽培。<br>4. 密切关注学生植物的种植过程，及时答疑指导。 | 1. 学生分工协作开展植物种植。<br>2. 组内学生互相监督植物栽培情况。<br>3. 组间学生沟通相邻边界的植物应用。 |
| 设计意图 | | |
| 利用分组种植方式，完成花境植物栽植任务，任务完成更高效，也可培养学生团队合作意识。教师负责检查监督，规范学生的栽培技术，培育精耕细作的工匠精神。    | | |
| 教学随记 | | |
| 植物栽植环节的工作量最大，将长12m、宽1.5m的种植任务分给6组学生去完成，各组独立完成，即达到课程训练目的，又可在团队协作中完成任务。 | | |

## （6）课中——任务三

| 内容 | 教师活动 | 学生活动 |
|---|---|---|
| 任务三<br>设计变更<br>（20min） | 1. 对任务实施过程中出现的问题进行总体调控。<br>2. 对学生提出的设计变更给予答复。 | 1. 学生根据现有的场地和植物提出设计变更要求。<br>2. 学生根据教师给予的建议做出设计变更。<br>3. 完成种植并清理施工现场。 |
| 设计意图 | | |
| 鼓励学生根据现有的场地和植物，调整栽培方案，完成种植任务，锻炼学生针对突发情况解决问题的能力，培养学生的创新能力。   | | |
| 教学随记 | | |
| 植物大小属于不可控因素，根据以往的花境施工经验，很难完全按图纸施工，学生根据现有情况及时调整思路，最终完成种植全流程。 | | |

### （7）课中——任务总结和评价

| 内容 | 教师活动 | 学生活动 |
|---|---|---|
| 任务总结和评价（10min） | 1. 教师对任务完成情况给予总体评价。<br>2. 连线企业专家对学生完成的项目进行点评。<br>3. 引导学生按照花境景观综合评价体系在网络学习空间进行组间互评。<br>4. 在课程网络课程学习空间对考核指标设立权重，便于后期自动生成成绩。 | 1. 根据景观综合评价体系组间互评。<br>2. 学生根据专家评价、教师评价及后台成绩单自我总结。 |
| 设计意图 | 学生分组根据花境景观综合评价体系对任务完成情况展开小组互评，教师在学生互评的基础上，将学习行为、测试成绩、任务完成情况等项目设立权重，利用学习空间自动生成成绩，学生根据成绩单分析自己的优势和不足。 | |
| 教学随记 | 校企共建的花境景观综合评价体系，评价内容既要考虑美学艺术性，又要注重后期的生长特性和可持续性，旨在培育精耕细作、绿色生态的园艺工匠精神。 | |

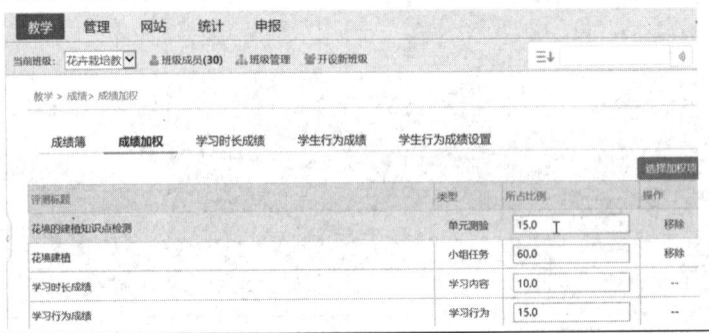

### （8）课后

| 内容 | 教师活动 | 学生活动 |
|---|---|---|
| 课后任务拓展 | 1. 教师在学习空间及时答疑，与学生互动交流。<br>2. 上传优秀案例视频和文档，提高学生的审美水平，鼓励学生进行碎片化学习。<br>3. 组织学生顶岗实习。 | 1. 学生根据课后养护管理任务单对花境进行日常养护。<br>2. 参与群组讨论，提高学习效率。<br>3. 完成顶岗实习。 |
| 设计意图 | 根据农业物联网系统传感器获得的数据开展科学养护；利用学习空间持续学习；通过顶岗实习，进一步巩固学习效果。 | |
| 教学随记 | 借助农业物联网系统传感器可以令养护管理更科学、更方便，同时可以简化工作任务。依托网络学习空间，可以开展持续性学习。 | |

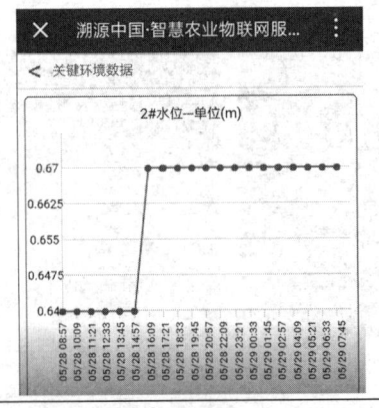

### 4.6.5 教学效果

本次教学设计以花境的种植工作任务为主线，以学生为中心，在任务实施过程中，依托网络学习空间开展教学，满足学生个性化学习需求，提高学习效率；借助农业物联网系统传感器，使园艺生产可视化、严谨化，提高学生的专业技能；制作微课，将理论知识条理化，使学生更好地掌握重点内容；使用花境设计虚拟仿真系统，提高学生的花境设计能力；利用花境 VR 场景库，提升学生植物选择和应用水平。将多种信息化教学手段融入教学中，针对性地解决课程的重点与难点，有效完成课程教学目标。与以往教学相比，从花境植物选择应用能力，到施工过程的质量保证，以及花境建植效果与后期的养护管理，都有较大水平的提高，项目成果也得到了企业人员的肯定。

### 4.6.6 特色与创新

**1. "生态、科技、创新"现代园艺生产理念融入课堂**

首次将新技术和新理念引入花境建植课堂，达到科技为教学服务、产业提升的目的，培养学生前沿专业技能。

**2. 传统种植与现代技术相结合，科学理念与艺术效果相协调，培育现代种植匠精神**

课程设计在传承传统种植的基础上，开发原创资源，提升教学效果，使景观艺术效果与科学种植理念相协调，培育精益求精的现代种植匠精神。

### 4.6.7 参赛教师感悟

将多元化的信息技术融入传统农业课堂十分不易，在融合了大量的造景新技术和新理念后，对传统课堂内容再重新整合，优化教学环节，与传统课堂相比，学生的学习兴趣更加浓厚，课堂学习更高效、更有序。通过本次比赛，达到了以赛促教的目的。同时我也不断反思了以往教学方法。如何将普通一节课，以更丰富、更精彩的形式呈现出来，并取得良好的教学效果，将是我未来不断改进的方向。比赛的结束，是终点，也是起点。

## 4.7 2018 年广东省省赛一等奖作品《随心而动的 CSS 定位》——何丽

### 4.7.1 案例展示

案例展示如图 4-7-1～图 4-7-8 所示。

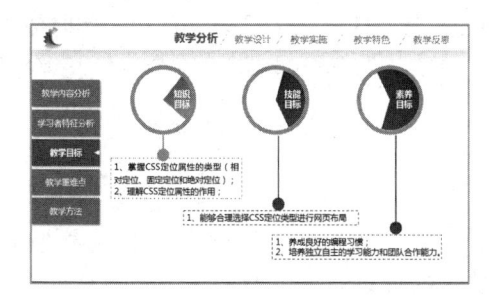

图 4-7-1 教学分析——教学目标　　　　图 4-7-2 教学分析——教学重难点

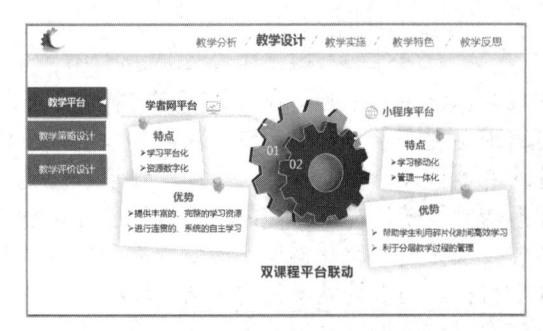

图 4-7-3　教学设计——教学平台

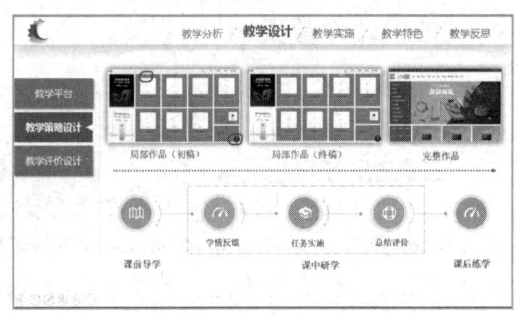

图 4-7-4　教学设计——教学策略设计

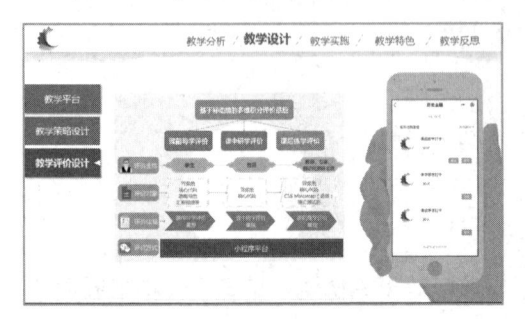

图 4-7-5　教学设计——教学评价设计

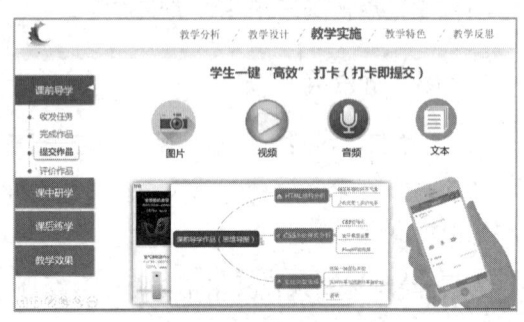

图 4-7-6　教学实施——课前导学

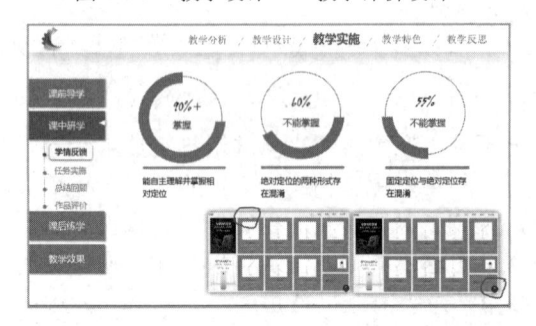

图 4-7-7　教学实施——课中研学

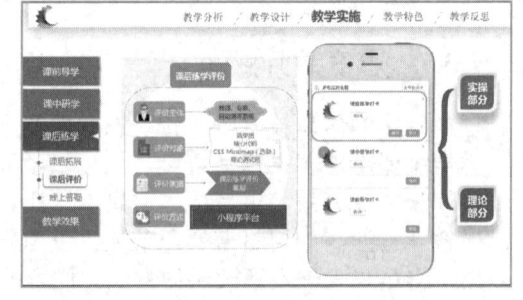

图 4-7-8　教学实施——课后练学

### 4.7.2　专家评价

该案例基于 OBE 教育理念，针对计算机类专业的专业基础课程，设计了理实一体化的教学过程，采用混合式教学方法开展教学，通过融合现代教育技术与传统教学优势，从教师主导和学生主体相结合的视角出发，重塑教学结构，再造教学流程。采用"小程序平台"优化教学管理过程，实现任务收发"一键化"，作品提交"打卡化"及教学评价"实时化"。基于移动端的多维积分评价系统，实现评价过程"系统化"、评价角度"多维化"及评价形式"趣味化"。

### 4.7.3　教学分析

在 OBE 专业人才培养体系中，"网页设计与制作"课程是计算机学院软件技术专业大一上学期开设的一门专业核心课程，对接职业岗位是网页设计师。为培养学生专业核心能力，"网页设计与制作"课程标准中明确了该课程的学习成果，其中"根据实际需求设计网页布局"将有效培养学生的专业技能和职业素养,而"CSS 定位"是网页布局中至关重要的学习内容。在教材和学情分析的基础上,确定了本次课的教学目标及教学重点、难点。

单元教学目标如图 4-7-9 所示。

**01 知识目标**
1. 掌握CSS定位属性的类型(相对定位、固定定位和绝对定位)。
2. 理解CSS定位属性的作用。

**02 技能目标**
能够合理选择CSS定位类型进行网页布局。

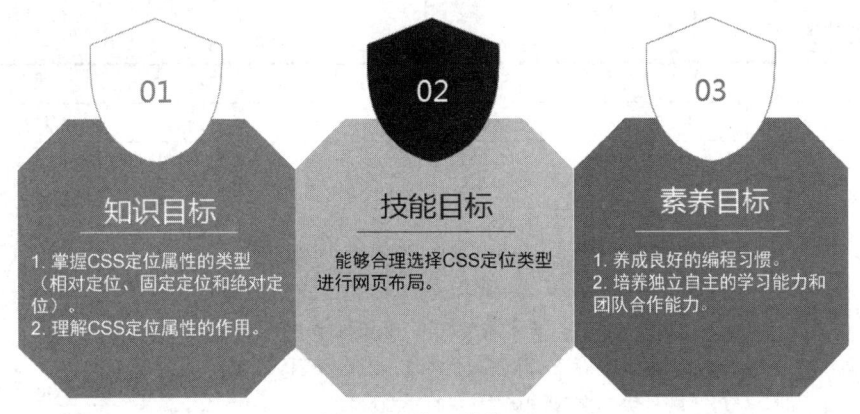

**03 素养目标**
1. 养成良好的编程习惯。
2. 培养独立自主的学习能力和团队合作能力。

图 4-7-9 单元教学目标

**1. 教学重点**

在绝对定位中,定位参考对象的选择对网页布局的影响;在固定定位与绝对定位中,参考对象定位的区别。

**2. 教学难点**

合理选择定位类型进行网页布局。

### 4.7.4 教学设计与实施

**1. 教学设计**

教学平台采用双课程平台联动的方式开展教学。

教学策略设计:本次教学单元采用了混合式教学方式来设计整个教学过程,通过融合现代教育技术与传统教学优势,从教师主导和学生主体相结合的视角出发,重塑教学结构,再造教学流程。依托企业真实项目,整个教学过程分为以下三个阶段:

课前导学阶段:学生完成局部作品(初稿);

课中研学阶段:学生解决课前作品中存在的问题,完成局部作品(终稿);

课后练学阶段:学生完成完整作品的制作。

针对每个教学环节分别设计师生之间及生生之间的教学活动(线上活动和线下活动),同时为每个教学环节生成教学评价,在评测学生学习效果的同时,为教师提供教学反思的依据。

教学评价设计:本单元教学目标是通过课前导学、课中研学及课后练学三个阶段达成的,所以对学生的评价也是基于这三个阶段来设计的。课前导学阶段:通过"小程序"平台,学生对多种形式的导学作品(效果图、核心代码、思维导图、汇报视频等)进行投票,形成课前导学阶段积分;课中研学阶段:通过"小程序"平台,教师对课中研学阶段的作品依据电子量规进行评价,形成课中研学阶段积分;课后练学阶段:通过"小程序"平台作为入口完成理论部分的自动评测,同时由教师基于练学量规完成课后电

子作品的评价,由企业专家抽样完成专业点评,进而形成课中研学阶段积分。每个阶段的积分会自动通过系统进行累计,最后为每位学生都生成本教学单元的总积分,同时给出改进性建议。

### 2. 教学实施

| 课前导学(线上) |||
| --- | --- | --- |
| 教学环节 | 教学活动 | 学生活动 |
| 前置探学、问题诊断 | [发布项目任务]<br>1. 利用"小程序"平台发布项目开发任务(真实、企业委托的公司网站页面开发任务)。<br>2. 利用"小程序"平台在线对学生完成的作品进行检查,查看学生对作品的评论及投票情况,记录学生课前存在的问题并动态调整课中研学阶段的教学内容。 | 1. 利用"小程序"平台查收任务,了解企业网站页面开发任务。<br>2. 以小组形式完成固定定位效果、相对定位效果、思维导图及汇报视频(必做)、绝对定位效果(选做)。<br>3. 通过"小程序"平台提交效果图、思维导图及汇报视频(5min 以内)。<br>4. 对作品进行投票(学生互评)。 |
| 信息化教学技术和资源 |||
| "小程序"平台:教师利用"小程序"平台发布导学视频(创设情境)、微课资源及导学任务。学生通过该平台可以查看任务、进行碎片化学习、提交作品及对作品进行投票。<br>"学者网"平台:学生通过素材库下载相关素材并完成"局部作品"的创作。<br>xMind 软件:学生通过 xMind 软件制作思维导图,对作品进行 HTML 结构及 CSS 样式分析。 |||
| 教学随记 |||
| 软件技术专业的学生已自主理解并掌握相对定位,对绝对定位(参考对象)与相对定位(参考有定位的父元素)存在混淆;同时对固定定位与绝对定位(参考对象)存在混淆。 |||

(续表)

| 课中研学（线下） ||| 
|---|---|---|
| 教学环节 | 教师活动 | 学生活动 |
| 学情反馈 | 反馈课前导学任务完成情况，有针对性进行讲解。 | 明确各自存在的问题。 |
| 研学任务实施 — 任务一：探究绝对定位（参考对象）与相对定位（参考有定位的父元素）混淆的问题（40min） | 环节1：发现问题（5min）<br>引导学生观察 A 学生导学作品与预期效果中子元素"享九折"不一样，即 A 学生导学作品中"享九折"不会随父元素的移动而移动。<br>环节2：解决方法（10min）<br>播放 Flash 动画，借助动画的趣味性和直观性，引导学生理解绝对定位中定位参考对象的选择对网页布局的影响，进而对各自导学作品进行修正，突破教学的难点。<br>环节3：解决效果（10min）<br>通过多屏互动的方式，让学生汇报各自的解决效果。<br>环节4：拓展认知（15min）<br>派发拓展任务，以"结对编程"的方式完成。 | 1. 观看 Flash 动画，理解绝对定位中定位参考对象的选择对网页布局的影响，同时对各组导学作品进行修正。<br>2. 以多屏互动的形式完成作品汇报。<br>3. 通过两两学生结对编程，共同完成拓展任务，内化绝对定位（参考对象）与绝对定位（参考有定位的父元素）。 |
| 研学任务实施 — 任务二：探究固定定位与绝对定位（参考对象）混淆的问题（30min） | 环节1：分析问题（10min）<br>指出不同学生对网页元素"top"使用的定位类型不一样。究竟哪种定位方式是正确的呢？以问题驱动的方式，引导学生主动探究。<br>1."试"：让学生将导学阶段作品中"固定定位元素"的 top 值修改为 1000px。<br>2."看"：让学生观察定位元素出现的位置。<br>3."想"：为什么网页元素会消失（结对讨论）。<br>环节2：解决问题（10min）<br>播放 gif 动画，引导学生区分浏览器与参考对象的边界，进而理清固定定位和绝对定位（参考对象）区别，突破教学的重点。<br>环节3：解决效果（10min）<br>启发学生尝试解决问题。 | 1. 学生完成"试"和"看"探究活动。<br>2. 结对讨论"想"：为什么网页元素会消失。<br>3. 观看 gif 动画，理清浏览器与参考对象之间的区别。<br>4. 以多屏互动的形式完成作品汇报。 |
| 研学任务实施 — 任务三：职场彩蛋分享（10min） | 播放职场开发人员录制好的视频，分享实际开发中的小技巧（9个特殊位置定位）。 | 1. 观看视频，习得技巧。<br>2. 观察编码习惯，养成良好的职业素养。 |
| 研学任务总结和评价（5min） | 1. 梳理本单元的教学目标。<br>2. 对重点、难点进一步强调、总结。<br>3. 提醒学生登录"小程序"平台上传课堂反馈。 | 自我反思是否达成单元教学目标，是否存在遗留的问题。 |
| 信息化教学技术和资源 |||
| "小程序"平台：学生通过该平台上传课中研学阶段效果图（导学作品（终稿）和拓展练习）；教师通过该平台查看学生课中任务完成情况、点评及提出改进意见。<br>　Flash 动画和 gif 动画：由于传统教学过程中，需要学生"析结构、看代码、听解释、观变化"，导致学生关注点分散、不聚焦，进而削弱学生对知识点背后逻辑关系的理解。而采用播放 Flash 动画和 gif 动画的方式后，由于动画的趣味性、直观性、易理解性等特点可以很好地将零散信息整合呈现。<br>　智慧教室：易于多屏互动、广播教学等教学形式。 |||

| 教学随记 | | |
|---|---|---|
| 肯定学生的课前导学任务成果，同时要引导学生发现不足。使学生在课中研学阶段对项目有更深层理解。 | | |
| 课后练学（线上） | | |
| 教学环节 | 教学活动 | 学生活动 |
| 反复演练、拓展提升 | 1. 利用"小程序"平台发布课后练学任务，包括理论部分（自动化测评）和实操部分（项目完整作品及CSS Mindmap平台作业，其中CSS Mindmap平台作业为选做部分）。<br>2. 采用多种在线答疑方式，以"直播"方式进行集中答疑，配合微信、QQ进行个别答疑。 | 1. 利用"小程序"平台查看练学任务。<br>2. 完成教师布置的任务。<br>（1）理论部分：完成测试题。<br>（2）实操部分：提交完整的网页作品（效果图）。 |
| 信息化教学技术和资源 | | |
| "小程序"平台：教师利用"小程序"平台发布练学任务、教师及企业专家对作品进行打分和提出改进建议；学生通过该平台查看任务并完成任务。同时也可以利用该平台提供的"微课资源"进行碎片化学习。<br>"学者网"平台：学生通过素材库下载相关素材完成完整作品的创作。同时，也可以根据需要选择项目进行自我拓展。<br>直播、微信等平台：采用"直播"进行集中答疑，配合微信和QQ进行个别答疑。 | | |
| 教学随记 | | |
| 学生在课后根据教师和企业专家的意见进行有针对性的修改，使得网页作品更加符合企业的实际要求。 | | |

### 4.7.5 教学效果

教学效果主要体现在以下三个方面：学生达成度：全班20人，平均分由35分提高到42分（总分为50分），网页作品获得优秀（45分以上）的学生达到25%；学生满意度：评教结果为99.4分（总分为100分），同时得到学生线上线下多方面认可；作品受到企业开发人员的肯定，符合实际项目的需求。

### 4.7.6 特色与创新

（1）基于移动端的多维积分评价系统，实现评价过程"系统化"、评价角度"多维化"及评价形式"趣味化"；

（2）采用"小程序"平台优化教学管理过程，实现任务收发"一键化"，作品提交"打卡化"及教学评价"实时化"。

### 4.7.7 参赛教师感悟

关于教学比赛，我时常有听到这样的质疑声：比赛怎么可能用到真正的教学过程中？都是做出来给评委看，全凭想象，没什么意义；每堂课都按比赛的方式来上课完全不现实等等。

我也不例外，也曾多多少少有过这样的想法。而这个"曾"字代表的是过去的一个我，那么现在我的想法为什么会发生改变？那还得从这说起。

我参加了两次全国职业院校信息化教学大赛（以下简称比赛），第一次是信息化课堂比赛，止步于校赛；第二次是信息化教学设计比赛，分别获得校赛一等奖及省赛一等奖。两次参赛经历不仅带给我对教学新的认识，还让我对教学进行了主动改进。

2017 年，我报名参加了信息化课堂比赛校内选拔赛，选取的教学内容为大一第一学期课程"网页设计与制作"，该门课程总共开设的学期数为 1 个学期（即 16 级软件技术专业大一第一学期）。由于教学资源不足，比赛准备不够充分，所以在校内选拔的环节即被淘汰。但此次比赛却坚定了我继续参赛的信心。2017 年 9 月开学初，我报名参加了学校的"互联网教学工作坊"。在第一阶段培训过程中，一开始还抱着让 18 级学生"尝鲜"的希望，等到培训结束时，就已迫不及待决定先让 17 级新生（17 级软件技术专业 4 班，创新班）受惠。在规划数字化资源建设方面，主要围绕着优化教学过程进行设计，将数字化资源分为：教师专用 PPT（图片多，文字少，生动形象，主要配合教师上课讲解）、学生专用笔记（文字多，图片少，信息量大，主要供学生进行自我学习）及微课资源（包括知识点微课、拓展微课及答疑微课等。与实际课堂教学有所不同的是，知识点微课是从有别于线下课堂教学的角度进行讲解的，让学生对知识点有更多层面的理解）。所以整整一个学期除了上课的时间差不多都花在建设数字化教学资源上了，当课程结束后，学生对这些资源的高评价完全冲淡了由此带来的各种疲惫。同时这一批资源也恰到好处地用到了我的第二次信息化比赛中，真是"无心插柳柳成荫"。

2018 年年初，原本不打算参加今年的信息化比赛，希望再积累一年教学资源再去着手好好准备。可有的时候就是那么顺其自然地开始了。比赛的过程，就是一边抱怨太累，一边给自己加油，在差不多半年的时间里，经历系赛、校赛、省初赛、省决赛，获得了一个校赛一等奖和一个省赛一等奖。能从省初赛 600 多个作品中脱颖而出，我一直都觉得我们真的是非常棒。当然这个比赛带给我自己的不仅仅是荣誉，更多的还是对教学的思考，而这一切都是在以往教学过程中未曾想过的。例如，如何有效地应用信息化手段解决教学难点（即 CSS 定位的实际应用）？因为在传统教学过程中，对 CSS 定位教学难点的讲解已经蕴含信息化的思想，可为什么学生仍然觉得很难掌握呢？于是，我通过应用相同的教学手段给没有任何编程经验的社会人员进行讲解，他们的反馈却跟我们的学生完全不一样，他们完全能理解 CSS 定位。基于对差异性的深入分析，我发现是由学生本身起点能力不足造成的，即在传统教学过程中，学生在老师的指导下"析结构、看代码、听解释，观变化"，导致学生关注点分散、不聚焦，所以即使讲解的整个过程本身已具备信息化，但仍不能高效促进学生的学习。为了解决此难点，我们引入了另一种信息化手段——Flash 动画，突破了教学的难点。当然比赛中的故事还有很多，若非亲身参与其实是很难在实际教学过程中主动思考的。

比赛终有结束的时候，作为一名教师，我又一次迎来了 18 级新生。而他们也正满怀期待地开始了他们的大学生活。

作为他们的专业课入门老师，我也一直怀揣这样的期待：那就是尽可能地让学生打好专业基础、培养学生具备良好的职业素养及人文素养。这学期我承担了 18 级软件技术专业 4 班、5 班及 18 级网络专业 1 班的"网页设计与制作"课程。第一次尝试通过"蓝墨云班"开展教学。在课程平台的使用过程中，我觉得它不仅是资源分发的出入口，更多的是利用课程平台优化教学过程管理，以学生为中心去思考教学活动的开展，培养学生主动学习的能力。例如，根据学生在不同平台（计算机端及移动端）使用资源频率的不一致性，决定了资源的派发不仅有压缩包（仅供计算机端的使用）还有独立文件（供移动端和计算机端的使用）、头脑风暴的开展（鼓励学生参与课堂的讨论）、系统随机选人答题（增加课堂参与的刺激感）、设置项目答疑（每个项目开放答疑板块，增加生生之间、师生之间的学习互动）。除了主动思考专业教学的改进，我个人认为专业教师其实是很有必要给学生分享职业素养相关的案例的，同时也是可以将一些好的非专业书籍推荐给学生阅读。截至目前，我已通过课程平台分享的书籍包括《大学之路》《浪潮之巅》，其中《浪潮之巅》主要讲述了 IT 产业发展的历史脉络，对于计算机软件专业的学生也是很有必要了解的。

比赛本身并非一个万能容器，直接将我们的每堂课都放进容器中，搅拌两下出来的产品就是所谓的好的信息化教学。比赛只是一个起点，它可以让你开始主动思考原有教学过程中自身存在的问题、以学生为中心的教学活动的开展及如何撸起袖子加油干。正所谓"纸上得来终觉浅，绝知此事要躬行"。

## 4.8　2019 年广东省省赛一等奖作品《基于 CSS 盒模型的浮动布局》——杨颖

### 4.8.1　案例展示

案例展示如图 4-8-1～图 4-8-40 所示。

图 4-8-1　题目

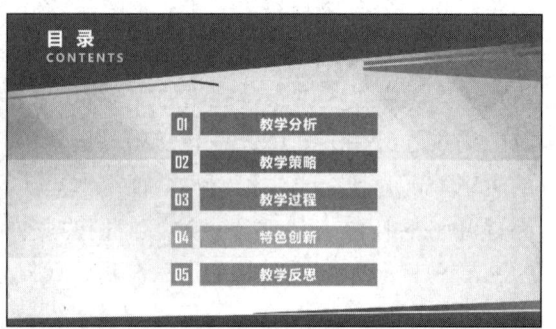

图 4-8-2　目录

图 4-8-3　教学分析

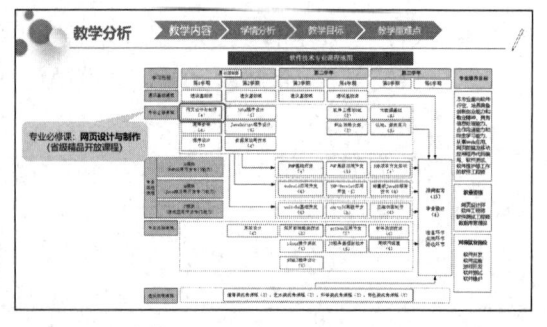

图 4-8-4　教学内容一

第 4 章 教学设计赛项案例

图 4-8-5 教学内容二

图 4-8-6 教学内容三

图 4-8-7 学情分析

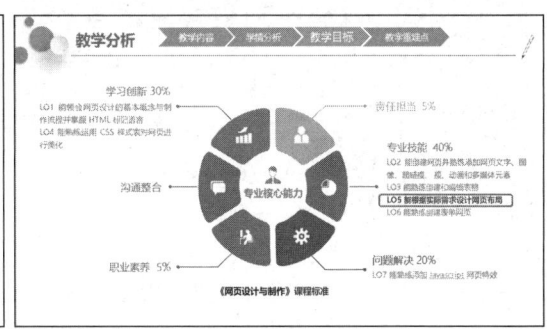

图 4-8-8 教学目标一

图 4-8-9 教学目标二

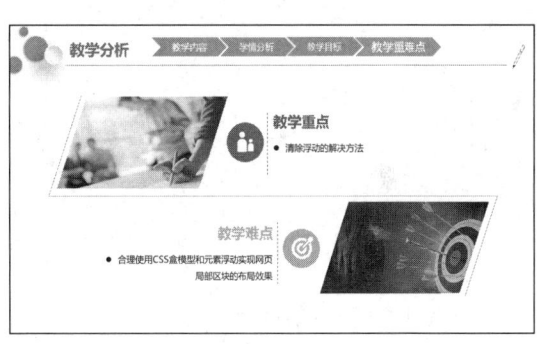

图 4-8-10 教学重难点

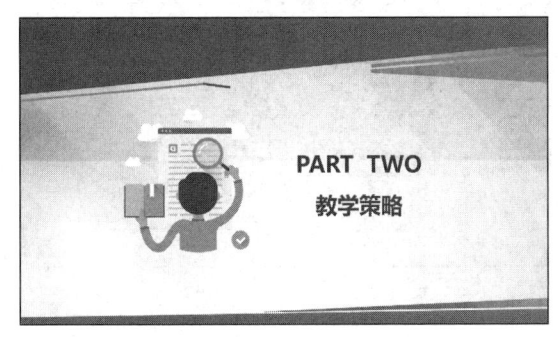

图 4-8-11 教学策略

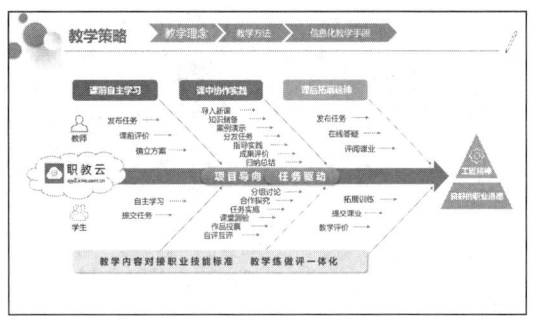

图 4-8-12 教学理念

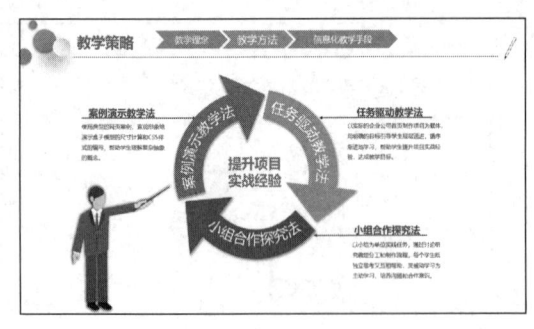

图 4-8-13　教学方法

图 4-8-14　信息化教学手段

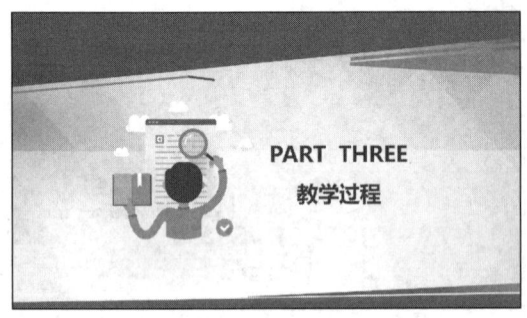

图 4-8-15　教学过程

图 4-8-16　课前自主学习一

图 4-8-17　课前自主学习二

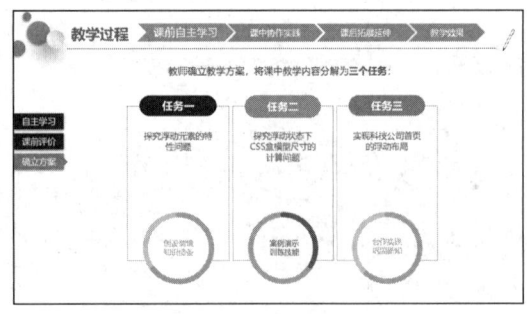

图 4-8-18　课前自主学习三

图 4-8-19　课中协作实践一

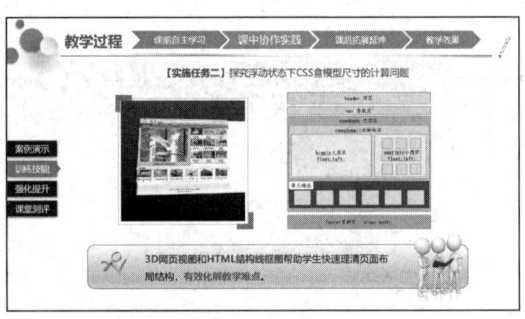

图 4-8-20　课中协作实践二

第 4 章　教学设计赛项案例

图 4-8-21　课中协作实践三

图 4-8-22　课中协作实践四

图 4-8-23　课中协作实践五

图 4-8-24　课中协作实践六

图 4-8-25　课中协作实践七

图 4-8-26　课中协作实践八

图 4-8-27　课后拓展延伸一

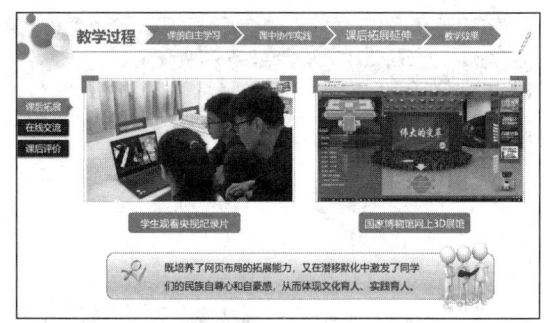

图 4-8-28　课后拓展延伸二

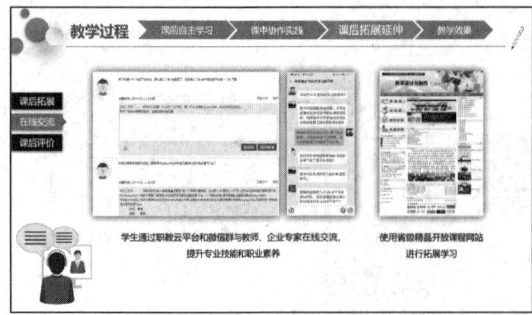

图 4-8-29　课后拓展延伸三

图 4-8-30　课后拓展延伸四

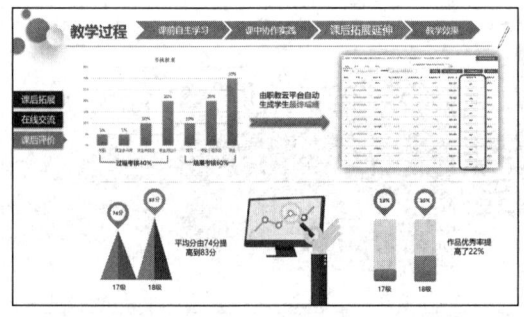

图 4-8-31　课后拓展延伸五

图 4-8-32　教学效果一

图 4-8-33　教学效果二

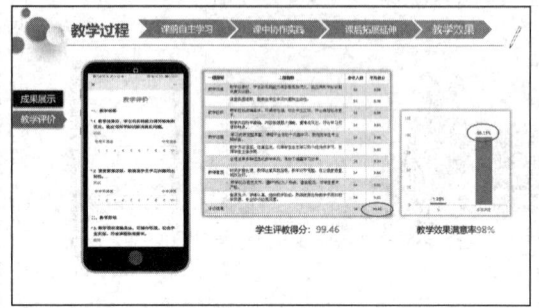

图 4-8-34　教学效果三

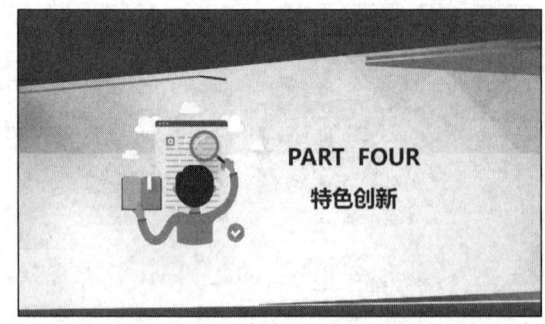

图 4-8-35　特色创新

图 4-8-36　特色创新一

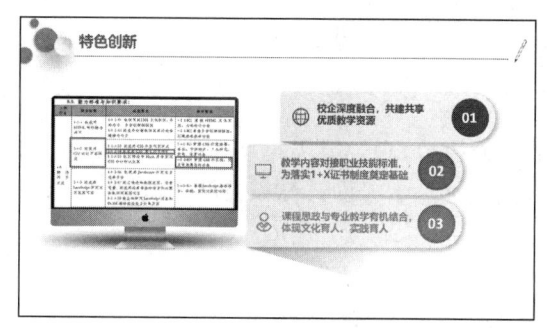

图 4-8-37　特色创新二　　　　　　　　图 4-8-38　特色创新三

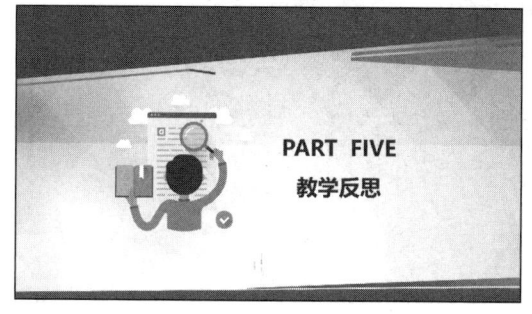

图 4-8-39　教学反思　　　　　　　　　图 4-8-40　教学反思

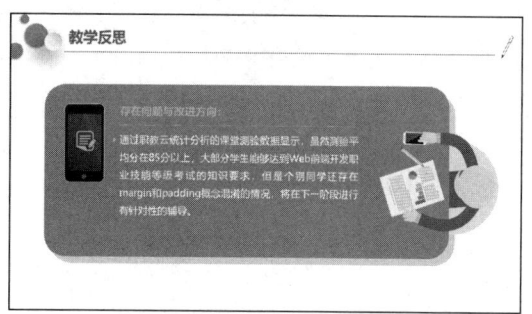

### 4.8.2　专家评价

该案例针对计算机类专业的专业基础课程，对接"1+X"证书考试中"Web 前端开发职业技能等级"项目的考核点设计了教学内容。遵循项目导向任务驱动的教学理念，以真实的企业项目为载体进行教学设计，教学内容对接职业技能标准。充分依托"职教云平台"，开展"课前自主学习、课中协作实践、课后拓展延伸"的教学活动，把培养学生的工匠精神和良好的职业道德贯穿于整个教学过程中。校企深度融合，共建共享优质教学资源。课程思政与专业教学有机结合，体现文化育人、实践育人。

### 4.8.3　教学分析

#### 1. 教学内容

本单元选自高职软件技术专业的必修课"网页设计与制作"（本课程被评为省级精品开放课程），参考"十三五"高职高专人才培养规划教材和校企合作教材，依据人才培养方案，5 学时选自项目 5：浮动与定位，来源于企业真实项目——科技公司首页制作，教学内容对接 Web 前端开发职业技能等级标准中的"职业技能 1-1-2 能使用 CSS 设计页面样式"下的"1-1-2-S4 能使用 CSS 美化网页样式"和"1-1-2-K4 掌握 CSS 的区块、网页布局属性的功能"考核点。

#### 2. 学情分析

本课程教学对象是高职软件技术专业一年级学生，他们思维活跃，乐于使用先进的信息化技术手段，喜欢实践操作，通过本课程的前期学习，他们已经掌握 HTML 与 CSS 基础知识，了解 HTML 元素类型与相互转换，具备一定的知识基础和操作技能，但学生的网页布局能力不足，缺少项目实战经验。

### 3. 教学目标

依据"网页设计与制作"课程标准中的学习成果"LO5 能根据实际需求设计网页布局"和对应的能力指标要求，确定了教学目标包括以下三个方面：知识目标、技能目标和素养目标，如图 4-8-41 所示。

**知识目标**
1. 掌握 CSS 盒模型的概念
2. 掌握 CSS 盒模型的相关属性
3. 掌握元素的浮动原理
4. 掌握浮动元素的特性
5. 掌握清除浮动的方法

**技能目标**
1. 能够灵活运用 CSS 盒模型设计网页局部区块
2. 能够合理使用 CSS 盒模型和元素浮动实现网页整体布局
3. 能解决元素浮动后可能产生的页面偏移错位问题

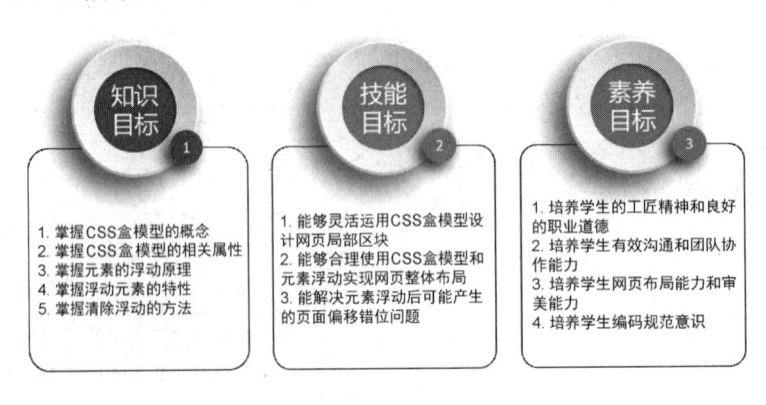

**素养目标**
1. 培养学生的工匠精神和良好的职业道德
2. 培养学生有效沟通和团队协作能力
3. 培养学生网页布局能力和审美能力
4. 培养学生编码规范意识

图 4-8-41　教学目标

### 4. 教学重点、难点

教学重点、难点如表 4-8-1 所示。

表 4-8-1　教学重点、难点

| | |
|---|---|
| 教学重点 | 1. CSS 盒模型的宽高、边框、内外边距等相关属性。<br>2. 元素设置浮动 float 属性后对网页布局的影响。<br>3. 清除浮动的解决方法。<br>4. 根据项目需求，准确创建 HTML 布局结构。<br>5. 检验 CSS 代码的规范性。 |
| 教学难点 | 1. 能够灵活运用 CSS 盒模型设计网页局部区块。<br>2. 浮动元素的特性。<br>3. 合理使用 CSS 盒模型和元素浮动实现网页局部区块的布局效果。<br>4. 合理使用 CSS 盒模型和元素浮动实现网页的整体布局。 |

## 4.8.4　教学设计与实施

### 1. 教学理念

本单元遵循项目导向任务驱动的教学理念，以真实的企业项目为载体进行教学设计，教学内容对接职业技能标准。充分依托"职教云平台"，开展"课前自主学习、课中协作实践、课后拓展延伸"的教学活动，把培养学生的工匠精神和良好的职业道德贯穿于整个教学过程中。教学理念如图 4-8-42 所示。

### 2. 教学方法

教学方法主要采用案例演示教学法、任务驱动教学法和小组合作探究法，帮助学生提升项目实战经验，达成教学目标。

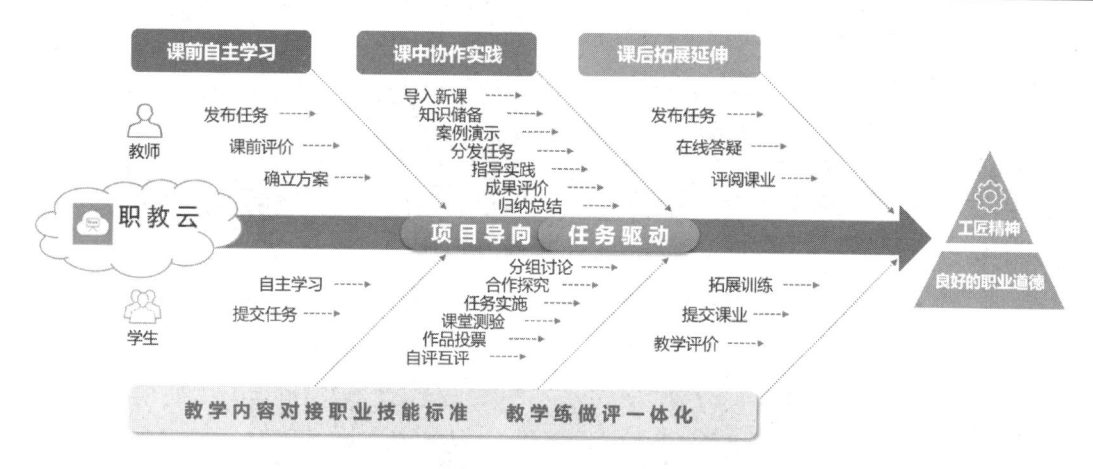

图 4-8-42　教学理念

### 3．信息化教学手段

为了突破教学重点、难点，主要依托"职教云平台"组织教学活动和采集分析教学过程行为数据；通过省级精品开放课程网站拓展精品教学资源；整合 3D 网页视图、思维导图、微课、动画和在线 CSS 盒模型等手段帮助学生提升学习效率；借助"云视频会议"实时连线企业专家；结合微信群和微信公众号加强师生交流。

### 4．教学实施过程

课前自主学习。课前，学生通过浏览微课视频和课件进行自主学习，实现了对概念的认知。经过职教云平台的统计，93%以上的学生能自主完成预习任务，教师根据预习作业的完成情况及学生反馈的疑问，合理制定课中教学任务。如图 4-8-43 所示。

图 4-8-43　微课视频

课中协作实践。课中，教师首先创设情境，以某科技公司首页作为最终任务。接着结合教学动画和电子课件帮助学生理解抽象难懂的概念，突破教学重点，如图 4-8-44 所示。使用 3D 网页视图和 HTML 结构线框图，有助于学生快速理清页面布局结构，有效化解教学难点，如图 4-8-45 所示。

通过分组讨论、"摇一摇"或抢答等课堂互动手段（见图 4-8-46），引导学生自主探究新知。随后学生以小组为单位紧紧围绕一个共同的任务开展协作实践。当出现疑问时，学生可以互相讨论、在线播放企业专家短视频或向教师请教，在解决问题寻找答案的过程中进一步巩固新知识。学生在小组合作的方式下获取更好的学习效果，实现了从知识到能力的迁移。

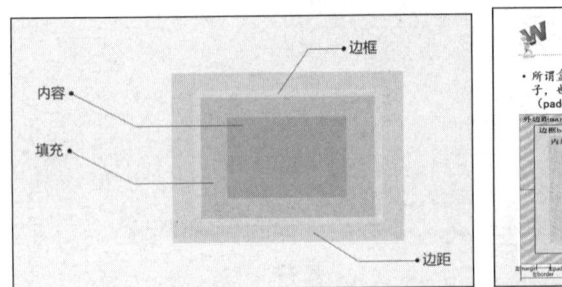

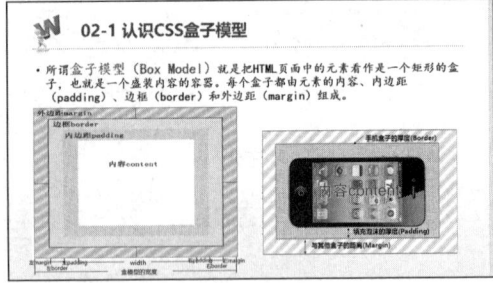

图 4-8-44　教学动画及电子课件

图 4-8-45　3D 网页视图

(a) 现场指导　　　　　(b) 分组讨论　　　　　(c) 学生汇报

(d) 企业专家短视频

图 4-8-46　课堂互动手段

在教学过程中，教师始终强调代码编写的规范性，用最简洁的代码实现最精确的布局，将工匠精神融入每个细节中。例如，个别学生因为 margin 和 padding 概念出现混淆而导致页面出现像素偏差的细节错误（见图 4-8-47），教师对该学生进行一对一的现场辅导，如图 4-8-48 所示。

图 4-8-47　页面像素偏差　　　　　　　　　图 4-8-48　现场辅导

小组完成作品后,通过在线 CSS 盒模型检验代码的规范性,培养学生编码规范意识,纠正细节错误,精益求精,锤炼工匠技能,随后通过"职教云平台"提交作品,并进行汇报展示,如图 4-8-49 所示。

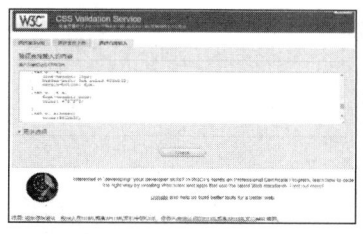

图 4-8-49　提交作品,汇报展示

教师实时视频连线企业专家对小组作品进行验收评价,学生通过"职教云平台"进行自我评价和总结,并可以查看各自的课堂表现得分("职教云平台"根据学生签到、参与度、讨论、测验、评价等环节自动评分)。通过自评、互评、师评、企业方评价的多维度评价体系,科学评价学生对于本次课的学习效果,如图 4-8-50～图 4-8-53 所示。

| 序号 | 学号 | 姓名 | 所在班级 | 是否自评 | 自评星级 | 总结内容 | 分数 | 操作 |
|---|---|---|---|---|---|---|---|---|
| 1 | 20185533352 | 陈长明 | 18软件3班 | 已总结 | ★★★★★ | 非常棒 | 5 | 评分 |
| 2 | 20185533302 | 郭浩扬 | 18软件3班 | 已总结 | ★★★★★ | 加油 离目标越来越近了 | 5 | 评分 |
| 3 | 20185533337 | 林倩乾 | 18软件3班 | 已总结 | ★★★★★ | 在本次课堂上我学到了元素的浮动,但还有少许不足,不过我会改进的 | 5 | 评分 |
| 4 | 20185533344 | 周小鑫 | 18软件3班 | 已总结 | ★★★★★ | 我学会了好多,比如浮动之类的 | 5 | 评分 |
| 5 | 20185533304 | 刘玉颖 | 18软件3班 | 已总结 | ★★★★★ | 学到了很多 | 5 | 评分 |
| 6 | 20185533342 | 李畅 | 18软件3班 | 已总结 | ★★★★★ | 学到了很多 非常感谢我们的漂亮老师 | 5 | 评分 |
| 7 | 20185533349 | 钱鹏阳 | 18软件3班 | 已总结 | ★★★★★ | 很认真 学得很好 把css融会贯通 | 5 | 评分 |
| 8 | 20185533323 | 郑正鑫 | 18软件3班 | 已总结 | ★★★★★ | 有很大的收获,只要肯努力,自己会变得越来越优秀 | 5 | 评分 |
| 9 | 20185533351 | 邓泽武 | 18软件3班 | 已总结 | ★★★★★ | 学到了怎么把网页变得更加漂亮 | 5 | 评分 |
| 10 | 20185533324 | 杨锦涛 | 18软件3班 | 已总结 | ★★★★★ | 这节课学习到盒子模型的运用,期待着后面的内容! | 5 | 评分 |

图 4-8-50　学生自我评价和总结

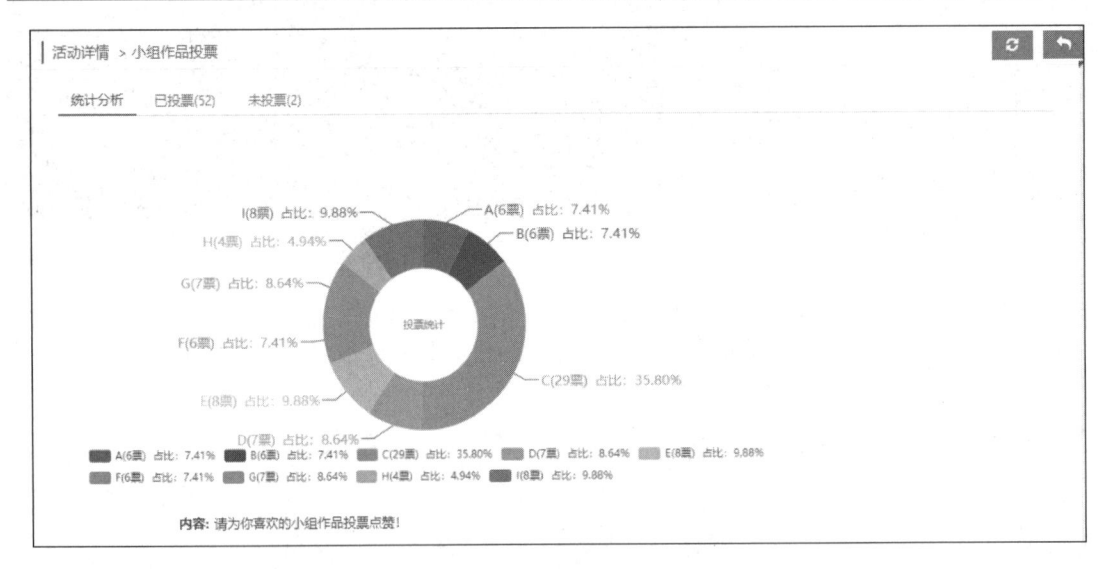

图 4-8-51　互评投票结果

图 4-8-52　教师评价　　　　　　　　　图 4-8-53　企业专家验收评价

课后拓展延伸。课后，教师发布课后拓展任务，要求学生设计并制作"改革开放 40 周年专题网页"，学生可在线观看央视纪录片和国家博物馆网上 3D 展馆，重温我国改革开放 40 年来的光辉历程和伟大成就，如图 4-8-54 所示。

图 4-8-54　课后拓展延伸

学生通过"职教云平台"和微信群与教师、企业专家进行在线交流，解决疑难问题，提升专业技能和职业素养，并可使用省级精品开放课程网站进行拓展学习。在完成拓展课业的过程中，进一步巩固学习成果，实现能力的拓展延伸，如图 4-8-55 所示。

图 4-8-55 "职教云平台"

## 4.8.5 教学效果

### 1. 学生课业完成度

教学团队与企业专家通过云视频会议，对学生课业进行协作评价，在职教云平台中给出评价和反馈意见。100%的学生都能认真完成课业，优秀率达 35%。如图 4-8-56 所示。

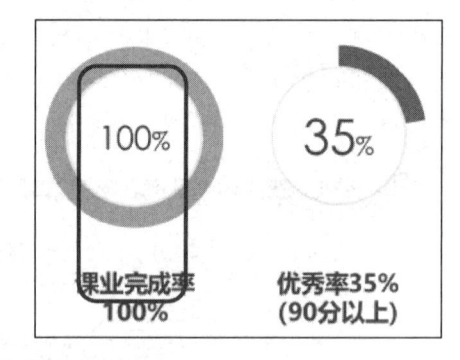

图 4-8-56　云视频会议与课业完成情况

### 2. 学生最终成绩对比分析

以"过程+结果"的形成性考核评量方式，科学评价学生的学习情况。其中过程考核包括：考勤、课堂参与、课堂表现分、课堂测验分；结果考核包括：课前预习作业、课堂小组作业、课后拓展课业，最后由"职教云平台"根据不同权重自动生成最终成绩。对比往届成绩（见图 4-8-57），学生的平均分由 74 分提高到 83 分（见图 4-8-58），作品优秀率提高了 22%（见图 4-8-59）。

| 序号 | 学号 | 姓名 | 线下(40%) | 作业(60%) | 考试(0%) | 统计分 | 最终分 | 结课状态 |
|---|---|---|---|---|---|---|---|---|
| 3 | 20185533303 | 韩帅 | 84.99 | 87.55 | 0.00 | 86.53 | 87 | 通过 |
| 4 | 20185533304 | 刘玉颖 | 32.99 | 95.85 | 0.00 | 70.71 | 71 | 通过 |
| 5 | 20185533305 | 刘国忠 | 83.98 | 75.05 | 0.00 | 78.62 | 79 | 通过 |
| 6 | 20185533306 | 刘平 | 84.99 | 90.90 | 0.00 | 88.54 | 89 | 通过 |
| 7 | 20185533307 | 马跃峰 | 84.99 | 87.55 | 0.00 | 86.53 | 87 | 通过 |
| 8 | 20185533308 | 幸仁志 | 84.99 | 92.21 | 0.00 | 89.33 | 89 | 通过 |
| 9 | 20105533309 | 党伟康 | 84.99 | 81.70 | 0.00 | 83.02 | 83 | 通过 |
| 10 | 20185533310 | 郭宇鹏 | 74.99 | 91.70 | 0.00 | 85.02 | 85 | 通过 |
| 11 | 20185533312 | 吴崇荟 | 84.99 | 82.55 | 0.00 | 83.53 | 84 | 通过 |
| 12 | 20185533313 | 陈锦松 | 84.99 | 92.55 | 0.00 | 89.53 | 90 | 通过 |
| 13 | 20185533314 | 吴灯辉 | 74.52 | 100.00 | 0.00 | 89.81 | 90 | 通过 |
| 14 | 20185533315 | 李乾锋 | 75.68 | 97.50 | 0.00 | 88.77 | 89 | 通过 |

图 4-8-57　最终成绩对比分析

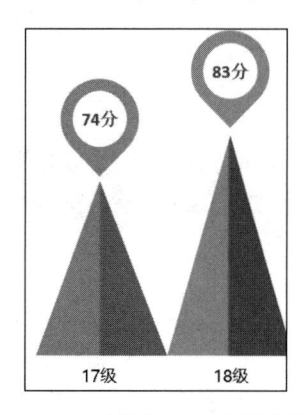

图 4-8-58　平均分由 74 分提高到 83 分　　　　图 4-8-59　作品优秀率提高了 22%

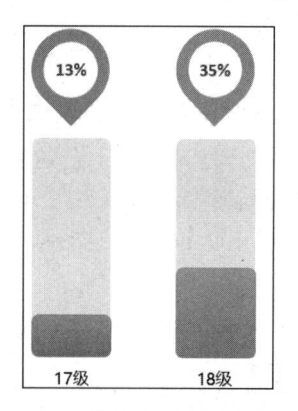

### 3．教学评价

教师使用微信调查问卷的方式收集了学生对本课的教学评价，评价结果显示 98%的学生对整体教学效果感到非常满意，评教分数达到 99 分以上，如图 4-8-60 所示。

| 一级指标 | 二级指标 | 参评人数 | 平均得分 |
| --- | --- | --- | --- |
| 教学效果 | 教学效果好，学生的实践能力得到锻炼和优化，能应用所学知识解决真实问题。 | 54 | 9.98 |
| | 课堂氛围活跃，能激发学生学习兴趣和主动性。 | 54 | 9.98 |
| 教学目标 | 教学目标准确具体，可操作性强，切合学生实际，符合课程标准要求。 | 54 | 9.98 |
| | 教学内容科学准确，内容条理层次清晰，重难点突出，符合学习规律和特点。 | 54 | 9.94 |
| 教学过程 | 学习资源完整丰富，课程平台有助于巩固学习，能拓宽学生专业知识面。 | 54 | 9.96 |
| | 教学方法适宜，注重启发，引导学生自主学习和小组协作学习，发挥学生主体作用。 | 54 | 9.93 |
| | 合理运用多种信息化教学手段，有助于提高学习效率。 | 54 | 9.93 |
| 教师素质 | 时间安排合理，教师注重实践指导，教学环节完整，作业适度适量，批改及时。 | 54 | 9.94 |
| | 教学仪态自然大方，遵时守纪为人师表，语言规范，对学生要求严格。 | 54 | 9.91 |
| | 备课充分，讲课认真，组织教学到位。熟练使用各种教学手段和教学资源，专业知识功底深厚。 | 54 | 9.91 |
| 评价结果 | | 54 | 99.46 |

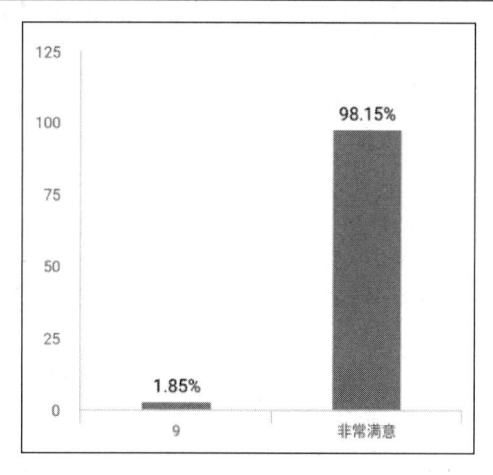

图 4-8-60　教学评价

### 4.8.6 特色与创新

**1. 校企深度融合,共建共享优质教学资源**

本课程教学案例来源于企业真实项目,涵盖知识点全面,本单元教学案例来自企业项目——科技公司首页制作(见图 4-8-61),有助于学生提升项目实战经验,提前感受企业真实开发过程。通过校企合作协同育人,共建共享优质的教学资源,实现优势互补、相互促进,提高人才培养目标的达成度。

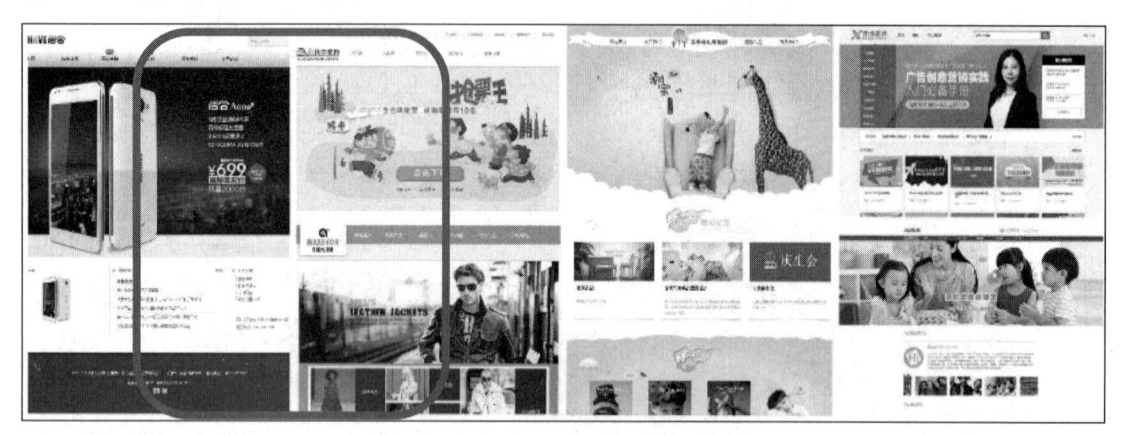

图 4-8-61 科技公司首页制作

**2. 教学内容对接职业技能标准,为落实"1+X"证书制度奠定基础**

依据软件技术专业人才培养方案和课程标准,结合工信部教育与考试中心最新颁布的"Web 前端开发职业技能等级标准"(见图 4-8-62),紧跟现阶段软件开发和互联网行业技术发展水平及其对从业人员的能力要求,明确本课程教学目标,合理安排教学内容。学生学完本课程之后,可以考取相应的"Web 前端开发职业技能等级证书",既是学生职业技能水平的凭证,又是对学习成果的认定,从而提升就业竞争力,培养长期职业发展能力。

图 4-8-62 Web 前端开发职业技能等级标准(部分)

**3. 课程思政与专业教学有机结合，体现文化育人、实践育人**

在课后拓展环节，要求学生利用所学知识完成改革开放 40 周年专题网页的制作，从而有机融入思政教育资源，让学生在良好的环境和文化氛围中感受我国改革开放 40 年来的光辉历程和伟大成就，不仅拓展了学生对于网页布局的专业能力，而且在潜移默化中实现了思想和价值引领，增强了学生的爱国热情，激发了学生的民族自尊心和自豪感，从而体现文化育人、实践育人。

### 4.8.7 参赛教师感悟

2019 年，我们团队三人（杨颖、李冬睿、张鹏飞）有幸参加了全省职业院校教学能力比赛，从 1 月份的初次报名到 8 月份的国赛遴选，历时 8 个月的时间，经过了校赛、省赛、国赛层层选拔，我们克服了许多困难，排除一切杂念，全身心地投入其中，对参赛作品进行了持续不断的优化，每次的比赛都是一次全新的挑战。例如，2019 年省赛中：要求提交 5 个连续学时的教案和教学实施报告，而国赛遴选中则要求提交 16 个连续学时的教案、2~5 段课堂实录视频和教学实施报告，团队成员也从 3 人增加至 4 人，而比赛现场是由主讲人随机抽取 1 学时的教学内容来进行现场讲解和模拟实际教学，与往届比赛相比，今年对参赛教师提出了更高的要求。尽管我们团队最终获得了省赛一等奖的好成绩，但很遗憾没能进入到下一轮的国赛中，我们深深意识到与国赛选手之间还存在很大的差距，在教学理念和教学方法上还有进一步提升的空间。如何在教学全过程中有效引入人工智能、虚拟现实等先进的信息化技术，如何运用更加科学、更加多元化的教学评价体系？如何构建信息化环境下的教学新模式？如何提升教师本身的信息化教学能力？从而改造传统的计算机类专业课程教学，也是我们将来不断探索和努力的方向。

非常感谢网络中心李梅主任对我们的悉心指导，感谢计算机学院何丽老师在国赛遴选阶段中的加入和付出，感谢学校给予的一路支持。正是因为有了这次宝贵的参赛历练，我们在专业素养和专业技能方面才有了很大提升，"以赛促教，以赛促研"，我们将把此次教学能力比赛的成果转化到日常的实际教学中。在今后的教学中，我们会带着收获、带着感悟、带着信念、带着满腔热情不断奋进、砥砺前行，继续学习先进的教育教学理论知识，不断反思自己的教学行为，更新自己的教育理念，积极转变教育观念，"以育人为本，以学生为主体"，自觉践行立德树人的根本任务，坚持在专业课程中有机融入思政元素，大力弘扬劳模精神、劳动精神和工匠精神，使学生在学习专业理论知识和专业技能的同时也能够相应地提升职业素养，为培养新时代德才兼备的高素质专业技术技能型人才做出积极的努力！

## 4.9 2019 年广东省省赛一等奖作品《油茶的工厂化育苗》——马晓晓

### 4.9.1 案例展示

案例展示如图 4-9-1～图 4-9-32 所示。

图 4-9-1　题目

图 4-9-2　目录

图 4-9-3　教学分析

图 4-9-4　教学分析——内容分析

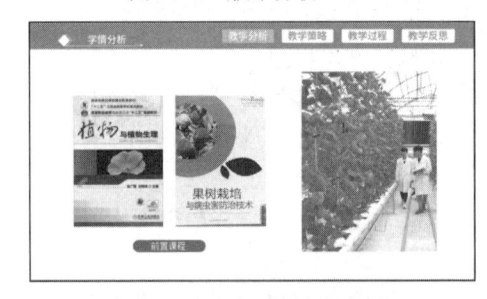

图 4-9-5　教学分析——学情分析

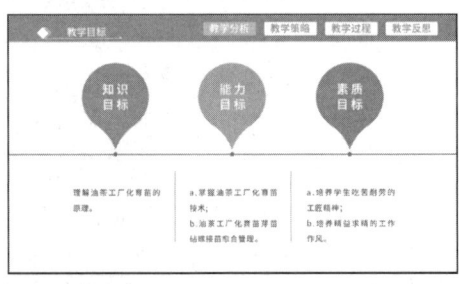

图 4-9-6　教学分析——教学目标

图 4-9-7　教学分析——教学重、难点

图 4-9-8　教学策略

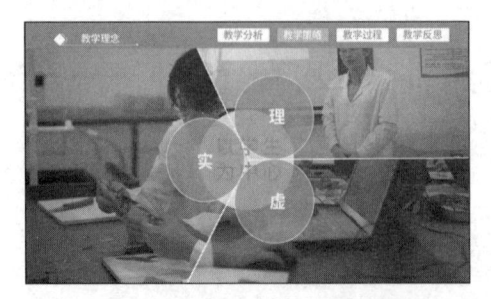

图 4-9-9　教学策略——教学理念

图 4-9-10　教学策略——教学方法一

图 4-9-11　教学策略——教学方法二

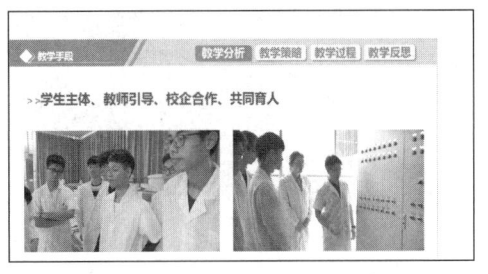

图 4-9-12　教学策略——教学手段

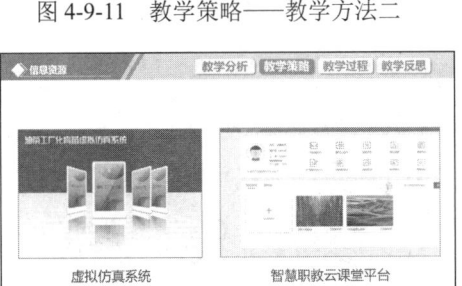

图 4-9-13　教学策略——信息资源一

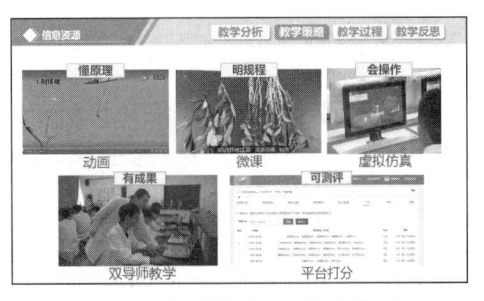

图 4-9-14　教学策略——信息资源二

图 4-9-15　教学过程

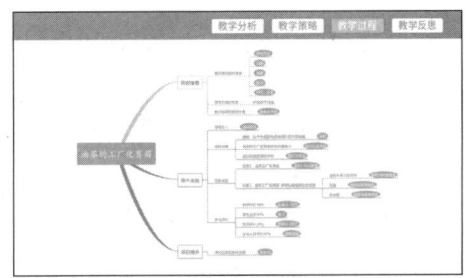

图 4-9-16　教学过程——简介

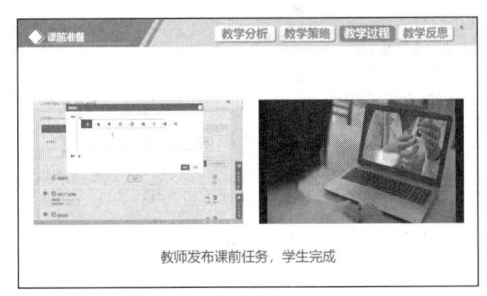

图 4-9-17　教学过程——课前准备一

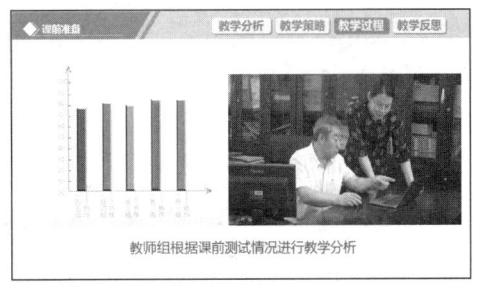

图 4-9-18　教学过程——课前准备二

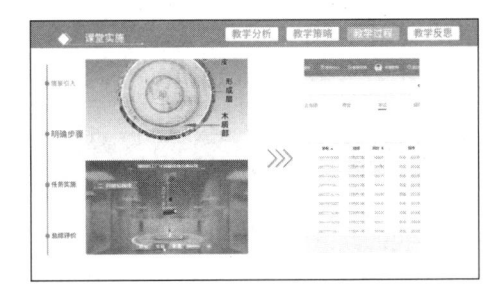

图 4-9-19　教学过程——课堂实施一

图 4-9-20　教学过程——课堂实施二

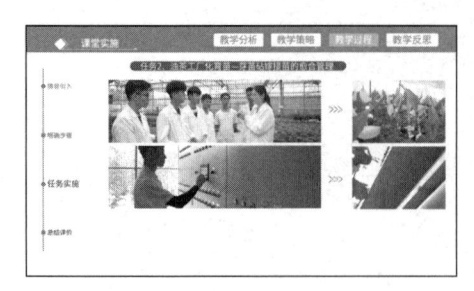

图 4-9-21　教学过程——课堂实施三

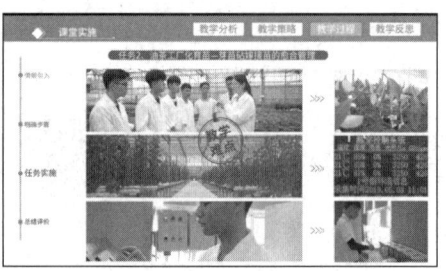

图 4-9-22　教学过程——课堂实施四

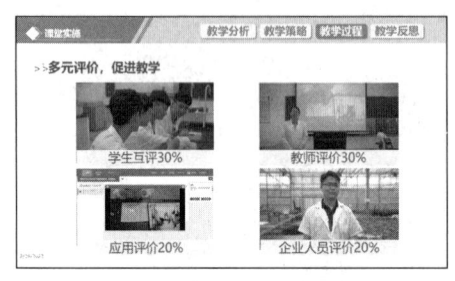

图 4-9-23　教学过程——课前实施五

图 4-9-24　教学过程——课后提升一

图 4-9-25　教学过程——课后提升二

图 4-9-26　教学反思——教学效果一

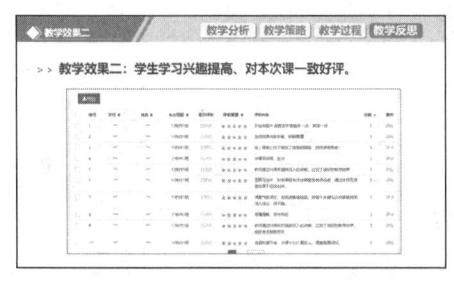

图 4-9-27　教学反思——教学效果二

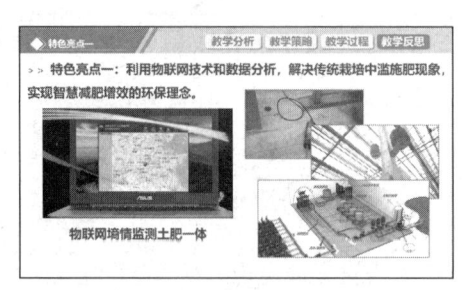

图 4-9-28　教学反思——特色亮点一

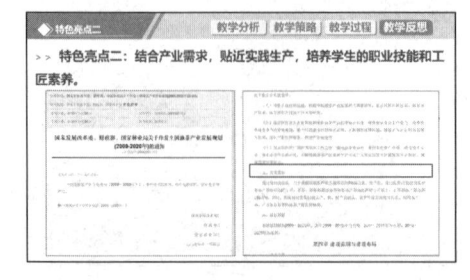

图 4-9-29　教学反思——特色亮点二

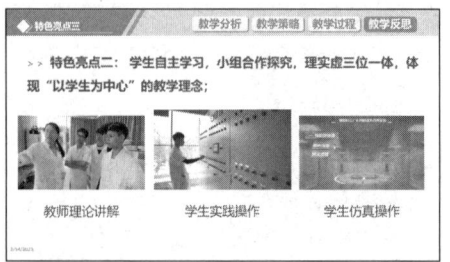

图 4-9-30　教学反思——特色亮点三

图 4-9-31　教学反思——反思修改　　　　图 4-9-32　结束语

### 4.9.2　专家评价

该案例以学生为中心，采用"做中学，做中教"的教学理念，设计理虚实三位一体课堂，打造全时空教学空间，在理论学习和技能训练中渗透德育教育。以工作过程为导向，校企合作为切入点，融入企业岗位资格标准，进行有针对性的教学，提高学生的团队协作能力和综合职业素养。利用物联网智慧温室，解决传统栽培中滥施肥现象，实现智慧减肥增效的环保理念。结合产业需求，贴近实践生产，培养学生的职业技能和工匠素养。

### 4.9.3　教学分析

#### 1. 内容分析

本课程选用普通高等教育农业部"十三五"规划教材《作物栽培学总论》（第三版）作为教材，节选自"模块七　热带作物苗木繁育""实训三、油茶的工厂化育苗"，共计 4 学时。授课对象为高职院校作物生产技术专业二年级学生。授课地点为理实一体化教室和智慧温室。课程信息如图 4-9-33 所示。

图 4-9-33　课程信息

#### 2. 学情分析

授课对象为高职院校作物生产技术专业二年级学生，对他们的知识基础、技能现状及学习能力做如下分析：

知识基础：学生在前置课程中已经学习了"植物与植物生理""作物生产环境"等课程，对于油茶工厂化育苗技术中韧皮部、形成层、愈伤组织等基础概念均已经掌握。

技能现状：学生通过"作物栽培"等课程实训，积累了室外植物栽培、常规育苗实践技能。关于果树嫁接，学生已在课堂上掌握了嫁接基础知识，但对油茶工厂化育苗技术的实际操作仍不熟悉，无法进行实践操作。

学习能力：思维活跃，动手能力强，学生具有吃苦耐劳的品质；接受新鲜事物的能力强，对新的理念和技术兴趣浓厚，乐于接受实操性强的知识和技能。学情分析如图 4-9-34 所示。

图 4-9-34　学情分析

### 3. 教学目标

基于对"1+X"证书制度、专业人才培养方案和课程标准的分析，教师制定了此次课程的知识目标、技能目标、素质目标，如图 4-9-35 所示。

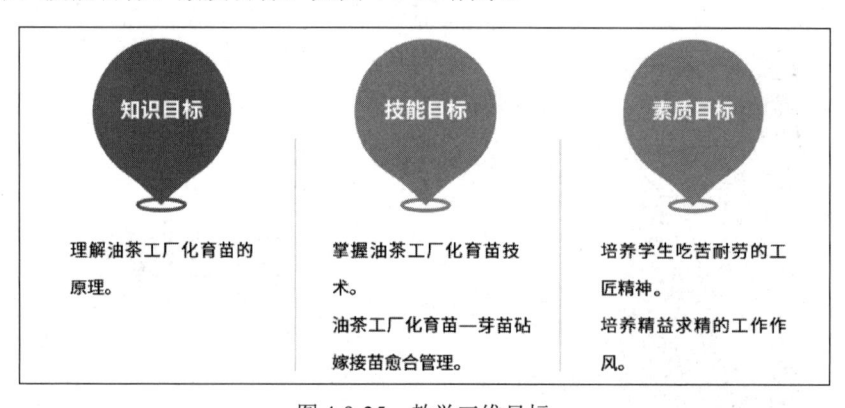

图 4-9-35　教学三维目标

结合产业发展需求，教师确定本次课的教学重点为油茶工厂化育苗；教学难点为油茶工厂化育苗——芽苗砧嫁接苗愈合管理。

### 4.9.4　教学设计与实施

#### 1. 教学设计

教学理念。以学生为中心，采用"做中学，做中教"的教学理念，设计理虚实三位一体课堂，打造全时空教学空间，在理论学习和技能训练中渗透德育。以工作过程为导向，校企合作为切入点，融入企业岗位资格标准，进行有针对性的教学，提高学生的团队协作的能力和综合职业素养。

信息资源的应用。此次课程采用了多种信息化资源，如表 4-9-1 所示。

表 4-9-1 信息化资源

| 名称 | 作用 |
| --- | --- |
| 微课、动画等视频资料 | 选用"良种油茶苗，助农户脱贫"视频案例、油茶工厂化育苗芽——苗砧嫁接微课、嫁接后养护管理等微视频共享于在线学习平台，供学生提前学习，创设情境。 |
| 油茶工厂化育苗虚拟仿真 | 学生可以利用油茶工厂化育苗虚拟仿真系统，进一步掌握起砧、切砧、削穗、插穗、绑扎的步骤，提高实操的成功率。 |
| 理实一体教室 | 帮助学生更加立体地掌握所学习的理论知识和实践技能。 |
| 物联网智慧温室 | 帮助学生更加贴近实际生产，培养学生实操技能，通过物联网智慧温室可以有效对油茶嫁接苗的愈伤生长的环境条件进行科学、精准的调控。 |
| 多元评价体系 | 学生互评（30%），教师评价（30%），应用评价（20%），企业人员评价（20%），这种评价体系更为科学、有效地帮助学生构建立体学习思维，巩固学生所需技能。 |
| 微信公众号 | "课程前沿小贴士"微信公众号，可以帮助学生了解最新的农业行情。 |
| 职教云平台和评价平台 | 职教云平台由资源库、视频库、案例库、习题库及学生档案库构成，学生在该平台上可以完成预习复习、在线测试、相互交流等，且该平台会记录学生的学习行为，定期形成学习评价，可帮助教师完成因材施教的教学过程。 |

本次课以"良种油茶苗、助农户脱贫"真实案例视频为背景，通过教师引导教学、探究获知、任务驱动的教学方法，以学生主体、教师引导、校企合作、共同育人的教学方法，多方共同完成学习任务。

依托虚拟仿真系统、职教云平台；充分利用自行开发的动画、微课、虚拟仿真软件在校企双导师的指导下开展线上线下混合式教学；使学生做到"懂原理、明规程、会操作、有成果、可测评"。信息技术的应用如图 4-9-36 所示。

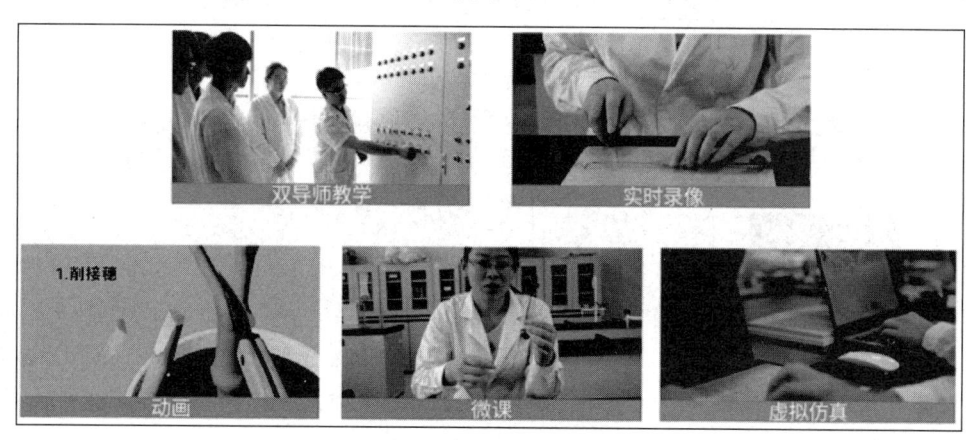

图 4-9-36 信息技术的应用

**2. 教学实训**

油茶的工厂化育苗整体设计思路如图 4-9-37 所示。

在教学过程中以学生为主体,任务为主线,将 4 学时的教学内容,分为三个环节开展,包括课前准备、课中实施、课后提升。课前准备环节包括教师课前知识准备,学生完成课前任务,教师组课前教学分析等步骤,以此对课中实施的教学内容进行调整;课中实施包括四个步骤:情景引入、明确步骤、任务实施和多元评价。课后提升环节则是学生以小组为单位协同完成课后任务。每个教学环节辅以相应的信息资源和手段,帮助学生完成教学重难点内容的掌握。具体实施过程如下:

课前准备。教师利用课程平台、Flash 动画、微课等资源完成课前知识准备,通过"职教云平台"发布学习任务,学生通过计算机端或手机端登录该平台,查看各类教学资源,以小组为单位探讨,并完成课前测试。课前准备如图 4-9-38~图 4-9-42 所示。

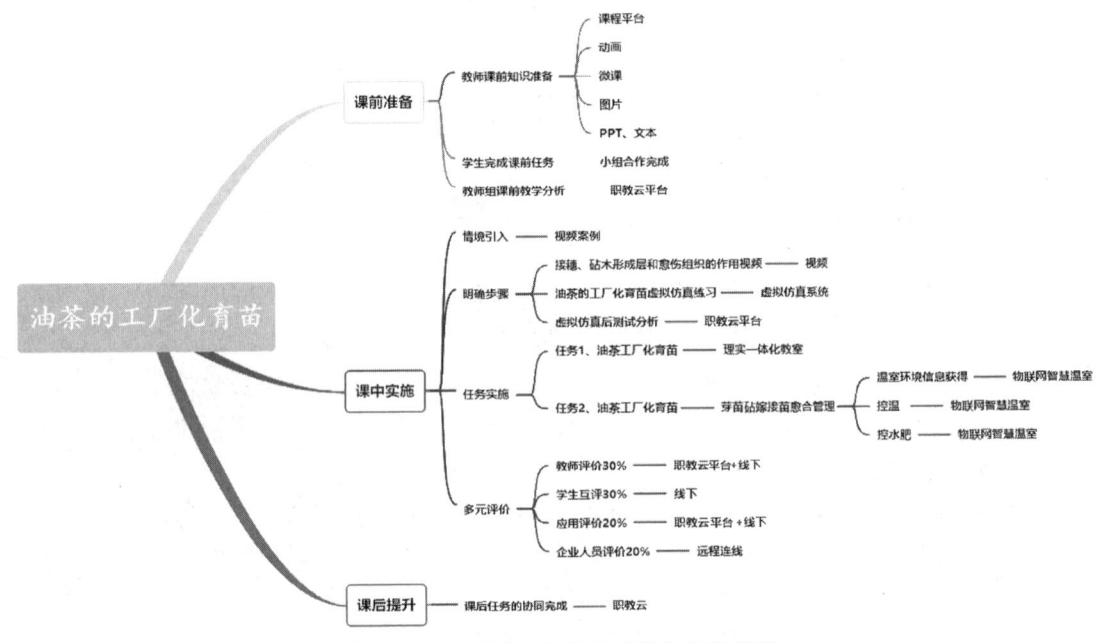

图 4-9-37　油茶的工厂化育苗整体设计思路

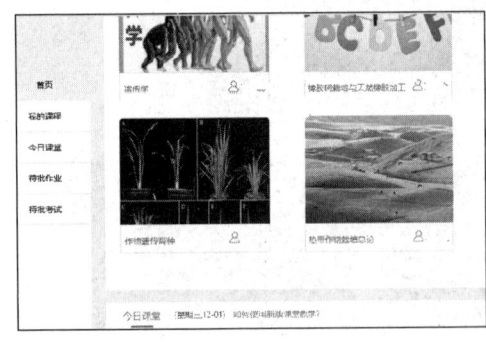

图 4-9-38　课前准备——知识准备 1　　　图 4-9-39　课前准备——知识准备 2

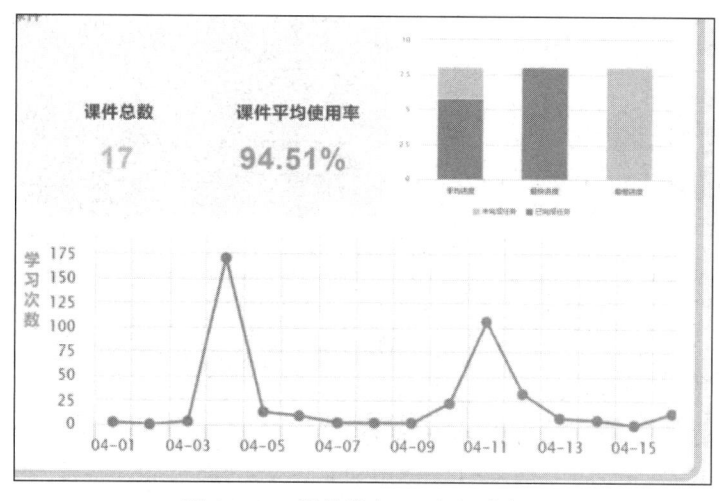

图 4-9-40　课前准备——知识准备 3

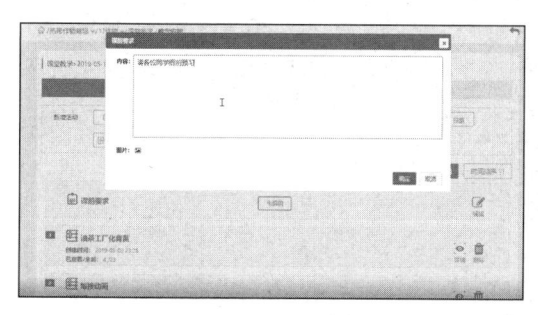

图 4-9-41　课前准备——发布课前任务

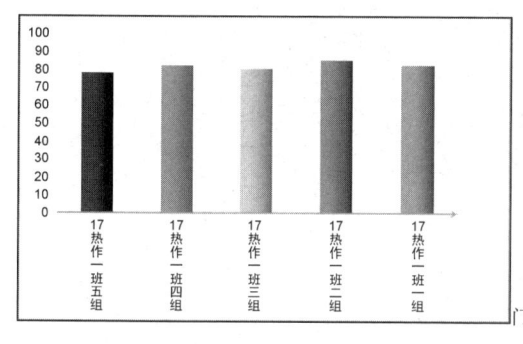

图 4-9-42　课前准备——教师组课前教学分析

学生已经掌握了油茶工厂化育苗的操作步骤，但对于油茶工厂化育苗的原理和细节掌握还不够牢固。结合以上分析，教师调整课堂实施环节的授课内容和顺序。

课堂实施。以"良种油茶苗、助农户脱贫"案例引入，学生通过观看视频，提高对油茶工厂化育苗的学习兴趣和动力。教师通过播放接穗、砧木形成层和愈伤组织的作用等视频，使学生明白油茶工厂化育苗嫁接原理。通过油茶工厂化育苗虚拟仿真软件，学生以小组为单位，开展探究学习，操作完成后，完成油茶工厂化育苗分解步骤排序的测试。测试结果表明：学生已经明确了油茶工厂化育苗操作的流程，可以进入油茶工厂化育苗实操任务实施环节。课堂实施如图 4-9-43、图 4-9-44 所示。

图 4-9-43　课堂实施——案例引入

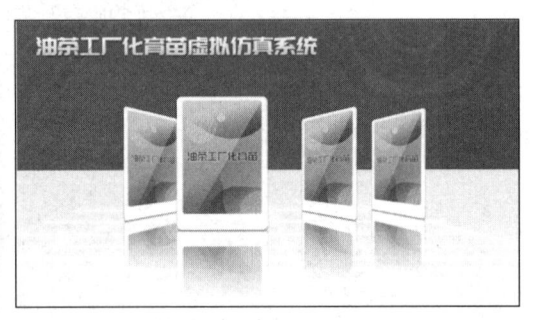

(a) 接穗、砧木形成层和愈伤组织的作用视频　　(b) 虚拟仿真系统

(c) 仿真后测试

图 4-9-44　课堂实施——明确步骤

任务实施。任务一：油茶工厂化育苗。通过实操录制系统录制学生油茶工厂化育苗操作，教师通过巡回指导，解答学生实操过程中存在的问题。通过回看播放操作视频，并以小组为单位，进行学生互评。教师根据学生的反馈情况，进行总结点评，以此完成教学重点的讲授，如图 4-9-45 所示。

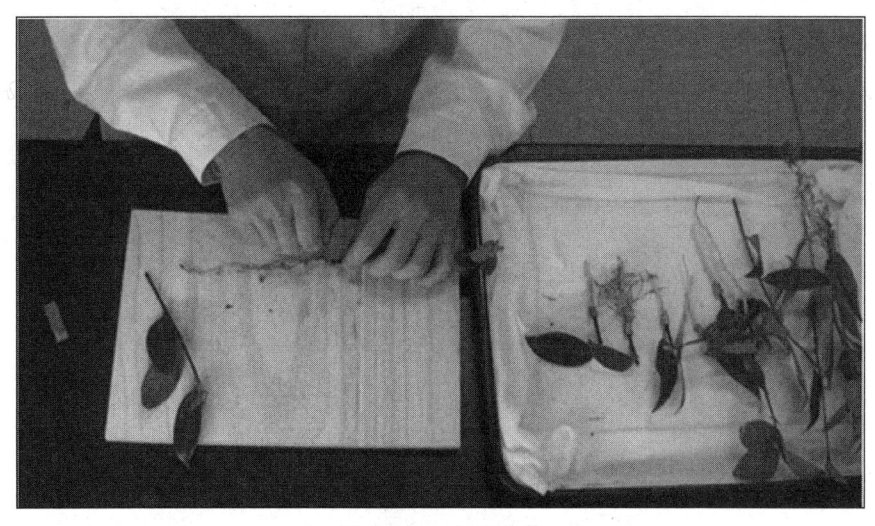

图 4-9-45　任务实施

任务二：油茶工厂化育苗——芽苗砧嫁接苗的愈合管理。学生分组将嫁接好的油茶苗移栽到智慧温室，教师巡回指导，并总结指出移栽过程中存在的问题。

学生利用物联网系统收集智慧温室中温度、湿度、光照和水肥等数据情况，并在校外兼职教师的指导下，让学生通过风机、湿帘水泵完成控温过程操作，突破传统盲目栽植养护现状，让油茶工厂化育苗数字化、科学化，让教学更加贴近实践生产。

通过教师讲解水肥一体化设备，完成智慧温室中油茶苗的水肥管理，让肥料使用摆脱以往按照经验粗放施用的现状，实现化肥减量增效的绿色环保理念，以此完成对于教学难点的讲授。

本次课采用多元评价体系，通过对于上传视频回看播放，采用小组间互相点评（30%）、系统自动生成的应用评价（20%）、教师评价（30%）及企业人员评价（20%）等方式进行多元评价。帮助学生构建立体学习思维，提高学生操作技能。

课后提升。教师通过职教云平台发布课后任务，让学生以小组为单位，完成嫁接后抚育管理清单，并将清单和一个月后油茶苗照片上传至职教云平台，教师通过线上批阅答疑进行师生互动，帮助学生完成知识迁移、能力提升，如图 4-9-46 所示。

图 4-9-46　课后提升

### 4.9.5 教学效果

教学效果一(见图 4-9-47):通过网络平台打分,学生的平均得分由课前 83.5 分到课中 95 分,提高了 11.4%。与传统教学相比,学生知识、操作技能、基本素养均得到显著提升。

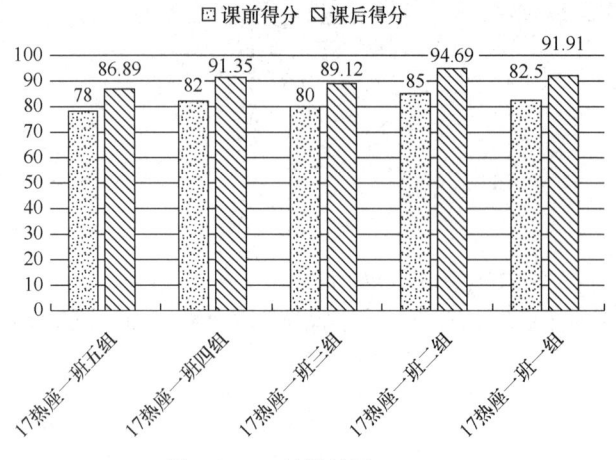

图 4-9-47 教学效果一

教学效果二(见图 4-9-48):学生的学习兴趣提高,对本次课都给予了一致好评。

图 4-9-48 教学效果二

### 4.9.6 特色与创新

特色亮点一:利用物联网智慧温室,解决传统栽培中滥施肥现象,实现智慧减肥增效的环保理念。

特色亮点二:结合产业需求,贴近实践生产,培养学生的职业技能和工匠素养。

特色亮点三:学生自主学习,小组合作探究,理实虚三位一体,体现"以学生为中心"的教学理念。

### 4.9.7 参赛教师感悟

通过参加教学能力大赛，发现参赛内容需要具有以下特点：①内容新颖，贴近实践生产。高职院校的办学宗旨是为社会提供高素质的技能人才，除了动手能力强，更多的授课内容要紧跟产业发展需求和业内技术革新，因此在选题时，要尽可能地考虑国家或地区宏观发展的需求。②内容的呈现性强，虚实结合最佳。在选题时，要考虑选择的内容呈现性；理实一体化往往可以融入更多的辅助手段，使得授课效果达到最佳。不要选择理论性强，可视化差的题材作为参赛作品。③在内容的呈现上，注重画面感和色调搭配。在本案例中涉及的授课场所为理实一体化教室和智慧化温室，授课时学生统一着装（白色实验服）且人数控制在10～12人，画面感清晰、干净。④运用物联网智慧温室。本案例中芽苗砧嫁接苗的愈合管理中涉及了物联网智慧温室，在传统的授课中融入了更多的现代化技术手段，使得教学内容可以尽可能地数字化。

在授课过程中，基于全过程的形成性评价也非常重要。在传统的教学评价中，评价侧重于教学结果，使得学生学习过程中忽略很多技术操作要点、关键点，学生课后重新操作时难以再现。因此，在此次比赛中，针对设定的三维授课目标，教师制定了多元评价体系，包括：教师评价（30%），小组间互相点评（30%），企业人员评价（20%），系统自动生成的应用评价（20%）。真正实现了以学生为主体，教师引导，校企合作对学生操作实行的全过程、全结果性评价，对学生的评价更加多维、立体。进而使学生对于知识、技能的掌握更加牢固。

在此次比赛中，很多参赛选手使用了教学平台："职教云""蓝墨云""雨课堂""微助教"等。可供选择的 App 较多，但是建议使用其中一种即可。本案例使用"职教云平台"，在该平台中包括课前、课中、课后三大过程，课前可以进行预习，教师准备；课中可以设置相关互动环节，签到、抢答等；课后可以进行师生等评价。本次课结束后，系统会根据教师提前设置的评价系统分值分配进行评分，同时也可以形成能力雷达图。学生可在自己 App 端查阅自己的学习情况，以及得分情况。

## 4.10 2019 年广东省省赛一等奖作品《住宅项目价值评估——比较法》——伍岳连

### 4.10.1 案例展示

案例展示如图 4-10-1～图 4-10-24 所示。

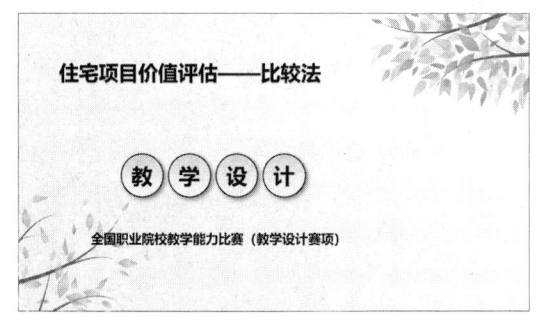

图 4-10-1　住宅项目价值评估

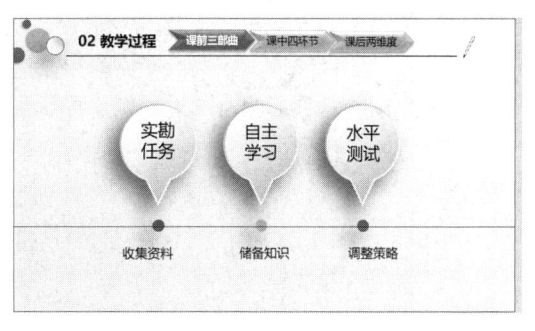

图 4-10-2　课前三部曲

图 4-10-3　课前一：领取任务

图 4-10-4　课前二：自主学习

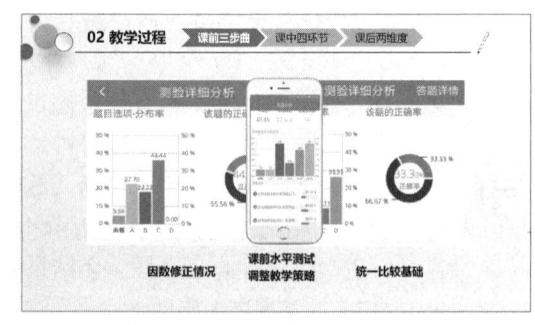

图 4-10-5　课前三：水平测试

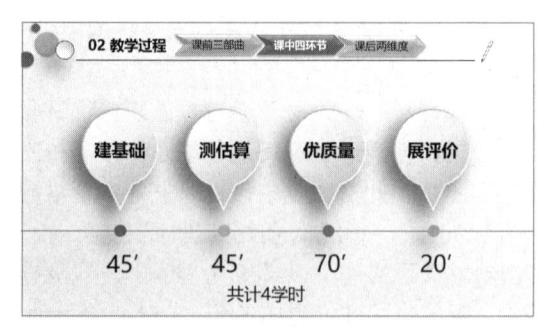

图 4-10-6　课中四环节

图 4-10-7　课中环节一：建基础

图 4-10-8　课中环节一：引出新知

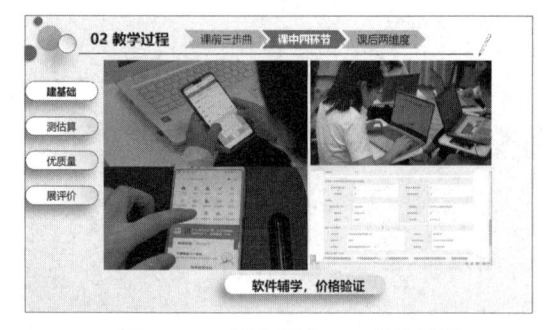

图 4-10-9　课中环节一：软件辅学

图 4-10-10　课中环节二：软件估算

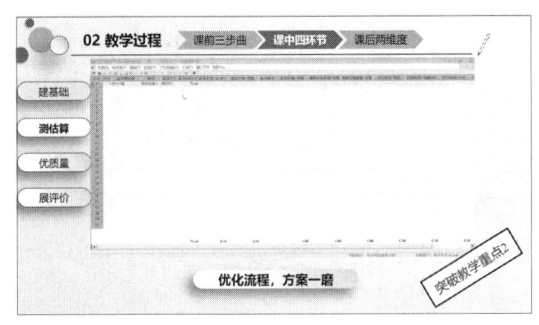

图 4-10-11　课中环节二：测算结果

图 4-10-12　课中环节三：发现差异

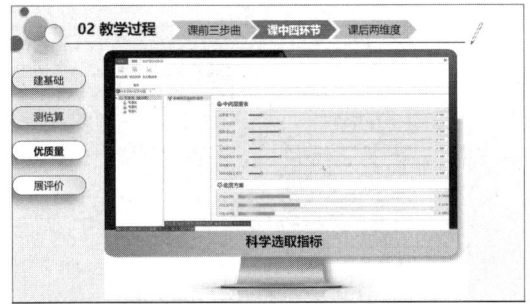

图 4-10-13　课中环节三：科学方法

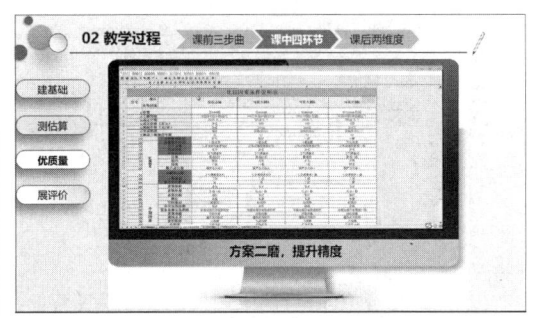

图 4-10-14　课中环节三：方案二

图 4-10-15　课中环节三：专家点评

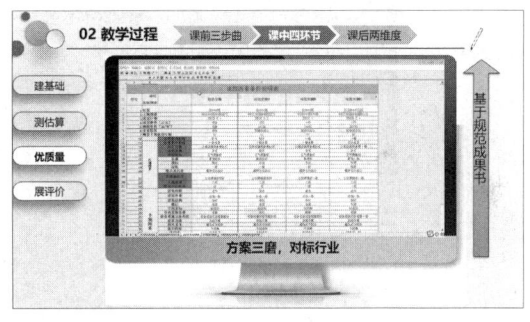

图 4-10-16　课中环节三：方案三

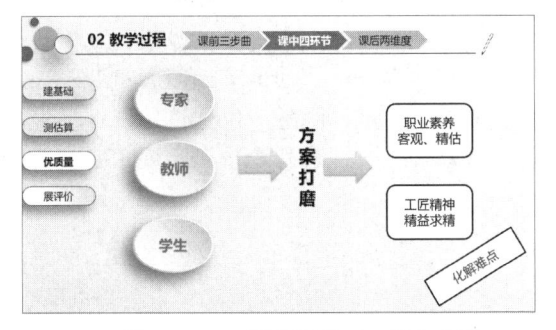

图 4-10-17　课中环节三：优化方案

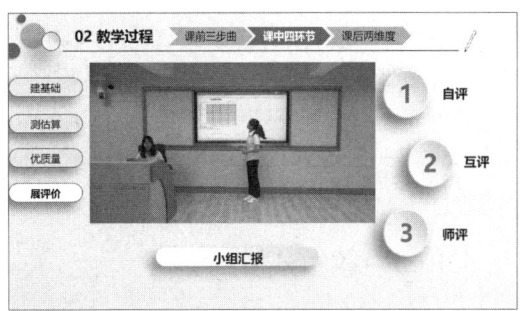

图 4-10-18　课中环节四：小组汇报

图 4-10-19　课中环节四：成果提交 　　　　图 4-10-20　课中环节四：教学诊断

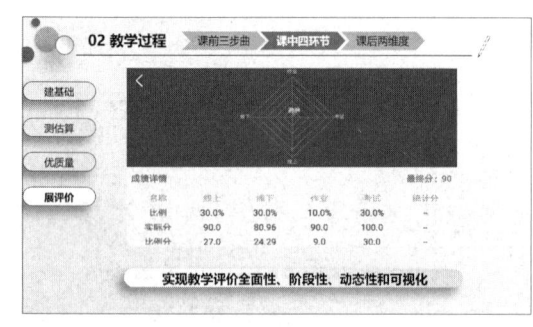

图 4-10-21　课中环节四：教学评价 　　　　图 4-10-22　课后两维度拓展

图 4-10-23　课后广度延伸 　　　　　　　　图 4-10-24　结束语

### 4.10.2　专家评价

该案例依托"两载体优化组织",课前三部曲引导学习,课中四环节推动教学,课后两维度延伸知识的体系设计教学流程;以"职教云平台"与"MR 混合现实智慧课堂"为载体,构建资源共享空间、教师空间与学生空间,营造出生生互动、师生互动、人机互动、机机互动的学习空间;以现代信息技术为依托,实现教学、实操、服务三位一体;以评估业务流程为主线,实现课程标准与行业标准精准对接;以方案三次打磨为途径,实现工匠精神与素养目标的有效融合。

### 4.10.3　教学分析

**1. 教材分析**

本课程的教材为《房地产估价》,参考教材为《房地产估价师考试辅导用书》,内容选自项目五中的任务二:住宅项目价值评估——比较法,结合房地产估价师执业标准确定教学内容。

2. 学情分析

本次课的授课对象为资产评估与管理专业二年级学生，一方面，学生希望教师能提供自主探究的学习平台，渴望通过团队协作方式完成房产估值。另一方面，学生收集资料的意识不强，学习本知识点时普遍反映修正因素困难，存在估算结果精度不高的学习困境。

经过前期学习，学生已经熟悉建筑工程基础知识，掌握资料收集和选取的要求，了解"鼎信诺资产评估软件"的基本功能，初具建筑基础的计算能力。这些都为知识点的学习奠定良好的基础。

3. 教学目标

通过对本知识点的学习，学生可以达到相应的知识目标、能力目标和素养目标。
知识目标：熟悉统一的比较基础内容，掌握比较法因素修正的方法。
能力目标：能够建立统一的比较基础，能够完成比较法因素修正的分析与计算。
素养目标：培养学生专业评估精益求精、严谨专注的工匠精神。

其中，建立统一的比较基础和比较法因素修正的应用是教学的重点，客观、准确判断比较法的区域因素修正是教学的难点。

### 4.10.4 教学设计与实施

1. 教学设计

本知识点的教学设计思路：依托两载体优化组织，课前三部曲引导学习，课中四环节推动教学，课后两维度延伸知识。

教学组织以"职教云平台"与"MR 混合现实智慧课堂"为载体。通过这两个载体构建资源共享空间、教师空间和学生空间。资源共享空间由丰富的颗粒化资源组成，方便教师根据教学需要组合教学资源。教师使用教师空间进行备课发布学习任务，学生通过学生空间开展线上线下资源学习，记载学生学习进程。教学设计思路如图 4-10-25 所示。

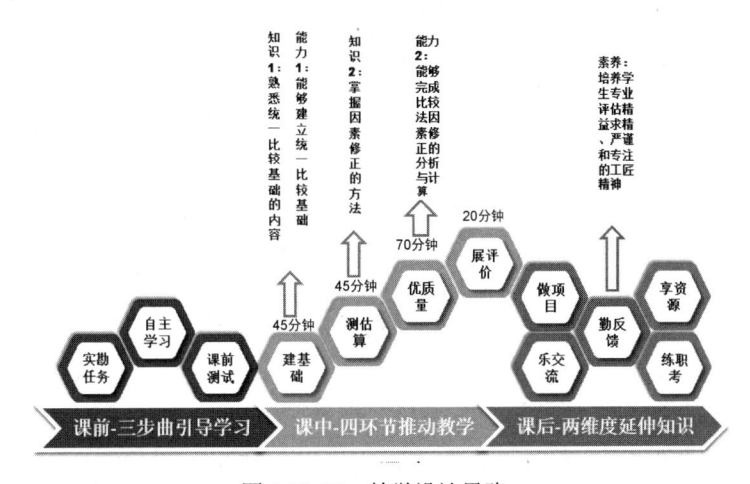

图 4-10-25　教学设计思路

"MR 混合现实智慧课堂"则是由多屏显示、计算机、手机及多种信息工具构成，营造出生生互动、师生互动、人机互动、机机互动的信息多向交互的学习空间，如图 4-10-26 所示。

职教云平台　　　　　　MR智慧课堂

资源共享空间　教师空间　学生空间　　师生互动　生生互动　人机互动　机机互动

组合教学资源进行备课、发布任务，开展线上线下学习　　　信息多向交互

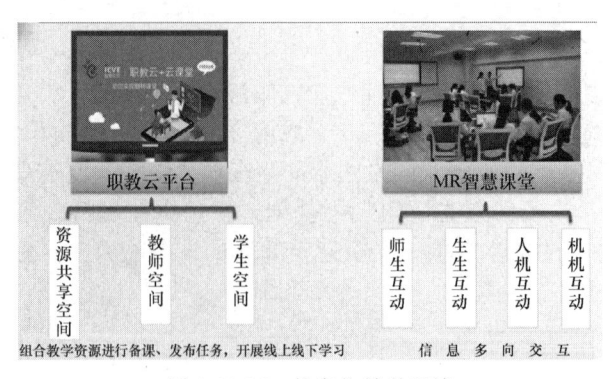

图 4-10-26　信息化教学环境

教学过程利用丰富的信息技术手段达成教学目标，包括"职教云平台"实现一体化教学设计及碎片化学习，"VR 全景看"房解决现场实勘困境，"思维导图软件"用于进行知识梳理，"贝壳 App""阳光家缘平台"双渠道验证价格，"鼎信诺资产评估软件"用于进行仿真项目估算以突破教学重点，"层次分析软件"用于重构因素指标化解教学难点，"金考典考试软件"用于进行题库训练，备战职业资格考试以实现课后延伸，如图 4-10-27 所示。

职教云　全景看房　思维导图　贝壳APP
一体化设计碎片化学习　解决现场实勘　知识梳理小结　市场价格验证

阳光家缘　鼎信诺　层次分析　金考典
官方价格验证　仿真项目估算　重构因素指标　备战资格考试

图 4-10-27　信息技术应用

## 2. 教学实施

课前三部曲引导学生学习，具体内容如下：

第一步：课前实勘任务，收集整理资料。课前，教师通过"职教云平台"发布学习资源和实勘任务单；学生通过"职教云平台"领取任务。学生分组使用"VR 全景看房"对房屋进行实勘，完成课前任务，上传作品至"职教云平台"。通过学生线上线下查阅资料，提高学生资料的整理与分析能力，为课堂教学提供准备。

第二步：闯关软件辅学，达成知识目标。学生在做任务过程中发现自己无法顺利地完成房产估值。小组合作探究的方式使学生带着问题与任务有针对性地进行知识点的学习。通过闯关模式资源学习促使学生不断加深知识理解，并巩固新知识。

第三步：课前水平测试，调整教学策略。为了获得学生信息反馈，对学生能力水平做初步判断，教师引导学生完成课前测试。通过测试结果找准学生的薄弱点，及时调整教学策略。

课中四环节推动教学，以评估业务流程为主线，设计"建—估—优—评"分层递进的四个环节。

环节一：建基础——建立比较基础。教师分析课前学习结果，确定第二组成绩最优，获得"最具潜力"的称号，赢得上台交流展示的机会，教师对学生学习情况加以引导。

根据学生任务作品呈现的问题，资料中成交价格不具有可比性。教师创设情境动画，引出知识点。借助"职教云平台"进行小组讨论，分析如何调整税费，让学生学会建立统一比较基础，达成知识目标 1。接着，利用"思维导图软件"引导学生对"建基础"进行知识梳理小结，归纳总结 "卖减买加（牙买加）"四字口诀，帮助学生理解和记忆，利用"贝壳APP""阳光家缘平台"双渠道对价格的合理性进行验证，培养学生严谨、专注的工匠精神。学生学会建立统一比较基础，实现税费非正常负担的调整，突破教学重点1。

环节二：测估算——方法评定估算。学生普遍反映难以将评定估算知识转化。教师操作演示利用"贝壳 App"的房屋实图引导学生计算，在"鼎信诺资产评估软件"中以评审标准为依据进行评定估算，达成知识目标 2。小组讨论并调整评估操作流程完成估算方案，对方案进行一次打磨，优化流程。通过小组讨论、反复练习、个性指导，学生学会评估估算并初步评审，突破教学重点 2。

环节三：优质量——方案反复打磨。学生发现结果差异很大，归因于因数修正带有很强的主观性。教师引导学生利用"层次分析法软件"对两两比较法数据进行分析确定因素指标选择。分析结果显示：区域因素指标有八个因素指标十分重要（交通便捷度、道路通达度、环境质量、商服繁华度、基础设施、公共配套、距市商业中心的距离、土地级别），应将其选为因素修正的指标，解决因素修正难的问题。学生按照修改后的因素指标体系进行评定估算，对方案进行二次打磨，提升精度。为了获得企业认可的方案，教师连线评估专家，专家点评学生估算方案。评估专家在线提供项目规范成果书以供学习参考。学生自我检查再次修改小组方案，对方案进行三次打磨，并对标行业。通过专家、教师、学生三方互动，反复打磨方案，培养学生客观、精估的职业素养和精益求精的工匠精神。学生学会用比较法评估房地产的价值，至此，难点化解，技能目标全部达成。

环节四：展评价——教学全程诊断。为了增强学生自信，共享学习成果，小组上台汇报估算方案，学生自评、小组互评、双师点评对估算方案进行总结，并上传作品至"职教云平台"。为了激发学生积极参与互动，实现教学全过程诊断。教师引入评估企业用人标准，设计基于云课堂的过程考核评价体系。在教学的每个环节都实现阶段评价，依托"职教云平台"及时评价反馈，有效调整教学策略；获得学生全过程分数，实现教学评价全面性、阶段性、动态性和可视化。

课后两维度延伸知识。课后，通过"做项目、练职考、促交流、享资源"途径延伸知识的深度与广度。学生领取企业项目资源，借助评估软件，完成房产估值；学生登录"金考典考试软件"数据库，增加训练的次数，备考房地产估价师。师生交流互动提高沟通协作能力；分享优质资源增强资源分享意识。课后拓展激发学生学习的主动性，优化教学组织。至此，素质目标全部达成。

### 4.10.5 教学效果

**1. 借助现代信息技术，实现教学扩容增效，优化教学过程**

突破传统教学模式的时空局限，课前学生自学知识与技能，课中专注于汇报、讨论、估算方案修改等深入互动环节，并及时解决问题，课后学生继续自主完成任务及备战职考。有效突破重点、化解难点、解决房产项目估值，分阶段逐步达成教学目标，教学效果显著提高，信息技术作用如图 4-10-28 所示。

图 4-10-28　信息技术作用

### 2. 理实一体化的设计，激发学生学习兴趣，提升专业技能

通过"建一估一优一评"分层递进四个环节，将理论知识与实践技能高度融合，培养学生专业评估技能和精益求精的工匠精神，学生学习兴趣更浓，学习效率更高，专业技能更强，学生综合技能显著提高。教学效果对比图如图 4-10-29 所示。

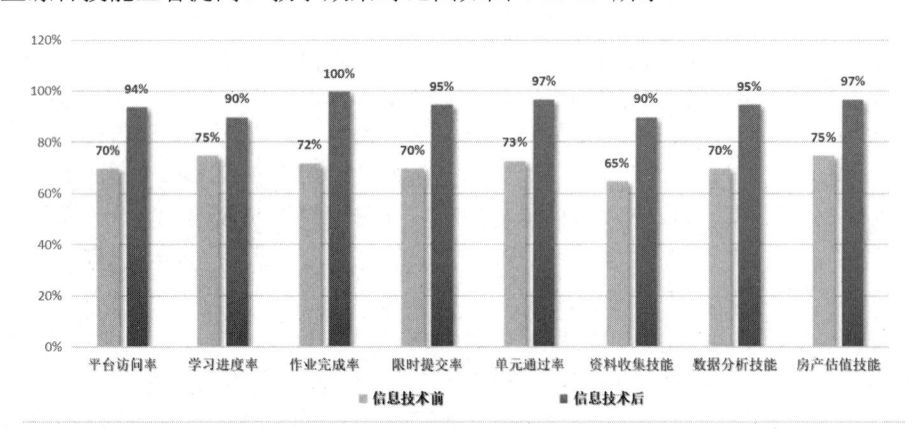

图 4-10-29　教学效果对比图

## 4.10.6　特色与创新

### 1. 以现代信息技术为依托，实现教学、实操、服务三位一体

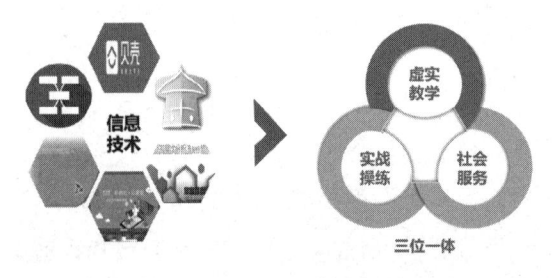

"三位一体"如图 4-10-30 所示。

图 4-10-30　"三位一体"

## 2. 以评估业务流程为主线，实现课程标准与行业标准精准对接

教学内容精确定位如图 4-10-31 所示。

图 4-10-31　教学内容精确定位

## 3. 以方案三次打磨为途径，实现工匠精神与素养目标有效融合

方案三次打磨如图 4-10-32 所示。

图 4-10-32　方案三次打磨

### 4.10.7　参赛教师感悟

作为青年教师，参加信息化教学比赛让我们的教学技能得到了质的提升。经历部门比赛、校赛、省赛，提高了教学设计能力、PPT 制作能力、视频制作能力、写作能力等教学基本功，我们不仅收获了鲜花和掌声，还有满满的自信、深厚的友情和对信息化教学的熟练运用与思考。回顾参赛历程，感悟良多，希望与大家共勉。

追求完美，打磨锤炼作品。从学院作品展示—校初赛—校决赛—省初赛—省决赛，每次的比赛都是把作品重新锤炼一遍，没有哪一次比赛是可以马虎过关的，作品一改再改，是经过无数次的修改与打磨才做出的成果。有些时候我都不敢回想这一路是怎么过来的，只是抱着一股信念坚持不懈。作品是一次次打磨完善的，不断追求完美，你，一定行。

黄金铁三角，发挥团队优势。参加过比赛或项目的教师都知道团队成员配合是十分重要的，越是到比赛后期团队成员的作用越是明显。陈院长擅长作品整体设计、把控作品大方向、提炼知识点精华、作品进度监督，有着一颗追求完美、精益求精的恒心，在比赛中发挥中指导和引领的作用，他每次的建议都能给作品画龙点睛。徐老师的 PPT 制作精美信息化能力强，专门负责比赛的 PPT 制作和视频制作，使作品呈现赏心悦目，是团队中的技术骨干，工作量很大真的不能少了她。而我自己主要是负责内容的选取、说课稿撰写、教案撰写等。团队形成了黄金铁三角，各自发挥所长，齐心协力地攻克难关，才有最终作品的完美呈现。

## 4.11　2019 年广东省省赛一等奖作品《唤醒水果店消费者的消费需要》——孔韬

### 4.11.1　案例展示

案例展示如图 4-11-1～图 4-11-12 所示。

图 4-11-1　教学分析一

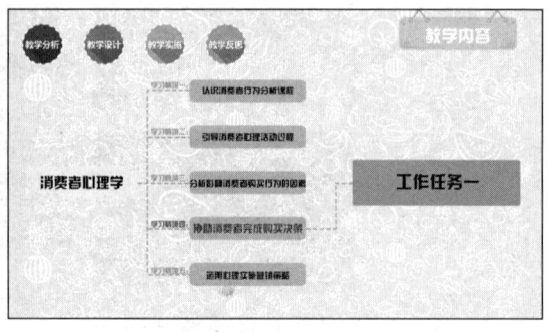

图 4-11-2　教学分析二

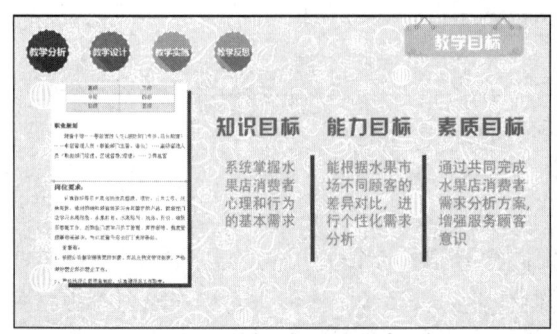

图 4-11-3　教学设计一

图 4-11-4　教学设计二

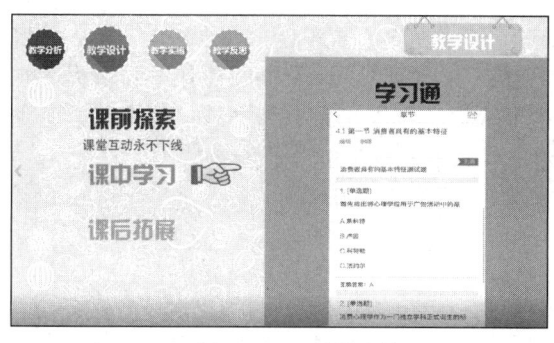

图 4-11-5　教学实施一

图 4-11-6　教学实施二

图 4-11-7　教学实施三

图 4-11-8　教学实施四

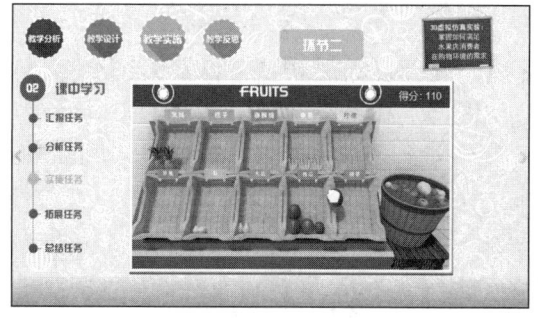

图 4-11-9　教学实施五

图 4-11-10　教学实施六

图 4-11-11　教学反思一

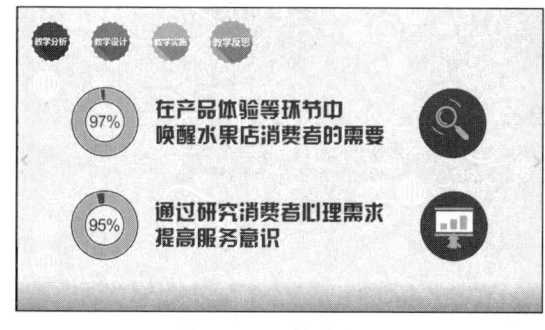

图 4-11-12　教学反思二

## 4.11.2　专家评价

该案例围绕以"学生为中心"的教学理念，采用视频会议、微课、石墨文档、Hi 现场大屏幕等混合式教学手段，体现"做中学、做中乐、做中教、教中乐"，使得师生在互动过程中获得最大的快乐。利用信息化的虚拟现实场景应用、案例资源及在线协作等手段提高学生碎片化时间学习效率；使用论坛讨论、异地视频会议、小组投票、直播等功能突出学生主体地位；课程思政创新性唤醒学生"干一行、爱一行、专一行"的匠心精神。

### 4.11.3 教学分析

**1．教学内容**

5 学时的课程内容选自"消费心理学"中学习情境四：协助消费者完成购买决策，第一节：唤醒消费者需要；课程围绕如何在产品功能、价格、购物环境、客户情感等方面展开教学。第五讲来源于第二节：刺激消费者购买动机，综合分析消费者在产品功能、价格、购物环境和情感等方面的购买动机。

**2．学情分析**

本课程的教学对象是市场营销专业水果店现代学徒制学生，知识上初步掌握消费心理学的基本理论，能力上具备水果市场分析能力，素质上初步具备消费者服务意识，但尚未掌握消费者的需求分析，同时欠缺唤醒消费者需要的经验。

**3．教学目标**

依据现代学徒制人才培养方案的规定，团队确定了教学目标包括以下三个方面：知识目标、能力目标和素质目标。

教学目标：根据现代学徒制人才培养方案规定教学目标。知识目标：系统掌握水果店消费者心理和行为的基本需要；能力目标：能根据水果市场不同消费者的差异对比，进行个性化需求分析；素质目标：通过共同完成水果店消费者需求分析方案，增强服务消费者的意识。如图 4-11-13 所示。

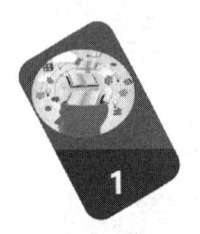

图 4-11-13　教学目标

**4．教学重点、难点**

该课程细化了教学重点、难点的基本内容，其中包括：进行个性化产品功能的需求分析。通过软件制作促销海报，在价格、购物环境、情感上满足目标消费者需求。还能够运用消费心理学刺激消费者购买动机，提升营销技巧。

### 4.11.4 教学设计与实施

#### 1. 教学理念

"唤醒水果店消费者的消费需求"围绕以"学生为中心"的教学理念,采用视频会议、微课、石墨文档、Hi 现场大屏幕等混合式教学手段,体现"做中学、做中乐、做中教、教中乐",使得师生在互动过程中获得最大的快乐。

#### 2. 教学方法

该团队巧妙应用参与式教学法,以提高学生兴趣为前提,以学生积极主动参与为过程,用微信公众号发现学生感兴趣的热点话题,再用专业的调研 App 通过观察、选择样本群体,对目标受访者进行问卷投放,并用 VR 技术,让学生全视角沉浸、自由探索,整个过程学生都乐在其中。

#### 3. 信息化教学手段

为了突破教学重点、难点,主要依托"超星学习通平台"组织教学活动,并结合其他软件 App 及自主研发实训软件进行推动,具体内容如表 4-11-1 所示。

表 4-11-1 信息化教学平台手段的具体内容

| 序号 | 信息化工具 | 教学支撑作用 |
| --- | --- | --- |
| 1 | 超星学习通 | 将"课前→课中→课后"环环相连,为师生互动、生生互动、人机互动提升了学生的学习乐趣和学习成效,同时克服了现场实训的时空限制,切实提高教学针对性 |
| 2 | 微课 | 运用信息技术按照认知规律,呈现碎片化学习内容、过程及扩展素材的结构化数字资源 |
| 3 | 自主研发模拟水果摆盘实训软件 | 为了做到理实一体化,培养学生实际水果店员的业务能力,把水果摆放的业务活动浓缩于自主研发实训软件中,学生运用所学水果功能和搭配知识对各类水果进行分类摆放 |
| 4 | 石墨文档 | 学生可以实现多人同时在同一文档及表格上进行编辑和实时讨论水果店消费者对水果功能需求分析报告,体现"以学生为中心"的教学理念 |
| 5 | Hi 现场大屏幕 | 学生演讲完毕后教师让学生启用 Hi 现场大屏幕实行现场投票。教师及时了解学生之间的评价,团队意识提高,竞争意识也随之增强 |

#### 4. 教学实施过程

(1)在课前准备阶段"超星学习通平台"有助于帮助向学生确定预习内容,具体有以下四大关键步骤:

明确课程学习目标、重点、难点,自主学习带语音的课前预习课件;观看 MOOC 视频;参与论坛讨论;领取任务单,准备课中汇报 PPT。如图 4-11-14 所示。

以"唤醒水果店消费者的消费需求"为例,参赛团队在课程设计时利用"超星学习通平台"在课前发布"如何挑选最甜的水果"的微课,激发学生求知欲望。学生则可以单击课件上的"不懂"按钮,帮助教师对学生进行学情分析;通过论坛讨论的形式给学生讨论水果店产品功能的空间。在课前阶段,课堂外形成师生间和学生间的学习场景,达到课前预习的目的。

由此可见,通过该教学平台的课程任务推送、论坛交流、慕课学习等功能营造出课堂外的人机协作的浸入式学习场景,整合碎片化时间,为在课中实施阶段突破重点奠定了基础。

(2)在课中学习阶段,教学过程强调以任务汇报、分析与实施,贯彻项目导向和任务驱动的教学模式，具体内容如下。

图 4-11-14　课前准备

启动"超星学习通平台"，Hi 现场大屏幕进行课中互动。如任务汇报中的弹幕评价和小组投票（生生互评）。如图 4-11-15、图 4-11-16 所示。

根据水果不同功能进行模拟分类。如在任务分析中要求学生清晰辨别每种水果的功能并且对不同水果进行功能细分。

通过自主研发虚拟仿真实训平台进行虚拟水果摆盘实训，如利用计算机生成水果店铺摆盘。多源信息融合的、交互式的动态视景，行为的系统仿真使学生沉浸到水果店铺环境中进行模拟水果摆放。如图 4-11-17 所示。

图 4-11-15　Hi 现场大屏幕生生互评

图 4-11-16　学生进行水果功能细分

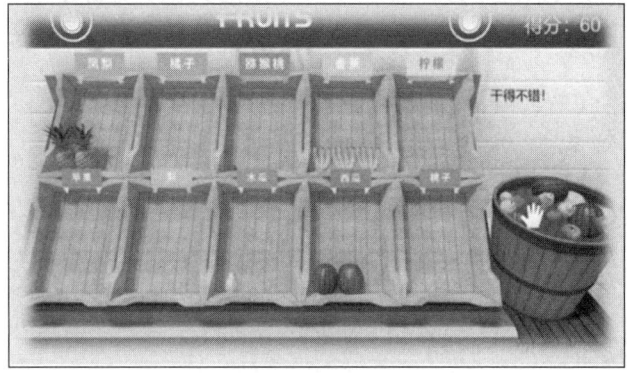

图 4-11-17　学生进行虚拟水果摆盘实训

在总结评价阶段，我们还会通过 Hi 现场大屏幕进行小组投票。教师与学生在课中任务实施阶段的活动都是围绕着任务"汇报—分析—实施—拓展—总结"进行的。

（3）课后拓展阶段，教师使用"超星学习通平台"及石墨文档实施课后拓展活动。

在"唤醒水果店消费者的消费需求"信息化教学设计中，第 4 课时中分析如何唤醒水果店消费者对产品功能的需求，该团队教师鼓励学生走出课堂与真实的水果店消费者进行沟通交流，指导学生不同消费者对水果不同的需求情况，总结归纳不同年龄、身体状况等细分市场的消费者对水果功能需求情况，从而实现"做中学、做中教"的教学目的。如图 4-11-18 所示。

图 4-11-18　线下调研，观看直播回放并修改需求分析报告

同时，课后拓展环节是无法离开课后作业的知识巩固的，它也是课程内容的补充和延伸，对于有效教学具有重要作用。而石墨文档使无纸化在线实时协作成为可能。团队教师可以通过该软件批阅学生上传作业、挑选优秀小组作品，并且将优秀作业分享到班级群。而学生同时可以小组合作修改其水果店消费者水果功能的需求分析报告，最终上传作业到"超星学习通平台"作业栏。

由此可见，基于"行走的课堂"的教学理念，让学生在项目和任务的驱动下对知识进行主动探索、主动发现和对所学知识意义的主动建构。课前，教师利用混合式教学平台分配任务，让每名学生根据自己对任务项目的不同理解，积极主动的利用数字学习资源，自主探究学习，为学生思考、探究、发现、创新提供开放空间；课中，将职业标准纳入教学内容，将企业引入课堂，学生接收来自企业的任务后，利用 VR 虚拟现实，以及专业的调研 App，沉浸式操作，互助协作共同完成任务项目；课后，学生将完成的调研任务运用到实践中，从而也实现了知行合一。

### 4.11.5 教学效果

**1. 教学评价与学生最终成绩对比分析**

78 名现代学徒制学生对课程教学给予了 96.1 的高分评价，根据两届学生成绩对比，可知课程采取信息化、场景化教学后，学生学习成绩有了明显提高，期末考平均成绩提高了 8.5 分，综合平均成绩提高了 5.15 分。如图 4-11-19 所示。

**2017-2018学年第一学期消费心理学成绩**

| 分数段（等级）类别 | [100-90]（优秀） | | [90-80]（良好） | | [80-70]（中等） | | [70-60]（及格） | | [60-0]（不及格） | | 缓考 | 缺考 | 舞弊 |
|---|---|---|---|---|---|---|---|---|---|---|---|---|---|
| | 末考 | 综合 | 末考 | 综合 | 末考 | 综合 | 末考 | 综合 | 末考 | 综合 | | | |
| 人数（75） | 0 | 0 | 18 | 47 | 42 | 25 | 14 | 3 | 1 | 0 | 0 | 0 | 0 |
| 百分比 | 0.00 | 0.00 | 24.00 | 62.67 | 56.00 | 33.33 | 18.67 | 4.00 | 1.33 | 0.00 | 0.00 | 0.00 | 0.00 |

末考 平均成绩：75.09　　及格率：98.67%　　标准差：6.01　　最高成绩：85.00　　最低成绩：57.00
综合 平均成绩：80.37　　及格率：100.00%　　标准差：5.48　　最高成绩：89.00　　最低成绩：64.00

**2018-2019学年第一学期消费心理学成绩**

| 分数段（等级）类别 | [100-90]（优秀） | | [90-80]（良好） | | [80-70]（中等） | | [70-60]（及格） | | [60-0]（不及格） | | 缓考 | 缺考 | 舞弊 |
|---|---|---|---|---|---|---|---|---|---|---|---|---|---|
| | 末考 | 综合 | 末考 | 综合 | 末考 | 综合 | 末考 | 综合 | 末考 | 综合 | | | |
| 人数（75） | 1 | 5 | 25 | 22 | 2 | 1 | 1 | 1 | 0 | 0 | 0 | 0 | 0 |
| 百分比 | 3.45 | 17.24 | 86.21 | 75.86 | 6.90 | 3.45 | 3.45 | 3.45 | 0.00 | 0.00 | 0.00 | 0.00 | 0.00 |

末考 平均成绩：83.59　　及格率：100.00%　　标准差：5.59　　最高成绩：90.00　　最低成绩：60.00
综合 平均成绩：85.52　　及格率：100.00%　　标准差：5.89　　最高成绩：92.00　　最低成绩：60.00

图 4-11-19　成绩对比

课后评价中，97.43%的学生认为本课程的实训环节均对实践学习"有助于解决问题"，97.4%的学生认为本课程的教学模式可以"帮助同学们更快地完成学习任务"，96.15%的学生认为课程中的信息化教学"学习效果更好，收获更大"。

通过学生课前测与课后测的学习效果对比数据得知，学生经过课程的学习，各种题型的准确率均大大提升（见图 4-11-20）。

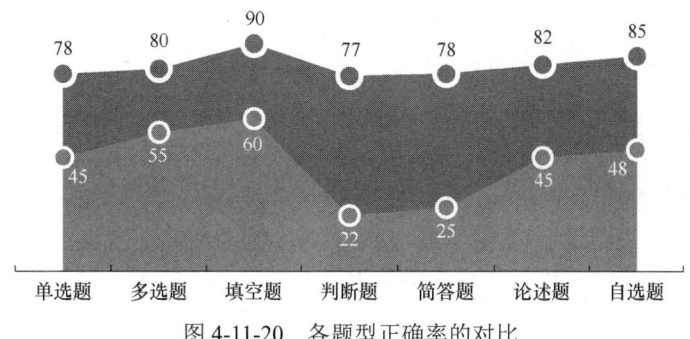

图 4-11-20　各题型正确率的对比

水果店店长对学生作业"水果店消费者需求分析报告" 随机抽样进行打分，学生及格率为 100%，后台数据显示得分分别为 92、86、78、75（见图 4-11-21），表明学生基本达到企业对员工的要求。

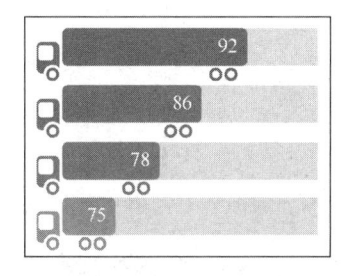

图 4-11-21　后台数据显示水果店店长随机抽样学生作业打分情况

不同年龄段的消费者普遍对各小组的课后直播情感营销都给予了较高评价（见图 4-11-22）。

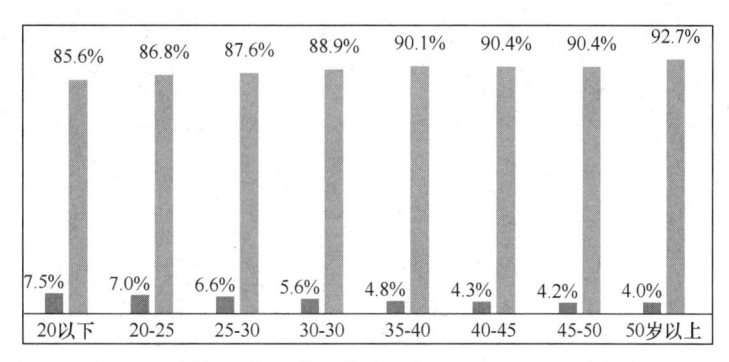

图 4-11-22　不同年龄段的消费者普遍对各小组的课后直播情感营销评价

## 2．学生成果展示

以下是部分优秀的需求分析报告（见图 4-11-23），其内容紧扣主题，调查报告的结构合理且符合设计规范，得到了水果店店长的一致肯定，说明学生已经具备基本的需求分析能力。

除上述需求分析报告外，学生设计的水果营销海报及以小组为单位到不同的水果店进行问卷调查。

图 4-11-23　部分优秀的需求分析报告

## 4.11.6 特色与创新

**1. 信息化工具提高碎片化时间学习效率**

作为一门实用性极强的市场营销核心课程,"消费心理学"所涉及的知识面较广,虽然与生活联系紧密,但也不可避免出现理论和知识"碎片化"问题。因此,在整个教学中,引进信息化教学平台和工具,如案例中的信息化的虚拟现实场景应用、案例资源及在线协作等就为知识串联提供了保障。又如该课程强调课前准备与课后拓展阶段的任务布置,为了实现"做中学、做中教"鼓励学习小组走出课堂与真实的水果店消费者进行沟通交流,去水果店通过问卷调查不同年龄、身体状况等细分市场的消费者对水果功能需求情况。

**2. 教学特色突出学生主体地位**

在教学特色上,本次课完整使用"超星学习通平台"的论坛讨论、异地视频会议、小组投票、直播等功能贯穿课前、课中、课后的教学。"以学习者为中心"采用模拟水果摆盘实训软件、场景还原投影、石墨文档等教学手段突出学生主体地位。以"行走的课堂"的教学理念,充分体现"在学中做,在做中学,以学促做","00后"的学生在课后直播和调研报告中都普遍存在过分关注水果销量的问题,忽略了如何应用消费心理学领略从心与消费者沟通,从而提高其销售技巧。如图 4-11-24 所示。

图 4-11-24 观察消费者表情

**3. 课程思政的创新性唤醒学生"干一行,爱一行,专一行"的匠心精神**

通过信息化平台的课前和课后对比发现,信息化的引入使得学生对知识的掌握程度有了明显的提升。在线测试的 97%学生均掌握了如何在水果功能上唤醒水果店消费者需要的新技能、新规范;在合作的水果店点评中,高达 95%店长评价本次课教育了学生如何打破农产品产销对接的瓶颈,助力了乡村振兴战略的实施。这意味着信息化使得课堂更加贴近企业,在教育学生唤醒消费者需要的同时,唤醒学生"干一行,爱一行,专一行"的匠心精神,实现了文化育人、实践育人教学目标。这种直观的效果评估数据也大大增强了教师的坚定不移的信息化教学改革的决心,提升教师的自身教学成就感。如图 4-11-25 所示。

图 4-11-25　教师授课与匠心精神

### 4.11.7　参赛教师感悟

2019 年，孔韬、覃聪和王宇能三位老师有幸组队为学校出战广东省职业院校教学能力比赛，历时 8 个月的各层次比赛的遴选，我们团队排除万难、群策群力不断雕琢参赛作品。比如，5 个连续学时的教案和教学实施报告就是最大的比赛难度。相比往年的比赛，2019 年的竞争难度提升了不少，也对老师们的脑力和体力都提出了更高的要求。虽然，我们团队未能成功进入到国赛，与各国赛队伍的差距也很明显。但是整个比赛过程的参与有助于加深在实际信息化的教学应用的深入理解。信息化教学大赛似一面明亮的镜子，它坚定了教师信息化教学模式改革的决心，同时找出了教育过程中值得反思的不足和整改之处。比如，"00后"的学生在课后直播和调研报告中都普遍存在过分关注水果销量的问题，忽略了如何应用消费心理学领略从心与消费者沟通，从而提高其销售技巧。这也要求教师在未来的教学设计和实施过程中，应该引导学生对专业知识更加重视，增强学生对知识的渴望。

同时也要感谢我校网络中心李梅教授全程的支持与指导，各级领导的建议与鼓励。在今后的教学中，我们团队会更加有信心和有热情地努力学习先进的教育理念与信息化手段，不断思考自己与进入国赛队伍之间的差距，雕琢自我的教学理念与设计。也会在未来的比赛中融入更多的思政元素，深度唤醒学生"干一行，爱一行，专一行"的匠心精神，打破农产品产销对接瓶颈，助力国家乡村振兴战略。

# 第 5 章　课堂教学赛项案例

## 5.1　2018 年广东省省赛一等奖作品《文化遗产解说》——任欣颖

### 5.1.1　案例展示

本参赛作品选自"文化遗产开发与管理"课程，该课程是文化事业管理专业的核心课程，根据该专业人才培养方案和本门课程的课程标准，所选单元是任务模块四——文化遗产解说。

**1. 课前学习**

教师通过"职教云平台"发布课前微课链接，使学生预先学习解说的基本理论；学生登录"职教云平台"并单击链接进入"哔哩哔哩"网站学习微课，通过弹幕留言或提问，如图 5-1-1 所示。

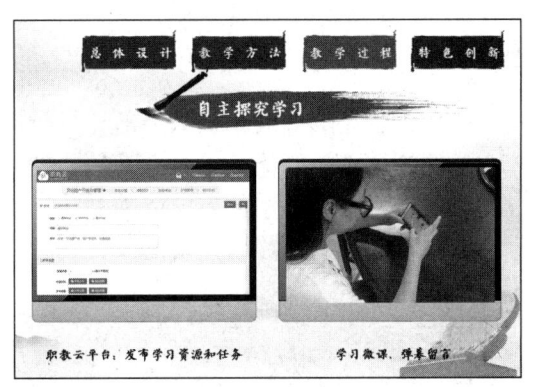

图 5-1-1　自主探究学习

学生根据教师在"职教云平台"发布的作业要求，经校园网登录"中经世林 3D 模拟解说"软件选取任意一个文化遗产进行模拟解说，并上传解说视频（该软件有同步录像功能），如图 5-1-2 所示。

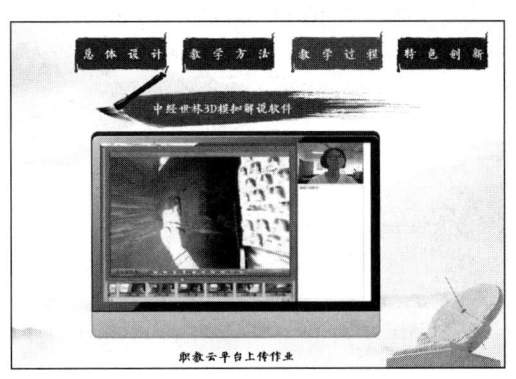

图 5-1-2　在"职教云平台"中上传解说作业

### 2. 课程回顾

课程开始，教师打开雨课堂，学生扫码进入课堂。教师带领学生回顾微课，对直播平台弹幕中的留言进行分析并对问题进行解答，包括通过弹幕时间轴分析学生自学焦点并解答留言问题，如解说员和指示牌的功能是否能相互替代。之后教师简要说明课前作业情况，展示学生作业，并简要点评，如图 5-1-3 所示。

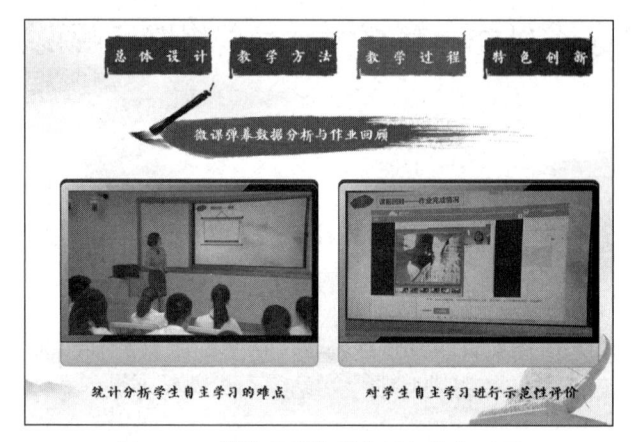

图 5-1-3 微课弹幕数据分析与作业回顾

### 3. 课程导入

播放自制动画导入本次课程：有无解说的导览效果对比。提问并解答文化遗产解说的作用，即传递知识、保护文化遗产、文化交流、宣传教育等。通过"问卷星"发布问卷，分析文化遗产解说需求，为讲解文化遗产解说的方法寻找现实支撑（问卷问题：针对选择的文化遗产解说的意愿、内容、方式等提出问题；结果与关键词分析：如历史、典故、方式、知识等关键词）。如图 5-1-4 所示。

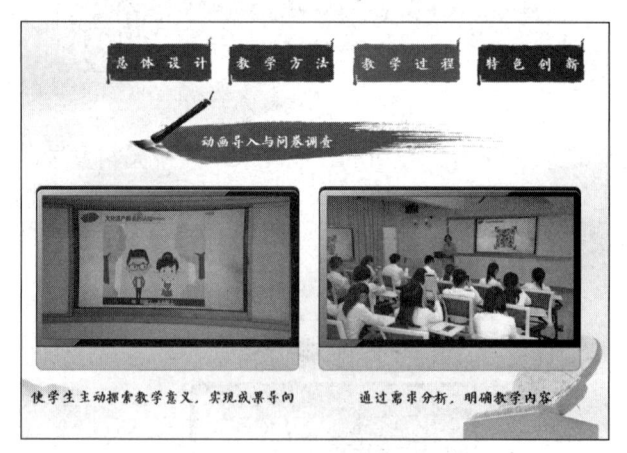

图 5-1-4 动画导入与问卷调查

### 4. 主体讲解

讲解文化遗产解说方法一：集中讲解、突出重点。场外教师通过"哔哩哔哩"直播平台进行现场直播、提问；分别讲述陈家祠的历史、重要价值、中心建筑及其主装饰。学生进入"哔哩哔哩"直播间，观看教师的现场讲解，通过弹幕与教师进行交流。主讲教师分析、讲解场外教师解说的内容与过程,并分析其中的讲解方法和技巧。如图 5-1-5 所示。

图 5-1-5　场外直播授课

讲解文化遗产解说方法二:虚实结合、唤起共鸣。回应场外教师提问,布置课堂练习,指导学生选择对象、填写思维导图。练习任务:小组讨论选择一处熟悉的文化遗产,填写思维导图,利用虚实结合、唤起共鸣的讲解方法进行现场解说练习。如图 5-1-6 所示。

图 5-1-6　思维导图、小组讨论

学生根据思维导图进行现场解说练习,在学习过程中,学生可以发弹幕表达观点,教师对学生的现场讲解进行点评和总结。如图 5-1-7 所示。

图 5-1-7　讲解练习、师生点评

讲解文化遗产解说方法三：制造悬念、引导启发。主讲教师示范讲解方法和技巧，总体回顾三种方法。学生利用 VR 资源进行讲解，对现场 VR 讲解进行点评。如图 5-1-8 所示。

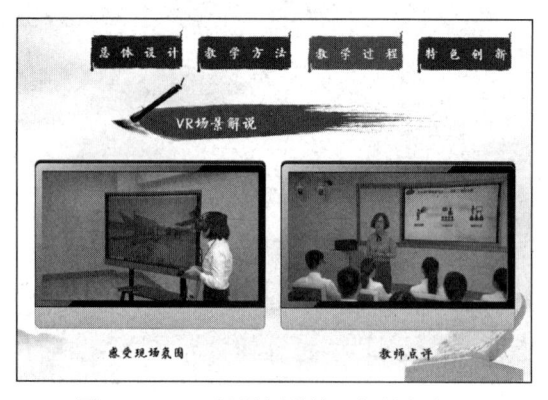

图 5-1-8　VR 场景解说练习与教师点评

### 5．课堂测试与作业布置

主讲教师设置题目让学生作答，考察学生对主讲内容的掌握程度。学生通过雨课堂答题功能进行答题。如图 5-1-9 所示。

图 5-1-9　利用雨课堂进行课堂测试

教师利用"职教云平台"布置作业，作业内容为任意选取一个文化遗产，运用适当的方法实地进行解说，并录制 3 分钟左右的视频。如图 5-1-10 所示。

图 5-1-10　教师利用"职教云平台"布置作业

#### 6. 课后总结与拓展

通过雨课堂的课后小节进一步了解学生的课上学习情况并有针对性地进行课后辅导。如图 5-1-11 所示。

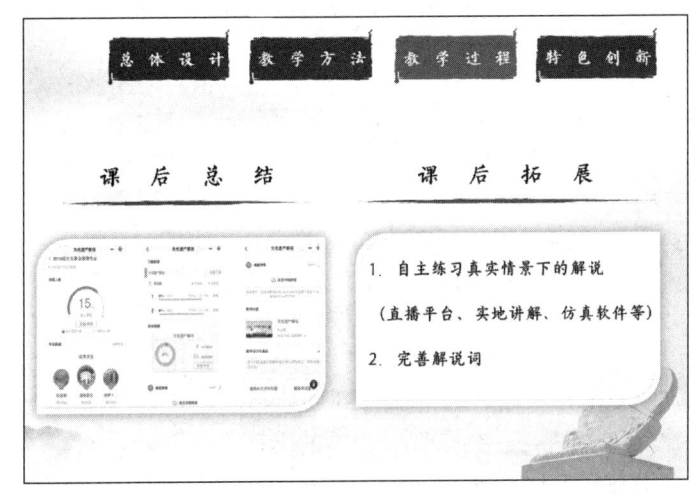

图 5-1-11　课后总结与拓展

### 5.1.2　专家评价

该案例依托"以学生为中心"的教学理念，使用任务驱动法、混合式教学法等方法，合理使用"职教云平台"、网络直播平台、VR 技术等多种信息化手段辅助教学，实现了师生之间的扁平化沟通、实景的仿真模拟及随时随地的移动式学习。

### 5.1.3　教学分析

本次课程的教学重点是文化遗产解说的方法和技巧，教学难点是文化遗产解说方法中虚实的选择与融合及共鸣点的选取和使用，最终达到本次课程的教学目标，让学生能够灵活、恰当地运用解说服务方法和技巧进行文化遗产解说。

本次课程的教学方法是采用"以学生为中心"的教学理念，主要使用任务驱动法、混合式教学法等方法，其中混合式教学法让学生进行线上+线下、课上+课下学习，延长了学生的学习时长，随时随地无缝学习；任务驱动法让学生课前使用仿真软件录制视频，课中利用思维导图在现场讨论，课后实地拍摄解说视频等多种任务；在这个过程中，合理使用了"职教云平台"、网络直播平台、VR 技术等多种信息化手段，解决教学重点、难点。

### 5.1.4　教学设计与实施

本次课程采用网络直播，利用任务驱动和混合学习的理念，指导学生自主学习、协作探究，借助多种信息化手段，组织学生线上线下讨论、实训互评，解决教学重难点，达成教学目标。

本次课程的教学过程是：预习与尝试，回顾与导入，讲解与练习，测试与作业，总结与拓展。

第一，预习与尝试。学生在"职教云平台"上观看教师事先发布的微课视频——《文化遗产解说的基础理论知识》，通过弹幕留言，并通过 3D 仿真模拟软件来录制视频作业上传至

"职教云平台"。

第二，回顾与导入。课堂上教师结合学生观看微课的弹幕留言时间轴和数据分析进行讲解，并简单点评并展示学生上传的模拟解说作业，紧接着将通过动画情景导入文化遗产解说的重要性通过"问卷星"现场调查学生对文化遗产讲解服务的核心需求，以此作为课程讲解方法的基础，与接下来课程重点内容解说的方法相结合。

第三，讲解与练习。该阶段是本次课程的主体阶段，首先由团队教师通过直播平台进行现场直播，真实展示文化遗产解说的方法，在直播中学生通过弹幕与教师互动，增强真实感和学习主动性。在授课中，根据任务要求使用思维导图，分小组现场讨论，学生根据讨论结果进行讲解练习，体会解说方法的使用技巧，最后师生共同点评，突破了教学的重点、难点。在实训环节，通过 VR 系统模拟文化遗产解说情境，使学生更真实地体会现场氛围，实现传统教学与数字技术的融合，增强课程趣味性，解决了传统实训的难题。

第四，测试与作业。通过雨课堂现场发送题目检测学生知识掌握情况，教师根据结果进行点评，综合评价学生学习效果。最后在"职教云平台"上为学生布置作业。

第五，总结与拓展。教师通过"雨课堂"的课后小结进一步了解学生的课堂学习情况，有针对性地对学生进行课后辅导。在完善解说词的基础上，鼓励学生通过互动直播、3D 仿真模拟软件、实地讲解等多种形式进行自主练习，培养和锻炼学生的解说能力。

### 5.1.5 教学效果

信息化手段的综合运用使学生对本次课程的重点和难点教学内容有了更为直观的理解和认识，尤其是使用了网络直播的形式使学生能更真实地体会到文化遗产解说方法的具体应用，弹幕互动也能及时收集大部分学生的问题和想法，及时进行课堂反馈，同时使用思维导图和 VR 资源让学生来完成课堂任务，能够更好地体现信息化教学技术在课堂中的使用效果。

### 5.1.6 特色与创新

本课程的特色与创新可以总结为以下三点：
（1）扁平化沟通：课堂上实时提问，现场直播时的弹幕互动；师生之间随时沟通了解。
（2）全拟真情景：网络直播实时模拟真实情境；VR 增强体验感、沉浸感；仿真软件全景模拟。
（3）移动式学习：全程手机参与，随时随地学习；多种课程资源对接个人终端。

### 5.1.7 参赛教师感悟

通过此次比赛，提高了本人的教学能力和对信息化教学的认识及团队合作能力等多方面的技能，同时深刻地意识到教学不仅需要教师本人精力的投入，还需要认真的准备和训练，更需要炽热身心情感的融入，必须有持之以恒必胜的信念，才能支撑着我们走到最后，获得理想成绩。具体的参赛感悟如下：

#### 1. 团队是前提

团队是参赛获奖的前提和保证，每个人都有自己擅长的事情，团队成员之间应发挥各自优势，实现优势互补，达到"1+2>3"的效果。建议团队可以由两名专业教师和一位熟悉现代信息技术的教师共同组成，集思广益，在讨论中碰撞出智慧的火花，逐步完善高品质的教学作品。

## 2. 选题是关键

一个恰到好处的选题可以为整个作品的创作起到事半功倍的效果。选题应易于开展教学活动，围绕比赛的要求"学中做、做中学"及"师生互动、生生互动"，并且可以使用信息化手段来有效解决教学难点，突出教学重点。可以方便地使用信息化的手段来呈现教学内容，可以解决传统教学中难以清晰呈现、透彻讲解等问题，做到既有科学性又有观赏性，还要与专业中、生活中或科学技术中的实际问题相结合，同时还要有创新点，最好能凸显社会热点。

## 3. 设计是重点

教学设计是整个比赛的重中之重，必须严格按照比赛评分标准，体现"以学生为中心"，突出学生的主体地位，体现"做中学、做中教"，教学目标明确，合理利用各种先进的教学理念与教学方法，利用信息化手段解决教学重点、难点，教学过程要注意课前、课中及课后各教学环节的衔接及各阶段性教学活动策划的合理性和真实性。随着信息技术的飞速发展，信息技术手段和数字教学资源已成为教师上课的日常教学常态，教师教学能力一直是大赛核心关键词，现"全国职业院校信息化教学大赛"已正式更名为"全国职业院校技能大赛教学能力大赛"，越来越受到多方重视，难度越来越大。现在的比赛更侧重教师教学实施能力、教学实践能力及教师专业功底等综合职业素养，教师的注意力最终还是要回到教育本身，回到教学本身。准备参加比赛的教师应积极应对各种挑战，以充满激情的开放心态，不断进行教学探索与实践，提升自己的教学能力，最终取得好的成绩。

## 5.2 2018 年广东省省赛一等奖作品《收入——开票与核算》——施秋霞

### 5.2.1 案例展示

本次课选取的是会计专业"财务会计实训"学习情境 10——收入"的课堂教学环节。课堂教学根据人才培养方案及课程标准，通过教学设计与实施，实现培养学生识票据、会操作、能核算、懂风控的教学目标。通过开票、核算两个专项教学环节设计培养学生识别发票，能掌握各种类别的发票开具技巧；通过小组合作解决工作难点的综合专项案例设计，培养学生识别财务工作风险点，具备防范财务风险的能力。案例展示如图 5-2-1～图 5-2-17 所示。

图 5-2-1　题目

图 5-2-2　目录

图 5-2-3　教学设计与思路一

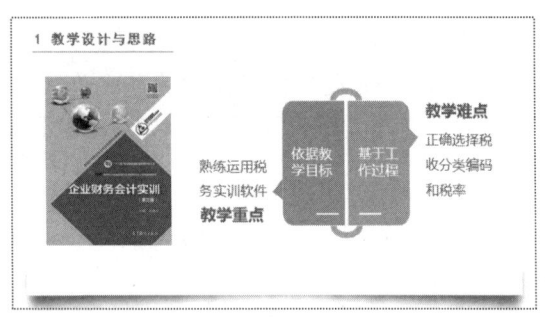

图 5-2-4　教学设计与思路二

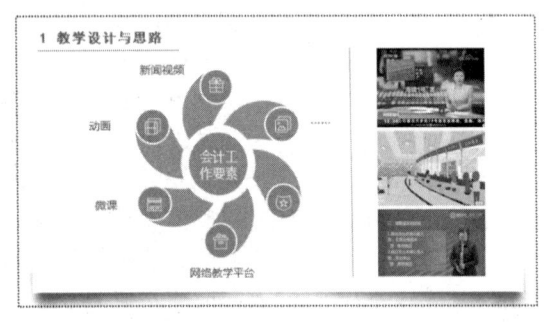

图 5-2-5　教学设计与思路三

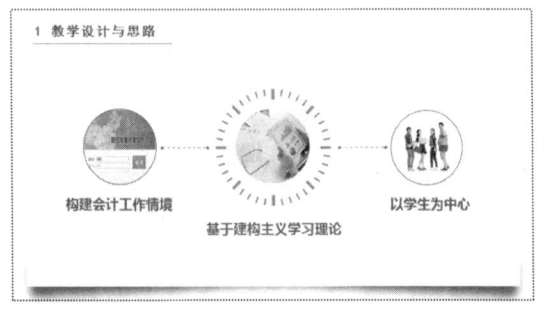

图 5-2-6　教学设计与思路四

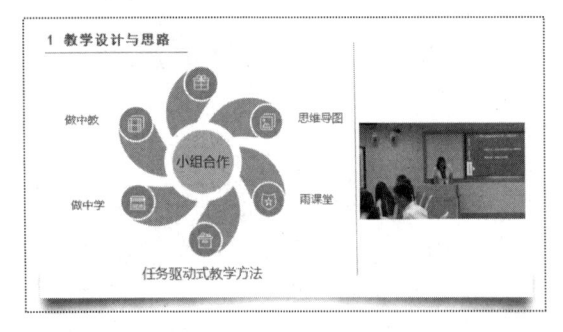

图 5-2-7　教学设计与思路五

图 5-2-8　教学组织与实施

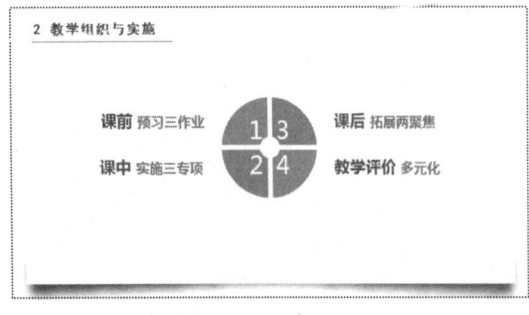

图 5-2-9　教学组织与实施一

图 5-2-10　教学组织与实施二

图 5-2-11　教学特色与创新

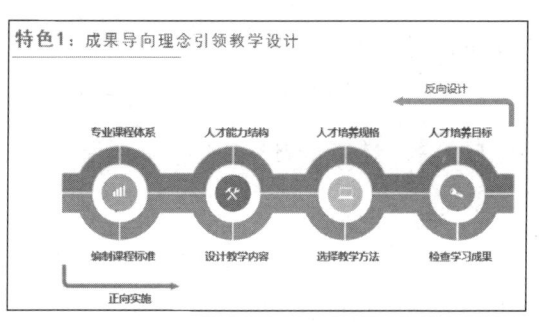

图 5-2-12　教学特色与创新一

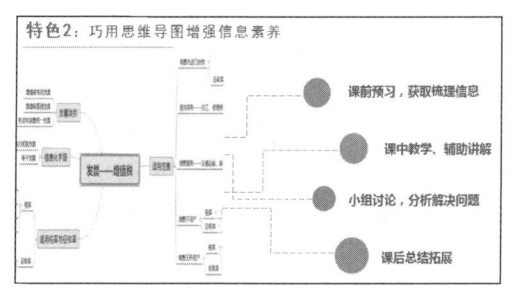

图 5-2-13　教学特色与创新二

图 5-2-14　教学特色与创新三

图 5-2-15　教学特色与创新四

图 5-2-16　教学特色与创新五

图 5-2-17　教学特色与创新六

## 5.2.2　专家评价

该案例按照实际工作流程设计教学内容，依据成果导向教学理念设计教学方法并实施，利用专业软件构建实际工作情境，通过校内外网络教学平台，推送新闻视频、动画、微课等教学资源呈现工作要素，突出教学重点，使用任务驱动式教学方法，小组合作完成工作任务，巧用思维导图、雨课堂实现"做中教、做中学"，解决教学难点。

### 5.2.3 教学分析

#### 1. 教学背景

众所周知，销售业务是企业实现收入和形成利润的重要环节，而发票的填制与审核、收入与成本结转的核算是财务人员必须掌握的职业技能。随着互联网技术的发展，传统的开票与核算方法已经不适应发票、税控系统、财务软件的变化，教学单元设计也应跟随业务的发展而不断优化。

线上销售的变革与成熟、网络支付手段的多元化、电子发票需求的激增，要求学生能够准确识别发票，掌握开票软件操作、正确开具增值税专用发票、普通发票、电子发票、红票等；财务软件的不断升级换代，线上财务软件更加普及，使财务核算随时随地都可以进行；"营改增"税制改革突显以票管控的重要性，金税三期工程的全面推进规范了开票行为，降低了开票风险，增强了财税管控，力争实现"款、票、货"三流合一的国家管控要求。教学背景如图5-2-18所示。

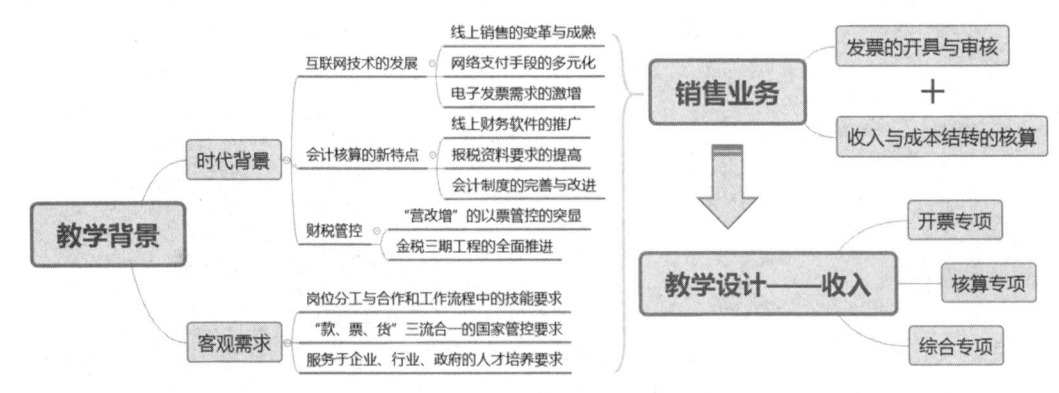

图 5-2-18　教学背景

基于此，本次课将销售业务的发票开具与审核、收入与成本结转的核算设计为三个专项环节，即开票专项、核算专项和综合专项。

#### 2. 学情分析

本次课的授课对象是高职会计专业大一第二学期的学生。学生已完成"会计基础"前导课程的学习，已完成"财务会计实训"课程收入核算的理论学习部分。深入分析学情，学生是中职生和普通高职生，入学前缺少工作经验，缺少理论向技能转化的能力，但对于未知事务和未来的工作生活有强烈的求知欲和好奇心，逻辑思维强，但需要专业引导。实训教学设计应基于此分析开展。学情分析如图5-2-19所示。

依据成果导向理念，本次课承担着培养学生"识票据、会操作、能核算、懂风控"的教学目标。课堂设计应根据学生对未来有强烈求知欲和好奇心的特点，采取与生活相关的新闻视频作为引导案例，从生活中常见的发票入手，引导学生识别发票、掌握开具发票的专业技能；通过疑难问题讲解来为学生解惑，培养学生的逻辑思维；采取小组合作、互动评价等方式，提升学生的合作与竞争意识；引入信息化教学手段，采用线上线下混合式教学模式，满足学生的多元化学习需求。

图 5-2-19　学情分析

### 3. 教学理念

依据成果导向进行教学设计，从吸引学生兴趣的角度进行课堂设计，以校企合作为基础，引入企业真实工作任务，使学生在"做中学、学中做"，充分体现"以学生为中心"的理念，配合线上和线下多种教学资源与信息化教学手段，以任务专项的教学形式，使学生能够掌握销售业务的核算，熟练操作开票软件和线上财务软件，并具有将理论和技能灵活应用于实际工作的能力，以及以独立或合作的方式解决实际问题的职业素养。教学理念如图 5-2-20 所示。

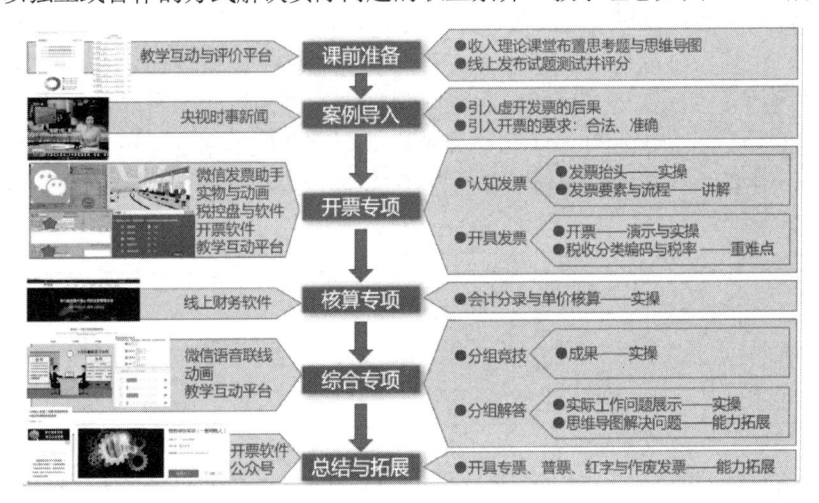

图 5-2-20　教学理念

### 4. 教学目标

知识目标：掌握发票的结构与要素、开票的工作流程。

技能目标：能够熟练使用开票软件开具增值税专用发票，能够熟练使用线上财务软件准确核算收入和销售成本。

素质目标：培养认真负责的工作态度、细心谨慎的工作作风、识别风险和防范风险，具备独立思考、善于合作、勇于竞争的精神。

### 5. 教学重点、难点

教学重点：熟练运用税务实训软件。
教学难点：选择税收分类编码和税率。

### 5.2.4 教学设计与实施

本节课的教学设计是基于建构主义学习理论的，以学生为中心，用税务实训软件、线上财务软件构建会计工作情境；通过校内外网络教学平台，推送新闻视频、动画、微课等教学资源呈现会计工作要素，突破教学重点；使用任务驱动式教学方法，小组合作完成工作任务，巧用思维导图、雨课堂实现做中教、做中学，解决教学难点。

教学组织与实施分为：课前预习三作业、课中实施三专项、课后拓展两聚焦、教学评价多元化。

课前预习三作业：课前，学生使用思维导图梳理增值税发票知识；在手机移动端完成开具发票的线上小测试，检测会计与税法知识的掌握情况；教师依据课前作业反馈，优化教学设计。课前准备如表 5-2-1 所示。课中实施三专项：课中，课堂实施采取递进式双任务（销售商品、销售服务）驱动三专项，使用微信发票助手、动画、税控盘、发票展示工作要素；思维导图融合税法和会计知识、雨课堂实现师生互动；引导学生操作税务实训软件、线上财务软件，掌握开票与核算技能；小组竞技巩固开票与核算技能，微信语音连线企业主管，教学成果实时获得企业主管认可；小组讨论分析案例，做出专业解答，做中教、做中学，实现知识内化和技能提升。通过热点新闻引入虚开发票后果，警示学生关注开票风险；通过法规条款提示开票错误风险；通过小组讨论识别技术风险。课中实施如表 5-2-2 所示。课后拓展两聚焦：课后，关注税制改革，聚焦热点文章，利用思维导图梳理知识点，更新知识内容；多行业、多种类的开票任务，有助拓深优化知识结构，提升技能水平，增强信息素养。课后拓展如表 5-2-3 所示。教学评价多元化：课前、课中、课后，通过平台测试、连线专家、生生互评开展多元化教学评价，实时检验学生学习成果。信息化手段如表 5-2-4 所示。

表 5-2-1  课前准备

| 教学环节 | 教师活动 | 信息化手段 | 时间(min) | 学生活动 | 时间(min) |
| --- | --- | --- | --- | --- | --- |
| 课前准备 | 搜集最新时事新闻、案例或在案例库中查找典型案例 | 得实混合式教学平台 | 10 | 搜集发票抬头的信息内容 | 5 |
| | 推送工作任务 | 开票软件 | 5 | 自学发票知识 | 5 |
| | 准备发票工作流程和工作疑难问题的动画 | 得实混合式教学平台 | 20 | 完成增值税发票的思维导图 | 20 |
| | 设计与发布小测作业"增值税发票的税收分类编码与税率" | 雨课堂 | 20 | 完成小测 | 5 |
| | 根据小测成绩设计重点教学讲解知识点，并推送专题名师课程及多元化交互式 PPT | 中国大学 MOOC、学堂在线、微课慕课网等 | 30 | | |
| | 合计 | | 85 | 合计 | 35 |

表 5-2-2　课中实施

| 教学环节 | 教师活动 | 信息化手段 | 时间段 | 学生活动 | 时间(min) |
|---|---|---|---|---|---|
| 课中实施 | 播放"海啸一号"虚开发票案件新闻 | 新闻视频 | 0:20~2:09 | 观看新闻 | 1.5 |
| | 回顾课前作业：思考题 | 雨课堂 | 3:30~3:52 | 课堂答题 | 0.5 |
| | 认知发票：发票抬头 | 微信发票助手 | 4:02~4:21 | 微信接收发票抬头 | 0.5 |
| | 认知发票：全部发票要素 | 展示发票票样 | 4:27~5:15 | 了解发票 | 1 |
| | 开具发票：了解发票工作流程 | 动画 | 5:30~6:58 | 观看动画，学习发票工作流程 | 1.5 |
| | 演示开具增值税专用发票 | 税控盘 税控软件 | 7:21~9:30 | 观看演示开票过程 | 2 |
| | 任务一：为销售货物开具发票 | 开票软件 | 9:53~11:30 | 学生操作开票软件、另一名学生复核 | 2 |
| | 打印发票并讲解发票联次 | 增值税专用发票 | 11:46~12:05 | 了解发票联次 | 0.5 |
| 课中实施 | 任务二：开具销售服务专票 | 开票软件 | 12:28~13:55 | 学生开具销售服务专票 | 1.5 |
| | 讲解难点 | 开票软件 | 14:00~14:58 | 学习正确选择税收分类编码和税率 | 8 |
| | 展示错误发票情况和后果、提醒学生认真细心 | 国家税务总局官网法律库 | 15:05~16:23 | | |
| | 回顾课前作业：思维导图和小测，重点讲解易错点 | 思维导图 雨课堂 | 16:25~17:45 | | |
| | 巩固知识：连线题 | 雨课堂 | 17:45~19:35 | 雨课堂手机答题 | 1 |
| | 与时俱进：抢答题 | — | 19:38~20:34 | 学生抢答 | 1 |
| 课中实施 | 核算收入、结转成本 | 线上财务软件 | 20:35~22:03 | 计算成本单价 | 2 |
| | 讲解加权平均单价、录入分录 | — | 22:35~24:00 | 录入分录 | 1.5 |
| 课中实施 | 小组合作分组竞技 | 开票软件、财务软件 | 24:05~26:50 | 小组分工完成开票和核算工作 | 4.5 |
| | 微信拍照发给企业主管审核 | 微信 | 27:41~27:51 | | |
| | 企业主管审核结果 | 微信语音 | 28:30~28:43 | | |
| 课中实施 | 动画展示工作问题 | 动画 | 29:18~29:43 | 观看工作问题的动画 | 6 |
| | 小组合作解答疑问 | 思维导图、雨课堂 | 29:43~32:54 | 小组讨论、完成思维导图 | |
| | 小组互评 | 雨课堂 | 32:54~33:55 | 小组互评 | |
| | 展示互评结果，学生解答疑问 | 希沃授课助手 | 33:58~35:19 | 投票并答疑 | |
| 课堂总结 | 1. 发票抬头<br>2. 税收分类编码与税率的选择<br>3. 开票人、复核人和收款人<br>4. 销售收入与成本结转的分录 | | 35:50~36:50 | 学生总结 | 2 |
| 合计 | | | | | 37 |

表 5-2-3　课后拓展

| 教学环节 | 教师活动 | 时间段 | 学生活动 | 时间（min） |
|---|---|---|---|---|
| 课后拓展 | 1. 关注国税公众号，阅读"纳税人学堂"调整增值税税率一般业务纳税申报案例，完成思维导图 | 37:00～38:05 | 1. 关注公众号、阅读文章、完成思维导图 | 15 |
| | 2. 登录开票平台完成其余五个行业的开票练习 | | 2. 练习开票 | 10 |
| | 3. 研究开具普票、红字与作废发票的操作 | | 3. 自学发票微课 | 10 |
| | 合计 | 1:05 | 合计 | 35 |

表 5-2-4　信息化手段

| 教学环节 | 序号 | 信息化教学名称 | 信息化手段 | 对应时间段 |
|---|---|---|---|---|
| 开票专项 | 1 | 引入视频 | 新闻视频 | 0:20～2:09 |
| | 2 | 存储和转发发票抬头 | 微信发票助手 | 4:02～4:21 |
| | 3 | 发票工作流程 | 动画 | 5:30～6:58 |
| | 4 | 演示开具增值税专用发票 | 税控盘、税控软件 | 7:21～9:30 |
| | 5 | 练习开具增值税专用发票 | 开票软件 | 9:53～14:58 |
| | 6 | 根据学生小测成绩讲解难点 | 思维导图、雨课堂 | 15:05～20:34 |
| 核算专项 | 7 | 收入和成本会计核算 | 线上财务软件 | 20:35～22:03 |
| 综合专项 | 8 | 小组合作分组竞技 | 开票软件、财务软件 | 24:05～26:50 |
| | 9 | 微信拍照发给企业主管审核 | 微信 | 27:41～27:51 |
| | 10 | 企业主管连线 | 微信语音 | 28:30～28:43 |
| | 11 | 动画展示工作问题 | 动画 | 29:18～29:43 |
| | 12 | 小组合作解答疑问 | 思维导图、雨课堂 | 29:43～32:54 |
| | 13 | 小组互评 | 雨课堂 | 32:54～33:55 |
| | 14 | 展示互评结果，学生解答疑问 | 希沃授课助手 | 33:58～35:19 |
| 课后拓展 | 15 | 课后拓展 | 开票软件、微信公众号、得实混合式教学平台、中国大学慕课 | 37:00～38:05 |

### 5.2.5　教学效果

通过本课堂的学习活动，学生能够通过自主开票、小组合作完成开票与核算，掌握税控软件的操作、不同种类发票的开票技能、线上财务软件的核算技能；能辨别其他学生的开票错误，降低开票风险；同时，能够综合财务和税务知识点，分析工作任务中的税改新问题，运用专业财务术语、税法法条解释问题存在的原因，并给出专业回答，提升了财务人员的专业素养。

### 5.2.6　特色与创新

**1. 成果导向理念引领教学设计**

依据人才培养目标反向设计，编制课程标准，设计教学内容，合理选择教学方法与手段，教学目标从易到难层层递进，符合学生认知和操作规律。如图 5-2-21 所示。

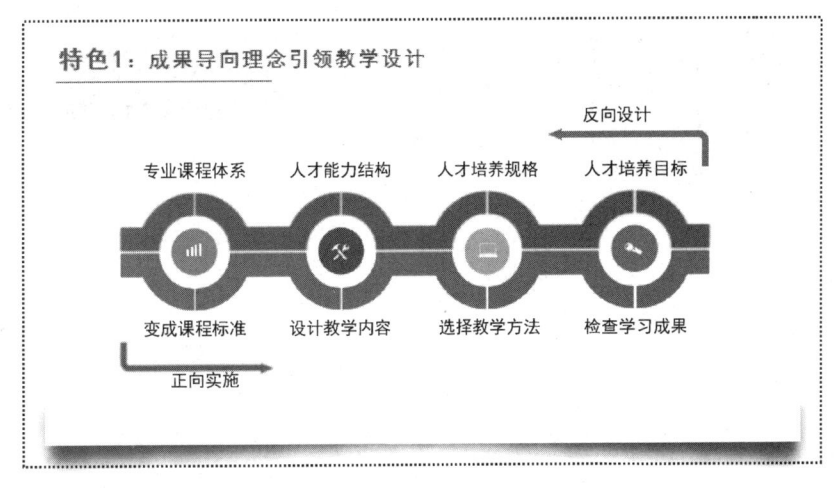

图 5-2-21　成果导向理念引领教学设计

**2．巧用思维导图提升信息素养**

通过课前预习获取和梳理信息、课中教学辅助讲解、小组讨论分析、解决问题、课后总结拓展来提升学生信息素养。如图 5-2-22 所示。

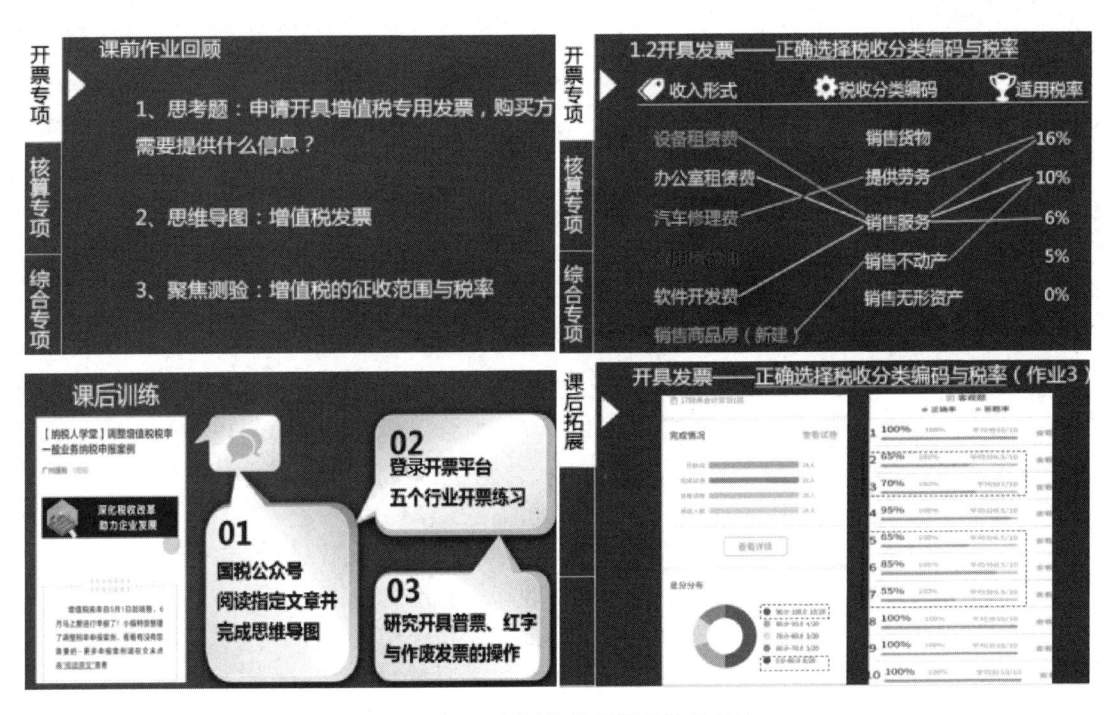

图 5-2-22　巧用思维导图提升信息素养

**3．构建信息化真实工作情境和学习空间**

利用税务实训软件、线上财务软件、政府官网和公众号构建真实会计工作情境；利用网络学习空间、雨课堂、动画、视频构建"时时能学、处处能学"的学习空间，全面高效达成教学目标。如图 5-2-23 所示。

图 5-2-23　构建信息化真实工作情境和学习空间

### 5.2.7　参赛教师感悟

**1. 将课堂还给学生，坚持"以学生为中心"的理念**

坚持"以学生为中心"的理念，是完善人才培养方案、撰写课程标准的依据。教师应改变过去的"我教什么，学生就学什么"的状态，认真思考学生为什么要学，学什么内容，如何学，才能达到有效学习等问题。只有明确学生的学习目的，结合行业社会的需求，才能做好专业人才培养方案，写好课程标准。只有依据学生特点进行教学设计，才能吸引学生学习兴趣。只有与时俱进完善教学设计，才能吸引学生全程积极参与课堂教学。

**2. 明确教师引导作用，坚持"因材施教，因时制宜"**

将课堂还给学生，并不意味着削弱教师的作用，相反，教师的作用在大大提高；将课堂还给学生，意味着学生会不按照教学标准进行学习，不按教学进度提出疑问，对教师的讲解提出质疑。如果没有教师的有效引导，那么整个课堂将会杂乱无序，教与学都会低质、低效。"以学生为中心"的课堂，犹如置身真实工作环境的岗位任务，没有人能够有足够的预案应对突如其来的事件和危机。这恰恰要求教师具备深厚的专业技能和教学技巧，才能对突如其来的事件和危机应对自如。教师的作用正如工作岗位中的高级财务经理或财务总监，具备娴熟的专业素养和工作技巧，才能够轻松化解工作危机。因此，将课堂还给学生，这对教师的要求进一步提高。能掌控这样课堂的教师，才不能被线上理论课程所取代。优秀的教师会一直坚持"因材施教，因时制宜"。不断地适应时代的发展、行业的变化，因时制宜地设计课堂教学，因材施教地依据学生学情变化改变教学策略。唯有坚持不懈，才能成就优秀教师。

## 5.3 2019 年广东省省赛一等奖作品《蒙版之海报设计与制作》——崔强

### 5.3.1 案例展示

案例展示如图 5-3-1~图 5-3-26 所示。

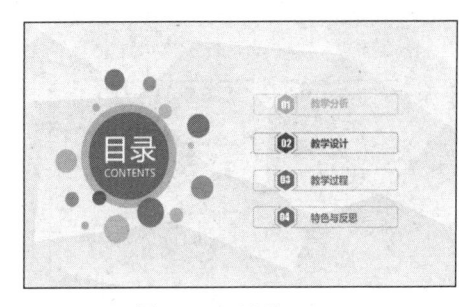

图 5-3-1 题目

图 5-3-2 目录

图 5-3-3 教学分析

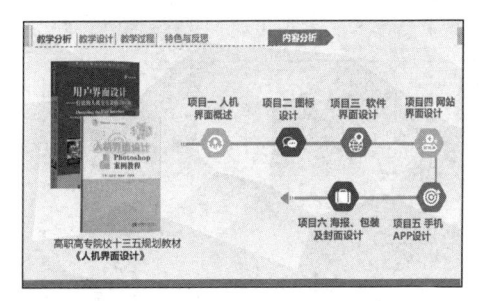

图 5-3-4 教学分析——内容分析

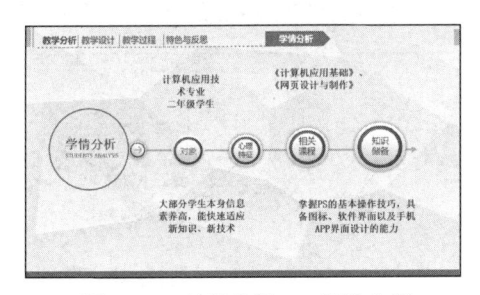

图 5-3-5 教学分析——学情分析

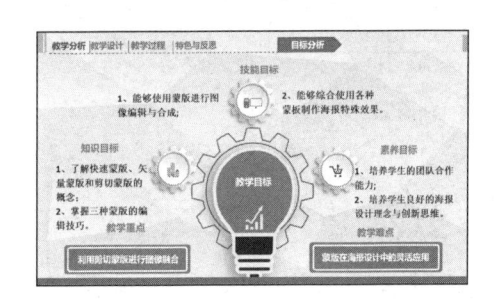

图 5-3-6 教学分析——目标分析

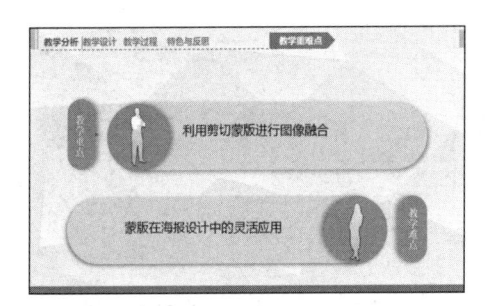

图 5-3-7 教学分析——教学重难点

图 5-3-8 教学设计

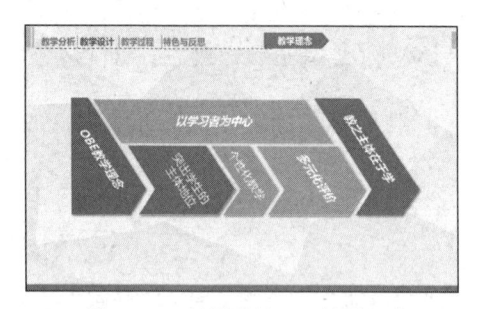

图 5-3-9　教学设计——教学理念

图 5-3-10　教学设计——教学模式

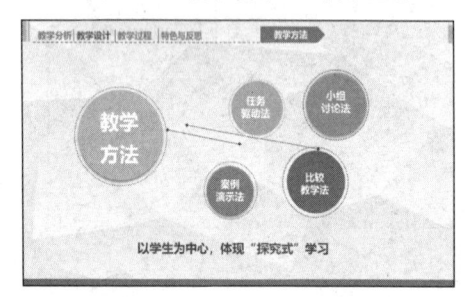

图 5-3-11　教学设计——教学方法

图 5-3-12　教学设计——信息技术

图 5-3-13　教学过程

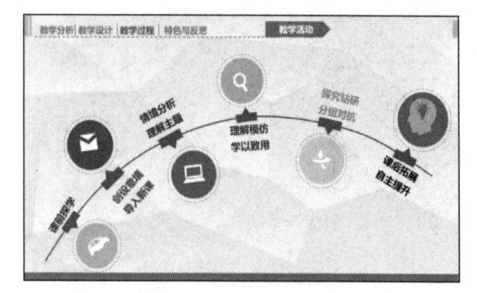

图 5-3-14　教学过程——教学活动

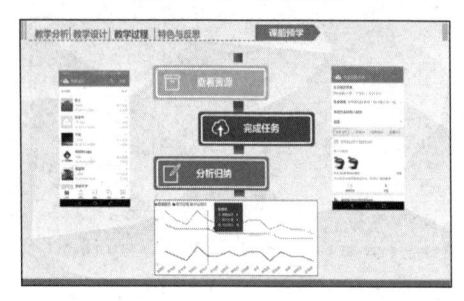

图 5-3-15　教学过程——课前预学

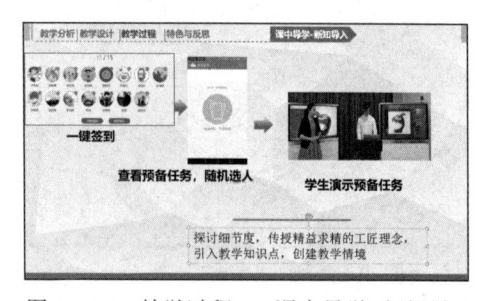

图 5-3-16　教学过程——课中导学-新知导入

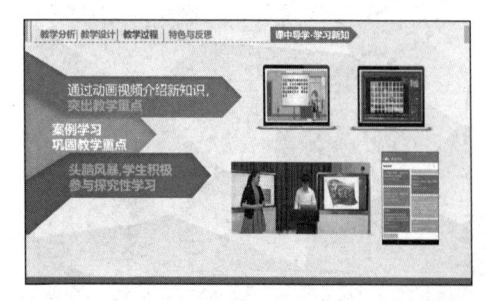

图 5-3-17　教学过程——课中导学-学习新知

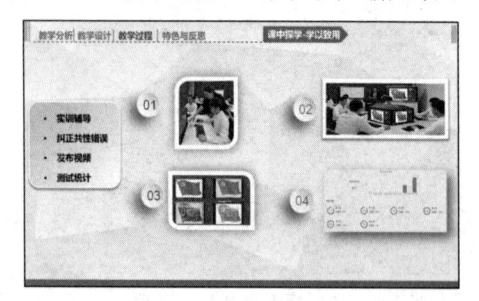

图 5-3-18　教学过程——课中导学-学以致用

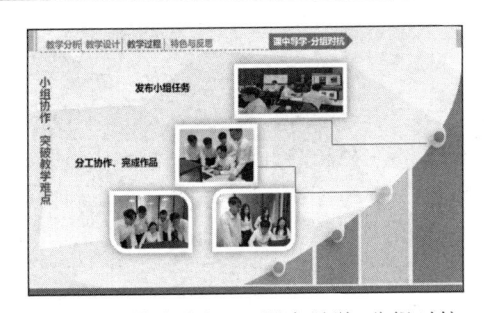

图 5-3-19　教学过程——课中导学-分组对抗一 　　图 5-3-20　教学过程——课中导学-分组对抗二

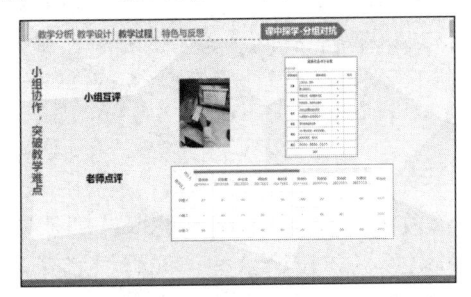

图 5-3-21　教学过程——课中导学-分组对抗三 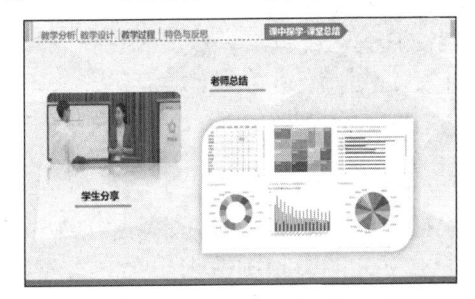　　图 5-3-22　教学过程——课中导学-课堂总结

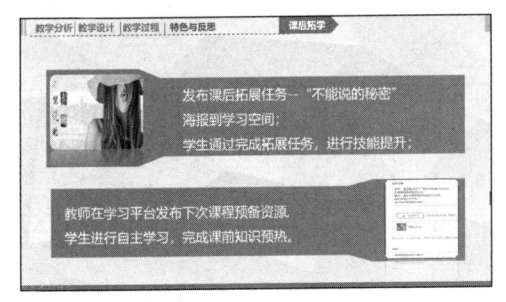

图 5-3-23　教学过程——课后拓学 　　图 5-3-24　特色与反思

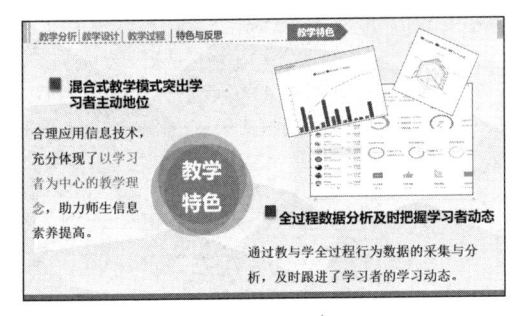

图 5-3-25　特色与反思——教学特色一 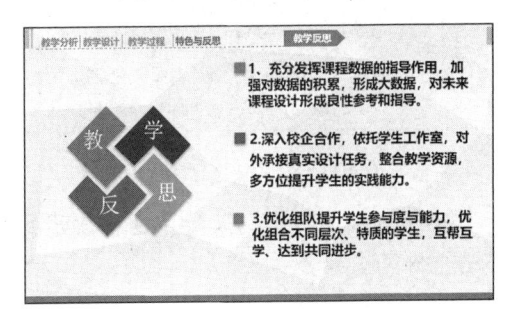　　图 5-3-26　特色与反思——教学反思二

## 5.3.2　专家评价

该案例依据 OBE 成果导向的教学理念，以学生为中心，突出学生的主体地位，强调学生的个性化教学，及时把握每名学生的学习动态，实现"教之主体在于学"。采用混合式教学模式突出学习者主体地位，合理利用信息技术，充分体现以学生为中心的教学理念；分析教与学全过程数据，及时把握学生的学习动态，利用 PowerBI 进行数据分析，根据数据反馈及时对教学进度及方法进行调整。

### 5.3.3 教学分析

**1. 教学内容**

本单元教学内容选自课程"界面设计",该课程选用"十三五"职业教育国家规划教材作为教材,依据人才培养方案,结合职业岗位工作任务过程,将教学内容划分为六大项目单元。本次汇报的是项目六海报、包装及封面界面设计。

**2. 学情分析**

本课程的授课对象是计算机应用技术专业二年级学生,大部分学生具有较高的信息素养,能快速适应新知识、新技术;前置课程为"计算机基础",同步学习的相关课程为"网页设计";通过前几个项目的学习,学生已具有图标、软件界面设计、手机 App 等界面设计的能力,但是缺少相关海报、包装及封面的设计理念与技巧。

**3. 教学目标**

依据"界面设计"课程标准中的学习成果"LO6 能根据实际需求设计制作其他界面"和对应的能力指标要求,确立了本单元的知识目标和技能目标,同时把培养学生良好的设计理念、创新思想、团队协作能力等基本职业素养贯穿于整个教学过程中。教学目标如表 5-3-1 所示。

表 5-3-1 教学目标

| | |
|---|---|
| 知识目标 | (1) 了解海报设计的基本知识,掌握蒙版的编辑技巧、海报设计技巧<br>(2) 了解包装设计的基本知识,掌握图层样式和变换工具的编辑技巧、包装设计技巧<br>(3) 了解封面设计的基本知识,掌握滤镜的编辑技巧、封面设计技巧 |
| 技能目标 | (1) 能够综合利用蒙版制作海报的特殊效果<br>(2) 能够综合利用图层样式、变换工具等制作包装设计<br>(3) 能够综合利用滤镜制作平面书籍封面设计 |
| 素养目标 | (1) 培养学生的工匠精神和良好的职业道德<br>(2) 培养学生有效沟通和团队协作的能力<br>(3) 培养学生良好的海报、包装及书籍封面的设计理念<br>(4) 培养学生具备良好的创新意识 |

**4. 教学重点、难点**

根据上述知识目标、技能目标和素养目标,结合学生的基础与能力,确定如表 5-3-2 所示的教学重点、难点。

表 5-3-2 教学重点、难点

| | |
|---|---|
| 教学重点 | (1) 利用剪切蒙版进行图像融合<br>(2) 图层蒙版中黑、白、灰的编辑技巧<br>(3) 利用斜面和浮雕、投影等图层样式设置良好的平面包装效果<br>(4) 利用变换工具制作立体包装盒<br>(5) 利用滤镜实现条形码的设计与制作 |
| 教学难点 | (1) 蒙版在海报设计中的灵活应用<br>(2) 综合利用各种图层样式美化平面包装效果<br>(3) 综合利用各种工具完善立体包装效果<br>(4) 综合利用各种工具设计进行创意封面设计 |

### 5.3.4 教学设计与实施

**1．教学理念**

本节课程依据 OBE 成果导向教学理念，以学生为中心，突出学生的主体地位，强调学生的个性化教学，及时掌握每个学生的学习动态，实现"教之主体在于学"，如图 5-3-27 所示。

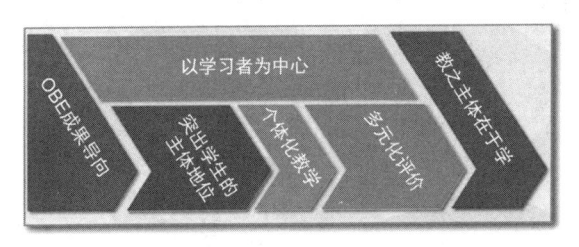

图 5-3-27　OBE 成果导向教学理念

**2．教学设计**

以职业岗位工作任务过程为导向，由浅入深、逐层递进安排教学内容，以培养学生的协作能力、分析问题能力、解决实际问题能力为目标，开展"课前探学、课中导学、课后拓学"的探究性教学活动，实现线上线下的混合式教学模式，如图 5-3-28 所示。

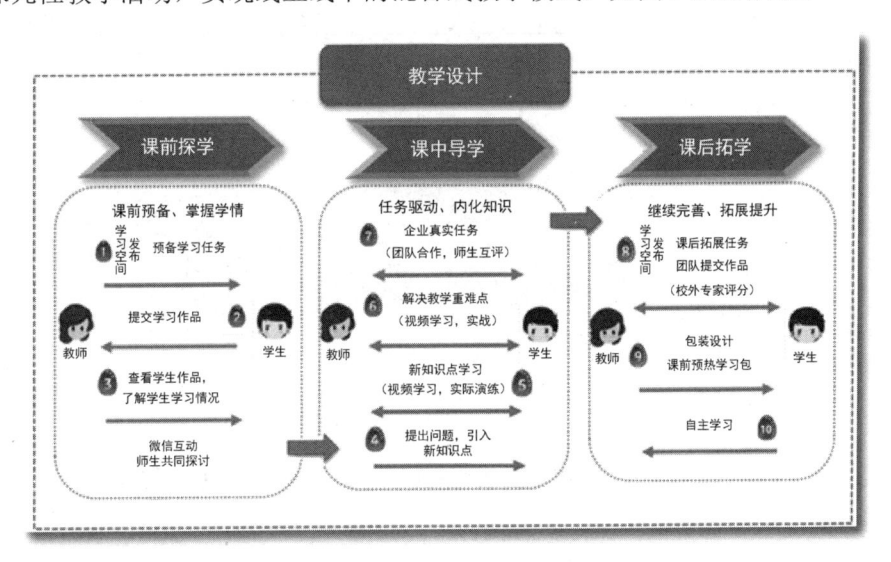

图 5-3-28　混合式教学模式

**3．教学方法**

采取"做中学、做中教"的教学策略，在教学过程中，采用比较教学法、任务驱动法、案例演示法和小组讨论法等多种教学方法，提升学生的主体地位，达成学习目标。

**4．信息技术**

为了有效突破教学重点、难点，将以下信息技术手段应用到教学过程中，包括依托云班课学习空间展开学习活动和采集分析教与学数据，通过 PowerBI 进行可视化数据分析；使用动画、微课和教学视频以提高学生学习的积极性；结合微信进行信息推送和师生互动，延伸学习范围。

## 5. 整体教学过程

本次所有内容均选自项目六：海报、包装及封面界面设计，它们之间的相互关系如图 5-3-29 所示。

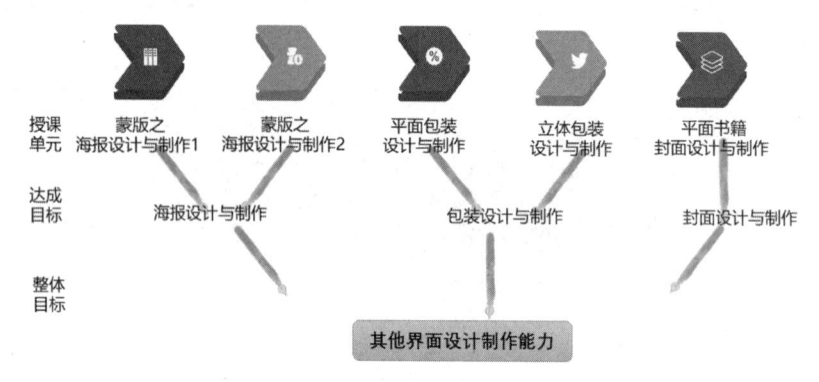

图 5-3-29　整体教学过程

## 6. 单学时教学过程

在每个学时的教学流程设计上结合实际项目，信息技术达到"教、学、做"的统一。"以学生为中心"从课前、课中、课后三个环节设计不同的教学过程，下面以蒙版之海报设计与制作为例介绍单学时教学过程，如图 5-3-30 所示。

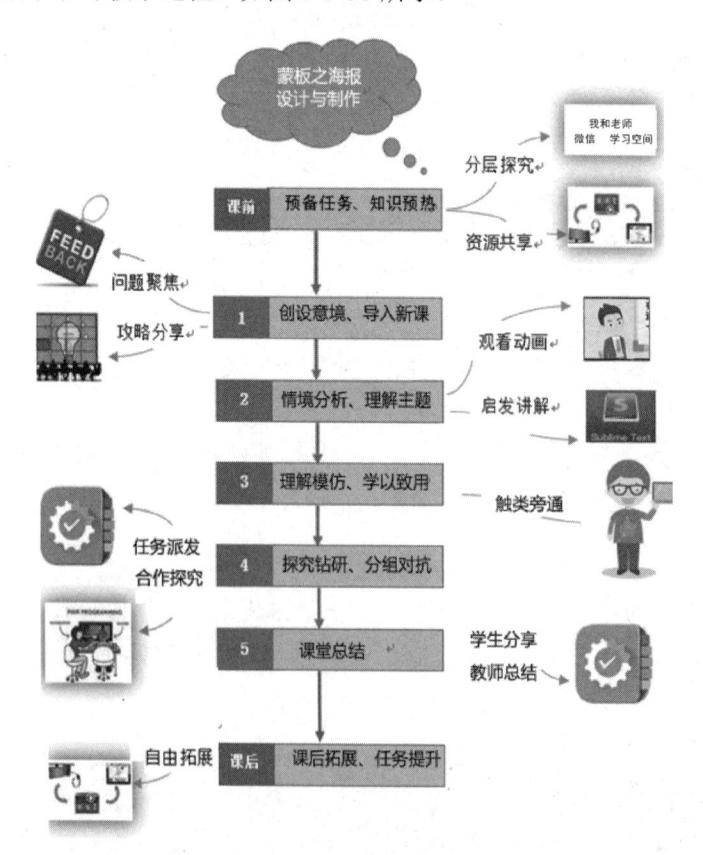

图 5-3-30　单学时教学过程

## 5.3.5 教学效果

**1. 教学目标实现**

以成果为目标,结合过程性考量和结果式考核等多种评价方式来科学评价学生的学期情况。其中,过程性考量包括考勤、课堂参与、课堂表现、在线测试分数、头脑风暴分数;结果考核包括课前预备作业、课堂案例作业、小组作业、课后拓展作业等,如图 5-3-31、图 5-3-32 所示。

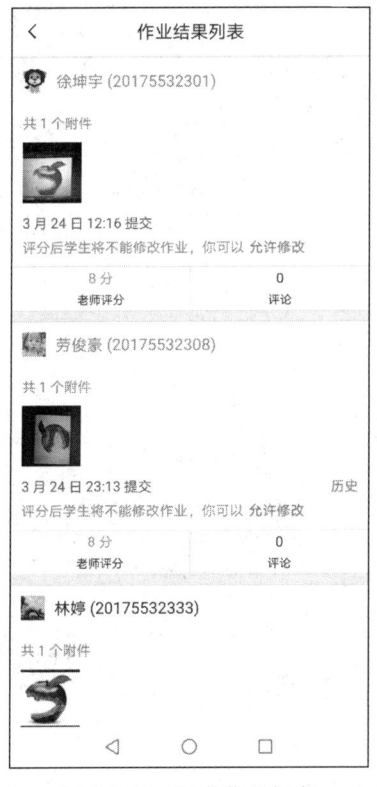

图 5-3-31 预备作业提交

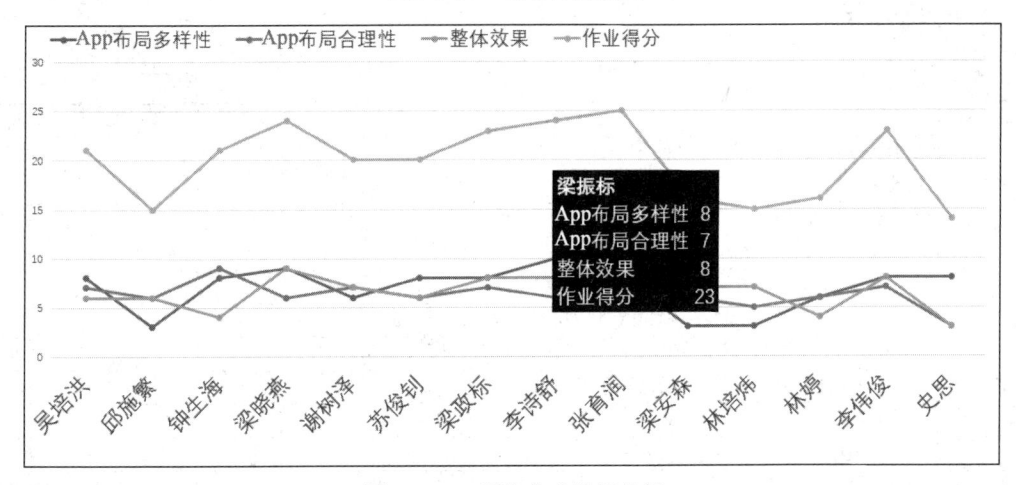

图 5-3-32 预备作业结果分析

根据云班课学习空间的经验值并参考专家评价形成最终成绩，根据这些成绩可以看出，学生已经达到了每次课堂的教学目标。针对每次课堂的学习情况进行反思与改进，在下次课堂中进行改进与提升，经过五次课堂学习，学生初步具备了其他界面设计与制作能力，达到了整体教学目标，如图 5-3-33 所示。

| 姓名 | 海报1 | 海报2 | 立体 | 书籍 | 封面 |
|---|---|---|---|---|---|
| 吴培洪 | 60 | 66 | 120 | 186 | 246 |
| 邱施繁 | 58 | 123 | 223 | 289 | 347 |
| 钟生海 | 78 | 143 | 243 | 309 | 387 |
| 梁晓燕 | 60 | 125 | 225 | 330 | 390 |
| 谢树泽 | 55 | 100 | 200 | 266 | 321 |
| 苏俊钊 | 58 | 123 | 212 | 266 | 324 |
| 梁政标 | 56 | 88 | 188 | 254 | 310 |
| 李诗舒 | 60 | 125 | 200 | 240 | 300 |
| 张育润 | 70 | 85 | 185 | 251 | 321 |
| 梁安森 | 68 | 133 | 172 | 238 | 306 |
| 林培炜 | 60 | 125 | 188 | 254 | 314 |
| 林婷 | 73 | 138 | 238 | 280 | 353 |
| 李伟俊 | 68 | 133 | 233 | 313 | 381 |
| 史思 | 72 | 137 | 237 | 300 | 372 |

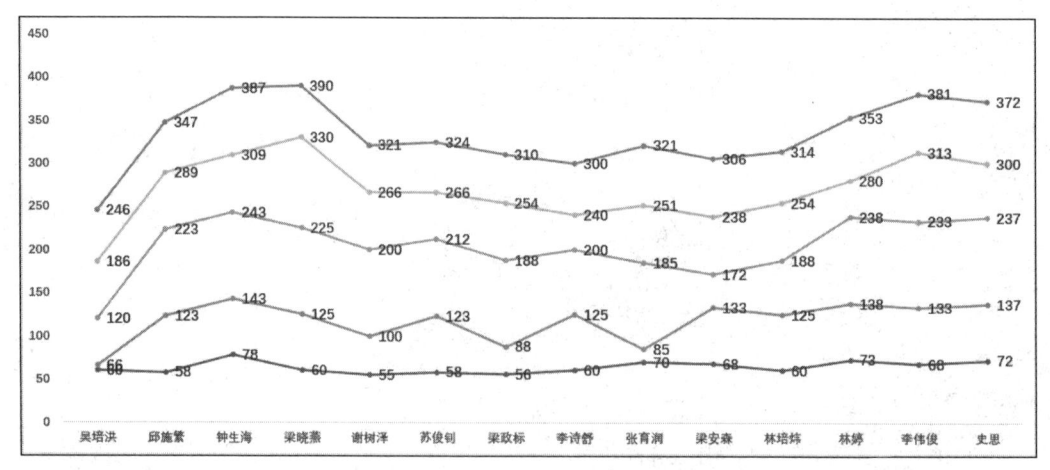

图 5-3-33　学习空间经验值成长变化示意图

## 2. 教学评价

通过问卷调查收集学生对课堂教学的效果评价，调查结果显示学生对课程教学效果感到非常满意，如表 5-3-3 所示。

表 5-3-3　学生教学评价结果

| 一级指标 | 二级指标 | 参评人数 | 平均得分 |
|---|---|---|---|
| 教学态度 | 教学仪态自然大方，课时守纪为人师表 | 15 | 4.9 |
| | 注重学生自主学习和能力培养，关心学生成长 | 15 | 9.8 |
| | 作业批改认真，课后辅导、答疑及时 | 15 | 9.9 |
| 教学内容 | 讲授内容准确熟练，知识点和技能点明确 | 15 | 9.8 |
| | 理念联系实际，能激发学生求知欲（专业技能熟练，示范准确，指导有方） | 15 | 9.9 |
| | 教材及教学资料有助于学习，能拓宽学生掌握学科知识的信息面 | 15 | 4.8 |
| 教学方法 | 讲课思路清晰，口齿清楚，语言生动深入浅出、板书及演示文稿编排合理 | 15 | 9.9 |
| | 注重启发，鼓励质疑，并给予思路引导 | 15 | 9.8 |
| | 采用多种教学手段提高教学效果 | 15 | 9.9 |
| 教学效果 | 课堂氛围活跃，能激发学生学习兴趣和主动性 | 15 | 9.7 |
| | 教学效果好，学生课程知识得到巩固和提升 | 15 | 9.8 |
| 评价结果 | | 15 | 98.2 |

### 3. 学生成果

经过课堂学习及课后任务的提升，各小组的作品均已得到了提升与改进，以下是部分作品改进前后对比图，如图 5-3-34 所示。

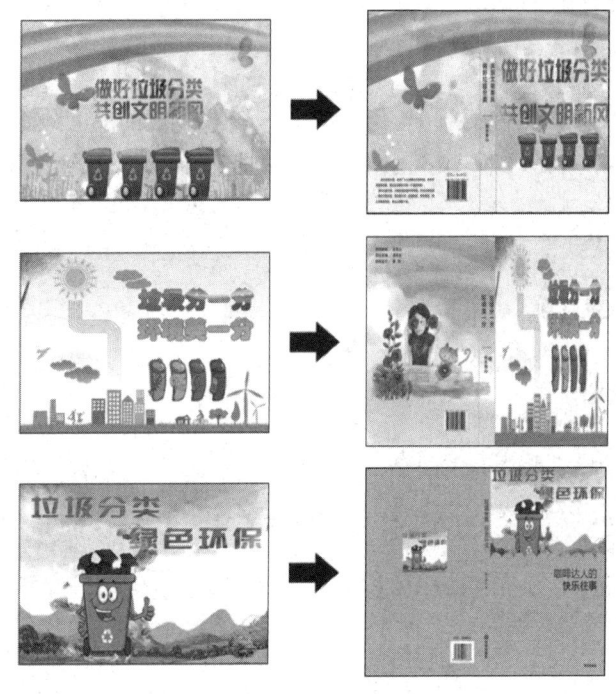

图 5-3-34　改进前后的学生作品

## 5.3.6　特色与创新

### 1．混合式教学模式突出学生主体地位

教师合理应用信息技术，结合学习空间将教学扩展到不受时间、地点限制的课前、课中、课后，线上线下环节，实现混合式教学，充分体现了"以学生为中心"的教学理念，突出了学生的主体地位，帮助师生提高信息素养。

### 2．分析"教与学"全过程数据，及时把握学生动态

通过"教与学"全过程行为数据的采集与分析，及时跟进学生的学习动态。课前结合学生学习空间经验值及在线学习统计数据，利用 PowerBI 进行数据分析，根据得出的结论分析教学重/难点、设计教学内容、调整教学方法；课中实时分析和应用学生课堂学习数据，针对共性问题和薄弱环节一一击破，根据数据反馈对教学进度进行及时调整；课后结合作业统计数据，找出知识与技能薄弱环节并对其进行查缺补漏，实现学生"做中学"，老师"做中教"，使学生能够主动地、持续地改进学习。

### 3．优化组队突出劳动价值

优化组队提升学生参与度与学习能力，由于学生的基础水平和认知能力存在差异，导致小组之间活动进度不统一，在今后的教学中应根据实际情况，适当调整小组成员，将不同特

质、不同层次的学生进行优化组合，互帮互学、共同进步，以最大化实现各自的劳动价值，从而达到更好的学习效果。

### 5.3.7 参赛教师感悟

2019 年，我们团队有幸参加了教学能力比赛，从 1~4 月的两轮校级教学能力比赛，再到 5~7 月的广东省课堂教学能力比赛，以及最后 7~8 月的国赛遴选，虽然取得了广东省教学能力比赛课堂教学组的第一名，却止步于国赛遴选，在整个过程中我们虽然克服了种种困难取得了一定的成绩，但是同时也让我们深刻地认识到了自己的不足之处。

2019 年的比赛是一个挑战与机遇并存的比赛。挑战来自规则的变化，首先，在资料准备上，从校赛的 1 学时 45 分钟课堂设计与录制，到省赛的 5 个连续学时的课堂设计，再到最后国赛遴选的 16 个连续学时的课堂设计及 2~5 段课堂录制。现场比赛则是从校赛的 1 学时汇报答辩，到省赛的 5 学时随机选 1 学时进行汇报、课堂模拟及答辩，到最后国赛遴选的 16 学时随机选 1 学时。每次规则的改变都给我们带来了极大的挑战，但是同时也给了我们一定的机遇，学时的增加虽然增大了教学难度，但是同时更好地考验教师团队对于课程的整体掌握程度，这样可以更全面、更综合地考核教师团队的教学能力及平时的教学积累。

在整个教学过程中，我们突出的是以学生为中心的教学理念，通过多元化考核综合评定学生成果，通过学生组建团队进行比拼，调动学生积极性，通过"教与学"全过程行为数据的采集与分析及时跟进学生的学习动态。在这些过程中，不仅极大提高了学生学习的主动性，教师团队也更加熟练、科学地运用各种信息化手段，实现了线上线下的混合式教学，大大提升了团队的教学能力。但是止步于国赛遴选也让我们清楚地认识到了我们的不足，在如今信息技术飞速发展的时代，如何将"云大物智"应用到教学过程中是我们今后努力的方向，同时我们学习了习近平新时代中国特色社会主义，如何更好地进行课程思政，弘扬劳模精神、劳动精神和工匠精神，使学生在课堂上不仅学会专业理论知识，还能够提升职业素养更是我们今后努力的方向。总之，在今后的教学过程中，我们要继续努力，通过不断提升教学理念和教学方法，培养更多的社会主义事业建设者和接班人。

## 5.4 2019 年广东省省赛一等奖作品《压力传感器的原理与应用》——廖中文

### 5.4.1 案例展示

案例展示如图 5-4-1~图 5-4-12 所示。

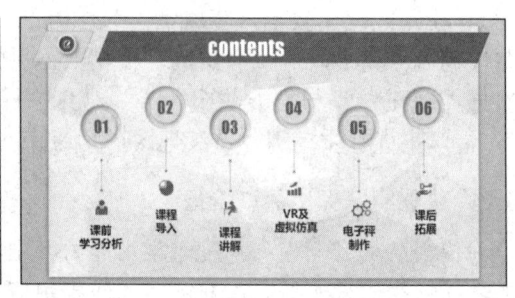

图 5-4-1 题目　　　　　　　　　　图 5-4-2 目录

第 5 章　课堂教学赛项案例

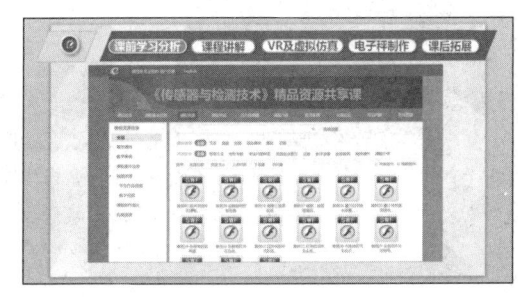

图 5-4-3　课前学习分析一

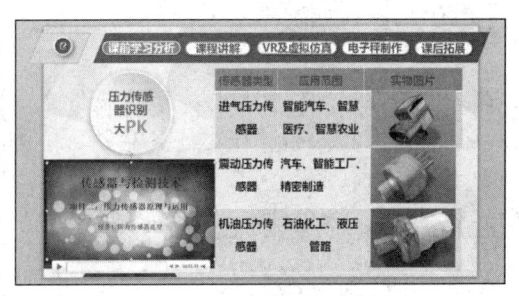

图 5-4-4　课前学习分析二

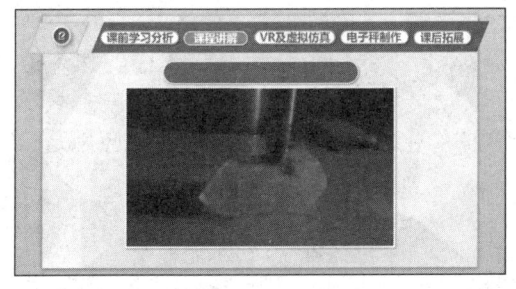

图 5-4-5　课程讲解一

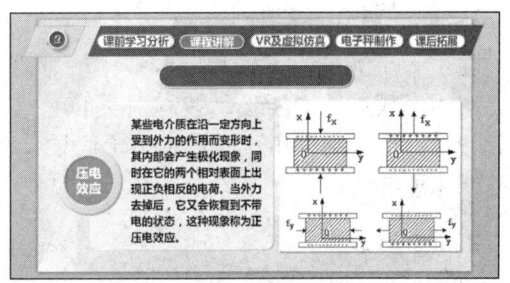

图 5-4-6　课程讲解二

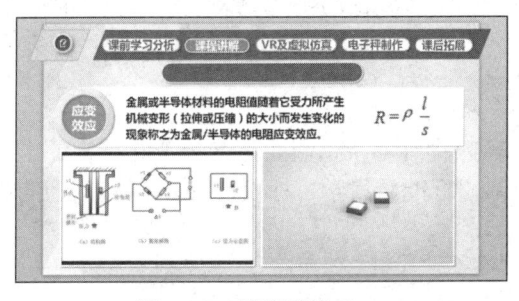

图 5-4-7　课程讲解三

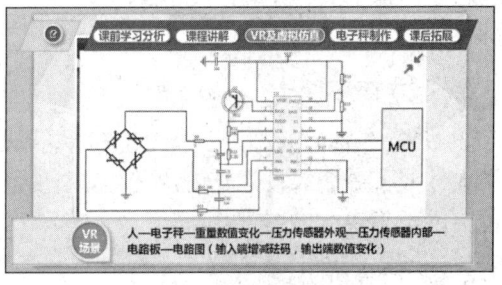

图 5-4-8　VR 及虚拟仿真一

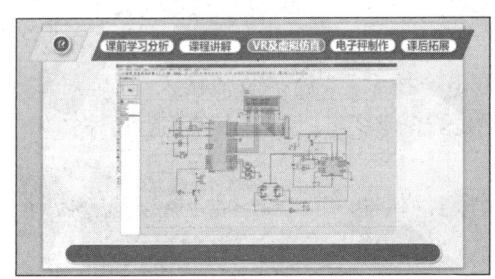

图 5-4-9　VR 及虚拟仿真二

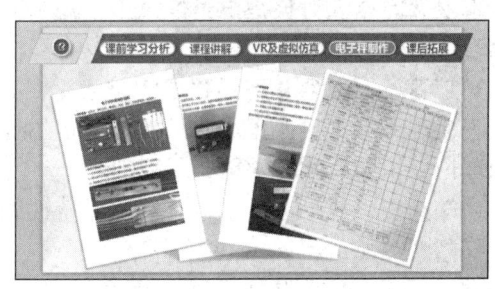

图 5-4-10　电子秤制作一

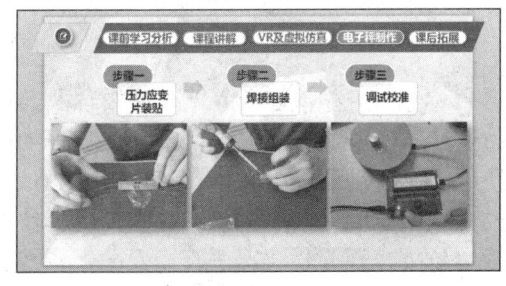

图 5-4-11　电子秤制作二

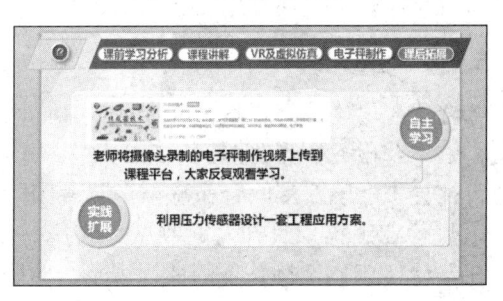

图 5-4-12　课后拓展

### 5.4.2 专家评价

该案例选取了现代信息技术三大支柱之一的传感器技术作为教学内容，具有较强的时代性。以学生为中心，通过真实任务驱动、协同学习、虚实结合、理实一体，培养学生的创新意识和工匠精神；采用混合式教学模式，利用现代信息技术（中国大学 MOOC、省级精品资源共享课平台、VR 技术）拓展了教学时空，激发学生主动探究学习的积极性。

### 5.4.3 教学分析

#### 1. 教学背景

随着人工智能技术的兴起和技术的普遍应用，传感器技术在信息技术中的作用愈发重要。对于高校中的电子信息技术大类的专业来说，"传感器技术"这门课程在整个教学进度中起着承上启下的作用，而对于电子信息类专业的学生，掌握传感器技术及其应用是一项必需的知识和技能。

#### 2. 教学理念

以学生为中心，通过真实任务驱动、协同学习，调动学生学习兴趣；采用混合式教学模式，利用现代信息技术（中国大学 MOOC、省级精品资源共享课平台、VR 技术）激发学生主动探究学习。

#### 3. 教学内容

随着人工智能、物联网技术的飞速发展，培养具有创新、创业思维和工匠精神的电子信息类人才成了高职院校急需解决的难题。结合课程标准、教学目标及 IEET 国际认证的相关岗位标准，确定教学内容。

#### 4. 学情分析

本次课的授课对象是电子信息工程技术专业大二的学生，对他们的知识背景、认知结构及学习特点分析如下。

知识背景：已经学习过"电工技术""模拟电子技术""数字电子技术""电子测量与仪器仪表使用"等先导课程，并掌握了一定的传感器基础理论、温度及环境检测等知识，这些前期理论知识为后续教学奠定了基础。

认知结构：已形成了对传感器工作特性的普遍性认知，就业方向和服务对象倾向于电子类、物联网类公司。

学习特点：学生思维活跃，接受能力强，能熟练应用信息技术，抵触传统课堂"填鸭式"的教学模式，并且暂时没有体会到独立制作电子产品的乐趣和成就感。

#### 5. 教学目标

结合我校电子信息工程技术专业人才的培养目标——培养掌握嵌入式产品原理及其产品研发、生产及服务所需的知识；练就嵌入式产品生产、研发及服务的技能；养成良好的职业道德、社会责任感及团队合作意识；具备国际视野、创新创业能力和可持续发展能力；从事电子信息行业工程项目开发、测试、实施、维护、管理工作的高素质劳动者和技术技能人才，并整合 IEET 国际认证的课程规范，对职业岗位要求及学生情况进行全面分析，得出本单元教学目标如下。

知识目标：熟悉压力传感器的常见类型；掌握压力传感器的工作原理和工作特性。
技能目标：合理选用不同类型的压力传感器；能够将压力传感器应用于实际工程中。
素养目标：培养学生在电子产品设计制作过程中的团队合作精神；培养学生创新思维和工匠精神。

#### 6．教学模式

在教学中采用混合式教学模式，即线上学习和线下学习有机结合的方式，采取"理实一体，虚实结合"的教学方法，利用现代信息技术手段，激发学生的学习主动性和积极性。

#### 7．教学方法

本课程采取"理实一体，虚实结合"的教学手段，旨在培养具有创新意识和工匠精神的电子信息类人才。

（1）工作过程系统化：将教学内容划分为多个工作任务，将每个工作任务都制定相应的任务清单，学生根据任务清单要求完成相应的学习任务，达到教学的目的，解决教学过程中的重点、难点。

（2）协同学习：引导学生组建学习共同体，为完成共同的学习目标而协同学习，以完成共同的学习任务为载体，建立学习循环圈。如图 5-4-13 所示。

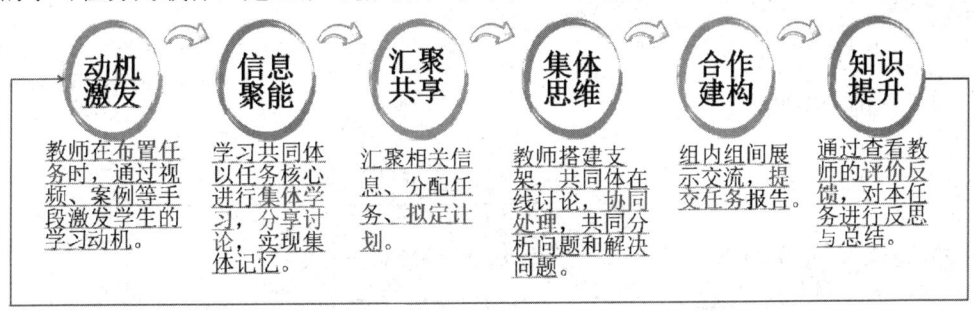

图 5-4-13　教学方法

### 5.4.4　教学设计与实施

#### 1．教学过程

（1）课前准备两关键

| 教学环节 | 教学内容 | 教师活动 | 学生活动 |
| --- | --- | --- | --- |
| 课前准备两关键 | 课前准备 | 教师根据学习目标，准备本单元的学习资源包：动画视频、教学 PPT。电子教案、在线测试题、课程任务、微课程视频。 | — |
| 课前准备两关键 | 关键点一：任务驱动，前置预学。 | 将学习资源上传到精品资源共享课平台，发布课前预习指令。 | 接收学习指令，根据学习计划浏览省级精品资源共享课平台，通过慕课学习理论知识，完成课前预习，同时完成在线测试任务。 |
| 课前准备两关键 | 关键点二：学情分析，诊断调整。 | 通过省级精品资源共享课平台，了解学生预习及实践情况，分析学生思考问题和解决问题的方式，根据学生认知规律，优化教学流程，重组教学资源。 | — |

| 教学环节 | 教学内容 | 教师活动 | 学生活动 |
|---|---|---|---|
| 信息技术与教学资源 | | | |
| （1）精品资源共享课程平台。<br>教师利用省级精品资源共享课平台发布预习通知及在线测试任务，学生通过该平台查看任务，完成在线测试。教师与学生能够快速、即时地远程交流，提高了师生沟通效率。<br>（2）"压力传感器"教学资源库。<br>（3）中国大学MOOC、微信公众号、电子产品相关资源网站。<br>辅助学生自主完成预习，拓展学习的时间与空间，实现个性化、差异化的学习。 | | | |
| 达成教学目标 | | | |
| 知识目标：熟悉压力传感器的常见类型。 | | | |

（2）课中实施三环节
① 第一环节。

| 教学环节 | 教学内容 | 教师活动 | 学生活动 |
|---|---|---|---|
| 第一环节<br>课堂导入<br>解决共性问题<br>（12min） | 在线测试情况分析 | 对学生在线测试任务完成情况进行分析。 | 发现学生预习的薄弱环节。 |
| | 微课学习效果检验 | 发放5个传感器，其中3个是压力传感器。 | 小组讨论找出压力传感器，并介绍其功用。 |
| | 原理讲解 | 播放介绍压力传感器工作原理的动画视频，讲解其工作原理及工作过程。 | 讨论比较常见的压力传感器工作原理的异同点。学会压力传感器的选型（根据提供的压力传感器实物，说出类型及应用范围）。 |
| 信息技术与教学资源 | | | |
| （1）电钻水晶视频。<br>播放电钻水晶视频，吸引学生的注意力，有效进入学习状态，提高教学效率。<br>（2）工作原理3D动画。<br>借助3D动画，简单明了地介绍压阻式和压电式两种压力传感器工作原理，增进学生掌握程度，有效解决教学重点。<br>（3）慕课网微视频课程。<br>通过观看慕课网教学视频，帮助学生理解教学重点。 | | | |
| 达成教学目标 | | | |
| 知识目标：掌握压力传感器的工作原理。<br>能力目标：合理选用不同类型的压力传感器。 | | | |

② 第二环节。

| 教学环节 | 教学内容 | 教师活动 | 学生活动 |
|---|---|---|---|
| 第二环节<br>虚拟演练<br>突破难点<br>（12min） | 虚拟场景 | 利用VR头盔，将学生引入到虚拟的电子秤工作过程情景中。<br>人-电子秤-重量数值变化-压力传感器外观-压力传感器内部-电路板-电路图（输入端增减砝码，输出端数值变化） | 通过浸入式学习，对电子秤的工作过程及压力传感器的工作原理加深理解。 |
| | 电子秤的仿真实验 | 学生利用Proteus软件，介绍电子秤的压力与电压信号之间的对应关系。 | 学生利用Proteus软件完成电子秤的仿真实验。 |

(续表)

| 教学环节 | 教学内容 | 教师活动 | 学生活动 |
|---|---|---|---|
| 信息技术与教学资源 | | | |

（1）Proteus 软件。

利用电路仿真软件，可以在线完成电路设计，并能实时验证电路设计的有效性，提升学生的学习乐趣和成就感。

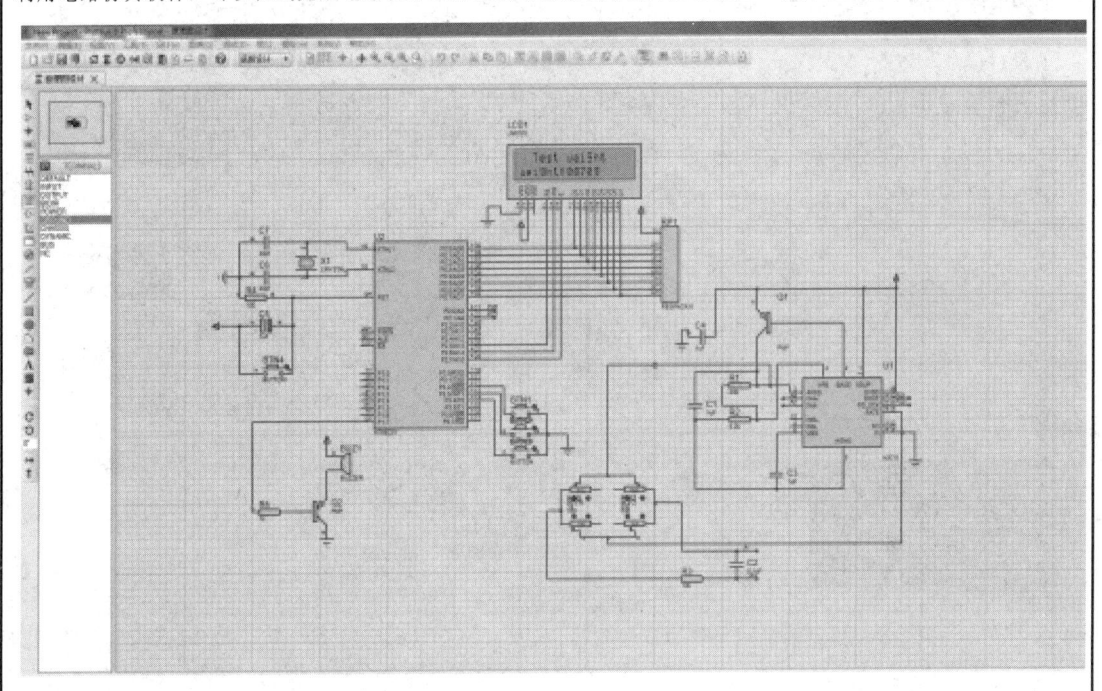

（2）VR 技术。利用 VR 头盔，进入虚拟情景，提高学生学习兴趣，通过沉浸式学习，强化学习重点，突破教学难点。

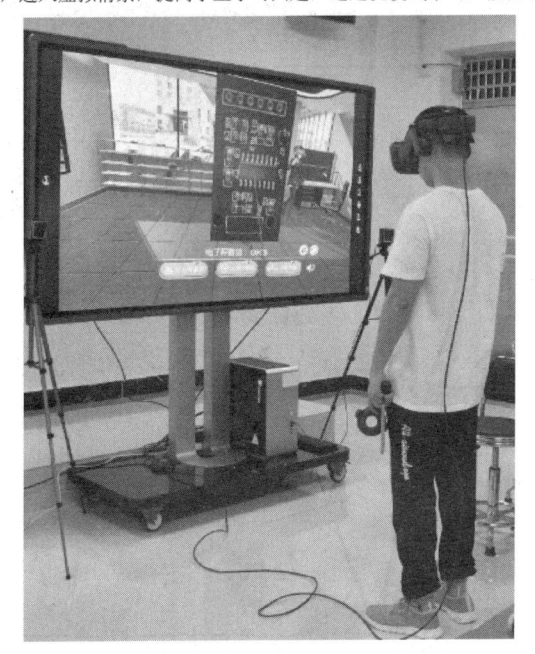

(续表)

| 教学环节 | 教学内容 | 教师活动 | 学生活动 |
|---|---|---|---|
| （3）省级精品资源共享课平台。学生在完成电路设计等任务时，上传学习成果，教师通过该平台对学生学习成果进行评分标准，并记录学生成绩。 ||||

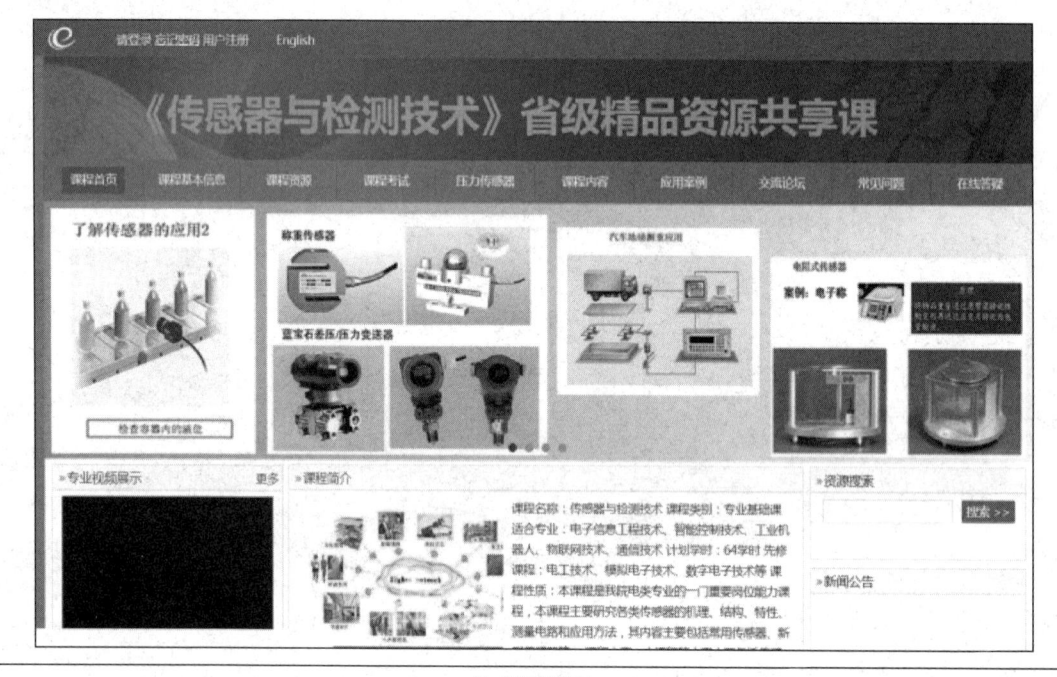

| 达成教学目标 ||||
|---|---|---|---|
| 能力目标：（1）合理选用不同类型的压力传感器。<br>　　　　　（2）能够将压力传感器应用于实际工程中。<br>素质目标：（1）培养学生在电子产品设计制作过程中的团队合作精神。<br>　　　　　（2）培养学生创新思维和工匠精神。 ||||

③ 第三环节。

| 教学环节 | 教学内容 | 教师活动 | 学生活动 |
|---|---|---|---|
| 第三环节<br>实际制作<br>产品点评<br>（16min） | 规范讲解 | 播放"韩国高铁发生脱轨事故"视频，强调安全意识、精益求精。 | 树立安全第一、精益求精的意识。 |
|  | 电子秤制作 | 实时投影分屏，监控每组制作情况，教学助理协助教师巡查完成制作过程。 | 以小组为单位，完成电子秤的制作，养成精益求精的工匠精神。 |
|  | 知行合一 | 点评作品，回放部分典型操作录像，解决共性和个性问题，与学生一起选出最好的作品，并将其拍成工作演示微视频，上传至精品资源共享课程平台。 | 互相点评，找出其他小组作品的缺点和不足，师生共同探讨，选出最好的作品。 |
| 信息技术与教学资源 ||||
| 投影分屏技术。<br>通过对每组学生的制作情况进行监控，确保每组学生都参与进来，及时解决突发性问题，并能对制作过程中存在的错误点进行回放，加深学生印象。 ||||

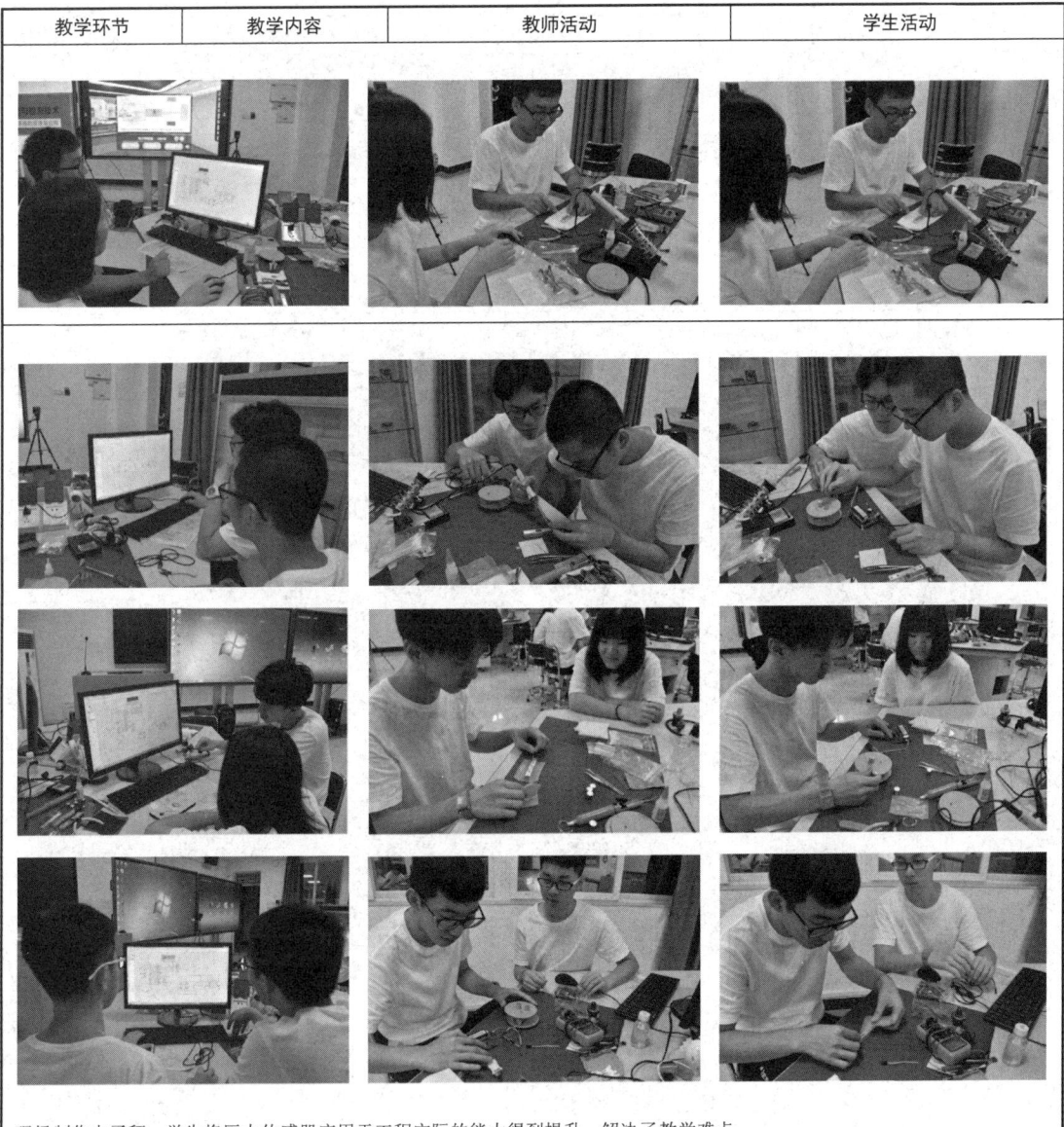

(续表)

| 教学环节 | 教学内容 | 教师活动 | 学生活动 |
|---|---|---|---|
| | | | |

现场制作电子秤，学生将压力传感器应用于工程实际的能力得到提升，解决了教学难点。

| 达成教学目标 |
|---|

知识目标：（1）熟悉压力传感器的常见类型。
　　　　　（2）掌握压力传感器的工作原理和工作特性。
能力目标：（1）合理选用不同类型的压力传感器。
　　　　　（2）能够将压力传感器应用于实际工程中。
素质目标：（1）培养学生在电子产品设计制作过程中的团队合作精神。
　　　　　（2）培养学生创新思维和工匠精神。

## （3）课后拓展成果化

| 教学环节 | 教学内容 | 教师活动 | 学生活动 |
| --- | --- | --- | --- |
| 任务拓展<br>提升能力 | 自主学习 | 推送其他数字资源 | （1）查看其他教学资源库，开展自主学习，随时向教师或企业专家提问。<br>（2）将各组完成的作品上传到省级精品资源共享课平台，供大家分析交流，并接受教师、企业导师的在线检查。 |
| 实践拓展<br>巧妙应用 | 实践拓展 | 发布实践性拓展项目 | 利用压力传感器设计一套工程应用方案。 |
| 信息技术与教学资源 ||||
| （1）省级精品资源共享课平台。学生将作品上传到省级精品资源共享课平台，并接受学生互评及教师、企业导师的点评意见。<br><br>（2）微信公众号承载了很多小知识点。 ||||

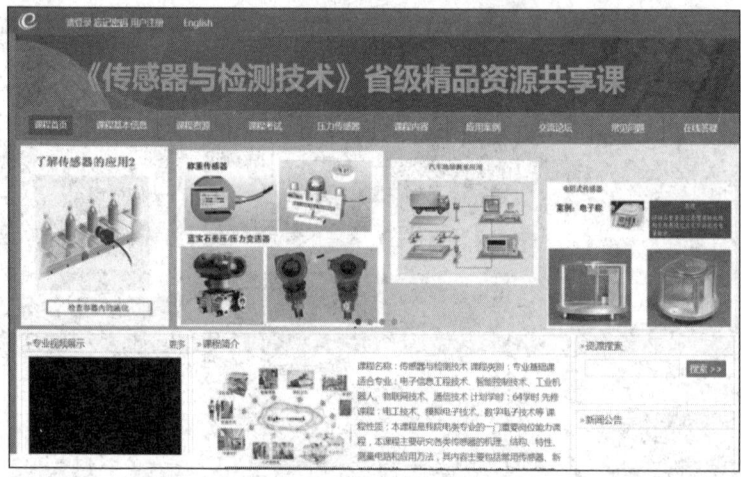

(续表)

| 教学环节 | 教学内容 | 教师活动 | 学生活动 |
|---|---|---|---|
| | (3) 学生可以在中国大学 MOOC 平台听其他教师讲课 | | |
| 达成教学目标 | | | |

知识目标：(1) 熟悉压力传感器的常见类型。
　　　　　(2) 掌握压力传感器的工作原理和工作特性。
能力目标：(1) 合理选用不同类型的压力传感器。
　　　　　(2) 能够将压力传感器应用于实际工程中。
素质目标：(1) 培养学生在电子产品设计制作过程中的团队合作精神。
　　　　　(2) 培养学生创新思维和工匠精神。

改变学习效果的评价方式，即确定过程学习占 60%，考试考核占 40%，评价方式注重知行合一，既有对学生所学知识与技能的定量分析，又有对学生所获得能力的定性分析。评价结果对学生公开，允许学生自己制定评价标准并检查自身学习效果，并且评价体系具有全程化、多元化、自动化的特点。评分成绩如表 5-4-1 所示。

表 5-4-1 评分成绩

| 评分项目 | 评分等级 | 评分占比 |
| --- | --- | --- |
| 问卷星课堂实测 | 优秀（100分）、良好（80分）、合格（60分）、不合格（<60分） | 20% |
| 教师评价 | 优秀（100分）、良好（80分）、合格（60分）、不合格（<60分） | 35% |
| 组间互评（电子秤制作情况） | 优秀（100分）、良好（80分）、合格（60分）、不合格（<60分） | 15% |
| 企业评价（电子秤制作情况、工程应用方案完成情况） | 优秀（100分）、良好（80分）、合格（60分）、不合格（<60分） | 30% |

### 5.4.5 教学效果

#### 1．提升教学目标的达成度

通过现场摄像头的直播过程和结果显示，学生在虚拟仿真设计和实物焊接、组装和调试效果看，完成率达到了100%，说明学生较好地掌握了压力传感器的应用方法，达到了知识目标和技能目标。通过工作过程的教学方式，提高学生学习兴趣、激发学生学习主动性、增加学生参与度、提高学生学习效率，并且提升教学目标的达成度。

#### 2．有效解决教学重点，突破教学难点

依托省级精品资源共享课平台的众多资源，满足学生个性化的学习需求；利用VR技术，解决学生对电路分析过程中的难题；采取虚拟仿真技术增强学生电路分析和设计的直观理解；通过电子秤的焊接组装调试过程，提高学生的实践动手能力和团队协作能力，锻炼学生解决问题的能力，有效解决教学过程中的教学重点，突破教学难点。

#### 3．混合式教学模式的应用，借助信息技术课前、课中、课后进行全过程的教学管理，提高师生的信息素养

依托省级精品资源共享课平台，充分利用动画、微课、视频、虚拟现实VR技术、虚拟仿真技术、理实一体化课室、焊接装备实训室、移动学习终端等信息化技术手段，把课前、课中、课后进行全过程的教学管理，有效提高师生的信息素养。

#### 4．教学反思

教学设计紧密围绕教学目标，课前任务与课堂任务有效对接。以学生为中心，充分考虑学生的特点，教学手段及方法的选择符合学生的认知规律。

#### 5．教学改进

通过信息技术手段的合理运用及电子秤的现场制作，学生理解压力传感器的工作原理，并能将压力传感器应用于实际工程中。往后，在课程教学中，需要持续关注专业理论发展动向，及时把最新的电子产品、最新的制作工艺及行业最新趋势融入课程教学中。

### 5.4.6 特色与创新

#### 1．虚实结合，理实一体，培养学生的创新意识和工匠精神

本课程充分将虚拟仿真软件与实物焊接制作相结合，将理论学习与实训相结合，通过现场焊接制作的过程，培养学生的创新意识和工匠精神。

### 2. 产教融合，实现教学成果化

本课程通过课堂学习，引导学生设计焊接制作一个真实的电子产品，让学生了解现实中的应用案例，学会思考如何将所学知识应用到现实案例中，实现知识到成果的转化。

### 3. 采用混合式教学模式，拓展教学时空，满足学生个性化学习需求

本课程在教学过程中依托省级精品资源共享课平台发布学习信息、检查学生学习状态、发布学习资源、检验学生学习成果等课程相关内容，用动画解释课程相关知识点，通过 VR 技术讲解教学重点、难点，利用 Proteus 仿真软件进行电路设计仿真，最后通过现场焊接制作的方式，实现学习成果的转化。在整个教学过程中，交叉采用多种教学模式，拓展教学时空，满足学生的个性化学习需求。

#### 5.4.7 参赛教师感悟

本次教学能力比赛是对我教学生涯中教学能力的一次综合训练和提升，主要感悟如下。

### 1. 如何解决教学重点、难点

明确每个教学单元的教学重点、难点，整个教学过程都是围绕解决重点、难点而展开的，包括利用各种教学方法和教学手段及采用信息化技术手段，都是为了解决这些重点、难点。

### 2. 教法的提升

如何有效贯彻"以学生为中心"的教学理念，把握好"教"与"学"并重的度，激发和帮助学生主动去学习和解决问题，培训学生独立思考和解决问题的能力。

### 3. 信息化手段的充分利用和合理运用

整个教学过程中信息化手段的合理运用，能够对整个教学效果产生很大的促进作用。反之，若滥用信息化手段，为了信息化而信息化，则可能导致教学过程的不连贯或生硬。

### 4. "以赛促教，以赛促学"的方法是推动综合能力的一个有效手段

通过参加比赛，明确了自身努力的方向，确定了奋斗的目标，进而为完成目标而制订计划并付诸行动，整个过程对个人的综合能力是一个强化训练，对提高个人的教学能力起到了很好的作用。

## 5.5 2019年广东省省赛一等奖作品《房地产户型策划》——纪倩

### 5.5.1 案例展示

案例展示如图 5-5-1～图 5-5-23 所示。

图 5-5-1　题目

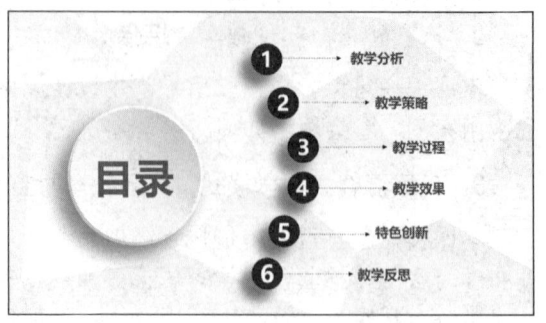

图 5-5-2　目录

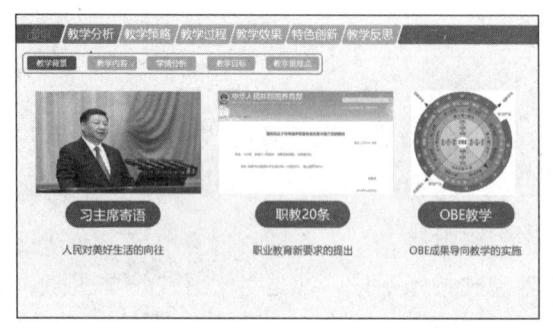

图 5-5-3　教学分析——教学背景

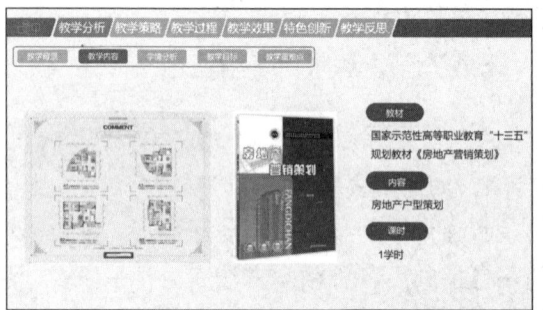

图 5-5-4　教学分析——教学内容

图 5-5-5　教学分析——学情分析

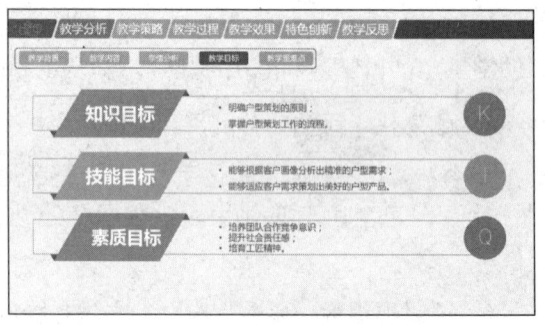

图 5-5-6　教学分析——教学目标

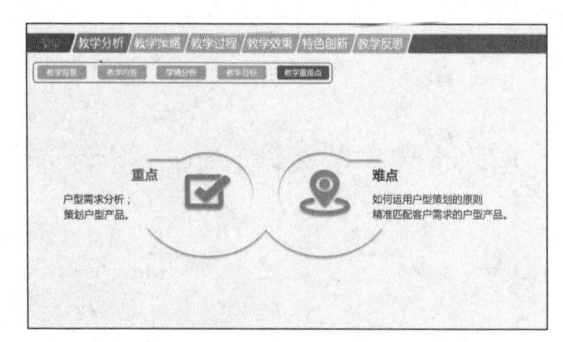

图 5-5-7　教学分析——教学重难点

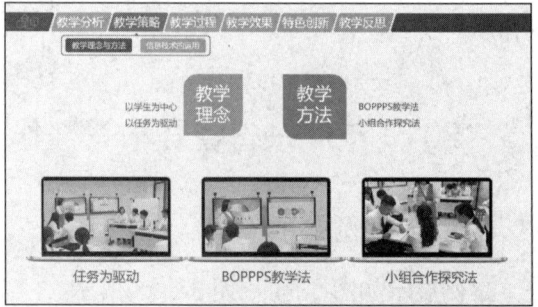

图 5-5-8　教学策略——教学理念与方法

图 5-5-9　教学策略——信息技术的运用

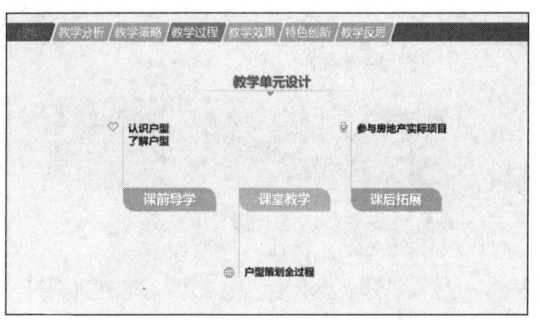

图 5-5-10　教学过程——教学单元设计

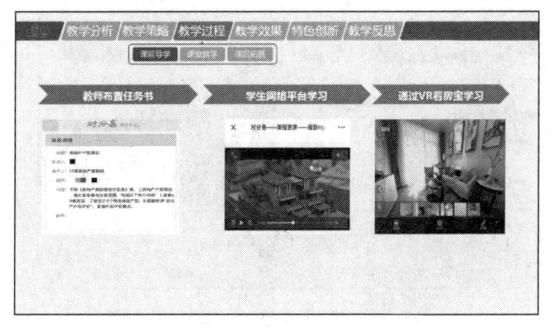

图 5-5-11　教学过程——课前导学

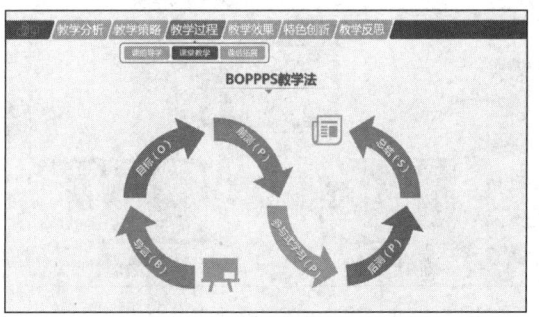

图 5-5-12　教学过程——课堂教学一

图 5-5-13　教学过程——课堂教学二

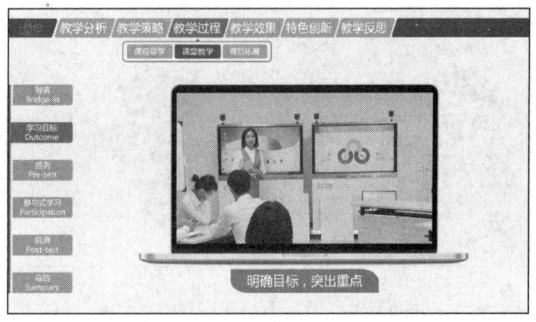

图 5-5-14　教学过程——课堂教学三

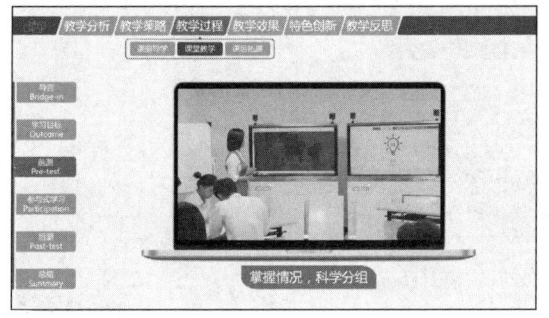

图 5-5-15　教学过程——课堂教学四

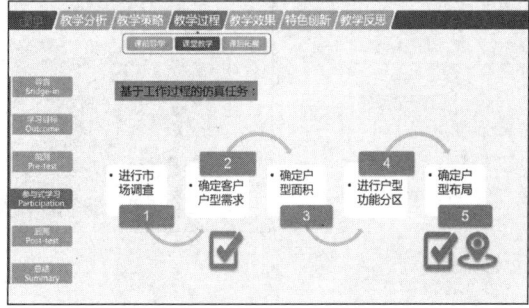

图 5-5-16　教学过程——课堂教学五

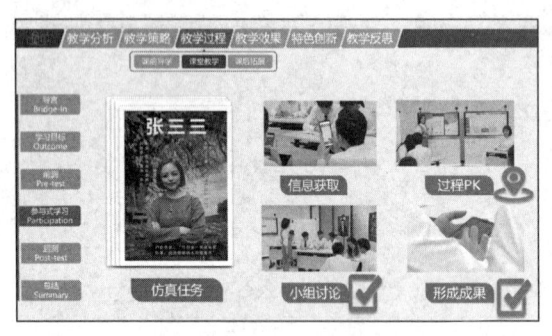

图 5-5-17　教学过程——课堂教学六

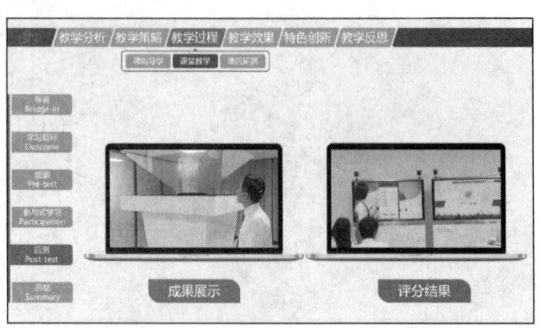

图 5-5-18　教学过程——课堂教学七

图 5-5-19　教学过程——课堂教学八

图 5-5-20　教学过程——课后拓展

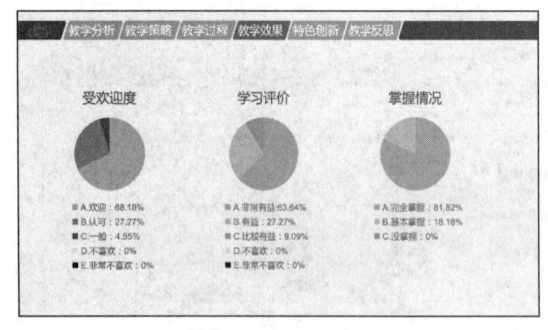

图 5-5-21　教学效果

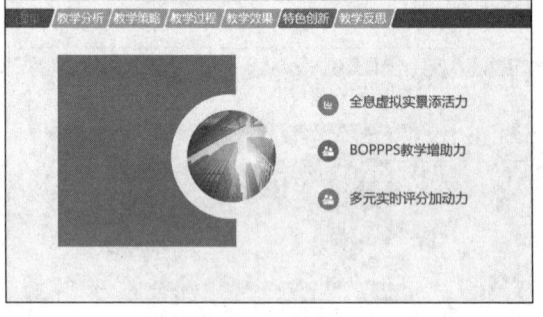

图 5-5-22　特色创新

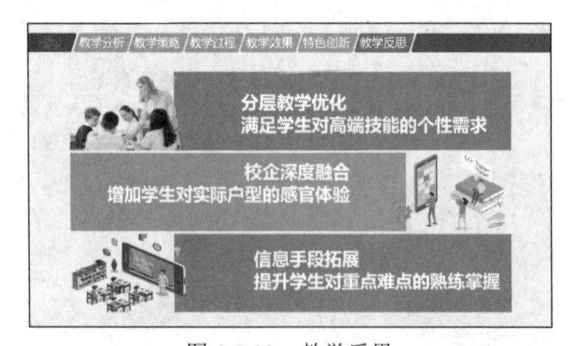

图 5-5-23　教学反思

## 5.5.2　专家评价

该案例基于 OBE 成果导向理念，以学生为中心，将学生的学习成果作为教学设计和实施的目标。借助信息技术获取真实数据，将仿真项目引入课堂；通过前测实施分层、分组，实现个性化教学；设计参与式环节融入角色扮演，强化学生学习体验；依托全息投影虚拟实景，使学生充分体验多元信息融合、交互式的三维动态教学模式。

### 5.5.3 教学分析

#### 1．教学背景

在十九大报告中指出"房子是用来住的、不是用来炒的"的房地产定位。房地产的户型与价格是政府、开发商、购房者都十分关心的问题。进行户型策划是房地产经营与管理专业学生应当掌握的一项专业技能。

#### 2．教学理念

本课程设计基于 OBE 成果导向理念，以学生为中心，将学生的学习成果作为教学设计和实施的目标。课堂训练围绕房地产户型策划专业技能展开，借助信息技术获取真实数据，将仿真项目引入课堂；通过前测实施分层分组，实现个性化教学；设计参与式环节融入角色扮演，强化学习者体验，进行项目总结展示学生策划成果，培养学生团队协作意识和工匠精神。以期培养面向区域中小房地产企业的高素质技术技能型房地产营销策划专业人才。

#### 3．教学内容

本课程将教材《房地产营销策划》作为主要学习资料，结合房地产企业对技术技能型房地产营销策划专业人才的需要，确定教学目标，以仿真案例为课程任务，根据产品策划与价格策划的流程将教学内容任务化，依序实施"分析户型需求—确定户型面积—进行户型功能分区—确定户型布局"四个课程任务，并根据能力递进规律确定各知识点阶段性教学目标。

#### 4．学情分析

本课程的授课对象是高职房地产经营与管理专业策划班大二的学生，对他们的知识储备、技能水平及学习习惯分析如下。

知识储备：学生已经学习了"房地产市场调查""建筑 CAD"等课程，具有消费者购房需求调查分析和建筑 CAD 制图等方面的知识，并在本课程前已经掌握客户画像和户型分类等基础知识。

技能水平：学生能够通过房地产市场调查信息分析出客户需求，并能够运用 CAD 制图软件绘制出建筑图。

学习习惯：创新思维活跃，乐于动手实践，喜欢新鲜事物，擅长通过移动终端去获取信息和资源，但学生缺乏实际的户型生活体验。

#### 5．教学目标

知识目标：明确户型策划的原则；掌握户型策划工作的流程。

技能目标：能够根据客户画像分析出他们精准的户型需求；能够适应客户需求，策划出好的户型产品。

素养目标：培养团队合作竞争意识；提升社会责任感；培育工匠精神。

### 6. 教学模式

在教学中坚持运用混合式教学模式，把在线学习与面对面学习相混合，将数字化学习方式的优势和传统教学的优势结合起来，建立良好的教学氛围。在线上，教师通过学习平台，设置课前预习和课后复习任务，让学生通过移动终端，利用碎片化时间进行个性化自主学习；在线下，教师以任务教学法为指导，设置四个基于真实客户特征的仿真任务，学生通过互动的方式学习知识、训练技能、培养素质。

### 7. 教学方法

BOPPPS 教学法：此教学法强调学生参与和反馈的闭环教学过程，能够帮助教师分解并分析教学过程、改善并提升教学成效。根据教育学的效果曲线和学习金字塔理论，设计出有效的教学基本程式（BOPPPS），即将课堂教学过程分为六个阶段，依次为 B—Bridge-in（暖身、导言）、O—Outcome（学习目标）、P—Pre-test（前测）、P—Participation（参与式学习）、P—Post-test（后测）、S—Summary（总结）。

小组合作探究法：采用探究法中的"头脑风暴"和"角色扮演"可以充分发挥小组合作探究法的优势，小组内分工协作，通过分析信息，制定方案并进行分组演示等学习活动，以培养学生团队协作意识和工匠精神。

## 5.5.4 教学设计与实施

| 教学环节 1 | 课前预习（课前），两天内完成 | |
|---|---|---|
| 教学内容 | 教师发布实习指导，学生复习已学内容并预习新知识 | |
| 教师活动 | 1. 教师把中国大学 MOOC "房地产基础"中的户型课程、对分易教学平台的"房地产策划"中关于户型策划相关资源整合，并通过"对分易平台"推送给学生；<br>2. 教师提前录制好上课要用的视频片段。 | |
| 学生活动 | 学生自主学习资源库相关课程，完成微课视频预习，了解在售楼盘户型。 | |
| 课前活动 | 资源呈现 | 教学随记 |
| | 第四周　房地产术语篇（下）<br>4.1 户型空间分类——户型空间知道多少<br>（中国慕课大学） | **实施**：教师通过对分易教学平台推送中国大学 MOOC "房地产基础"：第三周第五课 " 开间 VS 进深——户型图上的秘密"、第四周第一课 " 户型空间分类 一户型空间知多少？"<br>**效果**：学生可利用手机在课前碎片化的时间里观看慕课，形象化的学习内容激发了学生的学习兴趣。 |
| | 微课 "房地产户型评价" | **实施**：教师通过对分易教学平台推送任课教师制作的微课"房地产户型评价"。该微课的内容主要包括：户型评价的"两个要点""三条流线""六个分开"。<br>**效果**：学生通过手机在课前学习微课，掌握本课程的前导知识点。 |

(续表)

| 教学环节 1 | 课前预习（课前），2 天内完成 | |
|---|---|---|
| | 手机 App "VR 看房宝" | 实施：教师通过对分易教学平台推送课前任务——使用手机 App "VR 看房宝"，选择所在城市的在售楼盘，单击 "VR 看房" 按钮，查看 VR 实景户型图。<br>效果：学生操作手机 App "VR 看房宝"，体验多元信息融合的、交互式的三维动态视景，沉浸到真实的房地产户型环境中。 |
| 教学环节 2 | 导言（Bridge-in）　　3'36'' | |
| 教学内容 | 首先播放习近平总书记的两段讲话视频，视频中指出房子是用来住的、不是用来炒的。然后播放地产公司广告宣传视频"家的向往"孙燕姿的歌曲《完美的一天》、潘美辰的歌曲《我想有个家》。以此激发学生的学习兴趣，增加学生的学习热情。 | |
| 教师活动 | 1. 播放视频、音频。<br>2. 引导学生对视频的关注点和关注度，使之契合教学目标。 | |
| 学生活动 | 围绕视频与歌曲表达出来不同的人对房型的不同需求，分享观后感。 | |
| 课堂展示 | 资源呈现 | 教学随记 |
| | | 实施：播放两段习总书记讲话视频，组织讨论，分享感受。<br>效果：通过观看视频，学生感受到了习总书记对我国民生的房地产行业的重视，认识到户型对人民美好居住生活的重要性。 |
| | 视频 "家的向往"<br><br>孙燕姿 - 完美的一天<br><br>潘美辰 - 我想有个家<br><br>歌曲 | 实施：播放"家的向往"视频，视频讲述了人在不同家庭生命周期对房屋户型的需求变化。播放歌曲《完美的一天》，歌中唱到"我要一所大房子，有很大的落地窗户，阳光洒在地板上，也温暖了我的被子。"播放歌曲《我想有个家》，歌中唱到"我想有个家，一个不需要多大的地方。"<br>效果：视频和歌曲激发了学生学习兴趣，增加了学生学习热情。让学生认识到不同人是需要不同户型的，户型的策划应以适应客户需求为出发点，意识到户型产品策划的重要性。 |

| 教学环节3 | 目标（Outcome） 4'49'' （3'36''~4'49''） | |
|---|---|---|
| 教学内容 | 明确告知学生本节课的学习目标：<br>1. 知识目标：明确户型策划的原则；掌握户型策划工作的流程。<br>2. 技能目标：能够根据客户画像分析出精准的需求；能够适应客户需求，策划出好的户型产品。<br>3. 素养目标：培养团队合作竞争意识；提升社会责任感；培育工匠精神。 | |
| 教师活动 | 1. 介绍本节课程的教学目标，包括知识目标、技能目标、素养目标。<br>2. 告知学生达成目标的途径。通过小组合作探究的方式自主获得知识；通过分步完成户型策划任务，反复锤炼技能；通过小组合作、分组PK等方式，达成素养目标。 | |
| 学生活动 | 学生听教师讲解课程目标，并牢记在心。 | |
| 课堂展示 | 资源呈现 | 教学随记 |
| | 教学目标 | 实施：通过PPT公布教学目标，告知学生达成目标的途径。<br>效果：让学生明确本节课的教学目标，学习目的更明确，学习方法更具体。 |
| | PK规则 | 实施：通过PPT公布课程任务的PK规则。<br>效果：竞争合作的PK规则可以让学生沉浸到真实的任务环境中，更加积极主动参与学习。 |
| 教学环节4 | 前测（Pre-test） 7'56'' （4'49''~7'56''） | |
| 教学内容 | 教师通过对分易教学平台的弹幕发起"户型策划的原则是什么？"的提问，学生通过弹幕投屏回答问题。教师以学生投屏结果正确率的高低依次选出两名开发商、四名分别代表不同公司的策划经理，再由每名策划经理选出三名公司成员，并进行角色扮演。 | |
| 教师活动 | 1. 点评学生课前预习完成情况。<br>2. 提出前测问题："大家认为户型策划的原则是什么？"<br>3. 给出分组方法：教师根据前测问题结果的正确率进行排序将学生分组；学生主动组建团队，并采用小组合作的方式。 | |
| 学生活动 | 1. 根据教师前测的提问，在对分易教学平台的弹幕中写出答案，并进行投屏展示。<br>2. 根据前测结果的正确率快速完成分组。 | |
| 课堂展示 | 资源呈现 | 教学随记 |
| | 弹幕互动 | 实施：教师通过对分易教学平台的弹幕发起"户型策划的原则是什么？"的提问，学生通过弹幕投屏回答。<br>效果：使用对分易教学平台弹幕来做前测，非常直观且新奇有趣，学生也乐意接受这种模式，新奇之余也让学生认真思考做答，快速融入课堂教学。<br>实施：教师以学生投屏结果正确率的高低依次选出两名开发商、四名分别代表不同公司的策划经理，再由每名策划经理再选出三名公司成员，进行角色扮演。 |

(续表)

| 教学环节 4 | 前测（Pre-test）　　7'56"（4'49"~7'56"） | |
|---|---|---|
| | 测试分组 | 效果：学生不同角色的设定突出了学生的主体地位，使得教师在分析学生可能遇到的难题时更准确和更实际，也为学生提供锻炼自己的机会。开发商、策划经理角色的安排，让专业程度较好的学生带动扮演公司成员角色的学生更好地融入学习，既有合作又有竞争，让学生感觉到亲切新奇，提升学生的参与度和关注度。同时，还可以对课前预习情况进行反馈，具有督促和鼓励学生课前预习的作用。 |
| 教学环节 5 | 参与式学习（Participation）　　28'40"（7'56"~28'40"） | |
| 教学内容 | 教师根据房地产企业户型策划的工作过程，将教学内容设计为五个步骤：（1）进行户型需求的市场调查；（2）分析客户的户型需求；（3）确定户型的面积；（4）进行户型功能的分区；（5）确定户型的布局。 | |
| 教师活动 | 1. 布置课堂项目任务，引导各组成员扫描二维码 IH5 互动大师，读取客户画像的详细信息，清楚了解客户姓名（外号）、客户形象、家庭背景、户型语录等信息。<br>2. 引导各小组开展合作探究式学习。以四个处于不同家庭生命周期阶段的客户画像为分析对象，分析不同客户的户型需求，确定客户需求的户型面积，需求的功能空间，设计户型布局，完成户型策划全过程。<br>3. 观察学生户型策划过程，现场指导学生实际操作。<br>4. 关注"学生开发商"小组实时打分的过程，指导"学生策划公司"小组不断改进策划方案。 | |
| 学生活动 | 1. "学生策划公司"小组抽取的客户资料，对客户的户型需求进行市场调查：通过"IH5 互动大师"获取客户画像信息。<br>2. 各组以小组合作探究的形式根据客户画像分析客户对户型的需求，将关键字写在白板上，并对其进行简要分析。"学生开发商"小组对各组分析结果进行点评，"学生策划公司"小组根据点评结果进行细致修改。在这个活动环节中，学生掌握了户型需求分析的要点，**解决了教学重点一：户型需求分析**。<br>3. "学生策划公司"小组根据之前客户需求分析的结果，确定客户需求的户型面积。四个"学生策划公司"小组开展互评，并最终确定户型面积。<br>4. "学生策划公司"小组在确定的户型面积的基础上，对户型进行功能分区。"学生开发商"小组对各组户型功能分区的结果进行点评，"学生策划公司"小组根据点评结果进行调整修改。在这个过程中，学生在反复修改中逐步掌握如何运用户型策划的原则精准匹配客户需求的户型产品，**解决了教学难点**。<br>5. "学生策划公司"小组利用移动终端，在"知户型"App 上画出户型布局图，**解决了教学重点二：策划户型产品**，并用 3D Max 格式导出户型布局图并保存。 | |
| 课堂展示 | 资源呈现 | 教学随记 |
| | IH5 客户信息 | 实施：布置课堂项目任务，引导各组成员扫描"IH5 互动大师"二维码，读取客户画像的详细信息，清楚了解客户姓名（外号）、客户形象、家庭背景、户型语录等信息。<br>效果：以大家耳熟能详的人物形象为目标客户，增强学生的学习热情和角色代入感；以"IH5 互动大师"为媒介，使得学生获取客户画像信息更即时、更便捷、更详尽。<br>实施：这是整个教学过程的核心环节，教师设定以四个处于不同家庭生命周期阶段的客户画像为分析对象，分析不同客户的户型需求，确定客户需求的户型面积，需求的功能空间，设计户型布局，完成户型策划全过程。 |

（续表）

| 教学环节 5 | 参与式学习（Participation） 28'40''（7'56''~28'40''） | |
|---|---|---|
| | 小组合作探究 | **效果**：该项任务各小组配合得很好，基本圆满完成既定任务，分步骤实时展示让学生感到一丝紧张，更多的是带动了学生的参与感，让他们在设计中获得成就感和参与的热情。**解决了教学重点一：户型需求分析**。 |
| | 实时评分与评价 | **实施**：教师组织四个"学生策划公司"小组讲解户型策划方案。"学生开发商"小组分环节进行实时打分，教师指导"学生策划公司"小组不断改进策划方案。<br>**效果**：实时打分的结果激起各"学生策划公司"小组的集体荣誉感和竞争意识，在竞争过程中更好地掌握"如何运用户型策划的原则精准匹配客户需求的户型产品"，**解决了教学的难点问题**。 |
| | 利用"知户型"App 绘制户型 | **实施**："学生策划公司"小组利用移动终端，在"知户型"App 上画出户型布局图，并用 3D Max 格式导出户型布局图。<br>**效果**：将抽象的策划成果用具象的三维视频表现出来，更生动、更直观、更真实，让学生获得感满满。**解决了教学重点二：策划户型产品**。 |
| 教学环节 6 | 后测 Post-test 36'06''（28'40''~36'06''） | |
| 教学内容 | 教师组织"学生策划公司"小组用全息投影展示本组的作品并进行户型讲解；教师、"学生开发商"小组进行总体打分，用评分系统自动汇总，并生成最后的评价结果。 | |
| 教师活动 | 1. 指导学生完成户型策划作品的展示。<br>2. 观察学生户型策划作品展示过程并做出评价。<br>3. 组织"学生开发商"小组公布并宣读评分结果。 | |
| 学生活动 | 1. 四个"学生策划公司"小组分别通过全息投影展示本组的作品，并进行户型讲解。<br>2. "学生开发商"小组对户型策划作品进行评分。<br>3. "学生开发商"小组现场公布并宣读评分结果。 | |
| 课堂展示 | 资源呈现 | 教学随记 |
| | 全息投影 | **实施**：教师组织"学生策划公司"小组用全息投影展示本组的作品并进行户型讲解。<br>**效果**：全息投影技术把策划方案具象化，学生可以 360°观看策划的户型，沉浸在立体感十足的展示场景中，给学生带来视觉冲击，强化直观感受。上台展示为学生提供展现个人综合素质的舞台，但目光聚焦之处难免会让学生紧张，但是更多的是成就感和自信的表达。 |
| | 实时评分结果 | **实施**：教师和"学生开发商"小组对户型策划作品进行评分。用评分系统自动汇总，并生成最后的评价结果。<br>**效果**：打分结果检验了学生的学习效果，让学生通过评分标准了解作品的长处和不足之处。 |

(续表)

| 教学环节 7 | 总结（Summary） 38'04''（36'06''-38'04''） ||
|---|---|---|
| 教学内容 | 对项目实施结果的总结评价采用三种形式："学生开发商"小组点评，教师点评，学生自评。 ||
| 教师活动 | 1. 组织"学生开发商"小组对户型策划过程进行总结。<br>2. 评价四个小组的表现，并组织颁奖。<br>3. 组织全体学生完成对课程的教学评价。 ||
| 学生活动 | 1. 领奖。<br>2. 通过"问卷星平台"完成对本节课的教学评价。 ||
| 课堂展示 | 资源呈现 | 教学随记 |
| | 颁奖 | **实施**：教师组织项目实施结果的总结评价，采用"学生开发商"小组点评、教师点评、学生自评的方式；组织"学生开发商"小组进行颁奖。<br>**效果**：三方评价使学生多角度了解自己的课堂表现情况；获奖学生通过团队努力取得奖励，获得认可，培养了团队合作竞争意识；反复打磨策划作品，培养了学生的工匠精神。 |
| | 调查问卷测评教学情况 | **实施**：教师组织全体学生扫描二维码借助"问卷星平台"完成对课程的教学评价。<br>**效果**：通过学生对课程的教学评价可以了解学生的上课情况与知识掌握情况，便于合理安排教学方案。 |
| 教学环节 8 | 课后拓展（课后） ||
| 教学内容 | 督促学生完成房地产户型策划方案的撰写；联系房地产公司录入开发商户型数据库事宜；带领学生参观房地产在建项目，利用校企联动深化教学内容。 ||
| 教师活动 | 1. 收集房地产户型策划方案。<br>2. 把比赛第一的小组策划户型方案发给开发商，联系录入开发商户型数据库事宜。<br>3. 带领学生参观房地产在建项目了解房地产策划流程。 ||
| 学生活动 | 1. 完成房地产户型策划方案写作。<br>2. 参观房地产在建项目了解房地产策划流程。 ||
| 课堂展示 | 资源呈现 | 教学随记 |
| | 房地产户型策划案 | **实施**：教师利用对分易教学平台发布作业，并把作业具体要求及要点标注清楚，学生完成作业，遇到问题可以通过对分易教学平台联系教师并解决。<br>**效果**：学习完成房地产户型策划方案的写作，一是对课堂内容进行复习；二是可以把讨论方案具体到策划方案更接近真实的公司要求；三是团队反复打磨策划作品，培养了团队协作与工匠精神。 |
| | 参观房地产在建项目 | **实施**：联系录入开发商户型数据库事宜并带领学生参观房地产在建项目了解房地产策划流程。<br>**效果**：录入数据库把课堂成果市场化，体现了高校对房地产公司的智力支持；参观学习在建项目，使学生可以接触真实项目，学习的知识可以理论联系实际。 |

### 5.5.5 教学效果

本教学设计基于混合式教学模式，采用 BOPPPS 教学设计方法、任务教学法和小组合作探究法，以房地产营销策划中的户型产品策划为主体进行教学设计，紧紧围绕客户画像分析技能、户型设计实施步骤等技能目标，借助"VR 看房宝""知户型""IH5 互动现场""大家评"评分系统、全息投影等多种信息化手段，突出"做中学，做中教"的职业教育特点，以学生为中心完成了知识、技能和素养提升的一体化教学。

课前，利用对分易教学平台推送学习任务，自主学习慕课、微课；利用手机 App 工具"VR 看房宝"自主了解在售楼盘户型等信息化手段进行课前预习，掌握房地产户型相关知识，为课堂做准备。

课中，通过分步完成教师设定以四个处于不同家庭生命周期阶段的客户画像为分析对象的户型策划任务，分析不同客户的户型需求，确定客户需求的户型面积，需求的功能空间，设计户型布局，完成户型策划全过程，运用户型策划的原则精准匹配客户需求的户型产品，反复锤炼技能；学生以小组为单位，集思广益，为完成共同的任务而努力，促进了学生的互相学习和团队合作，课堂上由"学生开发商"小组、教师进行实时评价，小组的自评与互评，学生的个人总结与反思，让学生即时了解自己的收获和要改进的地方，有效促进了学生学习的积极性，培养了学生总结与反思的意识，达成素养目标。

课后，学生对课程的满意度和完成度都比较高。课后评教调查问卷显示如下结果。

学生对混合式教学模式的态度汇总结果如图 5-5-24 所示。

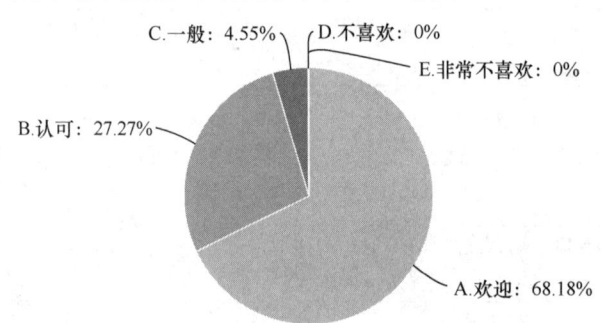

图 5-5-24 学生对混合式教学模式的态度汇总结果

学生对户型策划基础技能掌握程度的汇总结果如图 5-5-25 所示。

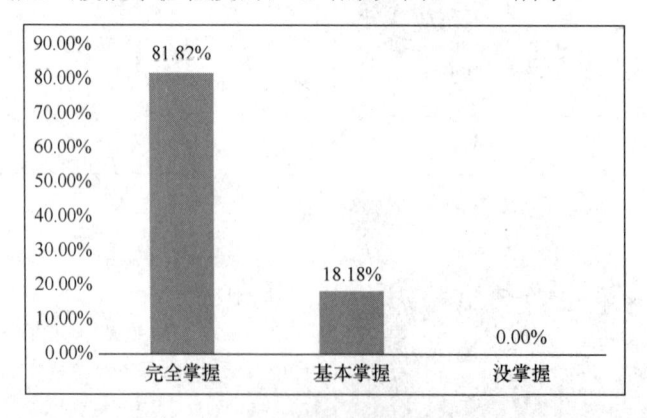

图 5-5-25 学生对户型策划基础技能掌握程度的汇总结果

混合式教学模式对学生的创新能力培养的效果汇总如图 5-5-26 所示。

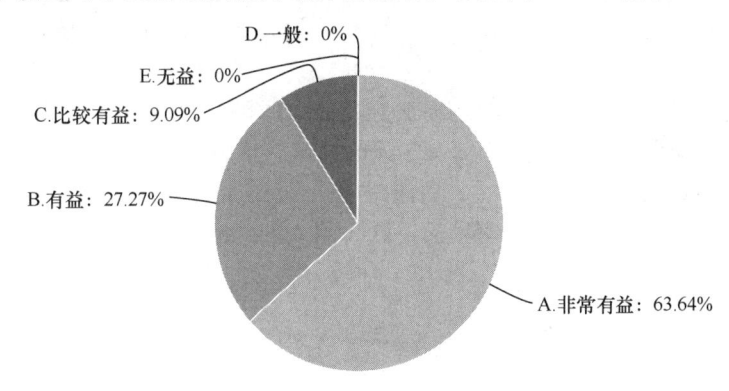

D.一般：0%
E.无益：0%
C.比较有益：9.09%
B.有益：27.27%
A.非常有益：63.64%

图 5-5-26　混合式教学模式对学生的创新能力培养的效果汇总

### 5.5.6　特色与创新

#### 1. 全息虚拟实景添活力

"VR 看房宝"App、"知户型"App 与全息投影相结合。课前学生操作"VR 看房宝"App，体验多元信息融合的、交互式的三维动态视景，沉浸到真实的房地产户型环境中，帮助学生快速了解户型，便于学生融入课堂；学生利用"知户型"App 将抽象的策划成果用具象的三维动态视频表现出来，更生动、更直观、更真实；全息投影技术把策划方案具象化，学生可以 360° 观看策划的户型，沉浸在立体感十足的展示场景中，改善了学习效果，实现内容成果化，激发了学生的学习动力、提升学生的学习热情。

#### 2. BOPPPS 教学增助力

此教学模式是一个强调学生参与和反馈的闭环教学过程模型，该模型坚持以人为本，尊重个体差异，以学生为中心，注重学生学习的自主性，从而改善学生的学习效果。教师通过课前准备、课堂授课和课后评估三个环节建立明确标准，规范教学。BOPPPS 是一个能够帮助教师分解并分析教学过程、改善并提升教学成效的工具。

#### 3. 多元实时评分加动力

采用多元评价模式，形成学生开发商、教师两方评议。让专业功底扎实的学生参与实操指导环节，使得教师在分析学生可能遇到的难点时更精准。让学生扮演开发商角色参与点评，不仅锻炼了学生的专业能力，还使学生觉得亲切新奇，并关注"学生开发商对学生"的小组点评。以实时打分、实时显示的时效分数机制了解学生的知识技能掌握的情况，同时对学生起到激励作用，能以点带面，带动更多学生积极参与课堂学习。

### 5.5.7　参赛教师感悟

教师教学能力大赛对我来说，是一次教学的总结与提升。我的感悟如下：

课程设计要抓住重点，解决难点。在进行教学前，教师一定要明确教学重点、难点，安排好课程和环节，设计好学生的学习过程，通过以学生为中心的学习活动，解决教学重点、难点。

教学手段要信息常态、数据辅助。在教学过程中，应该借助现在的信息时代下的多种工具，增加课堂的有效性与趣味性，并且实时记录数据、分析数据，并根据数据进行科学的调整。

教学团队要协作合力、互助共进。参加比赛的教师可以组成教研团队，发挥多人合作的优势，共同探究课程设计，弥补团队成员知识的疏漏，使得设计的教学更加合理、有效。

教学的"以赛促学，以赛促教"。通过比赛，同样能对教师起到"以赛促学，以赛促教"的作用。通过教学能力大赛，使我的授课思路更加清晰，更新了教学教法，提升了教学质量。

# 第 6 章　实训教学赛项案例

## 6.1　2017 年国赛一等奖作品《果树切接技术——以柑桔的高接换种为例》——李荣喜

### 6.1.1　案例展示

案例展示如图 6-1-1～图 6-1-30 所示。

图 6-1-1　题目

图 6-1-2　目录

图 6-1-3　教学分析

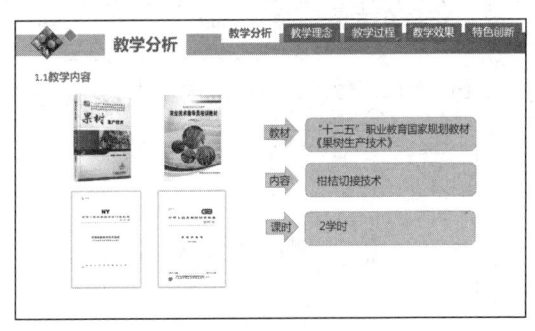

图 6-1-4　教学分析——教学内容

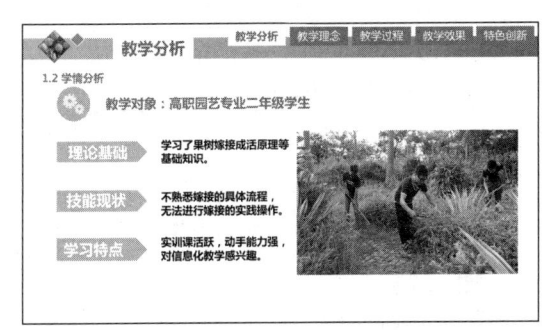

图 6-1-5　教学分析——学情分析

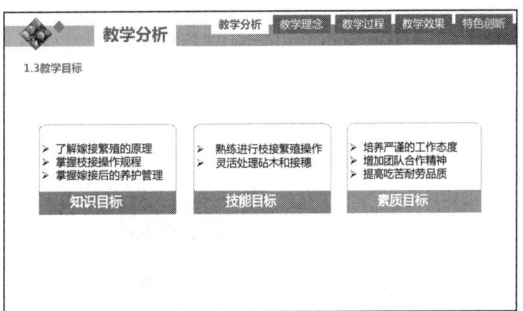

图 6-1-6　教学分析——教学目标

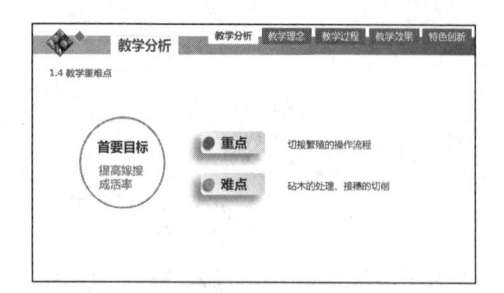

图 6-1-7　教学分析——教学重难点

图 6-1-8　教学理念

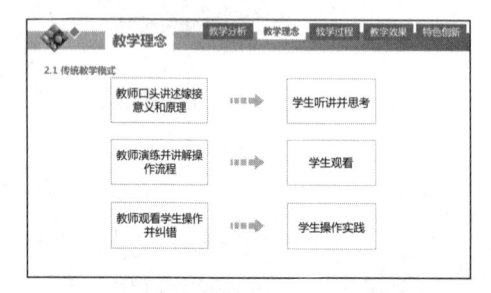

图 6-1-9　教学理念——传统教学模式一

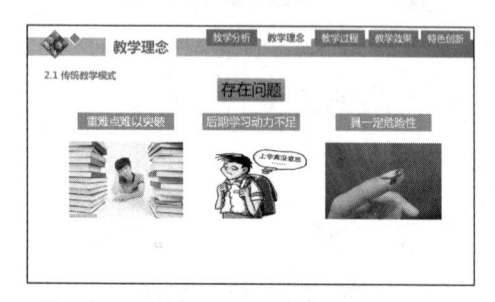

图 6-1-10　教学理念——传统教学模式二

图 6-1-11　教学理念——教学理念与方法一

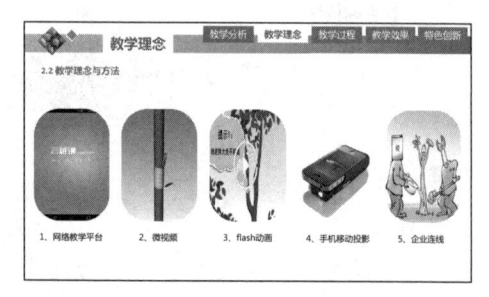

图 6-1-12　教学理念——教学理念与方法二

图 6-1-13　教学过程

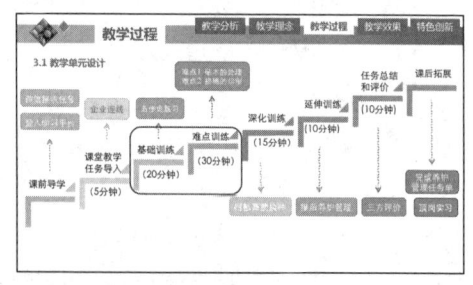

图 6-1-14　教学过程——教学单元设计

图 6-1-15　教学过程——课前导学一

图 6-1-16　教学过程——课前导学二

图 6-1-17　教学过程——课堂教学-任务导入

图 6-1-18　教学过程——课堂教学-基础训练

图 6-1-19　教学过程——课堂教学-难点训练

图 6-1-20　教学过程——课堂教学-深化训练

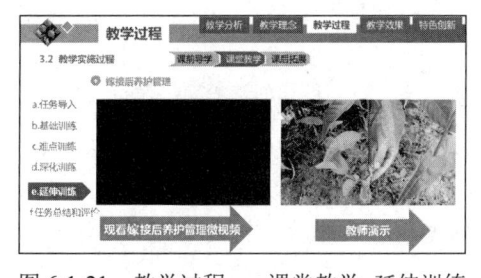

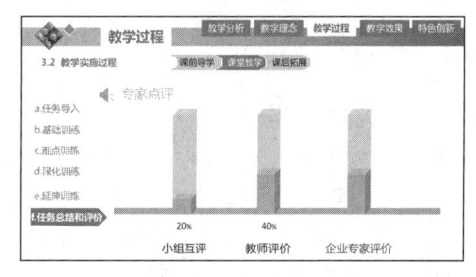

图 6-1-21　教学过程——课堂教学-延伸训练

图 6-1-22　教学过程——课堂教学-任务总结和评价一

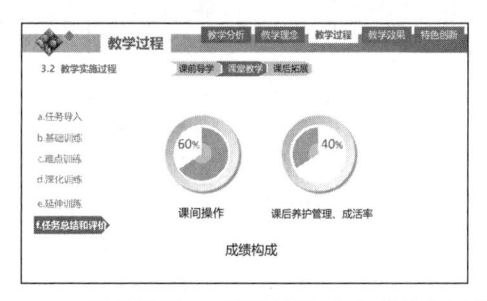

图 6-1-23　教学过程——课堂教学-任务总结和评价二

图 6-1-24　教学过程——课后拓展

图 6-1-25　教学效果

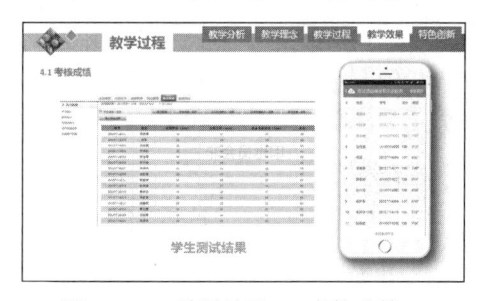

图 6-1-26　教学效果——考核成绩一

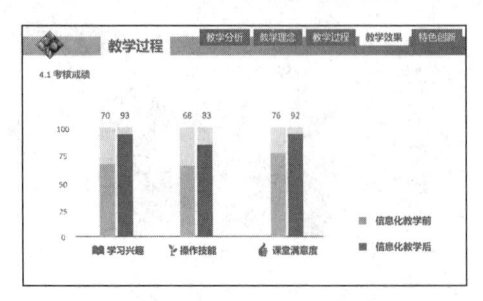

图 6-1-27　教学效果——考核成绩二　　　　图 6-1-28　教学效果——参与企业生产成果

图 6-1-29　特色创新　　　　　　　　　　　图 6-1-30　特色创新

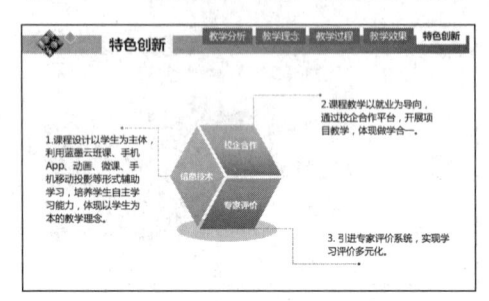

### 6.1.2　专家评价

该案例选取了果树生产中的典型任务来完成实训教学，实训过程中严格遵守行业标准和农业技术指导员国家标准，规范完成实训任务；采用"做中学，做中教"的教学理念，以企业就业为导向，以学生为中心，采用任务驱动教学法，整合网络教学和评价平台、微视频、Flash 动画、手机投影系统等多种信息化教学手段开展实训教学；通过校企合作，引入专家评价系统，实现学习评价的多元化。

### 6.1.3　教学分析

**1. 教学内容**

嫁接技术是果树生产的一项核心技能，通过嫁接繁殖可有效提高果树的抗性，缩短结果期，增加产量等。了解嫁接成活原理，掌握并熟练应用嫁接基本技术，是"果树生产技术"实训课程任务之一，也是培养农艺工、农业技术指导员等职业岗位的核心任务之一。

本节课选用嫁接技术中最为常见的切接技术——以柑桔为载体，利用多种信息化教学资源，培养学生嫁接技能。

结合行业标准和农业技术指导员国家标准，包括《农业技术指导员国家职业标准》《GB/T 9659—2008 柑桔嫁接苗》《NY/T 971—2006 柑橘高接换种技术规程》，对教材进行二次开发，结合果树生产任务，开展课程实训。

**2. 学情分析**

授课对象为园艺专业高职二年级学生，对他们的知识基础、技能状态及学习特点分析如下：

（1）理论基础。学生在前置课程中已经学习了"植物与植物生理""作物生产环境"等课程，具备一定的基础知识储备。对于嫁接方面的韧皮部、形成层、愈伤组织等基础概念均已经掌握。

（2）技能现状。学生通过"花卉栽培""园林树木栽培"等课程实训，积累了室外植物栽培、养护管理实践技能。关于果树嫁接，学生已在课堂掌握了嫁接基础知识，但对嫁接的实际操作仍不熟悉，无法进行实践操作。

（3）学习特点。该班学生较为活泼，实训课堂气氛活跃，动手能力强，多数学生具有吃苦耐劳的品质。但这些学生对理论知识学习能力较差，知识遗忘速度快，学习效率较低。

#### 3．教学目标

参照园艺技术专业的教学标准和课程标准，确定本次课的三维教学目标。

知识目标：了解嫁接繁殖的原理，掌握枝接操作规程，掌握嫁接后的养护管理。

技能目标：熟练进行枝接繁殖操作，灵活处理砧木和接穗。

素质目标：培养严谨的工作态度，培养团队合作精神，提高吃苦耐劳品质。

#### 4．教学重点、难点

嫁接技术的首要目标是提高嫁接成活率，根据以往学生的课堂表现和企业实际生产中的问题，确定本次课的重点为切接繁殖的操作流程，而砧木的处理、接穗的切削作为本次课的难点。

### 6.1.4　教学设计与实施

#### 1．教学过程

根据传统的嫁接实训教学模式（见图 6-1-31），发现存在以下问题：①过程复杂，细节问题学生难以掌握；②成活周期长，课堂考核评价难以完成，课后养护管理不到位；③具一定的危险性，操作不规范伤到手的现象时有发生。

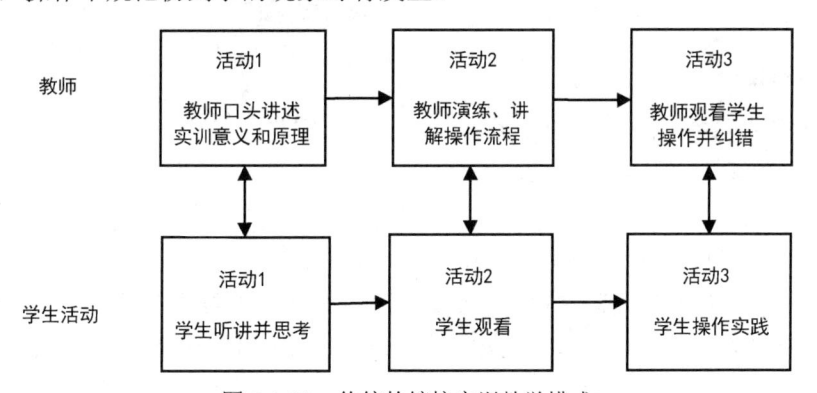

图 6-1-31　传统的嫁接实训教学模式

为了解决上述问题，团队成员改革本课程的教学方式，采用"做中学，做中教"的教学理念，以企业就业为导向，以学生为中心，融入企业岗位资格标准，采用任务驱动教学法，依托信息化教学技术，整合网络教学和评价平台、微视频、Flash 动画、手机投影系统、企业标准等多种信息化手段，以柑桔的高接换种为载体，开展实训教学。在信息应用技术上，依托"蓝墨云班平台"，融入微视频、Flash 教学动画等教学资源。通过校企合作，引进专家评价系统，实现学习评价多元化。课程教学设计路线如图 6-1-32 所示。

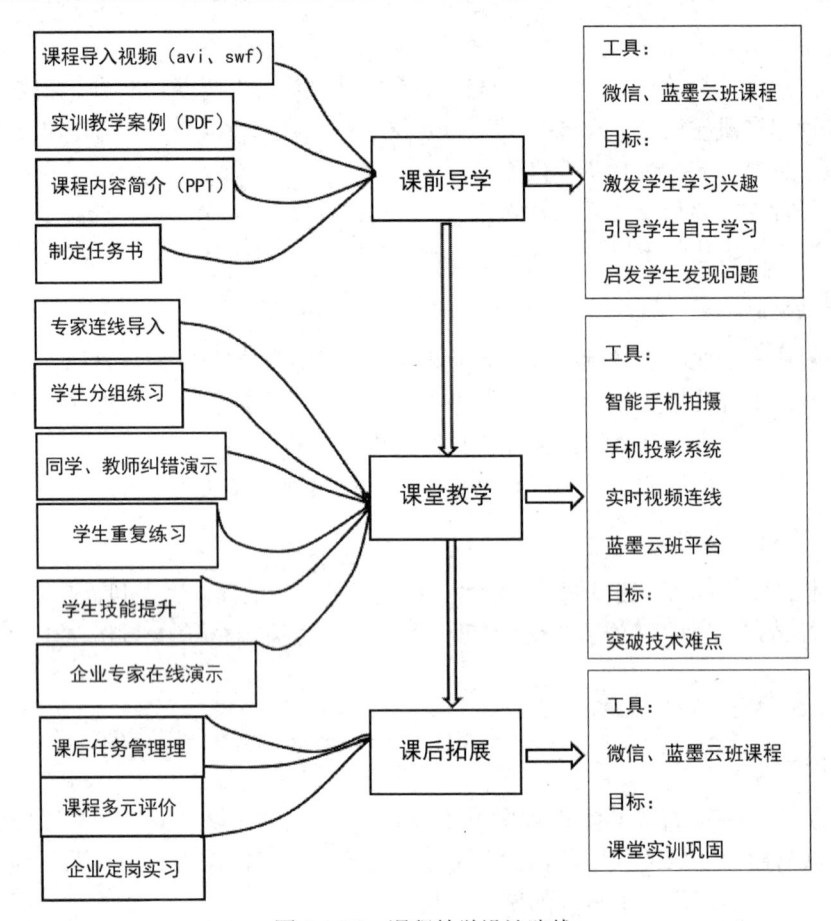

```
课程导入视频（avi、swf）┐
实训教学案例（PDF）    ├──→ 课前导学 ──→  工具：
课程内容简介（PPT）    │                  微信、蓝墨云班课程
制定任务书             ┘                  目标：
                                          激发学生学习兴趣
                                          引导学生自主学习
                                          启发学生发现问题

专家连线导入           ┐
学生分组练习           │                  工具：
同学、教师纠错演示     ├──→ 课堂教学 ──→  智能手机拍摄
学生重复练习           │                  手机投影系统
学生技能提升           │                  实时视频连线
企业专家在线演示       ┘                  蓝墨云班平台
                                          目标：
                                          突破技术难点

课后任务管理理         ┐                  工具：
课程多元评价           ├──→ 课后拓展 ──→  微信、蓝墨云班课程
企业定岗实习           ┘                  目标：
                                          课堂实训巩固
```

图 6-1-32　课程教学设计路线

## 2. 教学内容

在教学中，以学生为主体，以任务为主线，将 2 学时的内容分为 6 个环节，将学时重点放在技能基础训练和技能难点训练上。

（1）课前导学。

课前，学生通过微信接收学习内容和任务。学生登录网络学习平台，复习理论知识，阅读教材《果树嫁接技术》，观看视频切接技术操作流程，了解嫁接技术要点，阅读《GB/T 9659—2008 柑桔嫁接苗》，查看嫁接基础常识 PPT，制定柑桔切接五步走流程项目书，编写好相关解说词。

（2）课中教学。

课堂教学任务导入（5min）。课中，通过引入某乡镇对老柑桔林利用高接换种技术使其重新生长的实际案例激发学生的学习兴趣。

任务实施，共分为以下四个任务：

任务一：技能基础训练（20min）。

环节一：基础训练，掌握流程。每组有两名学生，一名学生演示操作，另一名学生根据课前准备好的切接流程任务书，分步骤配音描述。

环节二：小组同学互相录制嫁接操作过程，上传至学习平台。

环节三：教师总结，提出难点，教师利用手机连线投影，播放学生操作过程的图片和视频，对出错环节进行纠错，示范标准操作方法，提出任务难点。

任务二：技能难点训练（30min）

① 难点一：砧木如何处理？（15min）

环节一：观看砧木处理技术 Flash 动画视频。

环节二：切砧木。抽取两名学生代表演示砧木的剪切，学生之间纠错，教师纠错并演示。

环节三：连线企业嫁接专家，对难点进行解析

② 难点二：接穗如何切削？（15min）

环节一：观看接穗切削技术 Flash 动画视频。

环节二：切削接穗。抽取两名学生代表演示接穗的切削，学生之间纠错，教师纠错并演示。

环节三：学生互评和教师评价。

任务三：技能深化训练（15min）。

在掌握技能基础和技能难点的情况下，学生在柑桔树上开展高接换种技能训练，锻炼学生灵活应用的嫁接技能。针对学生操作中出现的问题，教师进行规范动作的演示。

任务四：技能延伸训练（10min）。

环节一：播放微视频。播放关于嫁接后养护管理的视频。

环节二：教师演示。

任务总结和评价。本次课除了课中学生互评和教师评价，还邀请企业嫁接专家课后对各小组的嫁接过程进行针对性的点评。课程成绩由课间操作和嫁接后成活率两部分组成，其中课间由学生互评、教师评价和企业评价三部分组成，共占 60%，嫁接后成活率占 40%。

（3）课后拓展。

课后要求学生上学习平台完成嫁接后的养护管理任务单，并前往相关生产企业进行顶岗实习，巩固所学知识，同时参与企业生产。

### 6.1.5　教学效果

根据学生的测试结果和调查问卷显示，与传统教学相比，学生学习的兴趣提升 23%，操作技能增长 15%，课堂满意度提升 16%。

### 6.1.6　特色与创新

本课程设计以学生为主体，利用网络课程平台、手机 App、Flash 动画、微课等形式辅助学习，培养学生自主学习能力，体现以学生为本的教学理念；课程教学以就业为导向，通过校企合作平台，开展项目教学，体现做学合一；引进专家评价系统，实现学习评价多元化。

### 6.1.7　参赛教师感悟

本次比赛历经近半年，先后从省赛选拔、国赛初评到现场决赛等多个环节，整个过程团

队教师付出了很多的努力，也很忙碌和充实，从中也得到了很大的收获。整个参赛过程有以下几点感悟。

选题是关键。好的选题能够达到事半功倍的效果。应该选择个人最擅长的、最容易表现的、最具代表性的内容。在教学设计和课堂教学所规定的大类中选择，方向更多。对于实训教学类，虽然已经给定了实训项目，但是其种类也很多。例如，本次信息化实训已经给定项目：嫁接技术，但是嫁接技术包括芽接、枝接、根接等多种方式，每种嫁接方式又可以细分成多类，其中枝接又分为切接、劈接、腹接、靠接等多种方式，众多嫁接方式选择哪种？另外，对于嫁接对象（树种）方面，植物界中很多树种可以进行嫁接，选择什么树来嫁接？我们通过几个方面来综合考虑：①选择最熟悉，最擅长的嫁接方式；②树种选择在决赛中最能展现操作技能的品种，但是要选择经典的嫁接树种兼顾美观性（但是要注意不要有太强的地域性暗示，如荔枝、龙眼就有很大的地域性）。因此，最终选择分布范围较广、方便进行操作展示的树种——柑橘，嫁接方式选用枝接。

对于信息化教学手段方面，不要一味追求信息化手段的数量、新颖性。我们本次信息化实训教学在解决重点、难点方面，因为实训在室外进行，教师演练操作面窄，若学生人数太多则看不清操作细节。所以主要通过手机投影，将操作过程通过手机放大投放在投影仪上，同时学生操作时将操作有误的地方拍下来，方便后续进行纠错。通过简单的信息化手段有效解决教学过程中的重点、难点。因此，对于信息化教学手段方面，结合自身作品合理选用，不过多使用，合情合理，着重落地，解决重点、难点即可。

参赛涉及方方面面，工作量大，需要团队成员集思广益，教案设计、PPT 制作、视频录制、实操演练等需要团队共同参与，良好的分工是取得好成绩的保证。另外，还需要寻求强大的后援团的帮助：资源搜集、专家的指导、学校各部门的支持配合、各资源的建设、视频制作。

## 6.2　2019 年广东省省赛一等奖作品《宴会设计》——郝芳

### 6.2.1　案例展示

案例展示如图 6-2-1～图 6-2-20 所示。

图 6-2-1　题目

图 6-2-2　目录

图 6-2-3　教学分析

图 6-2-4　教学分析——教学内容一

图 6-2-5　教学分析——教学内容二

图 6-2-6　教学分析——教学内容三

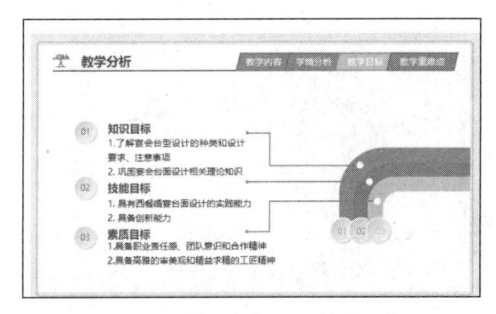

图 6-2-7　教学分析——教学目标

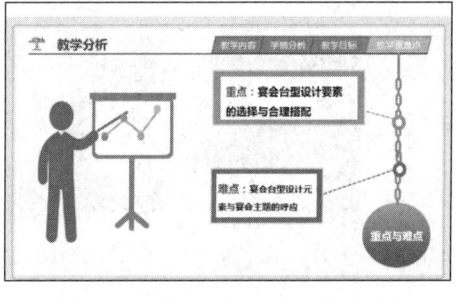

图 6-2-8　教学分析——教学重难点

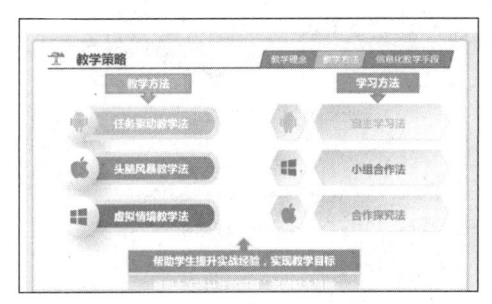

图 6-2-9　教学策略——教学方法

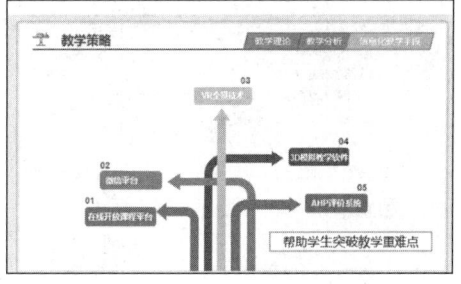

图 6-2-10　教学策略——信息化教学手段

图 6-2-11　教学过程——课前导学二

图 6-2-12　教学过程——课中教学一

图 6-2-13　教学过程——课中教学四 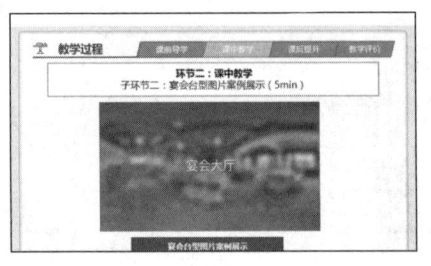　　图 6-2-14　教学过程——课中教学五

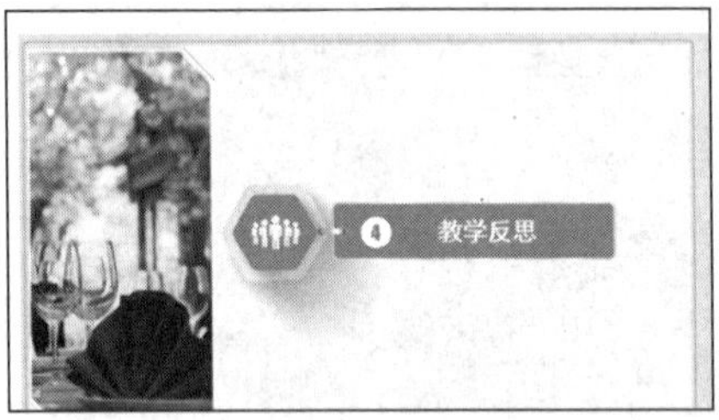

图 6-2-15　教学反思 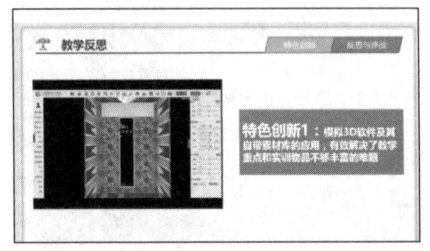　　图 6-2-16　教学反思——特色创新一

图 6-2-17　教学反思——特色创新四 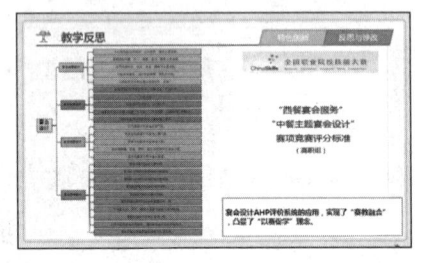　　图 6-2-18　教学反思——特色创新五

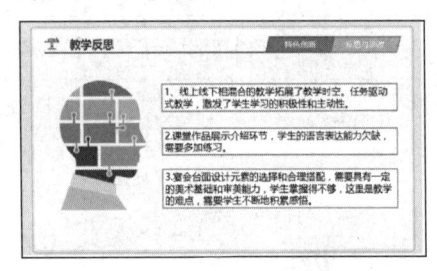

图 6-2-19　教学反思——反思与诊改 　　图 6-2-20　结束语

## 6.2.2　专家评价

该案例结合全国职业院校技能竞赛的要求设计教学内容，使用模拟 3D 软件、全景 VR 等新型 IT 技术，有效解决教学重点、难点；AHP 评价系统的应用凸显了"赛教融合，以赛促学"的教学理念；课程思政的加入体现了高职院校立德树人的教育理念。

## 6.2.3　教学分析

### 1. 教学基本信息

教学基本信息，如表 6-2-1 所示。

表 6-2-1 教学基本信息

| 教学基本信息 | |
|---|---|
| 教学内容 | 宴会设计 |
| 所属课程 | 餐饮管理 |
| 学时数 | 16 学时 |
| 授课对象 | 酒店管理专业三年级学生 |
| 授课地点 | 实训室 |
| 使用教材 | 《宴会设计》，陈戎，刘晓芬，广西师范大学出版社，2017 年 12 月。（普通高等学校旅游管理专业应用型特色"十三五"规划教材） |

### 2. 教学背景

宴会市场需求：在宴会大众化趋势下，主题宴会受到了人们的追捧，其数量和类型不断增加。与此同时，对宴会设计专业人才的需求也不断增加。市场调查显示，宴会设计工作主要由宴会销售部门与客户沟通完成，宴会部门只负责执行工作，酒店缺少专业的宴会设计人员。

职业技能大赛的趋势：在全国旅游院校服务技能大赛和全国职业院校技能大赛中，设置了"中餐宴会摆台"和"中餐主题宴会设计"比赛项目。其中，"中餐主题宴会设计"赛项已连续开展八年，符合酒店行业发展要求。

### 3. 教学内容分析

**教学课程**："餐饮管理"是酒店管理专业的核心课程，共 52 学时，开设在第五学期，是对前四个学期所学专业知识的巩固和综合技能的提升，为第六学期的"毕业顶岗实习"做准备。

**教学单元**：本单元的教学内容包括宴会台面设计、台型设计、场景设计和菜单设计四部分，在餐饮工作中，占据着不可缺少的地位，是"中餐主题宴会设计"赛项的重要内容，同时也是传统教学方式较难完成的教学内容，共 16 学时。

**实训任务**：根据宴会市场调查结果，把酒店宴会部门承接数量最多——婚宴、最能弘扬中国传统美德——寿宴、市场前景最好——公务宴这三种类型的宴会作为此次实训的任务，以培养学生的宴会设计实践能力、创新能力、中华传统美德和工匠精神。

### 4. 学情分析

授课对象为酒店管理专业三年级学生。经过四个学期的学习，这些学生已经掌握了餐饮服务基本技能、中西菜点知识、餐饮成本管理等相关基础知识，并且也进行了酒店参观，对餐饮有了初步了解。

这个年龄段的学生是信息化时代的新生力量，善于应用信息化教学平台；网络学习兴趣较高；喜欢通过微信等工具与人进行交流；手机不离手；习惯具象性思维，对实践性环节更感兴趣，适合"做中学，学中做"等教学方法。

对抽象知识理解困难；对问题的深度思考判断和逻辑思维能力比较欠缺；专业认知不足、职业意识模糊；存在着一定程度的学习倦怠感。

### 6.2.4 教学设计与实施

**1. 教学目标**

本次课程的知识目标是了解宴会设计的基础知识；熟悉中国传统文化知识；掌握宴会设计的操作流程、原则和方法。技能目标是能够设计宴会台面；能够设计宴会台型；能够设计宴会场景；能够设计宴会菜单。素质目标是具备较强的沟通能力、团队协作精神；具备高雅的审美情趣、中华传统美德；具备创新思维、精益求精的工匠精神。

**2. 教学重点、难点**

本次课教程的学重点是宴会设计元素的选择与合理搭配，教学难点是元素与宴会主题的呼应。

**3. 教学理念**

采用"做中学，做中教"的教学理念，将课程思政贯穿教学过程，培养学生"四个自信"。

**4. 教学方法**

（1）翻转课堂。课前把"宴会菜单设计方法""宴会台型设计方法"等微课资源上传至"餐饮实务"课程平台，并通过微信向学生发布学习公告，并布置任务；教师在面授时，对学生的自学情况进行测试，并对学生的薄弱环节进行针对性的讲解，真正做到"因材施教"。

（2）任务驱动。本单元的三个实训任务全部来自真实的、酒店委托的项目，真正实现"以学生为中心""做中学，做中教"的教学理念，提升学生的职业能力。

（3）小组合作探究法。小组成员协作分工完成任务，共同制定计划、讨论研究并分组实施，取长补短、共同学习、彼此促进。

**5. 信息技术应用**

（1）在线开放课程平台。登录"餐饮实务"课程平台，教师可以在此为学生推送学习资源、答疑解惑、批改作业，全程追踪学生的学习情况；学生可以在此自主学习、提交作业、交流讨论，酒店专家可以在此对学生的方案成果进行点评。

（2）宴会设计 3D 模拟软件及其自带素材库。由校企合作开发的宴会设计素材库中的设计素材丰富，学生可以根据需要自由选择和搭配；借助 3D 模拟软件设计宴会，可以直观地判断元素的搭配是否合理，有效突出教学重点。

（3）全景 VR 技术。借助 VR 全景技术，学生可以身临其境地观看宴会设计效果，从而判断设计元素与宴会主题是否呼应，轻松突破教学难点。

（4）宴会设计 AHP 评价系统。学生运用 AHP 评价系统，智能化地进行设计方案评价，可以找出方案的优缺点，从而进行针对性地修改和完善。

（5）问卷星。通过问卷星对学生理论知识的学习进行测试，教师可以及时了解学生对知识的掌握程度，从而对薄弱环节进行针对性讲解，真正做到"因材施教"。

## 6. 教学整体设计

教学整体设计如表 6-2-2 所示。

表 6-2-2 教学整体设计

| 教学内容 | | 教学目标 | 学时分配 |
|---|---|---|---|
| 实训准备 | | 了解宴会市场需求<br>掌握宴会设计 3D 软件使用方法 | 2 |
| 任务一 婚宴 | 子任务一：宴会台面设计 | 掌握宴会台面设计要求和方法<br>具备设计婚宴台面的实践能力 | 2 |
| | 子任务二：宴会台型设计 | 掌握宴会台型设计要求和方法<br>具备设计婚宴台型的实践能力 | 2 |
| | 子任务三：宴会场景设计 | 掌握宴会场景设计要求和方法<br>具备设计婚宴场景的实践能力 | 2 |
| | 子任务四：宴会菜单设计 | 掌握宴会菜单设计要求和方法<br>具备设计婚宴菜单的实践能力 | 4 |
| 任务二 寿宴 | | 具备设计寿宴的实践能力 | 2 |
| 任务三 公务宴 | | 具备设计公务宴的实践能力 | 2 |

## 7. 评价方式

采取了全方位立体化评价体系，教师、小组、组间、酒店专家共同评价，过程评价与结果评价并重，当堂点评和网络评价相结合。如图 6-2-33 所示。

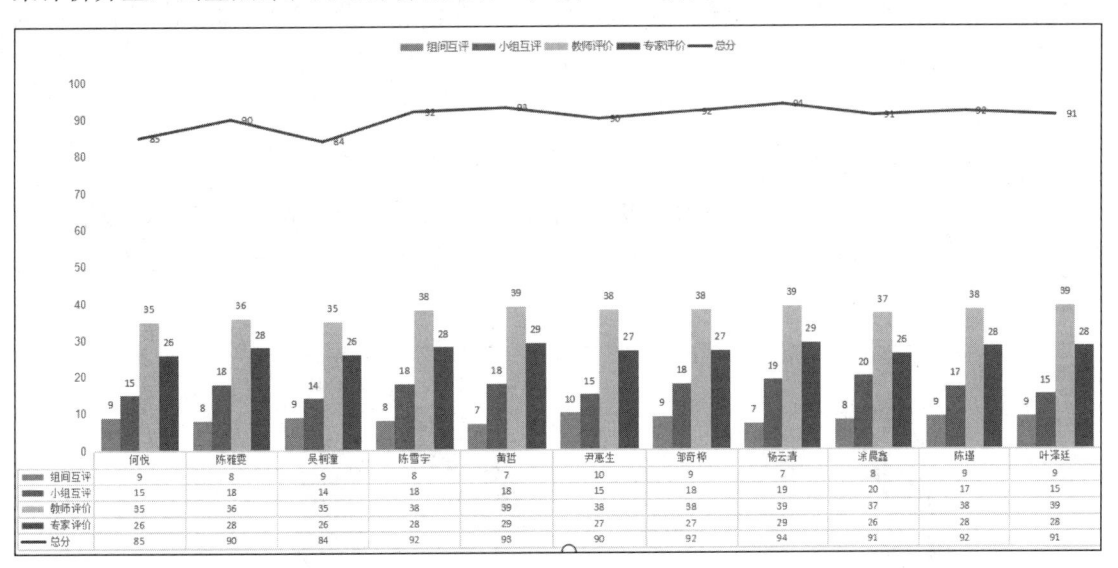

| | 何悦 | 陈雅雯 | 吴鞠童 | 陈雷宇 | 黄喆 | 尹惠生 | 邹昕梓 | 杨云清 | 洪晨鑫 | 陈瑶 | 叶泽廷 |
|---|---|---|---|---|---|---|---|---|---|---|---|
| 组间互评 | 9 | 8 | 9 | 8 | 7 | 10 | 9 | 7 | 8 | 9 | 9 |
| 小组互评 | 15 | 18 | 14 | 18 | 18 | 15 | 18 | 19 | 20 | 17 | 15 |
| 教师评价 | 35 | 36 | 35 | 38 | 39 | 38 | 38 | 39 | 37 | 38 | 39 |
| 专家评价 | 26 | 28 | 26 | 28 | 29 | 27 | 27 | 29 | 26 | 28 | 28 |
| 总分 | 85 | 90 | 84 | 92 | 93 | 90 | 92 | 94 | 91 | 92 | 91 |

图 6-2-33 全方位立体化评价数据

### 6.2.5 教学效果

#### 1. 教学目标达成度

根据单元知识测试得知，学生很好地实现了知识目标；根据项目任务 100%的完成情况和企业专家对任务成果的评价得知，学生很好地实现了技能目标和素质目标，并且教学目标也圆满达成。如图 6-2-34 和图 6-2-35 所示。

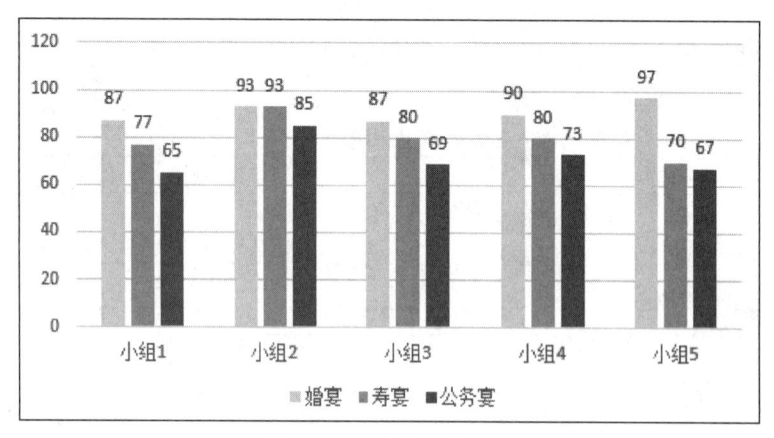

图 6-2-34　专家考核评分

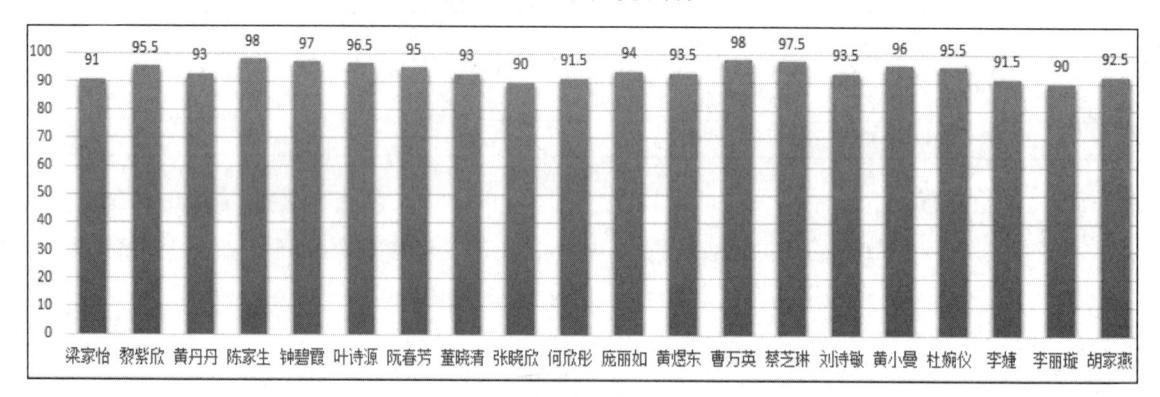

图 6-2-35　2016 级宴会设计单元知识测试成绩

## 2．实施前后成绩对比

通过 2015 级（实施前）与 2016 级（实施后）学生的单元成绩对比，2016 级学生的单元完成度与成绩均有所提高，单元考核成绩的优秀率和良好率均有提升。如图 6-2-36 所示。

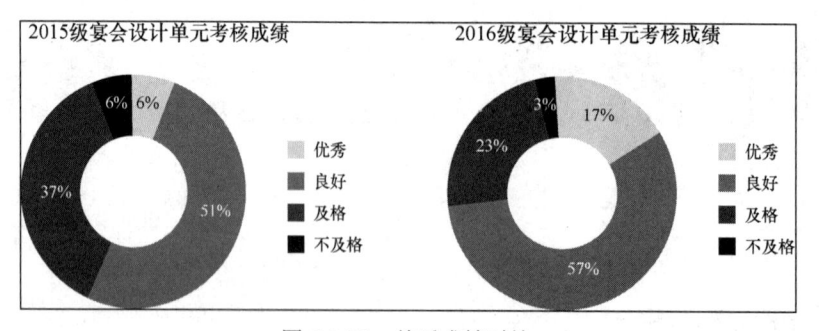

图 6-2-36　前后成绩对比

## 3．学生满意度

大部分学生对于新的教学方法感到满意，并且认为课堂更加充实，知识和技能的掌握效果更好。如图 6-2-37 所示。

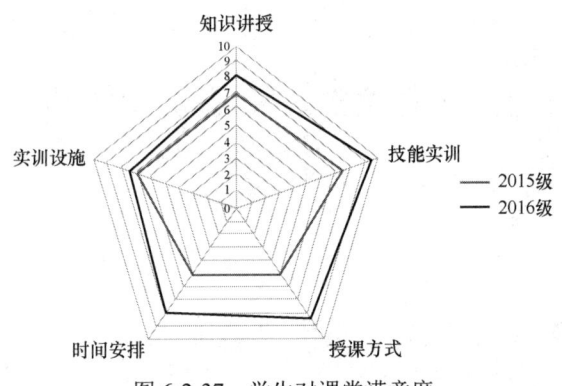

图 6-2-37 学生对课堂满意度

### 4. 客户满意度

任务成果受到了委托酒店的肯定,其反馈结果符合酒店和客户需求,其中三个成果方案被客户采纳。

## 6.2.6 特色与创新

### 1. 模拟 3D 软件及其自带素材库的应用,有效解决了教学重点

由校企合作开发的宴会设计素材库中的素材丰富,可以满足元素的自由选择和搭配,而且,根据教学和市场的需求,素材库将会持续不断地被丰富;借助 3D 模拟软件进行宴会设计,可以直观地判断元素的搭配是否合理,突出教学重点。

### 2. 全景 VR 技术的应用,有效解决了教学难点

借助 VR 设备,学生可以身临其境地观看宴会设计效果,轻松判断设计元素与宴会主题是否呼应,突破教学难点。

### 3. 宴会设计 AHP 评价系统的应用,实现了"赛教融合",凸显了"以赛促学"的理念

本单元教学将职业技能竞赛评价标准引入宴会设计 AHP 评价系统,实现了赛教融合,凸显了"以赛促学"理念。

### 4. 在教学过程中,注重立德树人,培养综合素质

在培养学生职业能力的同时,不忘立德树人。为了培养学生良好的思想道德,弘扬中华传统美德,选取了以"敬老爱老"为主题的寿宴作为实训任务之一。

### 5. 利用在线设计工具"创可贴"设计宴会菜单,契合了高职学生的学习特点

## 6.2.7 参赛教师感悟

教学能力比赛是教师快速修炼"内力"的绝佳机会,是教师成长和提高教学能力的重要途径。

## 6.3　2019年广东省省赛一等奖作品《汽车空调系统检修》——管卫华

### 6.3.1　案例展示

案例展示如图 6-3-1~图 6-3-20 所示。

图 6-3-1　题目

图 6-3-2　目录

图 6-3-3　教学设计理念

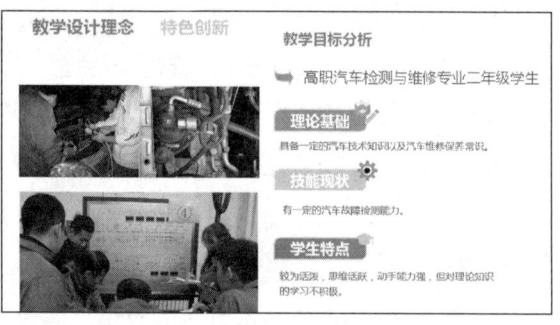

图 6-3-4　教学设计理念——教学目标分析一

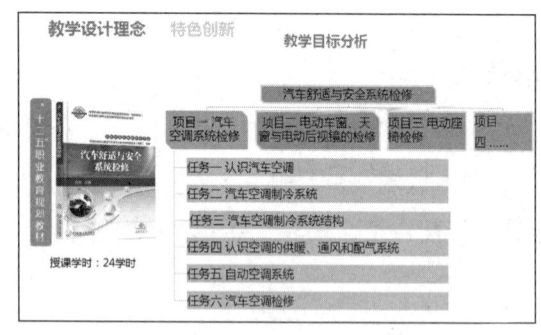

图 6-3-5　教学设计理念——教学目标分析二

图 6-3-6　教学设计理念——教学目标分析三

第 6 章　实训教学赛项案例

图 6-3-7　教学设计理念——教学策略

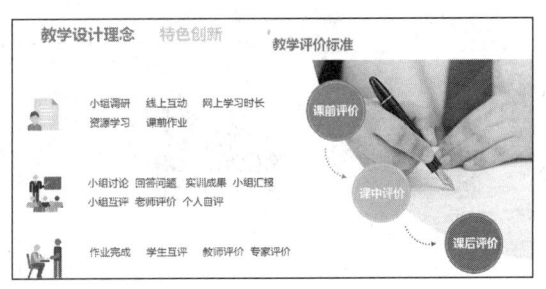

图 6-3-8　教学设计理念——教学评价标准

图 6-3-9　教学设计理念——信息化手段

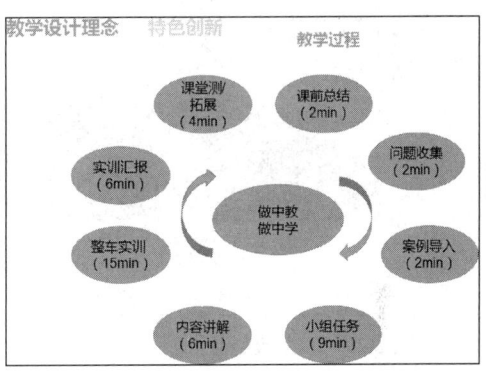

图 6-3-10　教学设计理念——教学过程一

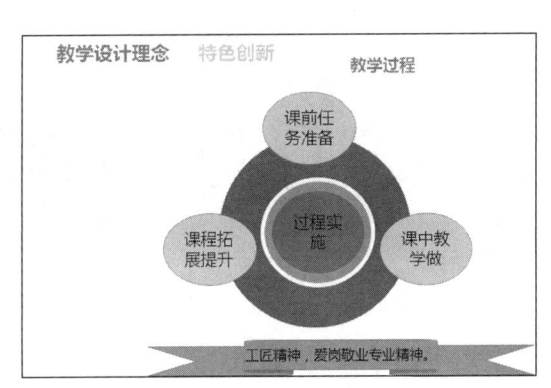

图 6-3-11　教学设计理念——教学过程二

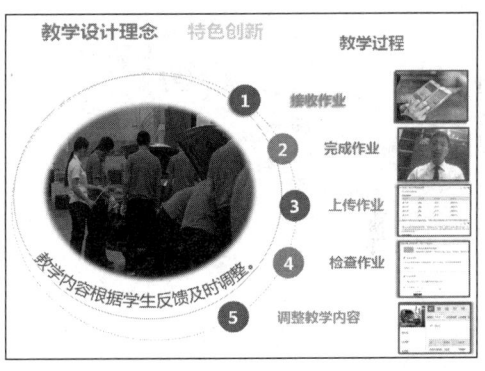

图 6-3-12　教学设计理念——教学过程三

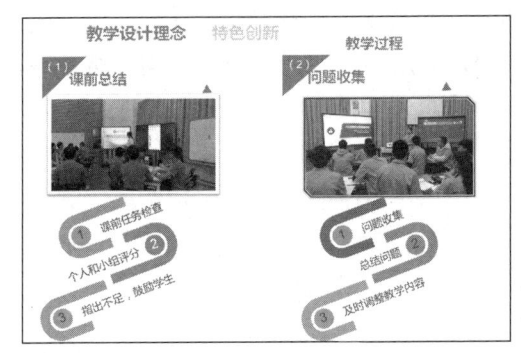

图 6-3-13　教学设计理念——教学过程四

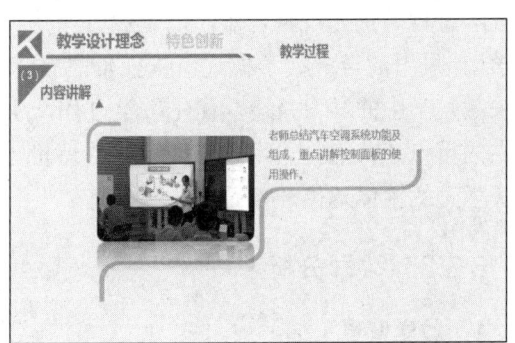

图 6-3-14　教学设计理念——教学过程五

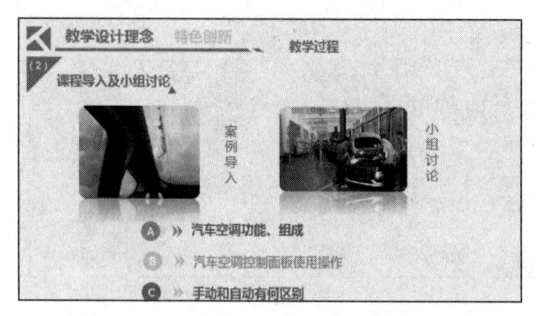

图 6-3-15　教学设计理念——教学过程六

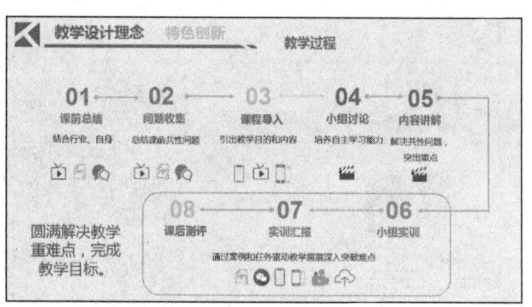

图 6-3-16　教学设计理念——教学过程七

图 6-3-17　教学设计理念——教学过程八

图 6-3-18　教学设计理念——教学过程九

图 6-3-19　特色创新一

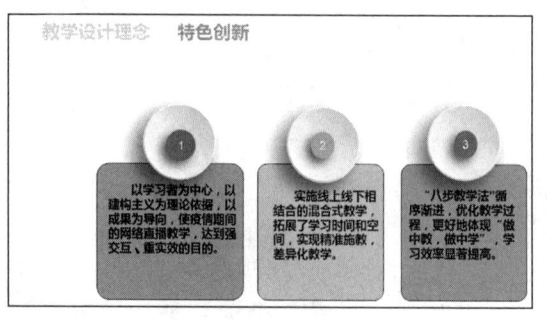

图 6-3-20　特色创新二

### 6.3.2　专家评价

该案例根据国家职业技能标准，基于"以学生为中心"的 OBE 成果导向教学理念设计了教学过程。依托校企合作，以企业就业为导向，采用案例驱动教学法，实现"做中教，做中学"。采用混合式教学模式，依托信息技术应用，利用网络和评价平台，制作微视频、动画来激发学生的学习兴趣，优化教学过程，引导学生自主学习，结合 VR 技术很好地解决教学中的重点和难点，采用过程性考核的评价方式，激发学生的积极性，鼓励团队进步，充分发挥学生的主体地位。

### 6.3.3　教学分析

#### 1. 教学背景

课程内容分析。汽车空调系统检修是"汽车舒适与安全系统结构与检修"课程的核心内容,是国家职业技能标准中的重要内容,通过掌握汽车空调制冷原理,指导汽车空调制冷系统的故障诊断和排除,从而帮助维修技师快速找出故障,提高维修工作效率,进而提高客户满意度。

课堂思政要求。实验研究,以 50km/h 的速度刹车,驾驶员的反应时间在车内温度为 35℃时比车内温度为 25℃时慢 20%,这说明空调对驾驶员的反应很重要,大大影响行驶安全性,所以要求在进行汽车空调维修时,要求学生具有爱岗敬业的专研精神和精益求精的工匠精神。

人才培养方案实施要求。当前,基于"以学生为中心"的 OBE 成果导向理念在职业教育中被广泛认同,开始应用于专业人才培养方案中,需要落实到专业课程的课堂教学活动中。

**2. 汽车维修岗位职业资格要求**

根据国家职业技能标准《汽车维修工(2019 年修订)》规定:五级/初级工要求掌握空调系统功能检测方法;冷凝器清洁方法和技术要求;空调滤清器更换方法和技术要求。中级工要求掌握空调系统组成与工作原理;电磁离合器检测技术要求;汽车空调控制电路相关知识;汽车空调控制电路图相关知识;空调压力表、冷媒加注回收机操作规程;空调取暖和通风系统组成与工作原理;鼓风机和通风装置拆装技术要求。三级/高级工要求掌握汽车空调制冷循环故障诊断方法;自动空调系统电路故障诊断方法;手动空调系统电路故障诊断方法;空调取暖和通风系统故障诊断方法;空调系统组成、工作原理及故障诊断排除方法。

**3. 学情分析**

授课对象为高职汽车检测与维修技术专业二年级学生,对他们的知识基础、技能状态及学习特点分析如下。

理论基础。学生已完成"汽车构造""发动机电控技术及检修""汽车电气设备及检修"等课程,具有一定的汽车技术专业理论知识,但对汽车空调制冷原理的学习接触少,对于空调介质的物态变化不熟悉。

技能现状。学生已完成"汽车构造""发动机电控技术及检修""汽车电气设备及检修"等课程,能熟练使用相关的汽车维修和检测工具,但没有接触过汽车空调系统所用的专用检测设备,不了解检测方法。

学生特点。这批学生是计算机、互联网、手机、QQ、微信、游戏和科幻等新技术背景下成长起来的孩子,他们较为活泼,思维活跃,动手能力较强,但理论知识的学习能力较差,学习效率低,对知识的应用不够灵活。

**4. 教学目标**

本课知识目标是掌握汽车空调功能、组成;掌握制冷剂物态变化;掌握汽车空调制冷系统基本组成和制冷原理;掌握汽车空调压缩机、膨胀阀、蒸发器、冷凝器的构造及工作原理;掌握汽车空调供暖系统和配气系统的结构及工作原理;掌握配气系统的控制过程;掌握自动空调传感器和执行器的工作过程。

本课技能目标是能够正确操作汽车空调控制面板；能够正确选择制冷剂及加注量，并能检查制冷系统性能；能够检测汽车空调制冷系统故障；能够规范拆装检测压缩机；能够更换空调滤清器；能够进行制冷剂加注/补充系统维修。

本课素质目标是培养团队互助习惯、爱岗敬业的专研精神和精益求精的工匠精神。

**5．教学重点、难点**

本课教学重点是汽车空调制冷系统基本组成和制冷原理；制冷剂的物态变化；汽车空调压缩机、膨胀阀、冷凝器、蒸发器的构造及规范拆装要点；汽车空调供暖系统和配气系统的结构及工作原理；自动空调传感器和执行器的工作过程；空调系统压力检查及系统维修。

本课教学难点是汽车空调制冷系统制冷原理和故障检修；汽车空调制冷性能检测；自动空调传感器和执行器的检测；汽车空调系统制冷剂补充、加注、检修等。

### 6.3.4　教学设计与实施

**1．教学设计**

（1）教学整体设计。汽车空调制冷原理的传统教学模式（见图6-3-21）如下：

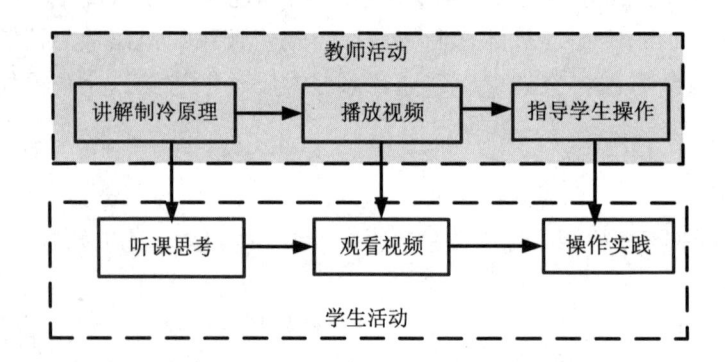

图6-3-21　汽车空调制冷原理的传统教学模式

传统的汽车空调制冷原理教学模式，教学效果存在如下问题：①教学过程枯燥，资源不丰富，学生难以明白制冷原理；②只注重汽车空调制冷原理的讲解，没有注重学生学习效果；③对于汽车服务的职场体验不深刻。

为了解决上述问题，团队成员改革本课程的教学方式，采用"以学生为中心"的教学理念，依托校企合作，以企业就业为导向，采用案例驱动教学法，实现"做中学，做中教"。采用混合式教学模式，依托信息技术应用，利用网络和评价平台，制作微视频、动画来激发学生学习兴趣，优化教学过程，引导学生自主学习，结合VR技术很好地解决了教学中的重点和难点，采用过程性考核的评价方式，激发学生的积极性，鼓励团队进步，充分发挥学生的主体地位。课程教学整体设计如图6-3-22所示。

## 课前导学

1. 推送课前任务（网络课程平台/手机APP）
2. 课程相关视频资源（视频、动画）
3. 汽车空调维修保养案例（PDF/文本）
4. 教学内容（PPT）
5. 课前互动（微信/QQ/网络平台）

工具：
微信/QQ/蓝墨云班课/APP/学习强国

目标：
1. 激发学生学习兴趣
2. 引导学生自主学习
3. 启发学生发现问题
4. 及时调整教学内容

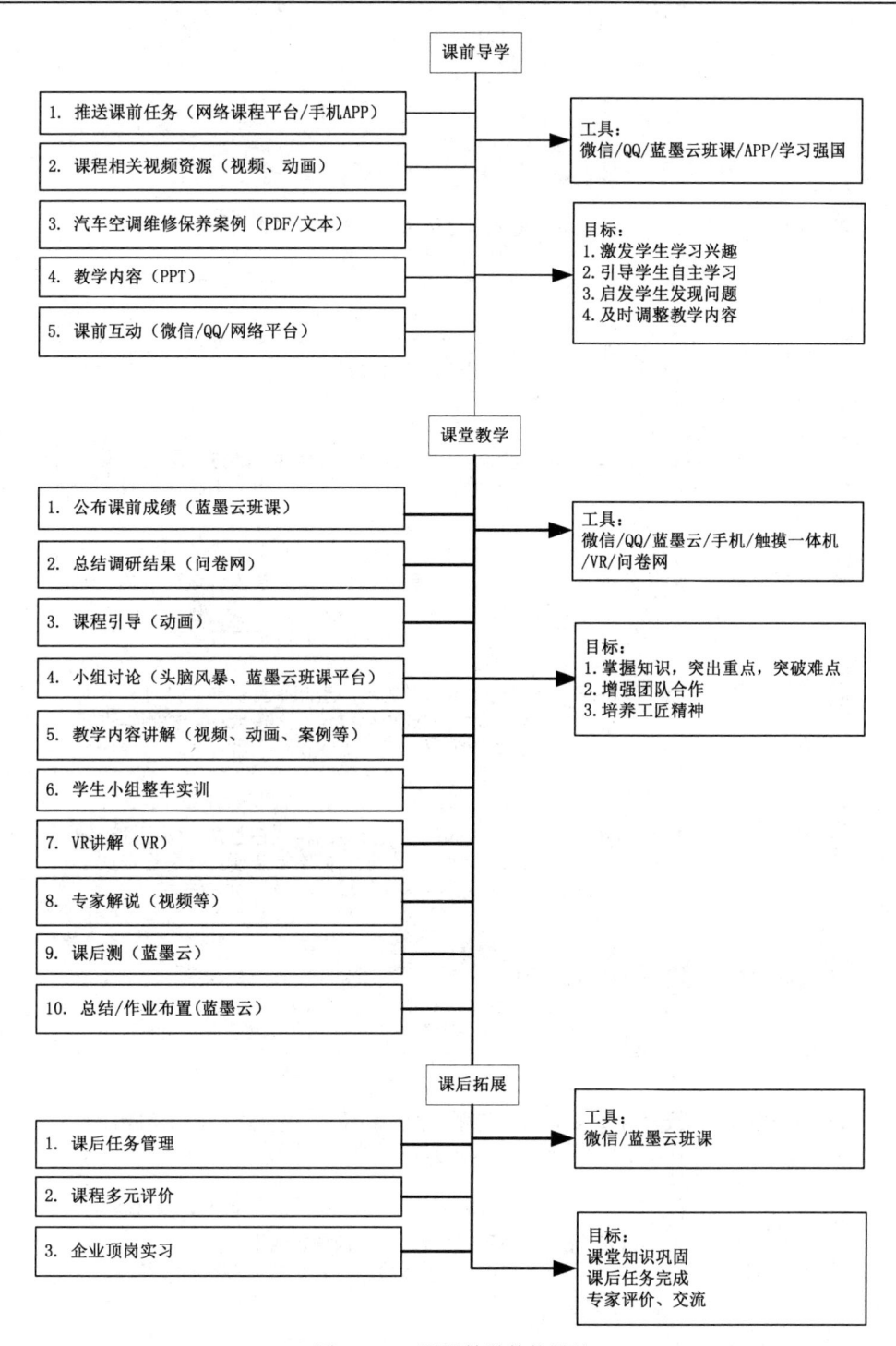

## 课堂教学

1. 公布课前成绩（蓝墨云班课）
2. 总结调研结果（问卷网）
3. 课程引导（动画）
4. 小组讨论（头脑风暴、蓝墨云班课平台）
5. 教学内容讲解（视频、动画、案例等）
6. 学生小组整车实训
7. VR讲解（VR）
8. 专家解说（视频等）
9. 课后测（蓝墨云）
10. 总结/作业布置（蓝墨云）

工具：
微信/QQ/蓝墨云/手机/触摸一体机/VR/问卷网

目标：
1. 掌握知识，突出重点，突破难点
2. 增强团队合作
3. 培养工匠精神

## 课后拓展

1. 课后任务管理
2. 课程多元评价
3. 企业顶岗实习

工具：
微信/蓝墨云班课

目标：
课堂知识巩固
课后任务完成
专家评价、交流

图 6-3-22 课程教学整体设计

（2）课程时间分布。课程时间分布如图 6-3-23 所示。

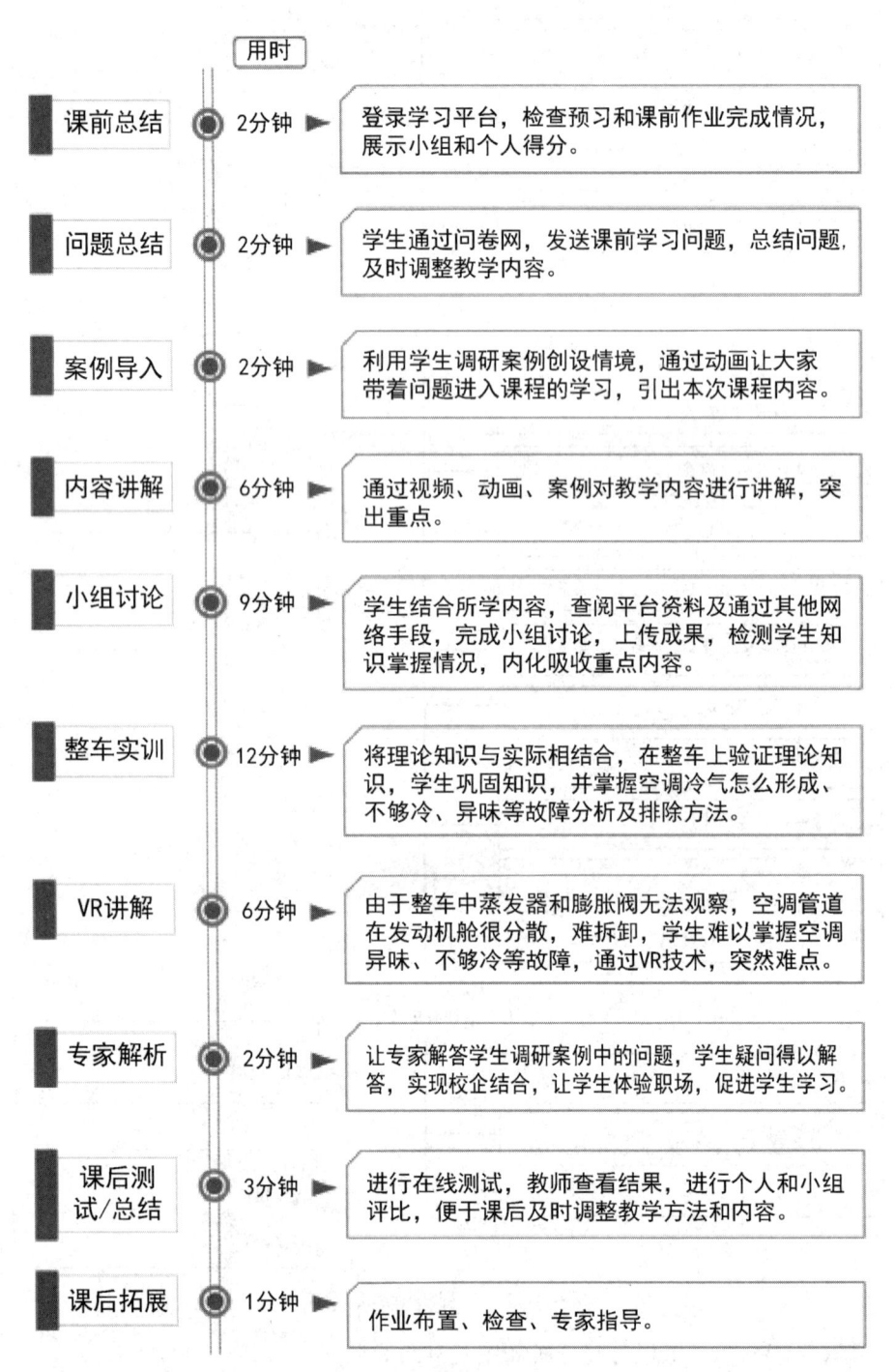

| 环节 | 用时 | 说明 |
|---|---|---|
| 课前总结 | 2分钟 | 登录学习平台，检查预习和课前作业完成情况，展示小组和个人得分。 |
| 问题总结 | 2分钟 | 学生通过问卷网，发送课前学习问题，总结问题，及时调整教学内容。 |
| 案例导入 | 2分钟 | 利用学生调研案例创设情境，通过动画让大家带着问题进入课程的学习，引出本次课程内容。 |
| 内容讲解 | 6分钟 | 通过视频、动画、案例对教学内容进行讲解，突出重点。 |
| 小组讨论 | 9分钟 | 学生结合所学内容，查阅平台资料及通过其他网络手段，完成小组讨论，上传成果，检测学生知识掌握情况，内化吸收重点内容。 |
| 整车实训 | 12分钟 | 将理论知识与实际相结合，在整车上验证理论知识，学生巩固知识，并掌握空调冷气怎么形成、不够冷、异味等故障分析及排除方法。 |
| VR讲解 | 6分钟 | 由于整车中蒸发器和膨胀阀无法观察，空调管道在发动机舱很分散，难拆卸，学生难以掌握空调异味、不够冷等故障，通过VR技术，突然难点。 |
| 专家解析 | 2分钟 | 让专家解答学生调研案例中的问题，学生疑问得以解答，实现校企结合，让学生体验职场，促进学生学习。 |
| 课后测试/总结 | 3分钟 | 进行在线测试，教师查看结果，进行个人和小组评比，便于课后及时调整教学方法和内容。 |
| 课后拓展 | 1分钟 | 作业布置、检查、专家指导。 |

图 6-3-23　课程时间分布

### （3）课前教学设计

| | |
|---|---|
| 学习目标 | 了解企业汽车维修有关汽车空调的维修情况。<br>收集有关汽车空调维修和保养的案例。<br>提高团队沟通协作能力。 |
| 学习时长 | 网上学习，课程调研不限时间；与老师通过微信、QQ、课程平台等进行聊天互动，反馈课前预习问题。 |
| 学习平台 | 蓝墨云班课（微课、汽车技术视频、课前任务）；微信、QQ（与老师交流互动） |
| 学习过程 | 登录学习空间，查看教学内容 PPT；汽车空调及其他视频资源的学习。完成课前任务并上传（以小组为单位）；上次课内容的巩固、跟这节课相关的企业调研小视频或音频或案例的制作。 |
| 学习评测 | 教师上网检查作业、评价，小组互评。学习平台根据学习完成时长、小组作业等按设定比例自动生成学习成绩。根据学习情况，及时调整教学方法和教学内容。 |
| 说明 | 老师根据学生调研素材进行教学设计，将案例作为课堂引导案例。 |

### （4）课中教学设计

| | |
|---|---|
| 学习时长 | 1 学时 |
| 教学环境 | 理实一体实训室、触摸屏教学一体机 2 台，实训车 5 台 |
| 课前检查 | 在线学习情况总结（学习空间），公布各小组、个人得分。 |
| 问题总结 | 根据学生课前学习，总结有关汽车空调制冷系统相关的问题（问卷网），老师对问题进行归纳总结，及时调整教学内容。 |
| 单元导入 | 通过动画引入案例，让大家带着问题进入课程学习。（动画） |
| 教学目标 | 掌握汽车空调制冷系统组成及制冷原理<br>能够进行汽车空调制冷系统故障检修<br>提高团队合作意识，培养爱岗敬业的专研精神及精益求精的工匠精神 |
| 小组讨论 | 小组讨论汽车空调制冷系统的各部件中制冷剂的压力变化和状态情况，检查学生知识储备情况。（互联网、蓝墨云班课） |
| 内容讲解 | 根据小组讨论与交流互动情况，主要讲解汽车空调制冷系统中制冷剂的状态和压力变化情况，阐述变化原因，各部件正常工作时的状态。（动画） |
| 整车实训 | 区别不同汽车空调制冷系统；在整车上找出相应部件，启动空调，通过制冷原理判断各条管道的温度是否正常，并讨论其中制冷剂的状态和压力以及故障原因，并发现问题。（手机直播、蓝墨云班课） |
| VR 讲解 | 针对学生在整车中不能观察蒸发器和膨胀阀，也不易拆装，制冷剂的状态变化不能可视化的情况，利用 VR 让学生将整车与理论知识结合起来，突破难点。（VR） |
| 专家点评 | 根据课前引导案例，专家对案例中汽车空调不够冷的故障进行分析及排除，实现校企结合。（视频） |
| 课后测 | 通过蓝墨云班课进行课后测，查看学生知识掌握情况，便于布置作业，使学生能进行课后知识完善。（蓝墨云班课） |
| 课程总结 | 进行课中评价，选出个人冠军和小组冠军。 |
| 课后任务 | 蓝墨云班课平台或手机 App 查看。（课程平台） |

## 2．教学实施过程

### （1）课前导学

| 内容 | 师生互动 | 技术手段和目的 | 教学随记 |
|---|---|---|---|
| 1.巩固上节课知识，完成相关作业。<br>2.查看课堂 PPT，预习新课。<br>3. 对汽车维修店、师兄师姐等进行调研，录制小视频，并上传到蓝墨云班课。<br>4.课前测 | 课前教师在蓝墨云班课推送课前作业、视频、案例、PPT 文件，学生登录平台查阅学习，完成相应的作业。教师对学生任务完成情况进行检查、及时汇报，并在线答疑，同时进行小组互评。 | 利用蓝墨云班课和微信推送汽车空调相关资料，促进线上课前自主学习，通过 QQ、微信进行答疑，学习方便快捷，学习反馈及时。 | 通过复习，巩固知识，查看资料课前思考，预习课堂 PPT，完成小组任务。老师根据调研案例进行教学设计，提升课前学习效果，为课堂任务实施完成铺垫。 |

(续表)

| 内容 | 师生互动 | 技术手段和目的 | 教学随记 |
|---|---|---|---|
| 信息技术应用 | | | |

1. 蓝墨云班课
学生登入蓝墨云班课，复习相关知识、观看课程资源后，完成任务并将作业上传至学习平台，教师检查，评价，小组互评。
2. 微视频、音频
通过视频、音频的生动呈现，引导学生思考，让学生提前进入课程学习。
3. QQ、微信等交流工具
学生通过常用沟通工具，随时随地进行调研，方便快捷迅速。

### （2）作业检查及课堂教学导入

| 内容 | 师生互动 | 技术手段和目的 | 教学随记 |
|---|---|---|---|
| 1.展示课前任务完成情况，公布小组和个人得分。<br>2. 有关本堂课内容问题的总结。<br>3.通过动画案例导入课堂教学内容。 | 学生明确得分，找出差距；学生反馈问题，老师关注问题，及时调整教学内容，在课堂上解决问题。 | 蓝墨云班课实时掌握学生预习及任务完成情况；通过案例视频、动画的引入激发学生对课程的兴趣；通过问卷网的发送，学生可以实时反馈问题。 | 以调研视频案例导入新课内容，让学习内容与企业工作直接关联，增加学生学习兴趣。此外要求根据学生课前与教师互动情况，及时调整教学内容。问卷网时效性很强。 |
| 信息技术应用 | | | |

1.动画。利用动画导入汽车空调不够冷的案例，让学生带着问题学习，激发学生的学习兴趣。
2.问卷网。方便学生发送问题，老师及时了解，具有很强的时效性。

### （3）任务实施

| 内容 | 师生互动 | 技术手段和目的 | 教学随记 |
|---|---|---|---|
| 讲解教学内容：汽车空调制冷剂在系统中压力和状态的变化，如何进行热交换，使车内温度降低。 | 通过动画案例，促使学生思考，老师引导和评价。 | 动画导入情景教学，激发学生解决问题的动力。 | 通过学生调研案例的引导，运用动画有助于学生对汽车空调系统的工作过程的理解。 |
| 信息技术应用 | | | |

运用汽车空调制冷系统工作动画讲解制冷原理，变静态为动态，使授课内容形象生动，有助于学生对知识的理解和掌握。

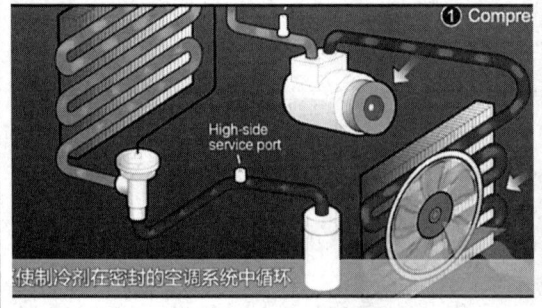

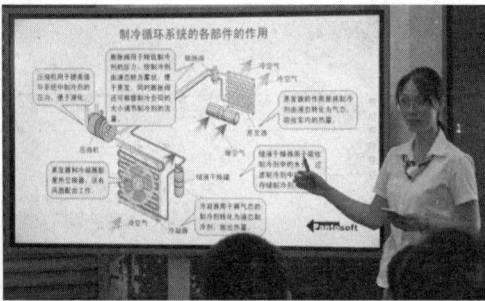

制冷原理讲解

第 6 章　实训教学赛项案例

（续表）

| 内容 | 师生互动 | 技术手段和目的 | 教学随记 |
| --- | --- | --- | --- |
| 1. 整车实训将理论与实训有机结合起来。<br>2. 上传实训成果、小组互评。 | 学生讨论汇报，教师指导点评；学生发现问题，老师及时调整教学内容。 | 通过在线上传各整车汽车空调部件位置，让大家在同一时间了解不同车型的汽车空调，便于教师监控学生实训过程；同时展示小组互评情况。 | 在线上传实训过程，方便快捷；手机投屏使学生方便讨论展示。 |
| 信息技术应用 | | | |

1. 手机直播

　　随机展示各小组实训情况，便于问题和结果展示，学习积极性好，互动性强。

2. 蓝墨云班课

　　将实训过程和结果上传班课，方便老师掌握学生实训情况，便于自评和互评。

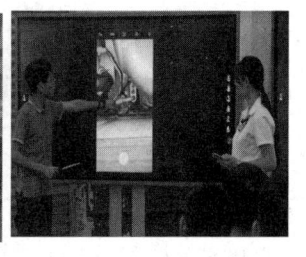

教师指导　　　　　　　　学生实训　　　　　　　　手机直播

| 内容 | 师生互动 | 技术手段和目的 | 教学随记 |
| --- | --- | --- | --- |
| 通过 VR 技术，很好地展示了整车中不能看到，也不易拆卸的部件，且学生容易掌握制冷剂的流动及变化等工作原理知识，以及空调不够冷及有异味等故障的分析及排除。 | 学生进行 VR 操作，360°进行汽车空调制冷系统部件无障碍查看，老师辅导。 | VR 技术在真实整车中展示空调制冷系统各部件的位置及工作情况，使理论与实际完全结合，学生不易掌握的知识得以化解。 | 对于汽车中不易拆卸或工作无法看到的配件，及其他不易理解的知识的问题，用 VR 技术很容易解决。 |
| 信息技术应用 | | | |

VR 技术

VR 技术全面展示了汽车空调各工作部件，以及工作状态，这对于课程实训中不易拆卸或工作无法看到的配件，及其他不易理解的知识的问题很容易解决。

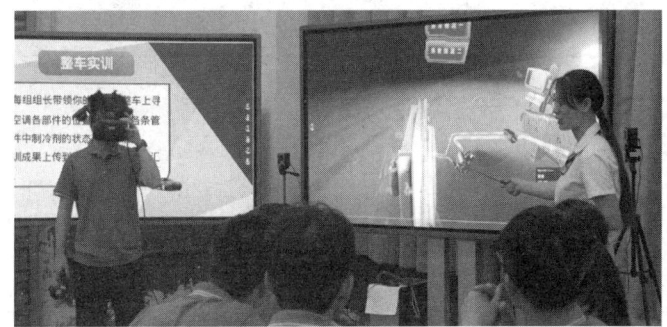

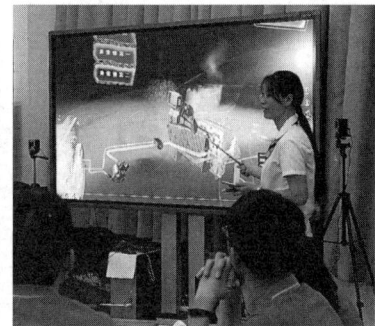

VR 演示

(续表)

| 内容 | 师生互动 | 技术手段和目的 | 教学随记 |
|---|---|---|---|
| 根据课前引导案例,请校外专家解析评论。 | 学生与老师根据实训故障进行讨论。 | 视频生动方便。 | 通过企业专家对案例的解析,解决学生调研疑虑,实现校企结合。 |

| 信息技术应用 |
|---|
| 视频<br>视频方便快捷、生动形象,避免专家因工作原因不能及时连线和回复。<br><br>专家解说 |

**(4) 任务总结和评价**

| 内容 | 师生互动 | 技术手段和目的 | 教学随记 |
|---|---|---|---|
| 1. 检查课堂学习效果,课后测;<br>2. 进行课中评价,评选出最优学员及最优组。 | 学生自测,教师总结,展示课中得分情况。 | 利用蓝墨云班课,调查学生对知识的掌握情况,实时掌握学生学习效果。 | 总结评价学生掌握技能情况,针对学生存在的薄弱环节加强训练。 |

| 信息技术应用 |
|---|
| 蓝墨云班课<br>课后测,课中评价。<br><br>课后测　　　　　　　　　课中评价 |

**(5) 课后拓展**

| 内容 | 师生互动 | 技术手段和目的 | 教学随记 |
|---|---|---|---|
| 完成网络平台任务,进行学生互评和企业专业评价,以及教师评价。 | 教师推送课后任务,对学生技能掌握情况给予评价,学生完成作业,教师检查指导。 | 通过蓝墨云上传学生作业,老师、专家通过平台观看作业并进行点评。 | 使用微信和QQ平台与同学进行交流,利用蓝墨云班课专家课外指导,使学生灵活应用技巧和方法。 |

| 信息技术应用 |
|---|
| 蓝墨云班课<br>　　学生在班课平台上完成课后任务;专家进行评价;学生训练与企业要求相结合;组织学生前往相关汽车维修店进行顶岗实习,结合课堂实训和企业实际,提高学生的汽车空调维修保养能力。 |

## 6.3.5 教学效果

学生的测试结果和调查问卷显示，与传统教学相比，通过该教学过程的实施，有以下教学效果。

手机变成了主要的学习工具。在每个学时的教学环节中，大部分时间都会用到手机，课前：任务的完成（手机上传作业）、与教师的互动（作为课前评分的依据之一）；课中环节：课前总结（手机考勤、查看成绩排名）、问题总结（手机扫码）、案例导入（手机笔记）、小组讨论（手机直播或上传讨论结果）、内容讲解（手机思维导图）、小组实训（手机摇一摇、手机直播）、小组汇报（手机抢答、随机抽取、手机直播）、课后测（手机扫码）等；课后：课后任务（手机查看及完成）。手机的使用在课堂上已经成为一种习惯，改变了学生上课玩游戏、追剧、听歌等行为。

学生积极主动性提高。在教学设计中，将小组讨论设计在教师讲解内容前，目的是让学生根据平台资源库及互联网进行小组讨论，对所给案例进行分析说明，教师主要起到答疑解惑的作用，学生的学习不再是被动接受。

学生对知识掌握情况明显提高。根据学生的测试结果和调查问卷显示，2017 级与 2016 级学生相比，学生学习的兴趣增长 25%，操作技能增长 20%，课堂满意度提升 18%。学生知识掌握情况比 2016 级学生明显提高

## 6.3.6 特色与创新

（1）以学生为中心，以建构主义为理论依据，以成果为导向，实施反向课程设计，转变传统课堂教学。

（2）实施线上线下相结合的混合式学习，利用人工智能技术实现了情境再现及个性化教学、精准化教学。解决了情境"难观察"，工作"看不见"等难题。

## 6.3.7 参赛教师感悟

每个任务都是通过微课、案例创设情境的，与企业实际相结合，激发学生兴趣。在教学过程中，充分发挥网络学习空间优势，将任务学习所需的学习资源、工具、平台和多元评价整合起来，并恰如其分地应用。

课前学生通过手机随时随地完成课前任务，预习新课内容，及时与教师沟通、交流，在教师实时把握学生对知识的掌握情况，及时调整教学内容，课上只需讲解学生没有掌握或没有理解的内容，针对个别问题单独辅导，通过课后测试了解学生对知识的掌握情况，布置不同课后任务，教学更有针对性，实现差异化教学。

课中，教师公布个人和小组课前成绩，既展开小组比拼，又鼓励个人学习，使学生之间养成互帮互助、团队协作的习惯，也充分发挥个人特长。在小组讨论环节中，充分运用网络资源，调动学生积极性，讨论教师给出的课程引导案例。各小组汇报后，教师及时调整教学内容，满足不同班级学生的需求。教师完成讲解后，学生继续进行小组实训，通过手机直播的方式，便于教师监督和小组间相互学习，可以避免学生不动手或玩游戏的可能，让全体学生动起来。完成实训后，根据时间和内容的实际情况，随机抽取小组进行汇报，并进行课后

测和课堂评分。

　　课后，教师根据学生课上学习情况进行区别化的任务布置，满足不同水平学生的学习要求，同时根据课程需要，邀请企业专家进行线上点评。

　　课程将线下面授课与线上自学有效结合起来，合理利用信息技术有效解决教学重点、难点，有效拓展学生的学习空间，满足不同学生个性化和差异化的学习需求，提高教学效率。

# 第 7 章  2020 年教学能力比赛案例

## 7.1  2020 年广东省省赛公共基础组一等奖作品《撸袖加油,逆境出彩——新时代大学生创业指南》——许统德、王林、丁文峰、赵艾菁

### 7.1.1  案例展示

案例展示如图 7-1-1～图 7-1-10 所示。

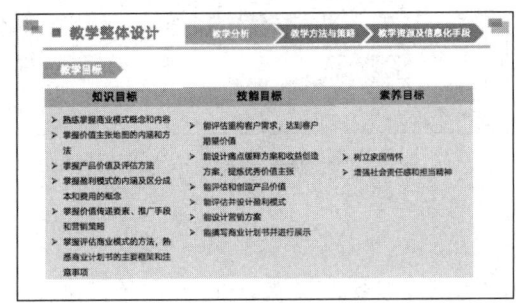

图 7-1-1  教学目标

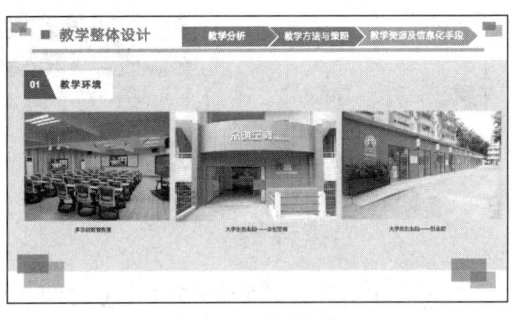

图 7-1-2  教学环境

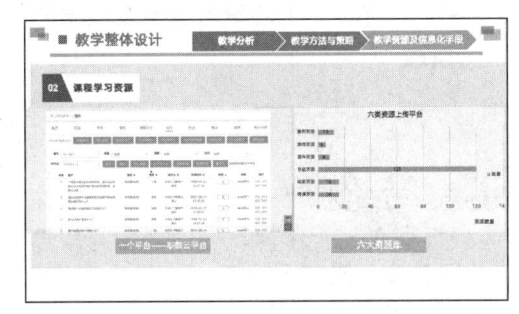

图 7-1-3  课程学习资源

图 7-1-4  信息化手段

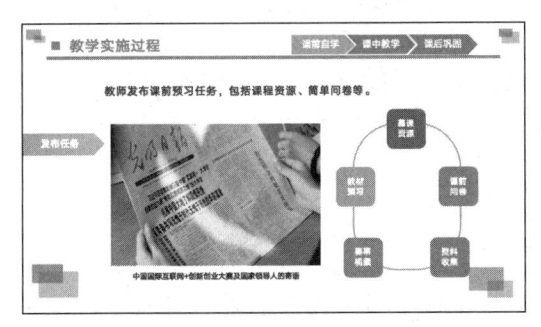

图 7-1-5  课前自学——发布任务

图 7-1-6  课中教学——导入课堂

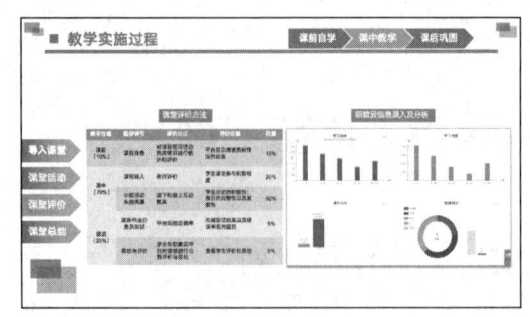

图 7-1-7　课中教学——课堂评价 　　　　　图 7-1-8　课中教学——课堂总结

图 7-1-9　课后巩固——课后作业任务 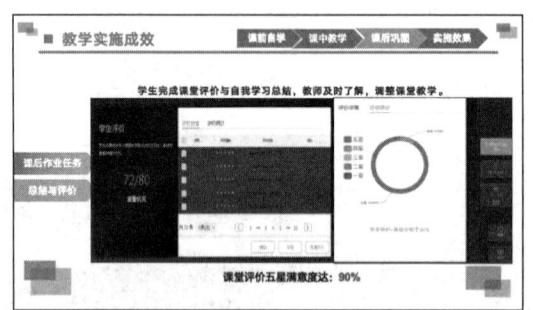　　　图 7-1-10　课后巩固——总结与评价

### 7.1.2　专家评价

"创业实务"课程紧抓国家政策方向,做到"以赛促教,以赛促创",在教学过程中,能让学生跟着教师一步步去操作完成,体现了高职教育"做中学"的理念,课程采用 VR 虚拟现实技术、创业网游戏等,帮助学生突破重点、难点,提升学生的学习效率及课堂的效果。

### 7.1.3　教学分析

**1. 教学背景**

随着 2014 年夏季达沃斯论坛提出"大众创新,万众创新"的口号,在此大背景下,创业教育成为聚焦的热点。目前,高校创新创业教育存在创新精神、创业能力与培养目标现象,将创新教育与创业教育割裂开来。面对现状,我校紧跟国家政策,对在校大学生开展创业教育,激发学生创业动力正是在这股浪潮下的必要之举。同时,国家重视"互联网+"创新创业大赛的开展,鼓励培育创新创业生力军,旨在激发学生的创造力,激励广大青年扎根中国大地了解国情民情,锤炼意志品质,开拓国际视野,在创新创业中增长智慧才干,把激昂的青春梦融入伟大的中国梦,努力成长为德才兼备的有为人才。"以赛促教",把大赛作为深化创新创业教育改革的重要抓手,切实提高学生的创新精神。

本次信息化教学设计的课程是"创业实务",共计 6 个单元,12 个学时,授课地点为多功能智慧教室、大学生创业园——众创空间、创业街。

**2. 学情分析**

本课程面向大二第二学期的学生,这些学生在学过"创新思维"课程基础上,具有较好的专业基础知识,有一定的创新思维和实践能力,但对创业认知存在偏差,认为开个小店或者摆地摊等就是创业,较少关注国家政策导向和重点扶持产业,缺乏将创意进行市场化的创业实务知识和技能，喜欢在真实工作场景中边做边学，不善于合作。如图 7-1-11 所示。

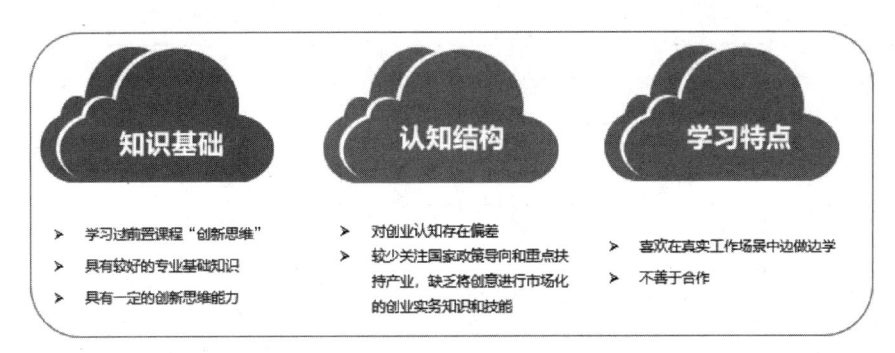

图 7-1-11 学情分析

### 3．教学目标与重点、难点

结合学情分析和教学内容分析，依据课程标准要求，确定了知识目标、技能目标、素养目标及教学重点与难点。如表 7-1-1 所示。

表 7-1-1 教学目标与重点、难点

| | | |
|---|---|---|
| 教学目标 | 知识目标 | • 熟练掌握商业模式概念和内容<br>• 掌握价值主张地图的内涵和方法<br>• 掌握产品价值及评估方法<br>• 掌握盈利模式的内涵及区分成本和费用的概念<br>• 掌握价值传递要素、推广手段和营销策略<br>• 掌握评估商业模式的方法，熟悉商业计划书的主要框架和注意事项 |
| | 技能目标 | • 能评估重构客户需求，达到客户期望价值<br>• 能设计痛点缓释方案和收益创造方案，提炼优秀价值主张<br>• 能评估和创造产品价值<br>• 能评估并设计盈利模式<br>• 能设计营销方案<br>• 能撰写商业计划书并进行展示 |
| | 素养目标 | • 树立家国情怀<br>• 增强社会责任感和担当精神 |
| 教学重点 | | 商业计划书的撰写和可视化表达 |
| 教学难点 | | 对商业迭代力画布的理解和应用 |

## 7.1.4 教学设计与实施

### 1．教学单元设计

按照教学计划，教学内容按照创业六步曲，循序渐进，分为发现商机、设计产品、创造产品价值、获取产品价值、创意营销方案、撰写商业计划书共六个单元，共计 12 学时，整体设计如下。

| 序号 | 教学单元 | 学时 | 教学任务 | 学时 |
|---|---|---|---|---|
| 1 | 单元一 发现商机：学会成为用户肚子里的"蛔虫" | 2 | 任务1：认识商业模式 | 1 |
| | | | 任务2：分析与评估客户需求 | 1 |
| 2 | 单元二 设计产品：设计与众不同的价值主张 | 2 | 任务1：应用价值主张地图 | 1 |
| | | | 任务2：提炼优秀价值主张 | 1 |
| 3 | 单元三 创造产品价值：实现独特的价值主张 | 2 | 任务1：创造产品价值 | 1 |
| | | | 任务2：评估产品价值 | 1 |
| 4 | 单元四 获取产品价值：盈利模式设计 | 2 | 任务1：了解产品价值获取 | 1 |
| | | | 任务2：了解和分析成本、收入和利润 | |
| | | | 任务3：评估并设计盈利模式 | 1 |
| 5 | 单元五 创意营销方案：传递价值，让产品会"说话" | 2 | 任务1：熟知价值传递的三项内容 | 1 |
| | | | 任务2：掌握市场推广的要点 | |
| | | | 任务3：营销推广 | 1 |
| 6 | 单元六 撰写商业计划书：评估模式，总结项目 | 2 | 任务1：评估商业模式的方法 | 1 |
| | | | 任务2：撰写商业计划书 | 1 |

### 2. 教学过程实施

单元一。发现商机：学会成为用户肚子里的"蛔虫"（教案1：第1~2学时）

| 二、教学实施 | | | |
|---|---|---|---|
| 阶段1：课前准备环节 | | | |
| 教学内容 | 教师活动 | 学生活动 | 调用资源 |
| 课前预习任务发布 | 教师上传课前预习任务到"职教云平台"，包括预习章节教材及课件，明确本单元学习目标、重点、难点与案例资源累积。 | 学生登录平台，完成课前预习任务，预习本章节知识点。 | 职教云平台 |
| 学习课外材料 | 教师通过"职教云平台"，上传相关课外案例资源、微课等，增加学生知识累积。 | 学生利用教师提供的资源，进行课程的拓展学习，拓展思路。 | 1. 职教云平台<br>2. 慕课资源：<br>（1）收益创造价值（视频4分10秒~7分40秒）。<br>（2）商业模式画布。 |
| 阶段2：课堂教学环节 | | | |
| 教学内容 | 教师活动 | 学生活动 | 调用资源 |
| 第一节 | | | |
| "进"课堂（1min） | 打开今日课堂，开启课堂，准备签到。 | 进入课堂，完成课前签到。 | 职教云平台 |
| "看"案例（4min） | 案例导入：将"商拉拉"案例引入课堂，激发学生学习的兴趣，引发学生对商业经营活动的思考。 | 听取案例，了解"商拉拉"案例的内容。 | 职教云平台 |
| "解"亮点（7min） | 1. 结合PPT，讲述和分析商业经营活动的过程，了解每一步的因果关系。<br>2. 介绍创意形成的两个模型的一句话价值主张：（1）技术类产品创意；（2）服务类产品创意。 | 认真听取老师的课堂教学，与教师进行交流、提问、回答提出的问题。 | 智慧课堂：PPT |

(续表)

| 阶段2：课堂教学环节 | | | |
|---|---|---|---|
| 教学内容 | 教师活动 | 学生活动 | 调用资源 |
| 第一节 | | | |
| "思"案例<br>（7min） | 布置小组讨论任务：通过一个创意的展示，学生进行模仿学习，利用创意形成模型，形成小组创意，并构建一个商业创造活动。 | 学生按分好的小组，进行创意形成及讨论，并在讨论区，形成书面讨论结果。 | 职教云平台：今日课堂讨论 |
| "展"风采<br>（5min） | 教师抽取两个小组的学生，分别阐述团队讨论结果，并对各小组进行点评。 | 被抽取的小组派代表发言，阐述小组创意及商业创造活动。 | 智慧教室：学生展示 |
| "解"要点<br>（10min） | 教师使用PPT，讲述商业模式，并利用"商拉拉"案例，分析商业模式画布。 | 学生通过PPT及老师的理论讲述，认真聆听教学，学习理论知识。 | 智慧教室：PPT课堂教学 |
| "练"技能<br>（6min） | 发布案例分析作业：以小组的形式收集资料，并进行讨论分析：喜茶成功的原因是什么？利用商业模式画布，分析喜茶的商业模式是什么？ | 学生按分好的小组，进行案例分析讨论，并在讨论区，形成书面讨论结果。<br>利用"职教云平台"进行讨论，与教师、学生进行交流，集思广益，拓宽知识。 | 职教云平台：今日课堂讨论 |
| 第二节 | | | |
| "进"课堂<br>（1min） | 打开"今日课堂"，开启课堂，进入第二部分。 | 进入课堂，完成课前签到。 | 职教云平台 |
| "展"风采<br>（7min） | 教师抽取两个小组的学生，分别阐述小组案例分析结果，并对各小组进行点评。 | 被抽取的小组派代表发言，阐述对喜茶商业模式的描述。 | 智慧教室：学生展示<br>智慧教室：教师点评 |
| "解"要点<br>（10min） | 1. 结合PPT，讲述和分析客户需求，了解客户需求、工作场景、客户痛点及客户收益期望。<br>2. 介绍如何分析与评估客户需求：（1）评估指标；（2）重构客户需求。 | 认真听取教师讲解，回答教师提出的问题，对不懂的内容进行提问。 | 智慧课堂：PPT |
| "练"技能<br>（8min） | 布置小组讨论任务：根据本小组提出的初步创意项目，分析客户需求。 | 学生按分好的小组，进行创意形成及讨论，并在讨论区形成书面讨论结果。 | 职教云平台：今日课堂讨论 |
| "展"技能<br>（8min） | 教师抽取两个小组的学生，分别阐述团队讨论结果，并对各小组进行点评。 | 被抽取的小组派代表发言，阐述小组创意及商业创造活动。 | 智慧教室：学生展示 |
| "理"结论<br>（6min） | 1. 教师对单元知识点进行总结。<br>2. 布置课后任务：（1）课后作业；（2）课堂总结。 | 学生认真听讲，强化知识并完成课后任务。 | 智慧课堂：教师总结 |

(续表)

| 阶段3：课后拓展环节 | | | |
|---|---|---|---|
| 教学内容 | 教师活动 | 学生活动 | 调用资源 |
| "固"知识 | 1．利用"职教云平台"向学生发布单元作业：以小组的形式，利用迭代力商业模式画布评估自己的创意项目，分析和重构客户需求，并完成相应任务。<br>2．教师要求学生完成课后的总结，包括对课堂的总结及自身的总结，及时了解课堂情况和学生意见并进行灵活调整。<br>3．教师通过"职教云平台"，设置课前测试，了解学生单元一学习内容的情况，同时上传解析。 | 1．完成教师在平台布置的小组单元作业，并形成书面讨论结果，上传到"职教云平台"。<br>2．学生通过今日课堂——课后活动板块，完成课后的课堂总结和个人总结。<br>3．学生在规定时间内完成课后测试，检测课堂学习效果。 | 职教云平台 |

## 三、教学评价

教师布置课后任务，进行学生评价和总结，设计如下：

| 教学过程 | 教学环节 | 评价方式 | 评价的主要内容 | 权重 |
|---|---|---|---|---|
| 课后 | 学生评价 | 学生在课后对本次课堂教学匿名评价及评分。 | 查看学生对于课堂的评价，优化课堂设置。 | 40% |
| | 学生总结 | 学生在课后对于本次课堂学习进行自我总结及评分。 | 查看学生自我总结的内容。 | 60% |

1．学生评价

（1）课堂涉及内容较多，涉及概念及知识量较大，课堂进度太快，需要更长时间的消化。

（2）学生更容易接受互动型课堂的设置，提升学生参与感。

2．学生总结

大部分学生对本节课学习内容满意，并且能掌握重点、难点。

## 四、教学效果

1．扎实理论知识框架

通过"商拉拉"案例的导入，课程中理论大框架概念的学习，巩固学生对于创业基本概念的认识，帮助学生形成初步创意项目概念。

2．头脑风暴，拓宽思维

课程设置多个互动的学生活动，包括提问、头脑风暴、小组讨论等，能够引发学生思考，实现学生主导课堂的可能性，提升学生的参与度、拓宽学生思维。

## 五、教学特色

1．课程思政融合，树立正确创业观念

在课程中，融入创业成功的案例，让学生学习到优秀的创业经验，也涉及一些失败的、反面的案例，让学生吸取教训，帮助学生树立正确的创新创业观念，提升学生的创新创业能力。

2．理论学习，现学现用

课程采用"理论学习，现学现用"的理念，让学生自主思考、搜集资料、讨论及表达，让学生在使用知识的过程中，增强对创业的理解。

(续表)

| 六、教学反思 |
|---|
| （一）不足 |
| 1. 本课时涉及的理论知识较多，内容讲述较快，给学生把握课堂的时间较少。 |
| 2. 学生习惯"教师主导"的课堂模式，自主学习、自主掌握课堂的积极性有待提高。 |
| （二）改进 |
| 1. 调整课堂知识内容、学生活动设置的数量比重，保证学生对于知识学习的质量。 |
| 2. 加大引导学生参与课堂活动的力度，根据学生的特点，设置相对应专业学生兴趣度更高、更愿意参与的课堂教学活动。 |

## 单元二。设计产品：设计与众不同的价值主张（教案2：第3~4学时）

| 二、教学实施 ||||
|---|---|---|---|
| **阶段1：课前准备环节** ||||
| 教学内容 | 教师活动 | 学生活动 | 调用资源 |
| 自主学习<br>任务1：<br>课前预习<br>任务2：<br>案例积累 | （1）教师上传课前预习任务到"职教云平台"，包括预习章节教材及课件，明确本单元学习目标、重点、难点及相关案例资源累积。<br>（2）教师通过"职教云平台"，上传相关课外案例资源、慕课等，增加学生知识累积。 | （1）学生登录"职教云平台"，自主学习。完成课前预习任务，预习本章节知识点。<br>（2）学生利用教师提供的资源，进行课程的拓展学习，拓展思路。 | （1）"职教云平台"<br>（2）"慕课"资源 |
| **阶段2：课堂教学环节** ||||
| 教学内容 | 教师活动 | 学生活动 | 调用资源 |
| 第一节 ||||
| "进"课堂<br>（1min） | 打开"今日课堂"，开启课堂，准备签到。 | 进入课堂，完成课前签到。 | 职教云平台 |
| "固"难点<br>（14min） | 1. 知识点回顾：<br>（1）回顾单元一的知识点内容；<br>（2）查看课前测试成果，抽选正确率较高的学生对测试题目进行讲解。<br>2. 作业回顾：<br>（1）汇报：抽选两个小组进行作业汇报；<br>（2）评价：学生之间互评，最后教师进行总结点评。<br>3. 导入新知识点：通过商业模式画布，引入"价值主张"板块内容。 | 1. 被抽选的小组汇报本小组讨论成果，并根据总结，拓展作业思路。<br>2. 认真听取小组汇报，给出建议。<br>3. 认真听取老师讲解，及时反馈不清晰的部分。 | 智慧课堂：汇报作业及讲解<br>课堂教学：结合案例，导入新内容 |
| "解"要点<br>（10min） | 1. 利用PPT，讲述和分析价值主张地图，了解分析步骤。<br>2. 结合"商拉拉"案例，巩固学生对价值主张地图形成步骤的理解。 | 认真听取老师讲解，回答教师提出的问题，对不懂的内容进行提问。 | 智慧课堂：PPT |
| "拓"思维<br>（7min） | 布置小组讨论：<br>根据课前案例收集，价值主张地图理论内容，分析网易云音乐的价值主张地图。 | 学生按分好的小组，进行案例分析讨论，并在讨论区，形成书面讨论结果。 | 职教云平台：今日课堂讨论 |

（续表）

| 阶段2：课堂教学环节 | | | |
|---|---|---|---|
| 教学内容 | 教师活动 | 学生活动 | 调用资源 |
| 第一节 | | | |
| "展"风采<br>（8min） | 教师抽取两个小组的学生，分别阐述团队分析结果，并对各小组进行点评。 | 被抽取的小组派代表发言，阐述对于网易云音乐价值主张地图的分析结果。 | 智慧教室：学生展示<br>智慧教室：教师点评 |
| 第二节 | | | |
| "进"课堂<br>（1min） | 打开"今日课堂"，开启课堂，进入第二部分。 | 进入课堂，完成课前签到。 | 职教云平台 |
| "解"知识<br>（9min） | 利用PPT，结合"商拉拉"案例，讲解如何提炼优秀价值主张：（1）分析与目标客户需求契合度；（2）优秀价值主张特征。 | 认真听取老师讲解，回答教师提出的问题，对不懂的内容进行提问。 | 智慧课堂：PPT |
| "用"知识<br>（6min） | 布置头脑风暴任务：模仿学习"商拉拉"提炼优秀价值模式的方式，根据前置案例，提炼网易云音乐的优秀价值主张。 | 学生进行头脑风暴，并在讨论区发布提炼出的价值主张。 | 职教云平台：今日课堂讨论 |
| "练"技能<br>（8min） | 布置小组讨论：根据单元二所学内容，讨论本小组价值主张地图及优秀价值主张。 | 学生按分好的小组，进行案例分析讨论，并在讨论区，形成书面讨论结果。 | 职教云平台：今日课堂讨论 |
| "展"风采<br>（11min） | 教师抽取两个小组的学生，分别汇报本小组价值主张地图及提炼出的优秀价值主张，并对各小组进行点评。 | 被抽取的小组派代表发言，阐述本小组讨论结果。 | 智慧教室：学生展示<br>智慧教室：教师点评 |
| "理"结论<br>（5min） | 1. 教师对单元知识点进行强调和总结。<br>2. 布置课后任务：（1）课后作业；（2）课堂总结。 | 学生认真听讲，强化认识并完成课后任务。 | 智慧课堂：教师总结 |
| 阶段3：课后拓展环节 | | | |
| 教学内容 | 教师活动 | 学生活动 | 调用资源 |
| "固"知识 | 1. 利用"职教云平台"向学生发布单元作业：根据个人的创意项目完成价值主张画布，包括罗列产品和服务清单、设计痛点缓释方案和收益创造方案、分析价值主张与客户需求契合度，提炼出优秀价值主张。<br>2. 教师通过"职教云平台"，设置课后测试，了解学生单元二学习内容的情况，同时上传解析。<br>3. 教师布置学生完成课后的总结，包括对课堂的总结以及自身的总结，及时了解课堂情况和学生意见，并进行灵活调整。 | 1. 完成教师在平台布置的课后案例分析作业，并形成书面讨论结果，上传到"职教云平台"。<br>2. 学生在规定时间内，完成课前测试，检测课堂学习效果。<br>3. 学生通过今日课堂——课后活动板块，完成课后的课堂总结和个人总结。 | 职教云平台 |

(续表)

| 三、教学评价 | | | | |
|---|---|---|---|---|
| 教师布置课后任务，学生进行评价和总结，设计如下： | | | | |
| 教学过程 | 教学环节 | 评价方式 | 评价的主要内容 | 权重 |
| 课后 | 学生评价 | 学生在课后对本次课堂教学匿名评价及评分。 | 查看学生对于课堂的评价，优化课堂设置。 | 40% |
| | 学生总结 | 学生在课后对于本次课堂学习进行自我总结及评分。 | 查看学生自我总结的内容。 | 60% |

1. 学生评价

学生对课程满意度较高，课堂内容设置有所改善，设置互动、头脑风暴、讨论环节提升学生思维散发的能力；同时期望涉及更多现实案例进行学习。

2. 学生总结

学生对课程满意度较高，自我评价良好。通过实际案例，应用所学知识。

学生在职教云平台提交课后总结。

### 四、教学效果

1. 师生实时点评，拓宽思路

课前作业汇报采取"学生互评+老师总结"的模式。从不同角度与立场，给予点评，帮助学生完善小组的创意想法。

2. 提升综合素质能力

课程多次采取资料收集、头脑风暴、小组汇报等方式，提升学生资料收集、汇报、展示等综合能力。

3. 课前测试，巩固知识

课前进行小测试，了解学生对于知识点的掌握程度，大部分学生能了解商业经营活动及商业模式画布的基本内容。

### 五、教学特色

1. 进行精准化教学

课堂任务和涉及的案例，与所教工商管理专业学生的学生特点、专业特性进行有机融合，提升课堂活动的火花及教学目标的精准化。

2. 运用参与式教学方法

课堂设置小组讨论、头脑风暴、案例分析、小组展示等多种方法，提升学生课堂参与度，提升创业课堂教学的有效性。

3. 思政教育融入教学过程，建立社会责任感

在课程中，结合实际案例，融入思政内容，引导学生建立良好的社会责任感，思社会之所思，创设更有意义的创业创意项目。

### 六、教学反思

(一) 不足

1. 课堂活动设置板块相似度较高，学生容易产生疲惫状态，降低参与课堂活动的积极性。

2. 课前自主学习意识有待提高。数据显示，学生完成课前准备任务的人数比重较低，需要对课前活动设置进行适当调整，并进行引导。

(二) 改进

1. 在之后的学习模块中，根据实际内容，融合更多样化的教学手段和方法。

2. 课堂任务设置需做到分解难点，循序渐进地教学，逐步提升难度，帮助学生逐步掌握基本创新创业思维逻辑，并得以提升和拓展。

单元三。创造产品价值：实现独特的价值主张（教案3：第5~6学时）

二、教学实施

阶段1：课前准备环节

| 教学内容 | 教师活动 | 学生活动 | 调用资源 |
|---|---|---|---|
| "阅"材料（课前） | 课前要求观看云课堂资源任务，并回答简单的填空题。 | 课前准备，登录云课堂观看微课及云资源。 | 职教云平台 |
| "验"软件（课前） | 为学生提供创业王游戏软件。 | 通过计算机简单地完成软件的基本任务。 | 创业王软件 |

阶段2：课堂教学环节

| 教学内容 | 教师活动 | 学生活动 | 调用资源 |
|---|---|---|---|
| 第一节 | | | |
| "进"课堂（5min） | 在网络教学平台发布资料及签到，发布课堂任务通知。 | 进入课堂，完成课前签到。 | 职教云平台 |
| "观"效果（10min） | 组织与倾听：抽查学生，让学生汇报课前准备情况。 | 汇报与总结：汇报课前准备的情况，包括有无完成任务，有何困难，教师结合汇报与总结进行接下来的课程教授。 | 话筒、功放设备 |
| "思"问题（5min） | 点评：针对学生所提出的疑问进行答疑，并准备接下来要教授的课程的侧重点。 | 倾听：学生认真听答疑内容，并进行记录。 | PPT、功放设备等 |
| "解"重点（25min） | 1. 结合PPT，讲述和创业项目所必需的核心要素。<br>2. 介绍创意所产生的一些路径。 | 认真听取教师的课堂教学，与教师进行交流、提问、回答提出的问题。 | PPT、功放设备、投影仪等 |

阶段2：课堂教学环节

| 教学内容 | 教师活动 | 学生活动 | 调用资源 |
|---|---|---|---|
| 第二节 | | | |
| "进"课堂（5min） | 在网络教学平台发布资料及签到，发布课堂任务通知。 | 进入课堂，完成课前签到。 | 职教云平台 |
| "论"要点（25min） | 观察与答疑：观察每个小组的讨论进度，结合讨论状态适当提出指导，让学生能够正确地对每个流程都进行头脑风暴，回答学生提出的问题。 | 学生通过VR体验两种产品价值，然后进行头脑风暴活动。 | VR设备（HTC VIVE PRO）、互动屏 |

（续表）

| | | 学生按照要求进行以下活动：（1）由组长组织发言；（2）每位学生都要发言；（3）记录员要进行记录；（4）发言完进行讨论；（5）直到达成一致的建议或解决方案。 | |
|---|---|---|---|
| "谈"体会（10min） | 倾听：<br>教师认真听取每位小组长的总结性发言，并记录。 | 回答与分享：<br>回答教师提出的问题，就本小组的创业项目，对核心要素进行列举，并对未来的项目发展提出路径上的思考。<br>突破重点。 | PPT、互动屏 |
| "理"结论（5min） | 讲授：<br>针对每位小组长的分享，做出评价，选出优质的完成小组，进行表扬，把优质的原因进行分析与汇报。 | 倾听与记录：<br>在点评中，学生要对教师的发言进行理解与记录，课后继续完成未完成的指标。 | 话筒、功放设备 |
| "固"知识 | 通过创业王软件继续进行游戏模拟创业活动。线上指导学生，观看游戏运用情况。 | 用计算机运行创业王软件，通过运营与产品管理进行模拟创业。 | 计算机、创业王软件 |

### 三、教学评价

教师布置课后任务，进行学生评价和总结，设计如下：

| 教学过程 | 教学环节 | 评价方式 | 评价的主要内容 | 权重 |
|---|---|---|---|---|
| 课后 | 学生评价 | 学生在课后对本次课堂教学匿名评价及评分。 | 查看学生对于课堂的评价，优化课堂设置。 | 40% |
| | 学生总结 | 学生在课后对本次课堂学习进行自我总结及评分。 | 查看学生自我总结的内容。 | 60% |

1. 学生评价：

学生对课程的满意度较高，能掌握课堂知识，积极参与课堂活动。

2. 学生总结：

学生及时对课堂讲授的知识进行总结，便于教师了解学生掌握知识的情况，及时调整教学内容。

### 四、教学效果

1. 头脑风暴，拓宽思维。

课程设置多个互动的学生活动，包括提问、头脑风暴、小组讨论等，能够引发学生思考，实现学生主导课堂的可能性，提升学生的参与度、拓宽学生思维。

2. 完善知识结构，能够应用于所在项目中。

在完善了知识的基础上，进一步细化创业项目，若想将创业项目做好，则需要项目团队精诚合作、互通有无，在统一观点的基础上进行融合创新活动，使创业项目获得核心的竞争力。

(续表)

| 五、教学特色 |
|---|
| 1. 采用多种信息化手段 |
| 通过创业王软件，激发学生创业热情，同时弥补学生创业经验不足的问题，该软件全真地模拟了一家企业从企业开办、产品选择、销售策略、广告策略、竞争策略的全过程，基本满足了创业环境与体验的真实模拟。其二，通过 VR 设备与软件的植入，让学生能够身临其境地感受"贝壳网"与"搜房房"的产品价值，通过体验激发学生对产品差异与特色价值的兴趣，从而为后期课程内容的完成提供更多的保障。 |
| 2. 合理融入课程思政内容，不忘初心的产品价值使命 |
| 本节课结合价值的发现与挖掘，融入不忘初心的产品使命，通过对价值的发现与寻找，要求每个项目都必须实现，在项目今后的实施过程中要时刻记住去兑现承诺，从而建立企业的基本信誉。 |
| 3. 培养社会责任心与工匠精神，树立人生观、创新精神为导向的心灵教育 |
| 本课程结合社会责任与创新活动风险等相关内容，合理融入"做事先做人"的思想境界，在创新创业之路上绝不会一帆风顺，也不会全员有成果。本课程在讨论与总结中融入立德、诚善、逆境承压的心理教育，让学生在学习中完善自我认知，成就更精彩的人生。 |
| 六、教学反思 |
| （一）不足 |
| 1. 本课时涉及的理论知识较难，学生还需要有一定市场营销学的知识。 |
| 2. 在教学的整体过程中，全团队的管理总是让能力出众的学生能更多地表现自己，而发言较少的学生总是得不到关注。 |
| （二）改进 |
| 1.在课后要求学生对核心要素加强理解，特别是要参考市场营销学的知识进行更深入的学习与思考。 |
| 2.在巡查过程中，教学团队通过有效地语言、组织、激发等方法，要进一步让所有学生都积极参与到课堂活动中去。 |

## 单元四：获取产品价值：盈利模式设计（教案 1：第 7~8 学时）

| 二、教学实施 | | | |
|---|---|---|---|
| **阶段 1：课前准备环节** | | | |
| 教学环节 | 教师活动 | 学生活动 | 调用资源 |
| "阅"材料（课前） | 提醒与通知：提醒学生按照指导的内容进行观看，并要求观看时长要达标。 | 完成任务：按照指定的网站观看课前学习视频与微课，并注意要进行自我思考。 | 智慧职教云课堂网络视频资料 |
| "验"软件（课前） | 提供软件，为学生提供游戏依据与攻略，让学生体会创业的艰辛与风险。 | 通过计算机操作指引与攻略完成企业更高的利润目标。 | 创业王软件 游戏攻略 游戏心得 |
| **阶段 2：课堂教学环节** | | | |
| 教学内容 | 教师活动 | 学生活动 | 调用资源 |
| 第一节 | | | |
| "进"课堂（5min） | 发布课堂任务通知。 | 进入课堂，完成课前签到。 | 职教云平台 |
| "观"效果（5min） | 提醒与要求：提醒学生准时、正确地完成课堂的签到。提醒学生观看案例"商拉拉"盈利模式分析。 | 完成活动：学生完成签到并通过"职教云平台"观看已经上传的教学资源案例。 | 智慧职教云平台 |
| "解"知识（5min） | 讲授：1. 播放PPT，讲述产品价值获取的构成模块。2. 结合"商拉拉"案例，加强理解。 | 倾听：认真听取教师讲解，回答教师提出的问题，对不懂的内容进行提问。 | 投影仪、PPT、互动屏 |

(续表)

| 阶段2：课堂教学环节 | | | |
|---|---|---|---|
| 教学内容 | 教师活动 | 学生活动 | 调用资源 |
| 第一节 | | | |
| "论"要点（20min） | 观察：<br>1. 播放幻灯片，将讨论的题目进行展示。<br>2. 学生开始分组进行思考与讨论。 | 讨论：<br>10分钟后，通过"职教云平台"对学生进行随机抽点，要求学生对发布的问题进行回答。 | 投影仪、PPT、互动屏 |
| "解"知识（10min） | 讲授：<br>通过学生对问题回答的结果，对该知识点进行教授，通过对成本与费用的区别及特点的介绍，学生能够掌握盈利的关键要素即成本与费用。 | 倾听：<br>认真听取老师讲解，回答教师提出的问题，对不懂的内容进行提问。<br>解决教学重点。 | 投影仪、PPT、互动屏 |
| 第二节 | | | |
| "进"课堂（1min） | 发布课堂任务通知。 | 进入课堂，完成课前签到。 | 职教云平台 |
| "论"要点（19min）（思政融合） | 观察：<br>通过PPT进行案例的布置，对某企业的真实情况进行介绍，让学生对该创业企业的盈利模式进行分析，培养学生明辨力及思考力。 | 讨论：<br>团队开始讨论，对案例进行计算并得出结论。 | 投影仪、PPT、互动屏 |
| "解"知识（5min） | 讲授：<br>1. 通过对企业案例的分析，学生基本理解企业的真实运作情况。<br>2. 详细地介绍企业的七种主要的收入来源。 | 倾听：<br>认真听取老师讲解，回答教师提出的问题，对不懂的内容进行提问。 | 投影仪、PPT、互动屏 |
| "研"难点（20min）（解决本节课难点问题） | 观察：<br>1. 根据如上所学，开始运营自己的创业项目。<br>2. 针对以上知识点为自己团队的创业项目把脉，设计或完成项目的盈利模式。 | 讨论：<br>团队开始分组进行该活动，要对未来三年的预计收入进行估计，完成后提交给教师。 | 职教云平台 |
| 阶段3：课后拓展环节 | | | |
| 教学内容 | 教师活动 | 学生活动 | 调用资源 |
| "固"知识 | 布置与考察：<br>教师对每个团队提交的三年预估收入报告进行评审。 | 完成任务：<br>针对评审要求进行课后的更正。 | 微信群 |
| "践"成果 | 布置与考察：<br>对该项目的盈利模式进行指导，提出改进的建议与意见。 | 完成任务：<br>通过对创业项目的完善，将教师提出的改进建议进一步完善并落实。 | 微信群 |

(续表)

| 阶段3：课后拓展环节 |||||
|---|---|---|---|---|
| 三、教学评价 |||||
| 教师布置课后任务，进行学生评价和总结，设计如下： |||||
| 教学过程 | 教学环节 | 评价方式 | 评价的主要内容 | 权重 |
| 课后 | 学生评价 | 学生在课后对本次课堂教学匿名评价及评分。 | 查看学生对于课堂的评价，优化课堂设置。 | 40% |
| | 学生总结 | 学生在课后对于本次课堂学习进行自我总结及评分。 | 查看学生自我总结的内容。 | 60% |

1. 学生评价

学生对课程满意度较高，能掌握课堂知识，积极参与课堂活动。

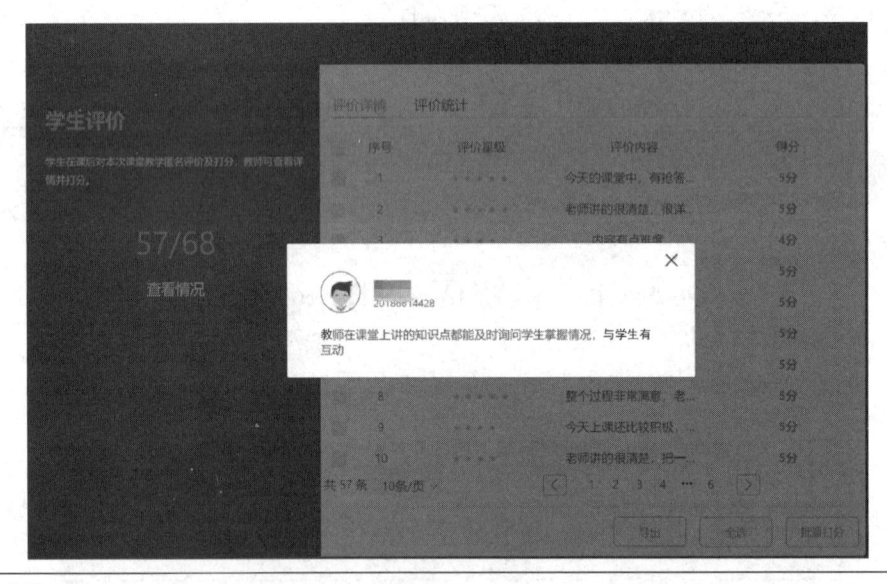

2. 学生总结

学生及时对课堂讲授知识进行总结，便于教师了解学生对知识的掌握情况，及时调整教学内容。

(续表)

| 四、教学效果 |
|---|
| 1. 线上学习，线下交流，完善课程时间不足问题。<br>　　课前的微课及视频资源，进一步提高了学生的主动学习动力，通过对任务的完成，进一步提升学生的积极性与能动性，完善教学体系的建设。<br>　2. 财务知识浓缩，零基础学习。<br>　　课程多次地将本该学习多个学时的财务方面的知识进行浓缩，并把复杂的知识变成简单的知识，让学生能在零财务管理学科基础上进行项目的盈利模式设计。通过对本节课的学习，学生基本掌握成本与企业盈利的关系，以及一些简单的财务报表的制作，并认真开始谋划创业项目的盈利模式。 |
| **五、教学特色** |
| 1. 通过项目盈利模式的梳理，完善项目的竞争力。<br>　　帮助学生认识盈利模式的重要性，通过选择适合自己的项目的商业模式来完善团队的创业项目，从而使得该创业项目具有更强的竞争力。<br>　2. 合理融入课程思政内容，培养学生明辨力及思考力。<br>　　本课程结合培养什么样的人、如何培养人及为谁培养人这个根本问题，融入立德树人、创新与创业成长案例，让学生在案例中体会在创业过程中要树立正确的行为与价值观。<br>　3. 衔接前置课程创新思维，对接后置创业实施，以教促赛。<br>　　本课程的前置课为创新思维，培养学生创新及思维力，在思想开阔的基础上，衔接本课程来促进思想孵化，把学生的创意变成可实施的具体创业方案，通过路演与展示、参加创业大赛的形式获得关注与社会资本。 |
| **六、教学反思** |
| （一）不足<br>　1. 课堂内容较多，教学指标过于繁杂。<br>　2. 有财务基础课程的学生觉得所讲内容枯燥无味。<br>（二）改进<br>　1. 在教学内容的设计上，把知识点进行浓缩，并进一步地研究化繁为简的教学创新方法。<br>　2. 在课堂中积极调动每名学生的主观能动性，尽量避免所学基础不一。 |

### 单元五：创意营销方案：传递价值，让产品会"说话"（教案5：第9～10学时）

| 二、教学实施 | | | |
|---|---|---|---|
| 阶段1：课前准备环节 | | | |
| 教学内容 | 教师活动 | 学生活动 | 调用资源 |
| "看"资料 | 教师在"职教云平台"上发布营销微课视频、营销案例、活页课件等数字化教学资源，为学生提供多种多样的营销案例。 | 学生通过观看教师在职教云平台发布的营销微课视频、营销案例、活页课件，了解价值传递的过程和营销的方式方法。 | 职教云平台：案例收集 |
| "做"任务 | 1. 教师在"职教云平台"上向学生发布讨论的任务清单，结合价值传递的三项内容，让学生思考营销推广的方式方法。<br>2. 批改学生作业。 | 1. 完成任务。学生完成教师在"职教云平台"上发布的任务清单，并预习本节课的知识点。<br>2. 查看教师批改的意见。 | 职教云平台：发布任务，上传作业 |

(续表)

| 阶段1：课前准备环节 | | | |
|---|---|---|---|
| 教学内容 | 教师活动 | 学生活动 | 调用资源 |
| "摸"底子 | 1. 教师在"职教云平台"向学生发布价值传递和营销推广的测试题，检查学生课前预习的情况。<br>2. 根据测试的结果调整教学的进度安排。 | 1. 完成课前测试。学生通过进入"职教云平台"，进入今日课堂完成课前测试题。<br>2. 扬长补短。根据测试的结果对掌握不足的知识进行学习巩固。 | 职教云平台：摸底测试 |
| 阶段2：课堂教学环节 | | | |
| 教学内容 | 教师活动 | 学生活动 | 调用资源 |
| 第一节 | | | |
| "进"课堂<br>（5min） | 打开"职教云平台"，进入"今日课堂"。 | 学生进入"职教云平台"，在"今日课堂"进入"课程互动"。 | 职教云平台 |
| "固"难点<br>（5min） | 1. 根据作业反馈数据，梳理上一节课的知识点。<br>2. 教师在"职教云平台"发起抢答，对课前讨论进行答疑。<br>3. 邀请分数比较高的学生进行分享。 | 1. 学生回顾上一节课程内容，取长补短。<br>2. 结合成绩，积极分享学习体会。 | 职教云平台 |
| "看"案例<br>（10min） | 1. 教师导入"商拉拉"价值传递的案例，让学生了解价值传递的主要过程。<br>2. 教师在"职教云平台"发起抢答提问，让学生描述和列举其他品牌的商业价值传递过程的案例。 | 1. 学生听取案例，进行分析，画好价值传递具体过程思维图。<br>2. 学生在职教云平台抢答，回答其他品牌的商业价值传递过程。 | 职教云平台 |
| "拓"思维<br>（10min） | 教师要求学生按照分组进行头脑风暴，讨论出自己队伍创业项目的价值传递过程。 | 1. 学生用头脑风暴法进行小组讨论，各抒己见，最后达成统一。<br>2. 学生各组派代表描述项目价值传递过程。 | 职教云平台 |
| "解"要点<br>（10min） | 教师引导学生进行思考：如何高效、低成本传递价值主张？需要深入了解市场推广要点，理解产品的核心价值，掌握内在逻辑，更好地推广产品。 | 学生通过教师的讲解，理清市场推广的内涵逻辑。 | 职教云平台 |
| 第二节 | | | |
| "进"课堂<br>（5min） | 打开"职教云平台"，进入"今日课堂"。 | 学生进入"职教云平台"，在"今日课堂"进入"课程互动"。 | 职教云平台 |

(续表)

| 阶段2：课堂教学环节 | | | |
|---|---|---|---|
| 教学内容 | 教师活动 | 学生活动 | 调用资源 |
| 第二节 | | | |
| "拓"思维（10min） | 教师要求学生进行头脑风暴，分组讨论"美团""滴滴""神州专车""知乎"等品牌的核心竞争力。 | 1. 学生用头脑风暴法进行小组讨论，各抒己见，最后达成统一。<br>2. 学生各组派代表说出"美团""滴滴""神州专车""知乎"等品牌的竞争力。 | 职教云平台 |
| "看"案例（10min） | 1. 教师通过案例分析，列举宜家、支付宝、Smart+京东等销售模式案例，让学生了解市场推广手法和营销组合模式，熟练运用推广手法和模式进行产品销售。<br>2. 教师列举帮助农民脱贫、解决农产品滞销的营销案例，引入课程思政，培养学生社会责任感和奉献精神，助力脱贫攻坚。 | 1. 学生听取案例，并进行分析，了解市场常见的推广手法和营销组合模式，以便熟练运用。<br>2. 学生从我做起，为身边的农户制定网络营销的组合方案，为农户解决农产品滞销问题，发挥自身价值，培养时代担当。 | 职教云平台 |
| "练"技能（10min） | 教师要求学生进行小组讨论，验证团队项目的营销推广方案。 | 学生进行小组讨论，"绘制用户画像——制定访谈提纲——寻找目标进行访谈"，收集信息，选取代表进行发言。 | 职教云平台 |
| "做"总结（5min） | 1. 教师对单元进行总结，梳理知识点。<br>2. 教师布置调研任务，根据创业项目，完成五个用户调研。<br>3. 要求学生在"职教云平台"上对课堂进行评价和总结。 | 1. 学生根据创业项目完成五个用户调研，上传至"职教云平台"上。<br>2. 学生在"职教云平台"上进行课堂评价和总结。 | 职教云平台 |
| 阶段3：课后拓展环节 | | | |
| 教学内容 | 教师活动 | 学生活动 | 调用资源 |
| "固"知识 | 1. 教师在"职教云平台"上发布课后作业：根据创业项目，完成五个用户调研，从而验证项目营销推广方案。<br>2. 课后辅导。通过"职教云平台"帮助学生答疑解惑。 | 1. 完成课后作业。学生完成教师在"职教云平台"上发布的课后作业，并上传到"职教云平台"上进行讨论。<br>2. 查阅教师修改意见。对照项目，认真修改项目营销推广方案。 | 职教云平台——今日课堂——课后活动 |

(续表)

| 阶段3：课后拓展环节 | | | |
|---|---|---|---|
| 教学内容 | 教师活动 | 学生活动 | 调用资源 |
| "促"交流 | 教师要求学生完成课堂评价及课堂总结，以便及时了解课堂情况和学生意见，做灵活调整。 | 学生进入"职教云平台"，通过"今日课堂"和"课后活动"板块，完成课堂评价和个人总结。 | 职教云平台 |

### 三、教学评价

教师布置课后任务，学生进行学习评价和总结，设计如下：

| 教学过程 | 教学环节 | 评价方式 | 权重 | 结果 |
|---|---|---|---|---|
| 课后 | 学生课后评价 | 学生在职教云平台对课堂进行自我评价。 | 40% | |
| | 学生课后总结 | 学生在职教云平台对课堂进行自我总结。 | 60% | |

### 四、教学效果

1. 学生积极性提高。

利用"职教云平台"的课前、课中、课后的学习，使整个过程内容丰富、形式总结多样，课堂以学生为主，学生的参与度和积极性都得到很大提高。

2. 学生学习效率得到提升。

通过课前的预习和资料的观看、课中的激烈讨论、课后的作业巩固和与教师互动，学生对知识点的掌握较好，学习效率得到提升。

3. 学生的思维得到锻炼。

通过课中的头脑风暴和小组讨论，开阔了学生学习的思维，锻炼了大脑。

### 五、教学特色

1. 课程思政融入课堂教学。

将课程思政融入课堂教学中，培养学生的社会责任感和奉献精神。

2. 课堂实现以学生为中心。

通过组织学生头脑风暴和小组讨论，把课堂交给学生，以学生为中心，充分发挥学生的主观能动性。

3. 实现了"知行合一"的教学理念。

通过组织学生进行用户调研，将理论联系实际，做到知行合一，学中做，做中学。

### 六、教学反思

1. 不足之处

"00后"的学生在教学过程中普遍存在过分关注如何把产品销售出去的问题，忽略了站在消费者的角度考虑问题，没有注重与消费者建立长期稳定、以心换心的沟通模式。

2. 改进措施

由于学生大部分都具备创新创业的思维和想法，因此在传递营销推广的方式方法时，应该注重培养学生干一行、爱一行的工匠精神。

## 单元六：撰写商业计划书：评估模式，总结项目（教案1：第11～12学时）

| 二、教学实施 | | | |
|---|---|---|---|
| 阶段1：课前准备环节 | | | |
| 教学内容 | 教师活动 | 学生活动 | 调用资源 |
| "看"资料 | 教师在"职教云平台"上发布撰写商业计划书微课视频、视频案例、活页课件等数字化教学资源，为学生提供多种多样的商业计划书模板。 | 学生通过观看教师在职教云平台发布的商业计划书微课视频、视频案例、活页课件，了解如何撰写商业计划书。 | 职教云平台：案例收集 |
| "做"任务 | 1. 教师在"职教云平台"上向学生发布讨论的任务清单，结合评估商业模式的方法，让学生思考商业计划书的框架和项目的商业逻辑是否可行。<br>2. 批改学生作业。 | 1. 完成任务。学生完成教师在"职教云平台"上发布的任务清单，并预习本节课的知识点。<br>2. 查看教师批改的意见。 | 职教云平台：发布任务，上传作业 |
| "摸"底子 | 1. 教师在"职教云平台"上向学生发布撰写商业计划书和评估商业模式的测试题，检查学生课前预习的情况。<br>2. 根据测试的结果调整教学的进度安排。 | 1. 完成课前测试。学生通过"职教云平台"，进入"今日课堂"并完成课前测试题。<br>2. 扬长补短。根据测试的结果对掌握不足的知识点进行学习巩固。 | 职教云平台：摸底测试 |
| 阶段2：课堂教学环节 | | | |
| 教学内容 | 教师活动 | 学生活动 | 调用资源 |
| 第一节 | | | |
| "进"课堂<br>（5min） | 打开"职教云平台"，进入"今日课堂"。 | 学生进入职教云，在"今日课堂"进入"课程互动"。 | 职教云平台 |
| "固"难点<br>（5min） | 1. 根据作业反馈数据，梳理创意营销方案重点、难点。<br>2. 教师在"职教云平台"发起抢答，对课前讨论进行答疑。<br>3. 邀请分数比较高的学生进行分享。 | 1. 学生回顾上一节课程的内容，取长补短。<br>2. 结合成绩，积极分享学习体会。 | 职教云平台 |
| "看"案例<br>（10min） | 1. 教师导入"商拉拉"商业计划书的案例，让学生了解外部环境影响商业模式的六大领域。<br>2. 教师在"职教云平台"发起抢答提问，让学生回答"商拉拉"是如何评估商业模式的。 | 1. 学生听取案例，并进行分析，掌握外部环境影响商业模式的六大领域。<br>2. 学生在"职教云平台"上进行抢答，分析"商拉拉"是如何评估商业模式的。 | 职教云平台 |

(续表)

| 二、教学实施 | | | |
|---|---|---|---|
| 阶段1：课前准备环节 | | | |
| 教学内容 | 教师活动 | 学生活动 | 调用资源 |
| "拓"思维（10min） | 教师要求学生按照分组进行头脑风暴，讨论如何评估自己项目的商业模式。 | 1. 学生用头脑风暴法进行小组讨论，各抒己见，最后达成统一。<br>2. 学生各组派代表描述如何评估自身团队项目的商业模式。 | 职教云平台 |
| "解"要点（10min） | 1. 掌握评估商业模式的SWOT分析法和波特五力模型。<br>2. 结合公益创业的实际案例，为学生讲解公益项目的商业模式是怎样打造的，培养学生的时代担当和社会责任感。 | 1. 学生通过老师的讲解，掌握评估商业模式的SWOT分析法和波特五力模型。<br>2. 学生从公益角度出发，结合当前新型冠状病毒肺炎疫情，想想是否可以打造一个公益创业的商业模式，既可以帮助社会解决问题，又可以培养自身社会责任感。 | 职教云平台 |
| 第二节 | | | |
| "进"课堂（5min） | 打开"职教云平台"，进入"今日课堂"。 | 学生进入"职教云平台"，在"今日课堂"进入"课程互动" | 职教云平台 |
| "拓"思维（15min） | 1. 教师引导学生领会撰写商业计划书的目的，掌握商业计划书的主要内容要素，撰写出受投资者青睐的商业计划书。<br>2. 教师要求学生进行头脑风暴，分组讨论出自己团队项目的商业计划书的基本框架结构。 | 1. 学生用头脑风暴法进行小组讨论，各抒己见，最后达成统一。<br>2. 学生各组派代表说出项目大致的商业计划书框架。 | — |
| "看"案例（5min） | 教师通过播放投资人喜欢的商业计划书视频、"商拉拉"视频案例分析商业逻辑、策略和商业计划书的可视化表达技巧。 | 学生听取案例，并进行分析，了解商业计划书的整体结构，学会可视化表达商业计划书。 | 职教云平台 |
| "练"技能（10min） | 1. 教师要求学生进行小组讨论，如何向投资人展示自身项目商业计划书。<br>2. 教师组织学生对小组展示的内容进行投票。 | 1. 学生进行小组讨论，对团队商业计划书进行汇报和展示。<br>2. 学生投票，选出商业计划书最好的项目。 | — |
| "做"总结（5min） | 1. 教师对单元进行总结，从青年人的角度出发，不能只想到创业赚钱，更重要的是承担更多的社会责任感，肩负起新时代赋予的时代重任。<br>2. 教师布置作业，撰写商业计划书，并对商业计划书进行汇报。 | 学生撰写商业计划书，对商业计划书进行汇报，将团队项目的商业计划书上传到"职教云平台"上。 | — |

(续表)

## 二、教学实施

**阶段3：课后拓展环节**

| 教学内容 | 教师活动 | 学生活动 | 调用资源 |
|---|---|---|---|
| "固"知识 | 1. 教师在"职教云平台"发布课后作业：完成自身项目商业计划书的制作。<br>2. 课后辅导。通过"职教云平台"帮助学生答疑解惑。 | 1. 完成课后作业。学生完成教师在"职教云平台"发布的课后作业，并上传到"职教云平台"上并进行讨论。<br>2. 查阅教师修改意见。对照项目，认真修改项目营销推广方案。 | 职教云平台——今日课堂——课后活动 |
| "促"交流 | 教师要求学生完成课堂评价及自身的总结，以便及时了解课堂情况和学生意见，并进行灵活调整。 | 学生进入"职教云平台"，通过"今日课堂——课后活动"板块，完成课堂评价和个人总结。 | 职教云平台 |

## 三、教学评价

教师布置课后任务，并进行学生评价和总结，设计如下：

| 教学过程 | 教学环节 | 评价方式 | 权重 | 结果 |
|---|---|---|---|---|
| 课后 | 学生课后评价 | 学生在"职教云平台"上对课堂进行自我评价。 | 40% | |
| | 学生课后总结 | 学生在"职教云平台"上对课堂进行自我总结。 | 60% | |

## 四、教学效果

1. 学生积极性提高。

利用"职教云平台"的课前、课中、课后的学习，使整个过程内容丰富、形式多样，课堂以学生为主，学生的参与度和积极性都得到很大提高。

2. 学生学习效率得到提高。

通过课前的预习和资料的观看、课中的激烈讨论、课后的作业巩固和与教师互动，学生对知识点的掌握较好，学习效率得到提升。

3. 学生的思维得到锻炼。

通过课中的头脑风暴和小组讨论，开阔了学生学习的思维，锻炼了大脑。

## 五、教学特色

1. 课程思政融入课堂教学。

将课程思政融入课堂教学中，培养学生的社会责任感和奉献精神。

2. 课堂实现以学生为中心。

通过组织学生头脑风暴和小组讨论，把课堂交给学生，以学生为中心，充分发挥学生的主观能动性。

3. 实现了"知行合一"的教学理念。

通过组织学生进行用户调研，将理论联系实际，做到"知行合一"，学中做，做中学。

## 六、教学反思

1. 不足之处：

"00后"的学生在教学过程中普遍存在过分关注商业计划书的美化和撰写套路、掌握评估商业模式的方法来检验项目等问题，忽略了社会刚需或者从稀缺的角度来考虑问题，没有注重为社会解决难题。

2. 改进措施：

由于学生大部分都具备创新创业的思维和想法，在撰写商业计划书和汇报商业计划书的过程中，应该更加注重培养学生回报社会、为社会服务的工匠精神。

### 7.1.5 教学效果

将多种信息化手段应用到教学后，有效实现了教学的知识目标、技能目标和素养目标，从课前预习率到作业成绩都有了大幅度的提升。在相同的评价标准和评价人员的前提下，平均分从过去的 78 分增长到现在的 85.4 分。

从学生的作业成果来看，设计的表现质量也有了明显提高，每周小组作业上交率为 100%，优秀作品率达到 30%，同时，学生参加第六届中国"互联网+"大学生创新创业大赛的校赛项目达 2953 个，参赛学生人数达 14454 人。

### 7.1.6 特色与创新

赛教融合，创新教学内容。在教学内容的设计上，对接大赛的赛事精神和赛道要求，结合创业商业模式画布，将商业计划书和路演等作为重点内容融入教学任务中，既培养学生创业思维能力，同时培养学生的综合能力，满足学生走向职业发展的要求。

思政融入，培养高素质人才。课程从教学设计、教学内容、教学组织形式上，结合创业六步曲的教学组织要求，并以大赛优秀创业感人事迹、青年创业典型和青年红色筑梦等为切入点，从爱国主义精神、职业素养、工匠精神等维度挖掘学生社会责任感、使命感和荣誉感等思政元素，融入课前、课中、课后的整个教学过程中，培养具有创新精神和创业素养、热爱本专业本行业的高素质人才。

引进平台，校企协同育人。校企合作，将"商拉拉"平台引入课堂教学实践，融入教学过程中，不仅作为真实创业教学案例，而且为学生开展线上创业实践提供技术支持和运营指导，双方共同培养创业型人才，实现创业带动优质就业。

### 7.1.7 参赛教师感悟

2019 年，我入职成为一名辅导员，在做学生工作的过程中，不断尝试公共基础课程的授课。很荣幸在入职后加入了创业实务课程的授课，并且和教学团队一起探索如何将信息技术与课堂教学相融合。在课堂上，通过线上平台、自建资源库、创业王游戏、VR 虚拟现实等平台和手段，帮助学生突破教学的重点、难点，加强与学生的互动，活跃课堂气氛，提升教学效果。我也非常幸运能加入"创业实务"课程的小组参与信息化比赛，最终获得省赛一等奖及国赛遴选三等奖的好成绩，主要有以下的几点体会：一是领导高度重视。我校领导高度重视信息化教学工作，无论是从数字资源开发和信息化教学环境建设都给予了我们大力支持。在教学比赛中，从备赛阶段到决赛现场，校领导从部门协调配合、聘请专家技术指导到后勤保障服务等方方面面为我们排忧解难，为我们鼓劲打气。二是专家指导得力。在省赛赛前，聘请专家指导我们修改、打磨参赛作品，在集训过程中，大大提升了我们参赛作品的质量。三是选手奋力拼搏。在参赛过程中，我们的参赛团队成员不怕苦、不怕累，在课程的建设上付出了很多的时间和精力，多次打磨团队的参赛作品，奋力拼搏最终才获得了较好的成绩。在"以赛促教"的精神指导下，教学比赛只是一个开始，我也将不忘初心，继续在职业教育教学的道路上不断努力，砥砺前行。

## 7.2 2020 年广东省省赛公共基础组一等奖作品《明大德守公德严私德》——杨洁、郑景云、杨浩英、丁节

### 7.2.1 案例展示

案例展示如图 7-2-1～图 7-2-8 所示。

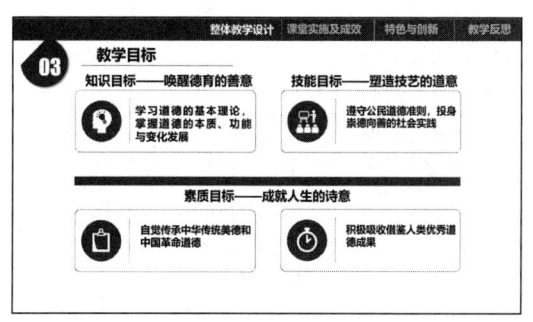

图 7-2-1　教学目标

图 7-2-2　教学设计

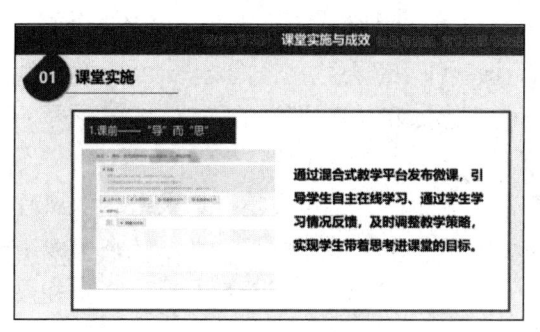

图 7-2-3　课堂实施一

图 7-2-4　课堂实施二

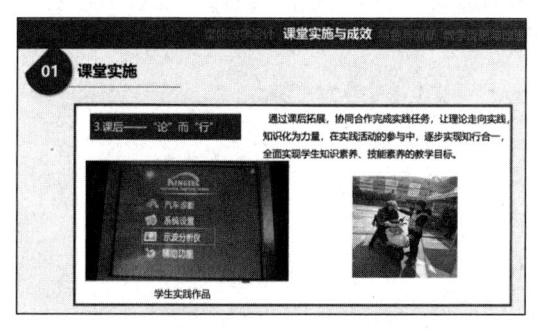

图 7-2-5　课堂实施三

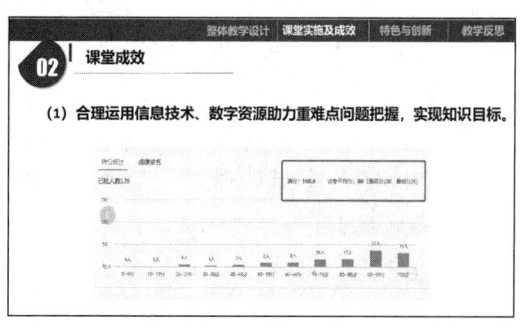

图 7-2-6　课堂成效一

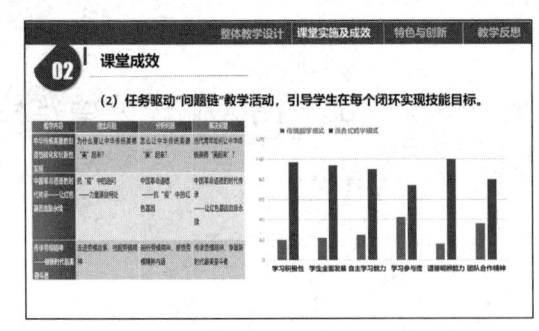

图 7-2-7　课堂成效二　　　　　　　　图 7-2-8　课堂成效三

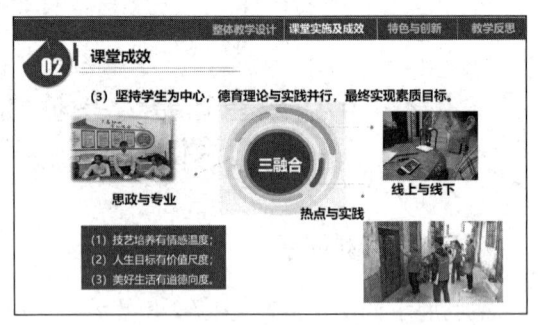

### 7.2.2　专家评价

该案例以紧密结合《国家职业教育改革实施方案》（职教 20 条）将大学生培养为"德技双修"的高素质技能人才中的"德"开展教学设计，把"德"贯穿于教学目标的全过程，以"问题链"激发学生的学习动机，达成实现高素质技能人才中"德"的培养；合理应用 VR 等信息技术，突破重点、难点，提升教学效率和效果。

### 7.2.3　教学分析

#### 1. 教学背景

2019 年 2 月，国务院正式印发《国家职业教育改革实施方案》（职教 20 条）；2019 年 3 月，习近平总书记主持召开学校思想政治理论课教师座谈会并发表重要讲话。两份从我国教育事业发展全局出发的顶层设计，吹响了"如何办好高职思政课"的集结号，部署了将大学生培养为德技双修的高技能人才的任务。

2020 年初爆发的新型冠状病毒肺炎疫情对中国公民道德建设是一场大考。本课程从此背景出发，充分利用疫情这部"活教材"，着重设计立"德"树人，弘扬抗疫一线工作者的感人事迹，弘扬中国抗疫精神，让"德"在课堂中充分展现树人力量，夯实社会主义道德建设阵地。

本课程设计融合思政课程、疫情时事和汽车检测与维修技术专业人才培养的需要，根据社会主义道德建设基本要求和大学生道德实践内容将教学内容任务模块化。课程教学设计分为 4 大模块，共 12 学时，授课地点位于实训楼多功能教室。

#### 2. 学情分析

授课对象为高职高专汽车检测与维修专业一年级学生。中职阶段的学习让学生对职业道德与法律知识有了基础的理解，但尚未建构完整的理论体系。作为"00 后"数字化时代的大学生，他们的共同特点如下：（1）成才拔节孕穗期；（2）健全人格塑造期；（3）数字生存迷茫期。基于此，在课程设计和教学实施过程中，有效利用现代信息技术展现学生"明德""崇德""修德"的学习过程，以期化解学生知"德"而不能致用的困境。

#### 3. 教学目标

根据教学背景和学情分析，梳理出知识目标、技能目标和素质目标如表 7-2-1 所示。

表 7-2-1　教学目标

| 知识目标 | 技能目标 | 素质目标 |
|---|---|---|
| • 理解道德的起源与本质。<br>• 明晰社会主义道德建设的来源：中华传统美德、革命道德、人类文明优秀道德成果的含义、发展与价值。<br>• 把握社会主义道德的核心与原则、社会主义公德、职业道德的基本内容。<br>• 理解个人品德的含义与作用。 | • 能懂得道德建设的必要性。<br>• 能自觉传承中华传统美德、中国革命道德、人类文明优秀道德成果。<br>• 能有效践行社会主义道德。<br>• 能积极投身崇德向善的道德实践活动中，做到知行合一。 | • 提升道德的自觉意识。<br>• 善于借鉴吸收中华传统美德、人类文明优秀成果。<br>• 增强社会服务意识、集体意识、公德意识、劳模奉献意识。<br>• 重视个人修养的锤炼。 |

**4．教学重点、难点**

教学重点：能自觉传承中华传统美德、中国革命道德、人类文明优秀道德成果。

教学难点：遵守公民道德准则，投身崇德向善的道德实践。

## 7.2.4　教学设计与实施

**1．教学单元设计**

| 教学模块 | 教学内容 | 教学目标 | 时间分配（学时） |
|---|---|---|---|
| 一 | 道德及其变化发展 | 知识目标：<br>1. 理解道德的起源与本质。<br>技能目标：<br>1. 能明白道德的功能与作用。<br>素质目标：<br>1. 合作精神。<br>2. 责任感的职业精神。<br>3. 求精的职业道德。 | 2 |
| 二 | 明大德：传承中华传统美德 | 知识目标：<br>1. 中华传统美德的含义。<br>2. 理解中华传统美德的形成和发展过程。<br>3. 理解中华传统美德的当代价值。<br>技能目标：<br>1. 能自觉传承中华传统美德。<br>2. 能促进中华传统美德的创造性转化与创新性发展。<br>素质目标：<br>1. 建立学生的文化自信。<br>2. 培养精益求精的职业精神和职业道德。 | 1 |
| 三 | 明大德：发扬中国革命道德 | 知识目标：<br>1. 掌握中国革命道德的含义、形成和发展。<br>2. 掌握中国革命道德的内容和价值。<br>技能目标：懂得传承中国革命道德的正确方法。<br>素质目标：<br>1. 培养大学生的红色文化自信，激发他们对红色基因的重视。<br>2. 强化明大德、守公德、严私德的培养，激发学生自觉发扬中国革命道德。<br>3. 推动学生形成团队合作、为人民服务的职业道德品格。 | 1 |

（续表）

| 教学模块 | 教学内容 | 教学目标 | 时间分配（学时） |
|---|---|---|---|
| 四 | 明大德：借鉴人类文明优秀道德成果 | 知识目标：<br>1. 掌握人类文明优秀道德成果的发展因素。<br>2. 明确借鉴和吸收人类文明优秀道德成果的缘由。<br>技能目标：学会借鉴和吸收人类文明优秀道德成果的方法。<br>素质目标：<br>1. 批判性思考的观点。<br>2. 形成团队合作的职业精神。 | 1 |
| 五 | 守公德：社会主义道德的核心与原则 | 知识目标：<br>1. 深刻理解社会主义道德的核心：为人民服务的科学内涵。<br>2. 把握好集体主义原则的意义。<br>技能目标：能有效践行社会主义道德。<br>素质目标：增强在专业岗位中的服务意识、集体意识。 | 2 |
| 六 | 守公德：做有德性的人 | 知识目标：深刻理解社会主义公德、职业道德的基本内涵。<br>技能目标：讲社会公德、扬职业道德，争做行业标杆。<br>素质目标：争做有德性的人，养成公德意识，传承劳模精神。 | 2 |
| 七 | 严私德：个人品德与提升 | 知识目标：理解个人品德的含义与作用。<br>技能目标：懂得道德修养的正确方法。<br>素质目标：培养大学生高尚道德品格。 | 1 |
| 八 | 严私德：向上向善、知行合一 | 知识目标：掌握向模范学习、参与志愿服务活动和引领社会风尚等基本理论。<br>技能目标：懂得投身崇德向善的实践路径。<br>素质目标：培养学生团结合作、精益求精的职业道德品格。 | 2 |

### 2. 教学过程实施

| 教学环节：（1）课前——"导"而"学" | | |
|---|---|---|
| 教学内容 | 教师活动 | 学生活动 |
| 1. 课前两天，使用教学平台推送学习资源。内容有微课、在线视频、展馆参观等多种形式。<br>教案一：智慧职教。识德之源：道德的定义、起源、发展。<br>教案二：微课。传统美德的继承与弘扬。<br>教案三：识德之美。中国革命道德的主要内容。<br>教案四：中国大学MOCO。吸收借鉴优秀道德成果。<br>教案五：线上资源库。新时代公民道德建设实施纲要。<br>教案六：智慧职教。战役中的职场"雷锋"。<br>教案七：红色基因教学资源库。<br>教案八：学习慕课。儒家的修身之道。 | 通过混合式教学平台发布微课、视频、案例等多项学习信息，引导学生自主完成在线习题。 | 用手机或平板电脑接到教学平台后进行课前预习。 |
| 2. 设置每个教案不同导学内容的相关测试题，考查学生的课前预习完成情况。 | 实时督促学生完成线上测试或问卷调查，通过学生学习情况反馈及时调整难点分布，实现学生带着思考走进课堂的目标。 | 在教学平台完成测试题部分。 |
| 信息化教学技术和资源 | | |
| • 教学平台的使用<br>使用教学平台自动推送功能，课前，将预习内容推送到微信公众号上。学生可以立刻收到相关推送，利用自己空闲时间进行学习。 | | |

(续表)

| 教学环节:（1）课前——"导"而"学" |
|---|
| ● 微课视频<br>教师发布与课程内容相关的微课视频，让学生初步掌握教学知识点的内容。<br><br>**传承中国革命道德 赓续红色血脉**<br>——选自第五章《明大德守公德严私德》中第二节 吸收借鉴优秀道德成果 |

| 教学环节:（2）课中——"学"而"思" |||
|---|---|---|
| 教学内容 | 教师活动 | 学生活动 |
| 3. 首先根据学生课前预习测试结果，选取章节核心知识点、重点、难点及学生关注点设置问题，从易到难，将问题转化为任务驱动模式，以"问题链"推动教学进程，以下为教案中讲授的重点、难点部分。<br>教案一：如何理解道德的三大功能。<br>教案二：如何促进中华传统美德的创造性转化与创新性发展。<br>教案三：如何让红色基因血脉永续。<br>教案四：学会借鉴和吸收人类文明优秀道德成果的方法。<br>教案五：为什么要以为人民服务为核心。<br>教案六：劳模精神的时代内涵。<br>教案七：怎样提升个人品德。<br>教案八：投身崇德向善的实践路径。 | 对相关的知识点进行重点讲解；讲解环节围绕"提出问题-分析问题-解决问题"形成任务闭环，布置任务。 | 结合课前预习内容，同时思考问题。 |
| 4. 利用VR展馆开展情境教学，利用立体空间，激发学生的学习兴趣，引发学生的思考。具体VR展馆及相关教学资源库如下：<br>教案一：美德善行展示馆。<br>教案二：道德馆全景展厅。<br>教案三：中央红军长征出发地纪念馆。<br>教案四：敦煌数字展馆。<br>教案五：雷锋VR纪念馆。<br>教案六：劳模VR展馆。<br>教案七：红色基因教学资源库；<br>教案八：红色基因教学资源库。 | 组织学生以小组为单位进行合作式探究教学，让问题讲解和VR技术完美融合，以达成教学目标。 | 学生利用手机和VR眼镜"置身其中、自主学习"浸入式进行学习，尝试理解教学中的重点、难点。 |

(续表)

| 教学环节：（2）课中——"学"而"思" |
|---|
| ● VR 展馆的使用：<br>利用 VR 构建情境，让学生立体感受"明德——知德——行德"，以新颖的教学形式让学生感受德之美。 |

| 教学环节：（3）课中——"思"而"论" |||
|---|---|---|
| 教学内容 | 教师活动 | 学生活动 |
| 教师讲解后，根据重点、难点及"问题链"的内容，采用弹幕进行案例小组讨论；采用"对分易"话题设置给学生讨论、发表观点。部分讨论案例话题如下：<br>教案一<br>（1）中西方关于道德的不同派别观点辨析。<br>（2）在马克思主义道德观之前，关于道德起源观点存在的缺陷。<br>（3）现实生活中道德功能的具体体现。<br>教案二<br>（1）在新冠肺炎疫情下，中国人崇尚什么样的英雄，英雄传承了什么样的中华美德。<br>（2）作为高素质职业技术人才还需要发扬那些中华传统道德？<br>教案三<br>（1）是什么样的精神力量使得我们能够在这场抗击疫情中取得阶段性的重大胜利？<br>（2）学生分享抗击疫情中的案例故事，感受中国革命道德的时代传承。<br>教案四<br>寻找古今中外感人的道德故事，体会人类文明优秀的道德故事。<br>教案五<br>（1）为什么他们是"最美"的人？<br>（2）我们应该拥有怎样的道德力量？<br>（3）什么是社会主义道德的核心？<br>教案六<br>（1）市场的交换可以实现资源的有效配置，并促进社会合作，完全无须道德的参与。你赞同吗？<br>（2）搜索不良商家的"毒产品"系列。<br>教案七<br>（1）新时代大学生道德发展存在的问题。<br>（2）新时代大学生如何提升个人品德。<br>教案八<br>第七届全国道德模范颁奖典礼有哪些榜样值得我们学习？ | 教师根据弹幕和话题讨论内容进行点评，以及观点解读。 | 学生带着问题进行讨论，小组之间阐述自己对理论、案例、观点的理解。 |

(续表)

| 信息化教学技术和资源 |
| --- |
| ● 弹幕及讨论区的使用：<br>教师根据重点、难点设置问题，学生利用弹幕及讨论区进行讨论，通过不同观点的碰撞产生思想火花。 |

教学环节：（4）"论"而"行"，布置道德践履任务

| 教学内容 | 教师活动 | 学生活动 |
| --- | --- | --- |
| 1. 梳理总结知识点，评价学生表现。<br>2. 通过教学课程平台布置学生以小组为单位协同合作完成实践任务，让理论走向实践，知识化为力量，在参与实践活动的过程中，逐步实现"知行合一"。<br>教学实践部分任务如下：<br>（1）在全民抗击疫情的过程中，身边有哪些令人感动的好人好事？<br>（2）志愿服务已经成为学生成长成才的重要舞台。请学生结合所读专业，思考可以做哪些志愿活动？ | 批量下载作业文件，对学生道德践履相关作业进行评价。 | 学生完成教学评价及教师布置的作业，并将作业提交到网络课程平台。 |

| 信息化教学技术和资源 |
| --- |
| ● 网络课程平台 |

| 20204707112 | 李霆钧 | 已完成 2020-11-18 11:06 | 24分钟 | 80分 | 重做 查看 |
| --- | --- | --- | --- | --- | --- |
| 20204707113 | 陈翀 | 已完成 2020-11-18 10:49 | 3分钟 | 80分 | 重做 查看 |
| 20204707114 | 姜皓文 | 已完成 2020-11-18 16:12 | 2分钟 | 100分 | 重做 查看 |
| 20204707115 | 叶韵妍 | 已完成 2020-11-18 18:21 | 2分钟 | 100分 | 重做 查看 |
| 20204707116 | 翁敏 | 已完成 2020-11-18 18:21 | 3分钟 | 100分 | 重做 查看 |
| 20204707117 | 伍筱佟 | 已完成 2020-11-18 11:37 | 5分钟 | 90分 | 重做 查看 |
| 20204707118 | 吴泽涛 | 已完成 2020-11-19 08:16 | 1295分钟 | 100分 | 重做 查看 |
| 20204707119 | 谭绮静 | 已完成 2020-11-18 11:11 | 25分钟 | 100分 | 重做 查看 |
| 20204707120 | 张紫晴 | 已完成 2020-11-18 11:58 | 5分钟 | 100分 | 重做 查看 |
| 20204707121 | 潘泳欣 | 已完成 2020-11-18 12:01 | 78分钟 | 100分 | 重做 查看 |

传承劳模精神，从即刻出发

发布人：　　发布时间：2021-11-29 17:21　　报名截止时间：2021-12-06 17:20　　报名人员信息：不公开

我要报名　　导出已报名名单

活动详情　　报名参加人员(0人)

线上采访毕业生，做好采访准备；
服务身边的劳模，感悟生命的精彩。

(续表)

| 教学环节：(5) 课后扩展 | | |
|---|---|---|
| 教学内容 | 教师活动 | 学生活动 |
| 教师根据学生课堂表现，列出课后拓展相关参考书籍、问题、案例，便于学生课后学习提升。<br>课后拓展部分内容如下：<br>教案一：罗国杰：中国传统伦理道德和西方传统伦理道德的比较. 伦理学探索之路[M]. 北京：首都师范大学出版社，2017:297-314。<br>教案二：习近平：在纪念孔子诞辰 2565 周年国际学术研讨会暨国际儒家联合会第五届会员大会开幕会上的讲话。<br>教案三：习近平：弘扬伟大长征精神就，走好今天长征路.习近平谈治国理政（第二卷）[M].北京：外文出版社 2018；47-58。<br>教案四：2019 年习近平在第二届"一带一路"国际合作高峰论坛记者会上的讲话。<br>教案五：我们身边那些最美的人。<br>教案六：全国劳模网上展馆。<br>教案七：习近平：在北京大学师生座谈会上的讲话 青年要自觉践行社会主义核心价值观。<br>教案八：习近平：习近平回信勉励北京大学援鄂医疗队全体"90后"党员。 | 利用微信公众号推送课后拓展的资源内容。 | 利用微信公众号平台等对学有余力的学生进行知识点拓展，并通过微信平台与学生交流，解决学生困惑的问题。 |
| 信息化教学技术和资源 | | |
| • 微信公众号：提供课后小结内容和扩展学习的相关资源链接。 | | |

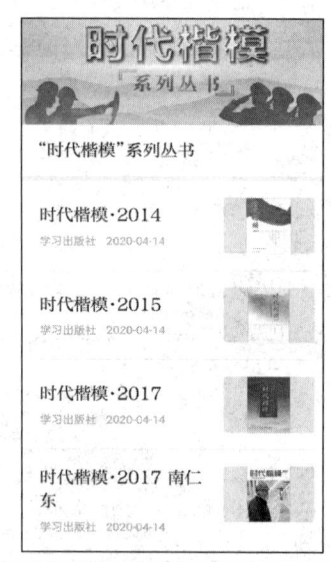

### 7.2.5 教学效果

教师安排设计讨论性、互动性强的学习任务，以任务驱动学生自主学习、团队协同，从"问题链"推动形成"学习链"，融合世界、国家、社会、生活、学习时政案例，在理论与实践学习中直达教学目标，学生满意度高，教师能较好完成教学任务。

**1. 依托数字资源平台，多元化渠道传递知识，助力重难点问题把握，实现知识目标**

数字资源平台内容丰富：学习强国、VR 线上展馆、微课库、案例库、App 库，学校自主购买的名校精品在线开放课等，均免费向学生开放。运用网络投票、在线测试等信息化方式活跃课堂氛围，多元化渠道传递知识，全方位提升学生学习的主动性，激发学生参与课堂的积极性，深化学生对教学重点、难点的掌握，教学效果显著。调查数据显示：学生在对分易平台上的"在线练习"第五章《明大德守公德严私德》测试的完成率达到 100%，平均分数达到 80 分，说明学生对教学重点、难点把握得很好。如图 7-2-9 所示。

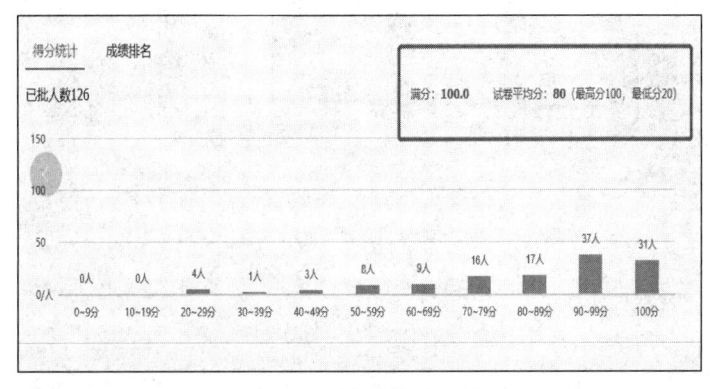

图 7-2-9　成绩数据汇总

**2. 推动"问题链"教学方式，任务驱动教学活动，提升学生自主学习能力，实现技能目标**

以"问题链"贯穿混合式平台，层层剖析从易到难的问题，拓展"教与学"的宽度与广度，课前学生自主学习，完成项目准备环节及完成课前检测。在任务实施过程中，将问题线索转换为任务线索，教师分解教学任务，学生在逐步完成任务的过程中，实时评分、反馈、修改，解决教学重点、难点；学生在团队合作、课堂讨论、分享总结中突破教学重点、难点，充分掌握素质目标所要求的内容。在后测环节，教师了解学生掌握知识的情况，开展针对性指导，大大提高教学效率和学习效果。学生的学习积极性、全面发展、自主学习能力、学习参与度、道德明辨能力、团队合作精神均有各个层面的提高，技能目标达成。如图 7-2-10 和图 7-2-11 所示。

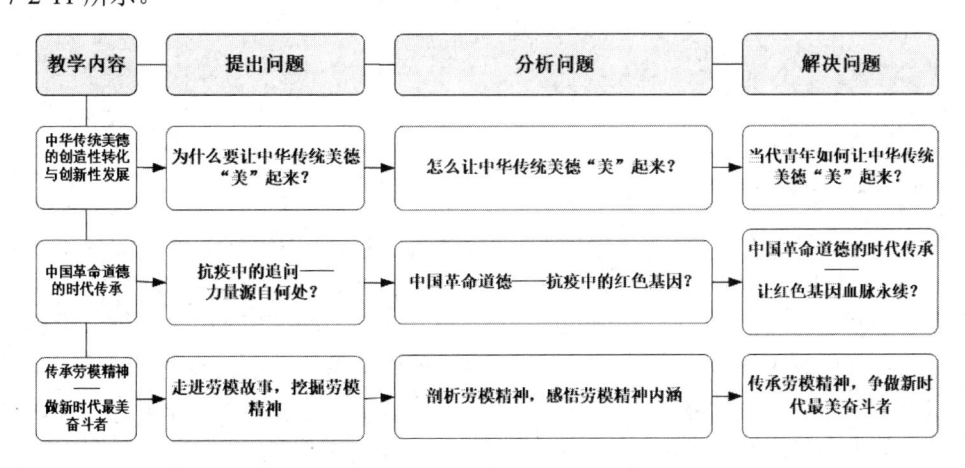

图 7-2-10　"问题链"贯穿教学过程

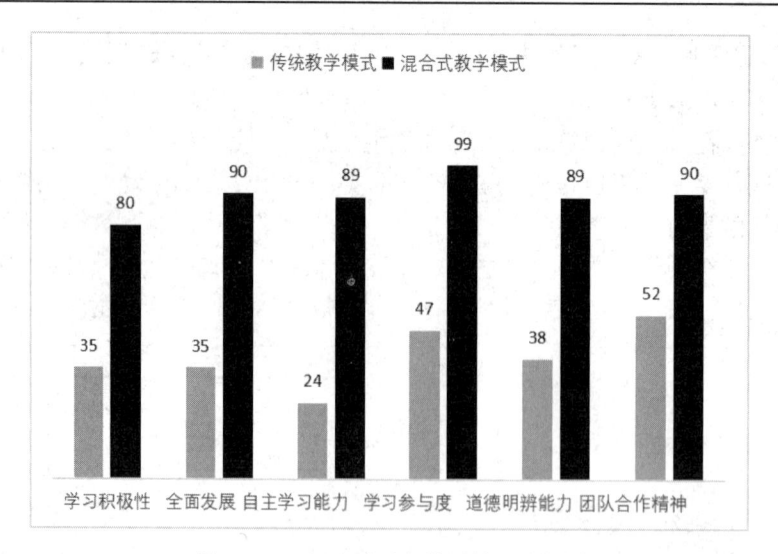

图 7-2-11　混合式平台使用效果分析图

### 3. 坚持"以学生为中心",德育理论与实践并行,最终实现素质目标

坚持"以学生为中心",不断增强学生的"获得感"。通过课前任务驱动、问题导入,以及学生反馈学习感受及需求,教师能够及时掌握反馈更新教学模式和手段,调整教学策略,优化课中教学效果。教学实施后,经过综合评价的问卷调查,学生"大德""公德""私德"等均有不同程度的提升,素质目标达成。如图 7-2-12 所示。

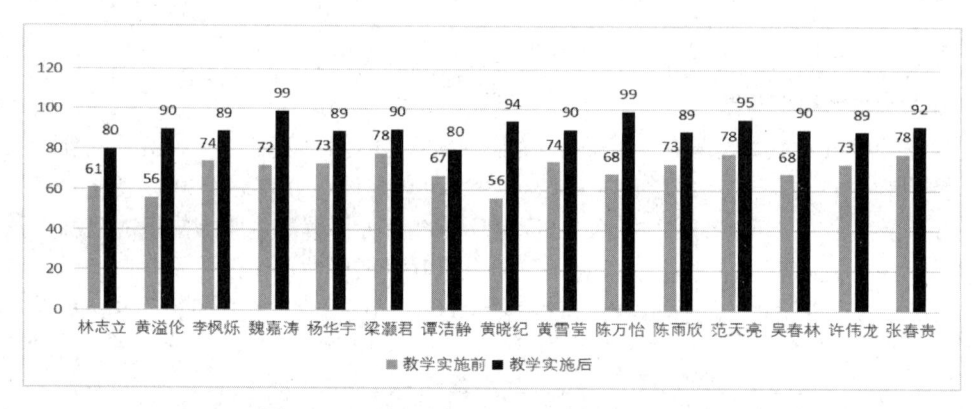

图 7-2-12　教学实施前后学生德育情况调查表

## 7.2.6　特色与创新

### 1. 充分利用优质共享教学资源,提升教学效果

新型冠状病毒肺炎疫情期间,充分利用"活素材"整合教学内容,如学习强国、人民网公开课、学校购买的一百门优质通识课程、共享思政金课、教学资源库,拓展学生学习资源,优化教师教学模式与方法,强化学生学习体会与感悟,以"问题链"的方式推动学生在任务设置和任务破解中的自主学习,帮助学生建构理论知识体系、实践知识体系、素质知识体系,鼓励学生从历史的深度、社会的广度、生活的温度思考道德的理论知识,从而切实提高课堂学习效率,并为后续学习打下坚实的基础。如图 7-2-13 所示。

图 7-2-13　优质教学资源库

### 2. "学""思""论"结合，巧妙化解学习重难点

将课前任务、教学目标、教学内容与"对分易平台""课堂派平台"、校级精品在线课程等网络资源平台的信息化手段进行融合设计，将过程性评价融入课堂教学中的"学""思""论"环节，创设学生展示的平台和机会，构建无缝对接的教学讨论空间，充分发挥以教师为主导、以学生为主体的"教与学"能动性，推动解决教学重点、难点，实现有效教学。

### 3. 教学内容与专业学习相结合，推动思政课程与课程思政有效融合，强化立德树人功能

本课程设计将思政课程知识点与学生专业背景相结合，使思政课教学能够针对不同专业学生进行针对性的理想信念教育、职业道德培养，将专业教育与思政教育紧密结合，推动学生形成专业化的道德品质，提高学生的专业素养和职业精神。通过运用学习行为评估表和结果行为评估，深入传授"德"之理论，不断落实"德"之实践，培养学生自主学习、团队协作、解决问题的能力，促进学生做到明德惟馨、道德践履。

## 7.2.7　参赛教师感悟

我从事教学到今天已经有差不多 10 年的时间，每次备课都力争让自己在教学上有"新"突破。但是，学生年龄越来越小，学生既存在"拔节孕穗期"的人生困惑，也存在思想灌输存在的逆反性心理；另外，国家从顶层设计对"如何办好新时代下的高职思政课"也有"高"的要求。2019 年 8 月中办、国办颁发《关于深化新时代学校思想政治理论课改革创新的若干意见》和 2020 年 1 月，教育部颁发《新时代高等学校思想政治理论课教师队伍建设规定》分别对思政课课程发展、教师的要求提出了高定位、高要求。为破解教学"一灌输就逆反"的困局，提升学生对理论学习的兴趣，"信息化教学"的尝试是让思政课教学取得实质性成效的关键。从网络教学平台、校级精品在线课程、微课的系列摸索，以问题链贯穿教学的全过程，让理论的逻辑激活学生深化教学，实现线上与线下、思政与专业、理论与实践"三融合"OBE 教学目标，即"三度原则创新课堂"：价值尺度——构建互联网+思政话语的云端平台、情感温度——打造职业+德育的有温度的课堂、道德向度——贯彻立德树人与 OBE 理念的融合。在引导学生穿越"思想的障碍"的过程中，学生以主人翁的角色参与到思政课的学习过程，信息化教学也打造了线上线下、课内课外全天候、全覆盖的"流动的思政课堂"。2020 年，我作为主要负责人参赛，幸运获得了省赛一等奖的成绩，主要有三

点感想：一是因重视而砥砺前行，我校领导高度重视教学能力比赛，从校赛到省赛，从政策方针的解读、数字资源的开发到各部门的协调配合都相当好，今年比赛还专门引入了校外专家的指导；二是因热爱而前行。参加比赛的"初心"归根还是为了破解思政课教学的难题，团队每个成员都心怀思政课教师的使命备赛，尽可能展现自己多年教学积累的宝贵经验，用理论的逻辑破解教学中的重难点问题；三是因团结而坚持。"一个人走得更快，一群人走得更远"，八个月的备赛过程，所有成员不怕苦、不怕累、共同进退，一遍遍反复"打磨"作品。我们都相信教学比赛不是结束，而是一场宝贵的经历。我们将继续在高职思政课改革创新的历程中继续前行。

## 7.3 2020 年广东省省赛专业课程一组一等奖作品《长尾客户盘活的 3T 法则》——张乖利、莫琳、薛宇辰、李小杭

### 7.3.1 案例展示

案例展示如图 7-3-1～图 7-3-6 所示。

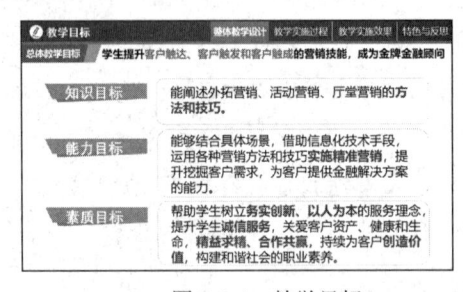

图 7-3-1　教学目标

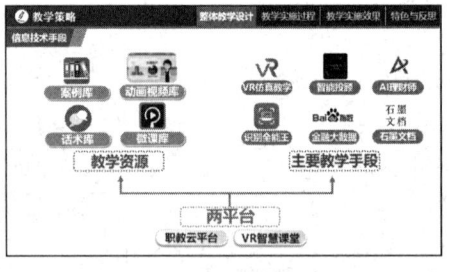

图 7-3-2　教学策略

图 7-3-3　具体教学过程一

图 7-3-4　具体教学过程二

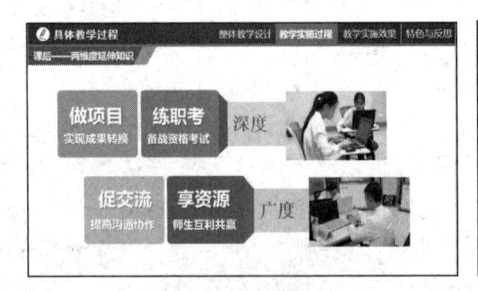

图 7-3-5　具体教学过程三

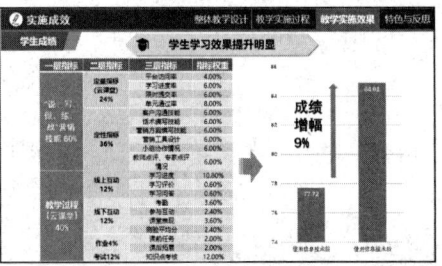

图 7-3-6　实施成效

## 7.3.2 专家评价

"实施普惠金融,守护客户资产,构建和谐社会",该作品选取金融产品营销实务为教学内容,关注民生,课程内容与思政融合,体现了高职教育的特点;采用任务驱动教学策略,结合金融营销的实战场景进行案例分析、情景教学和实操演练,激发学习动机与潜能;合理应用人工智能、大数据、VR 等信息技术实施课堂实操教学,突破教学重点、难点,提升教学效率和教学效果。

## 7.3.3 教学分析

### 1. 教学背景

手机互联时代的银行网点门可罗雀。如何吸引客户到访并现场促成客户成为银行营销的新挑战。课程组通过网点调研和客户走访,总结出盘活长尾客户的 3T 法则。如图 7-3-7 所示。

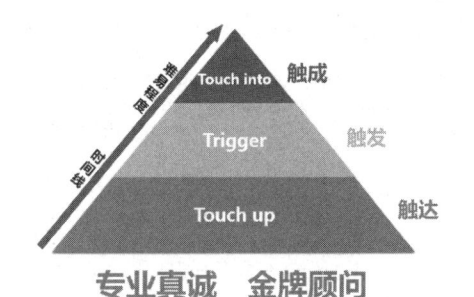

图 7-3-7 3T 法则

### 2. 学情分析

本课程的授课对象是国际金融专业三年级学生,他们已经掌握了金融基础、国际金融、证券和外汇投资与分析的相关知识,正处在对专业知识强化实践技能训练的阶段。他们有理论学习的基础,但缺乏金融营销的实战经验。作为"90 后",他们善于接受新的学习方式,思维活跃、动手能力强,渴望表现自己。但是,还需要进一步提高他们的实战演练能力和团队协作能力。学生希望教师提供自主探究的平台,渴望通过自主学习和团队协作掌握实战营销技能。学情分析如图 7-3-8 所示。

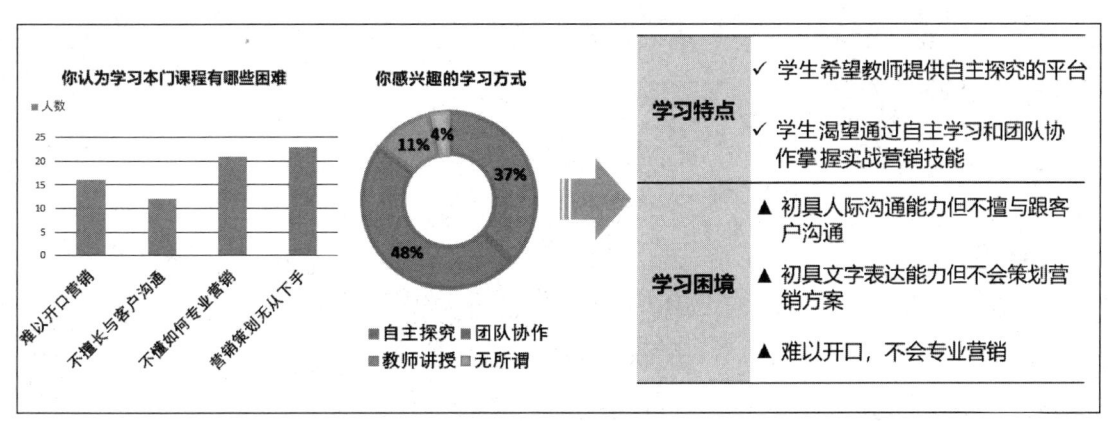

图 7-3-8 学情分析

### 3. 教学目标

根据教学背景和学情分析，梳理出知识目标、技能目标和素质目标如表 7-3-1 所示。

表 7-3-1 教学目标

| 知识目标 | 技能目标 | 素质目标 |
| --- | --- | --- |
| • 理解走出去触达客户、线上线下联动的方法<br>• 理解网点场景设计及活动营销的流程和方法<br>• 理解厅堂营销六步法逐层递进的流程和方法 | • 掌握外拓营销、活动营销及厅堂营销的方法和技巧<br>• 掌握金融产品营销话术和方案编写、营销工具制作、开口营销、金融解决方案制定的方法和技巧 | • 务实创新，以人为本<br>• 诚信服务，加强沟通与协调能力<br>• 具备团队合作精神<br>• 合作共赢，持续为客户创造价值 |

### 4. 教学重点、难点

教学重点：懂方法，系统地掌握外拓营销、活动营销、厅堂营销的营销技巧和实施要点。

教学难点：能应用，基于客户需求结合具体场景实施精准营销，通过强化金融产品营销的说、写、做、练、战等专业技能来解决教学重点，突破教学难点。

## 7.3.4 教学设计

### 1. 总体教学设计

依据国际金融三年制大专人才培养方案和"金融产品营销"的课程标准，结合银行从业资格考试内容和 AFP 执业标准，对"金融产品营销"的课程内容进行了提升、扩展和补充。本课程主要围绕金融产品营销实务部分，按照金融实战营销流程，依次实施"外拓营销触达客户（4学时）——活动营销触发客户（2学时）——厅堂营销触成客户（10学时）"三个模块教学，共 16 学时。教学内容如图 7-3-9 所示。

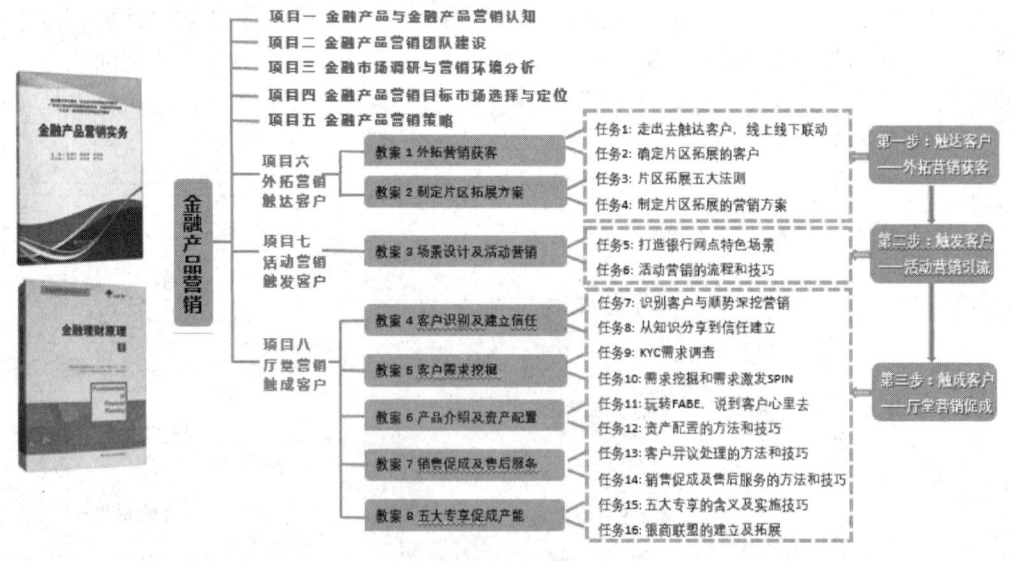

图 7-3-9 教学内容

## 2. 教学单元设计

| 教学模块 | | 教学内容 | 教学目标 | 时间分配（学时） |
|---|---|---|---|---|
| 一、触达客户外拓营销获客 | 1. 走出去触达客户，线上线下联动（90 min） | （1）创设情境，引入新知。小组代表上台分享课前调研情况，引发学生思考，如果客户不来网点，那么我们该怎么办？（10min）<br>（2）情景演练，线下获客。借助 VR 仿真教学，引导学生观摩不同场景下特色客户触达的流程和话术，总结出线下触达的技巧，即客户在哪我在哪。（15min）<br>（3）App 辅学，线上获客。借助"招商银行掌上生活"App 引导学生体验在线获客的流程和技巧；使用 MAKA 设计制作海报在线吸引客户，突破教学重点。（20min）<br>（4）案例教学，熟悉流程。通过对某银行网点片区拓展的案例分析，引导学生讨论片区拓展的流程和实施要点（15min）。<br>（5）操作演示，片区划分。借助"百度地图"App 划分片区作战地图，并结合"贝壳找房"App 搜集网点周围客户信息（10min）。<br>（6）打磨优化，客户画像。引导学生借助石墨文档协作完成网点周围客户画像分析表并反复修改和打磨；借助百度指数挖掘客户的潜在需求，为制定片区拓展营销方案做准备（20min）。 | （1）知识目标：能够阐述线上线下联动，触达客户的方法和片区拓展的营销思路、步骤、流程和实施要点。<br>（2）能力目标：能够整合银行的线上线下渠道，快速触达客户；熟练绘制片区作战地图，完成客户画像分析表。<br>（3）素质目标：培养学生以客户为中心的职业素养，主动外拓营销的服务意识、分工合作的专业技能和严谨专注的工匠精神。<br>教学重点：掌握触达客户、线上获客的方法和技巧。<br>教学难点：绘制片区作战地图，完成客户画像分析表。 | 2 |
| | 2. 制定片区拓展的营销方案（90min） | （1）小组分享，引出新知。教师点评各组分享的片区拓展五大法则的相关案例，发现学生已理解借势立项、多维传递的含义及应用，引导学生继续学习弱圈围网、蓝图吸引和借力标新三大法则。（10min）<br>（2）案例教学，运用法则。分发案例汇编活页，分享弱圈围网、蓝图吸引和借力标新的营销案例，引导学生讨论并总结，即运用片区拓展五大法则策划片区拓展方案的关键点（15min）。<br>（3）策划方案，反复打磨。教师分享《银行高端客户养生活动营销方案》，引导学生讨论制定网点片区拓展营销方案。小组互评，教师点评，修改完善片区拓展方案（20min）。<br>（4）连线专家，远程指导，引导学生借助石墨文档协作修改完成片区拓展方案（10min）。 | （1）知识目标：能举例说明片区拓展五大法则的含义及其在营销中的应用。<br>（2）能力目标：运用五大法则围绕片区特定客群制定片区拓展的营销方案。<br>（3）素质目标：培养学生主动拓客，务实创新的职业素养和精益求精的工匠精神。<br>教学重点：理解并举例说明片区拓展五大法则在营销中的应用。<br>教学难点：运用五大法则围绕片区特定客群制定片区拓展的营销方案，并能因地制宜地实现线上线下共同拓客。 | 2 |

（续表）

| 教学模块 | | 教学内容 | 教学目标 | 时间分配（学时） |
|---|---|---|---|---|
| 一、触达客户外拓营销获客 | 2．制定片区拓展的营销方案（90min） | （5）提炼打磨，方案优化。明确片区拓展的重要客户、营销主题及实施计划（15min）。<br>（6）借力标新，线上拓客。创设情景，组织学生讨论：疫情期间客户无法来网点，如何实施片区拓展？指导学生讨论线上拓客的形式和方法并策划线上拓客的营销方案（20min）。 | | |
| 二、触发客户活动营销引流 | 3．网点场景设计及活动营销触发客户（90min） | （1）VR仿真教学，设计场景。分享亲子客户场景营销的案例，引导学生思考如何吸引客户并留住客户？借助VR技术，带领学生体验智慧银行的特色场景设计技巧；引导学生分组针对老年客群和商贸客群讨论网点特色场景设计，并协作编写网点场景设计策划表，总结提炼网点设计场景的网球（求）场模型。（10min）<br>（2）App辅学，制作场景。教师示范，指导学生借助"MAKA设计软件"设计制作网点特色场景（15min）。<br>（3）案例教学，场景营销。分享网红网点场景营销的案例，引导学生一起制作网点热销产品营销工具，吸引客户了解和关注网点特色场景及活动（20min）。<br>（4）头脑风暴，策划活动。引入客户投资被骗的事实，引发学生思考，如何策划并实施网点活动，教师总结活动营销的流程。分享老年人广场舞大赛的活动营销案例，引导学生讨论如何策划吸引不同客户参加的特色活动（15min）。<br>（5）案例教学、活动实施。分享亲子客群活动营销案例，总结活动前邀约客户、活动中激发客户和活动后跟进客户的话术和技巧。（20min）<br>（6）专家指导，打磨活动营销方案，引导学生讨论和修改营销方案。（10min） | （1）知识目标：能够阐述网点特色场景设计的思路、流程和实施要点；能阐述活动营销的流程及实施技巧。<br>（2）能力目标：能够应用场景设计的实施要点针对特定客群设计并制作网点特色场景；能针对网点特定客群策划并实施网点营销活动。<br>（3）素质目标：培养学生开放创新、精准营销的职业素养和务实严谨的工匠精神。<br>教学重点：能举例说明网点场景设计的思路、流程和实施要点；能举例说明活动营销的流程及实施技巧。<br>教学难点：应用场景设计实施要点针对特定客群设计并制作网点特色场景；针对网点特定客群策划并实施网点营销活动。 | 2 |
| 三、触成客户厅堂营销促成 | | （1）小组分享，引出新知。各小组代表上台分享厅堂客户识别和知识营销的相关案例，教师点评，总结"ABCD+5G"时代网点识别有价值客户的意义和流程；引出与客户建立信任的流程；引出与客户建立 | | |

（续表）

| 教学模块 | | 教学内容 | 教学目标 | 时间分配（学时） |
|---|---|---|---|---|
| 三、触成客户厅堂营销促成 | 4．客户识别及建立信任（90min） | 信任的流程：情感交流是前提，知识分享是关键，建信任是结果。（10min）<br>（2）情景演练，识别客户。通过角色扮演示范客户进门时的识别判断-MADP法则，借助"人工智能App"识别全能王精准、快捷地识别客户外观特征；客户咨询时的识别判断——话术演练；客户等候时的识别判断——观、听、看、问。（15min）<br>（3）案例教学，顺势营销。引导学生演练接待客户时如何采用一句话营销话术挖掘客户需求并精准营销；腾讯会议连线专家，对学生编写的顺势营销话术进行点评并指导学生讨论和修改（15min）。<br>（4）话术编写，知识分享。案例分析，总结知识分享的四妙招：客群经营、信息编写、海报制作和线上沙龙。指导学生编写知识分享短信，并将其制作成图文并茂的海报（15min）。<br>（5）情景演练，微信传播。案例分析，总结知识营销微信传播的方法和技巧；指导学生编辑知识分享短信并通过微信朋友圈传播。（20min）<br>（6）总结提炼，巩固升华。引导学生运用思维导图总结归纳不同状态下客户识别及顺势营销话术，对不同需求客户的知识分享话术进行梳理；指导学生修改、打磨营销话术和知识分享短信，培养学生主动积极和客户沟通的职业素养和时刻为客户着想的工匠精神。（10min） | （1）知识目标：能阐述银行客户识别的MADP法则并熟练使用客户识别话术；能阐述知识分享的短信编辑和微信传播的方法和技巧。<br>（2）能力目标：运用客户识别的方法和顺势深挖技巧营销到访客户；运用知识分享短信编辑和微信传播方法和技巧开展知识营销。<br>（3）素质目标：培养学生主动积极和客户沟通、主动关心客户的职业素养和时刻为客户排忧解难的专业技能。<br>教学重点：能举例说明银行客户识别的MADP法则；能举例说明知识分享的短信编辑和微信传播的方法和技巧。<br>教学难点：能运用客户识别的方法和顺势深挖技巧营销到访客户；能运用知识分享的短信编辑和微信传播的方法和技巧开展知识营销。 | 2 |
| | 5．客户需求挖掘（90 min） | （1）案例导入，引入新知。结合动画视频开展案例教学引出KYC需求调查模型和SPIN需求挖掘模型的内容（10min）。<br>（2）情景演练，熟悉KYC话术。组织学生头脑风暴讨论KYC话术，利用VR仿真教学，引导学生两两一组在创设场景下进行KYC话术情景演练，理解KYC话术模式（15min）。<br>（3）App辅学，编写KYC话术。引导学生根据配音秀App中特定场景设计对白，编写KYC话术并对学生编写的话术进行个性化指导和点评（20min）。 | 1．知识目标：能阐述KYC需求调查模型和SPIN需求挖掘模型的内容。<br>2．能力目标：能够运用KYC模型了解客户的基本信息和投资信息；能够编写并运用SPIN话术挖掘客户的需求。<br>3．素质目标：培养学生以客户为中心的职业素养、持续搜集客户信息的职业习惯及务实严谨的工作态度。 | 2 |

(续表)

| 教学模块 | | 教学内容 | 教学目标 | 时间分配（学时） |
|---|---|---|---|---|
| 三、触成客户厅堂营销促成 | | （4）小组探究，熟悉 SPIN 话术。分析《卖拐》小品视频的 SPIN 话术，并分发案例活页，引导学生针对不同的场景（熟客、陌生客户等），灵活使用不同的 SPIN 话术挖掘客户需求。通过"Kahoot！"游戏提问并回顾 SPIN 模型的内容（20min）。<br>（5）小组探究，编写 SPIN 话术。创设特定场景，教师话术示范，引导学生对配音秀中的创设场景进行 SPIN 话术配音，使用石墨文档对配音秀中的对白进行修改，优化话术并继续配音（15min）。<br>（6）提炼打磨，优化话术。分发话术活页，并引导学生使用思维导图对不同场景下的 KYC 和 SPIN 话术进行打磨、优化。（10min） | 教学重点：能举例说明 KYC 分析模型的内容；能举例说明 SPIN 模型并熟悉 SPIN 话术。<br>教学难点：能在不同场景下运用 KYC 信息搜集话术；能针对不同场景灵活运用 SPIN 话术，并挖掘客户的需求。 | |
| | 6．产品展示及资产配置（90min） | （1）案例导入，引入新知。邀请学生上台分享 FABE 话术案例和客户信息搜集情况；播放视频动画案例，创设问题情景，引导学生总结 FABE 话术的使用方法（10min）。<br>（2）情景教学，分析话术。借助 VR 仿真教学，教师示范，并邀请学生一起开展情景演练，引导学生借助石墨文档讨论分析情景演练中 FABE 话术的使用技巧，通过点评和提问，总结 FABE 话术使用技巧（15min）。<br>（3）情景演练，编写话术。分发话术案例汇编，借助"配音秀"App，引导学生进行 FABE 话术演练，教师点评，分析各场景话术运用技巧；引导学生编写不同场景下的 FABE 话术（20min）。<br>（4）软件辅学，熟悉流程。通过操作演示，引导学生将课前搜集的客户信息录入"智盛个人理财专业实"训系统，运用风险属性评分法完成客户资产配置初步方案，引导学生总结风险属性评分法的实施流程和要点（15min）。<br>（5）实操体验，优化配置。借助"中国银行智能投顾"，操作演示引导学生根据客户风险属性及资产状况，为客户进行资产配置，匹配合适的产品组合（20min）。<br>（6）完善方案，总结提炼。个性化指导各组打磨优化资产配置方案；引导学生对本节课知识要点进行梳理和总结（10min）。 | （1）知识目标：能够举例说明 FABE 话术运用的方法和技巧；能够阐述风险属性评分法的实施流程和要点。<br>（2）能力目标：能够针对不同场景，运用 FABE 话术介绍产品；运用风险属性评分法，借助实操软件完成资产配置方案。<br>（3）素质目标：培养学生以客户为中心的服务意识及专业尽责的职业素养。<br>教学重点：能够举例说明 FABE 话术运用的方法和技巧；能够阐述风险属性评分法的实施流程和要点。<br>教学难点：能够针对不同场景，运用 FABE 话术介绍产品；运用风险属性评分法，借助实操软件完成资产配置方案。 | 2 |

(续表)

| 教学模块 | 教学内容 | | 教学目标 | 时间分配（学时） |
|---|---|---|---|---|
| 三、触成客户厅堂营销促成 | 7. 销售促成及售后服务（190min） | （1）学生分享，引入新知。邀请学生上台分享客户异议案例及其应对举措；教师进行点评并引导小组互评；播放动画视频引出新知：如何正确看待客户异议，异议是促成销售的机会（10min）。<br>（2）小组讨论，熟悉流程。分发案例活页，通过日常生活及保险行业的不同销售案例分析，引导学生熟悉 LSCPA 客户异议处理流程的五个环节；引导学生使用"职教云平台"分环节讨论 LSCPA 各环节方法和技巧；通过"Kahoot!游戏互动平台"提问并总结常用的异议处理方法和技巧（15min）。<br>（3）角色扮演，演练话术。借助 VR 仿真教学，教师专业话术示范，随后邀请学生进行话术演练，加深学生对 LSCPA 流程运用的理解；引导学生针对创设情景两两一组进行异议处理的话术演练，教师对学生角色扮演中设计的对白进行点评，提供个性化指导并给出修改建议（20min）。<br>（4）App 辅学，促成销售。通过日常生活及保险行业的不同销售案例分析，引导学生熟悉促成销售的技巧；借助 VR 仿真教学，教师专业话术示范，邀请学生进行销售促成话术演练，加深对销售促成话术的理解；教师上传情景视频素材至"配音秀"App 平台，学生借助 App 分组进行销售促成的话术演练；教师对学生的配音秀作品进行点评，并给出建议（15min）。<br>（5）实战演练，售后服务。播放动画视频，引出售后服务的重要性并讲解售后服务的内容；引导学生使用"职教云平台"讨论：针对不同的售后内容应采取怎样的方法和技巧；借助 VR 仿真教学模拟真实营销场景，教师专业服务示范，随后创设实战情景，引导学生两两一组进行话术演练（20min）。<br>（6）提炼打磨，优化话术。引导学生利用思维导图梳理不同场景下销售促成及售后服务的话术和技巧（10min）。 | | （1）知识目标：能阐述客户异议处理的方法和技巧，及时识别客户购买信号和促成销售的方法、售后服务的内容和方法。<br>（2）能力目标：能运用 LSCPA 流程针对特定场景化解客户异议；能够识别购买信号并运用销售促成话术促成销售；能有效实施售后服务，从而持续开发客户。<br>（3）素质目标：培养学生以客户为中心的服务意识及营销实战中转危为机、临场应变的工作思维；基于客户需求为客户提供解决方案及持续为客户创造价值的职业素养。<br>教学重点：能举例说明客户异议处理的方法和技巧；能举例说明促成销售的常用方法；能举例说明售后服务的内容和方法。<br>教学难点：针对不同场景灵活运用 LSCPA 流程化解客户异议；针对不同场景灵活运用促成技巧促成销售；学会使用售后服务的方法和技巧为客户持续创造价值。 | 2 |

(续表)

| 教学模块 | | 教学内容 | 教学目标 | 时间分配（学时） |
|---|---|---|---|---|
| 三、触成客户厅堂营销促成 | 8．五大专享促成产能（90min） | （1）案例导入，引入新知。邀请各组代表分享课前搜集的银行网点客户增值服务相关案例，教师点评并创设问题情景，引导学生思考银行如何给客户提供增值服务（10min）。<br>（2）情景教学，实操体验。借助"广发银行发现精彩"App，引导学生了解银行如何通过线上增值服务吸引客户；借助VR仿真教学，引导学生体验线下银行网点增值服务的应用场景；引导学生总结"五大专享"的服务理念和建设思路。（15min）<br>（3）小组协作，策划方案。以中老客群为例，示范借助百度指数，发掘中老年客群的生活需求，运用"五大专享"理念为客户提供增值服务；引导学生协作构思不同客群的银行增值服务方案并给予个性化指导。（20min）<br>（4）案例教学，熟悉流程。邀请各组分享课前搜集的银商联盟成功案例，并进行点评；分发银商联盟案例汇编，引导各小组讨论银商联盟的建设思路，用Xmind思维导图呈现；教师点评，引导学生总结银商联盟建设的实施流程。（15min）<br>（5）软件辅学，实战演练。引导学生思考有哪些手段可以了解客户生活需求；以中老客群为例，教师示范借助百度指数挖掘客户需求和喜好，然后借助"大众点评"App基于客户需求筛选合作商户，建立银商联盟，并总结技巧；引导各组学生针对不同客群，利用百度指数和"大众点评"App筛选合作商户，并讨论合作商户的筛选技巧；对各组实操演练进行个性化指导。（20min）<br>（6）总结提炼，效果呈现。呈现"长尾客户盘活的3T法则"学习效果和客户资产达标的营销业绩。（10min） | （1）知识目标：能够阐述"五大专享"服务理念及建设思路；能够阐述银商联盟的实施流程和技巧。<br>（2）能力目标：能够运用"五大专享"的服务理念，基于客户需求拓展银商联盟，为客户提供增值服务。<br>（3）素质目标：培养学生以客户为中心的服务意识和互利共赢的营销思维。<br>教学重点：能够阐述"五大专享"服务理念及建设思路；能够阐述银商联盟的实施流程和技巧。<br>教学难点：能够运用"五大专享"的服务理念，基于客户需求拓展银商联盟，为客户提供增值服务。 | 2 |

### 7.3.5 教学过程实施

**1．整体教学过程**

基于"以学生为中心"的教学理念，按照课前三部曲引导学习、课中六环节推动教学和课后两维度拓展知识、组织教学。在教学过程中创设教学情境，以案例、问题或营销场景导入教学，以营销任务驱动教学，充分利用现代信息技术，组织课堂讨论、学生协作和课后知识拓展，高效全面达成教学目标。如图 7-3-10 所示。

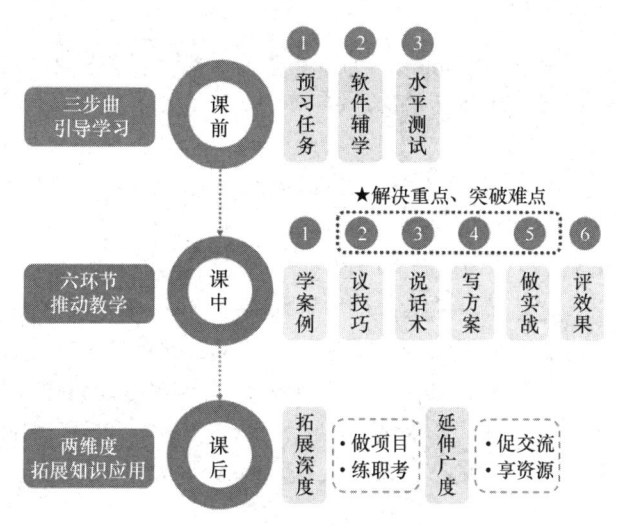

图 7-3-10 整体教学过程

### 2. 具体教学过程

本教学实施合理使用多种信息技术手段，有效激发学生学习动机和参与热情，经历"学、议、说、写、做、评"等六大教学环节，培养学生说（主动开口与客户沟通）、写（撰写营销话术和方案）、做（设计宣传海报和营销工具）、练（学生分组情景演练）、战（团队协作营销实战）等专业技能，最终达成教学目标，无缝对接金融岗位，学生走出校门即可专业服务金融客户。

课前——三部曲引导学习。借助"职教云平台"发布课前微课和学习任务，引导学生自学和收集客户信息；创设问题或场景，引导学生自主讨论，借助软件辅学，探寻解决方案，完成课前测试，达成知识目标并调整教学策略。

课中——六环节推动教学，巧妙运用多种信息技术手段和金融领域创新工具引导学生学案例、议技能、说话术、写方案、做实战、评效果，培养学生以客户为中心的职业素养和客户沟通、营销方案和话术撰写、营销工具设计和模拟营销实战等专业技能。

按照金融产品营销从先到后的时间线和从易到难的逻辑线，把 16 学时概括为金字塔模型，实施模块化教学、模型化总结，深化学生对营销方法和技巧的记忆、理解和应用。

第一模块：触达客户（Touch up）。走出网点，通过线上线下联动，多元化场景获客；借助信息化工具推动教学。解决教学重点：线上线下触达客户的方法和技巧，绘制片区作战地图，完成客户画像分析表；突破教学难点：完成线上线下片区拓展方案，并能因地制宜地实现线上线下同时拓客，培养学生主动关怀客户的职业素养、外拓营销的服务意识"客户在哪我去哪"及分工合作的职业技能和务实创新、精益求精的工匠精神。

第二模块：触发客户（Trigger）。通过活动营销引流客户到网点触发客户；设计"设计场景—制作场景—场景营销—策划活动—实施活动—提炼打磨"的六环节推动教学，解决教学重点：能举例说明网点场景设计的思路、流程和实施要点及活动营销的流程及实施技巧；突破教学难点：应用场景设计实施要点针对特定客群设计并制作网点特色场景；针对网点特定客群策划并运用具体流程实施网点活动营销。新型冠状病毒肺炎疫情期间，引导学生线上拓客，培养学生主动服务和关怀客户的职业素养和务实创新、精准营销的工匠精神。

第三模块：触成客户（Touch into）。通过搭建五大专享的增值服务体系促成客户。借助 VR 仿真教学使学生熟悉真实场景下的客户识别、知识分享、产品展示、客户异议处理、销售促成及售后服务的流程、话术和技巧；借助"识别全能王"协助客户识别，借助"百度指数"挖掘客户潜在需求；借助"配音秀"进行话术示范与演练，借助"AI 理财师"和"智能投顾"帮助学生掌握资产配置的方法和技巧；借助"大众点评""广发银行"App、"MAKA"设计软件和"区块链思维"基于客户需求筛选商户，搭建客户增值服务体系，实现达标专享促成产能，客户、商户和银行三方共赢；培养学生运用客户识别 MADP 法则、客户调查的 KYC 法则、需求挖掘的 SPIN 法则，产品展示的 FABE 法则，资产配置的风险属性法和标时间配置法、客户异议处理的 LSCPA 流程等实现销售促成的专业技能和换位思考、转危为机、诚信服务的职业素养、互利共赢的营销思维、实现营销技能即学即用，活学活用，为客户持续创造价值。三大模块教学实施过程如图 7-3-11 所示。

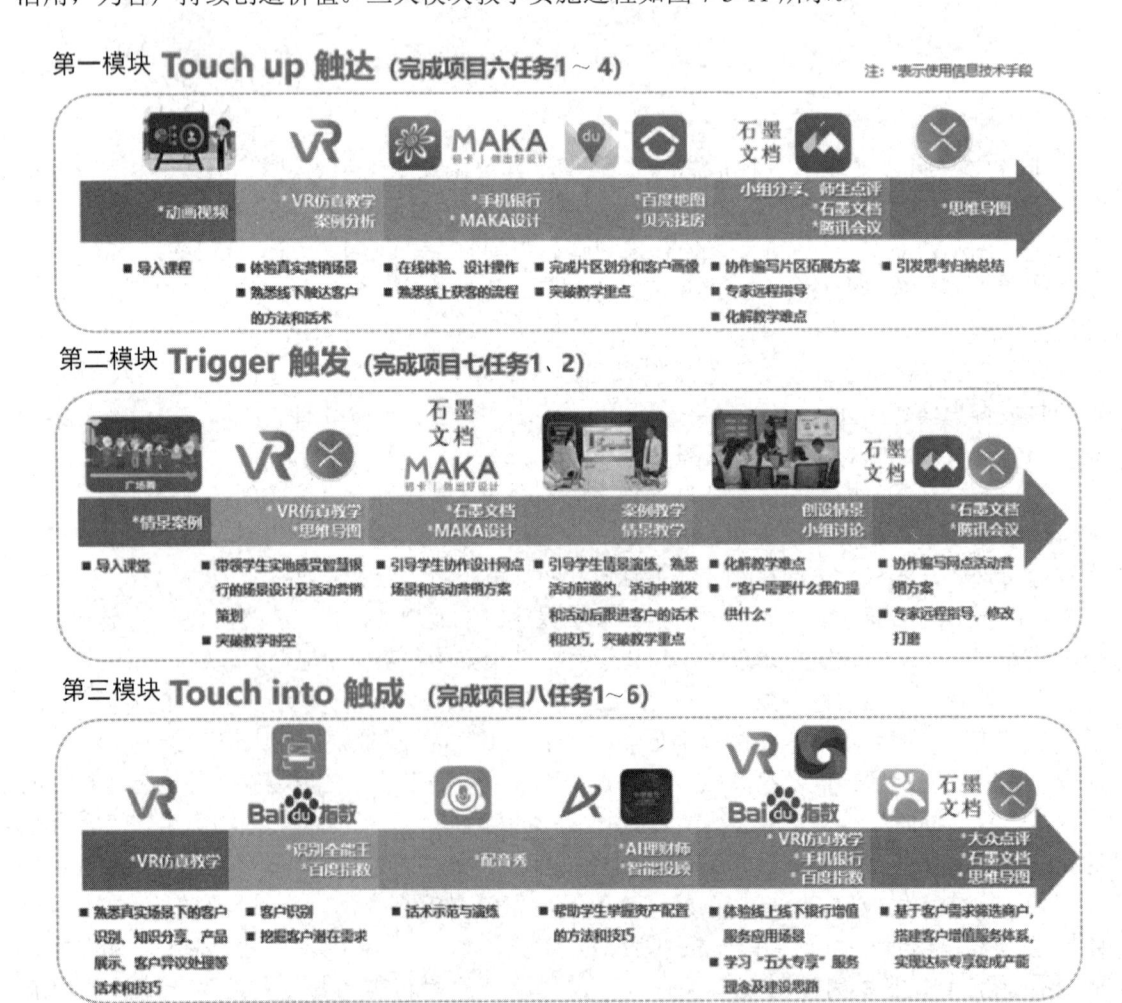

图 7-3-11　三大模块教学实施过程

在以上长尾客户盘活的模块化教学中,按照学、议、说、写、做、评六环节推动教学,具体实施过程如下:

环节一,学案例:通过看动画、学微课、评案例,教师引导学生上台分享心得,熟悉营销流程,学习营销示范,利用"普惠金融"践行社会责任。

环节二,议技巧:以任务为驱动,引导学生头脑风暴、集思广益;借助"识别全能王"精准识别客户特征,借助"百度指数"挖掘客户需求,分析营销技巧。

环节三,说话术:通过 VR 仿真教学,学生熟悉真实场景下的营销话术;应用"配音秀"演练话术,鼓励学生勇敢开口营销,有效解决教学重点。

环节四,写方案:借助"石墨文档",小组协作编写话术、方案,通过小组互评、教师点评、企业专家远程指导,反复修改打磨,培养精益求精的工匠精神,创意特色营销。

环节五,做实战:应用"百度地图"找准片区获客、"MAKA"设计制作营销工具、"AI理财师"智能获取产品信息、"智能投顾"掌握资产配置方法,有效突破教学难点,完成银行实战营销。

环节六,评效果:通过小组互评、教师点评、专家远程指导和在线实时动态评价,实现全程诊断、动态调整和因材施教。教学实施过程如图 7-3-12 所示。

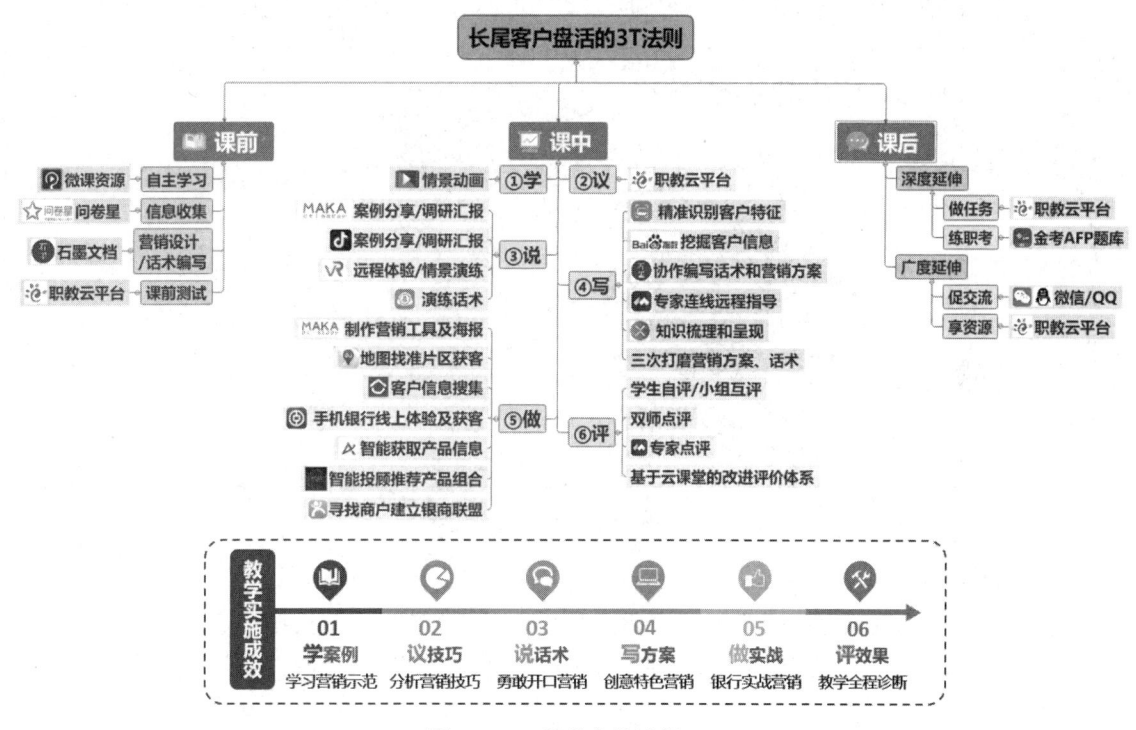

图 7-3-12 教学实施过程

课后——两维度拓展知识,通过"做任务、练职考、促交流、享资源"延伸知识的深度与广度,引导学生举一反三,实现知识的内化和迁移。

### 7.3.6 教学效果

在教学过程中,巧妙运用多种现代信息技术手段协助教师解决教学重点,突破教学难点，学生的学习兴趣更浓厚，课堂参与积极性更高，知识内化更深入，最终达成教学目标，教学效果显著提升。其中，营销工具设计技能提高 38%；资料收集技能、客户沟通技能和营销方案编写技能都提升了 25%。如图 7-3-13 所示。

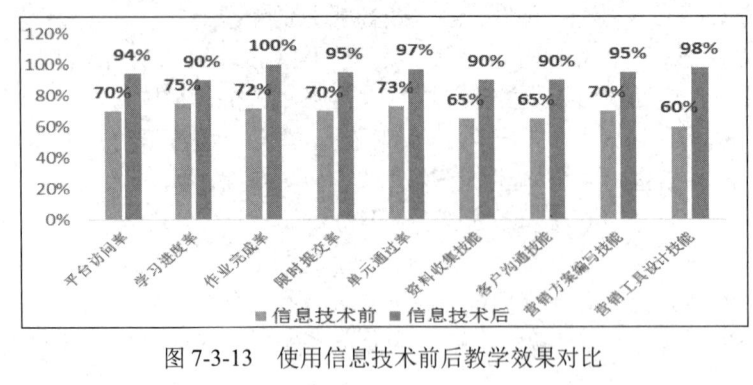

图 7-3-13　使用信息技术前后教学效果对比

### 1. 学生评教

学生对教师教学从教学态度（15%）、教学内容（35%）、教学方法（30%）和教学效果（20%）等方面进行评分，评教结果得到了 94.79 的高分，如图 7-3-14 所示。

图 7-3-14　教学评价结果

### 2. 学生成绩

AHP 评价系统从学生营销技能掌握情况（60%）和在教学过程中的表现（40%）两个一层指标进行综合分析，学生学习成绩明显提高，由原来的 77.72 分提高到 84.91 分，增幅约为 9.3%，如图 7-3-15 所示。

从学生的作业成果来看，设计的表现质量也有了明显提高，视觉表达效果突出的优秀作业数量增加了两成，作业成果同样也受到了企业人员的肯定。企业人员评价主要的优点在于设计成果更符合实际项目的需求，VR 成果的创新表达也得到了项目甲方的重视，能够更好地表达视觉仿真效果。

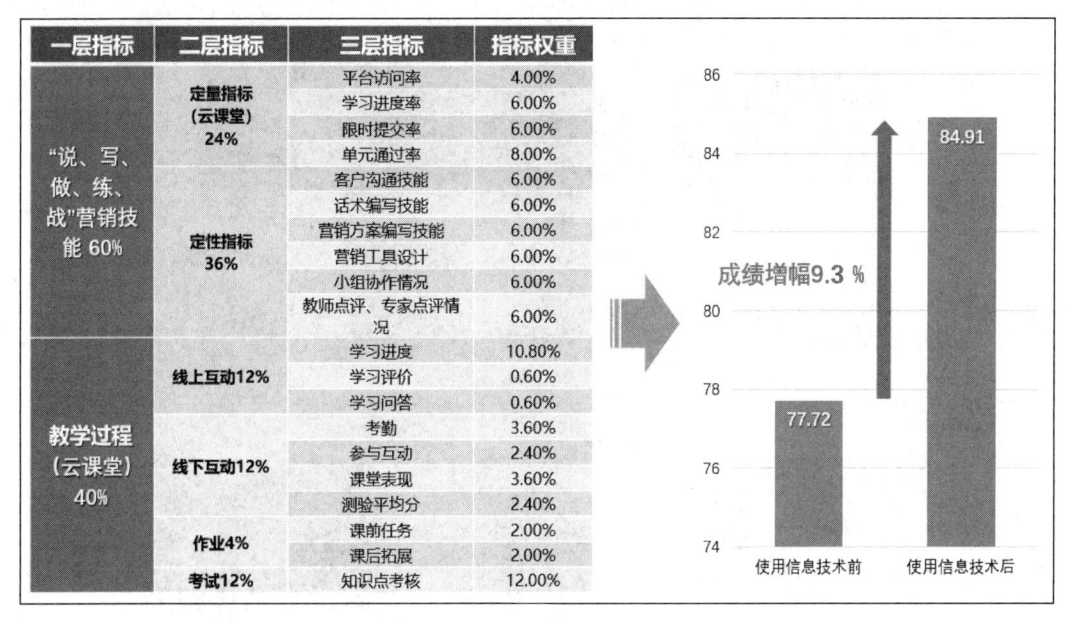

| 一层指标 | 二层指标 | 三层指标 | 指标权重 |
|---|---|---|---|
| "说、写、做、练、战"营销技能 60% | 定量指标（云课堂）24% | 平台访问率 | 4.00% |
| | | 学习进度率 | 6.00% |
| | | 限时提交率 | 6.00% |
| | | 单元通过率 | 8.00% |
| | 定性指标 36% | 客户沟通技能 | 6.00% |
| | | 话术编写技能 | 6.00% |
| | | 营销方案编写技能 | 6.00% |
| | | 营销工具设计 | 6.00% |
| | | 小组协作情况 | 6.00% |
| | | 教师点评、专家点评情况 | 6.00% |
| 教学过程（云课堂）40% | 线上互动12% | 学习进度 | 10.80% |
| | | 学习评价 | 0.60% |
| | | 学习问答 | 0.60% |
| | 线下互动12% | 考勤 | 3.60% |
| | | 参与互动 | 2.40% |
| | | 课堂表现 | 3.60% |
| | | 测验平均分 | 2.40% |
| | 作业4% | 课前任务 | 2.00% |
| | | 课后拓展 | 2.00% |
| | 考试12% | 知识点考核 | 12.00% |

图 7-3-15　AHP 评价系统分析

### 7.3.7　特色与创新

为培养学生的金融营销实战技能，无缝对接金融企业客服和营销岗位，依托"职教云平台"和"VR 智慧课堂"优化教学组织，通过课前三部曲引导学习，课中六环节推动教学，课后两维度拓展知识，实现了教学内容、教学手段和教学效果等方面的以下创新：

**1. 模块化、场景化和实操化教学，深化了金融营销方法和技巧的记忆、理解和应用**

通过营销场景的 VR 仿真教学、模块化教学、模型化总结，以及示范性引导和实操化演练，深化了学生对金融营销方法和技巧的记忆、理解和应用。

按照金融营销从先到后的时间线和从易到难的逻辑线，实施层层递进的模块化教学，从 3T 模型到各种营销工具和话术的模型化总结提炼，结合大量的教师实战营销案例的分享、教师课堂示范性引导、师生之间和生生之间的情景演练、角色扮演和话术演练，让学生爱上营销，敢于开口，乐于开口，在营销实战中掌握外拓营销、活动营销和厅堂营销的营销技巧和实施要点，能基于客户需求结合具体场景精准营销。

**2. 创新应用 AI 手段，实现教学、实战、服务三位一体**

把人工智能、云计算和大数据等金融创新工具紧密融入教学中，让各种营销技能的应用变得简单、有趣、可操作、易实施。寓教于乐、化解了学生"金融营销无从下手"的困境，又让学生对营销产生兴趣和参与积极性，通过教师示范、情景演练、角色扮演和团队协作，让学生有效掌握营销技巧，更好地服务客户，守护客户资产，共建和谐社会。三维教学及其实施成效如图 7-3-16 所示。

（a）

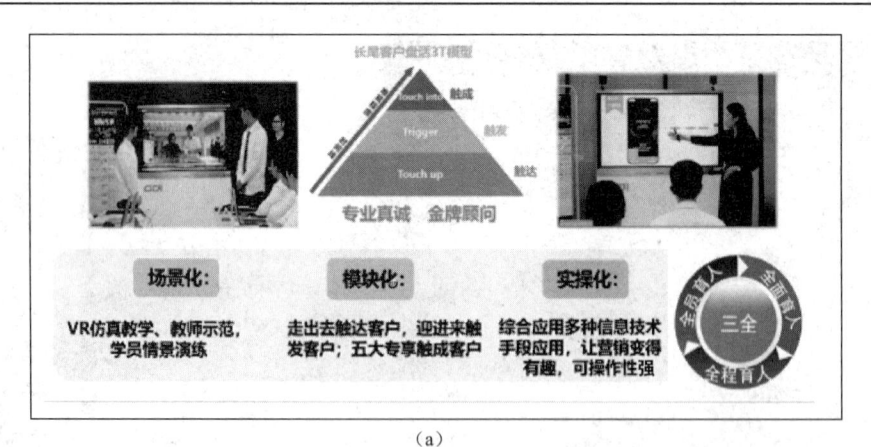

（b）

图 7-3-16　三维教学及其实施成效

### 3. 线上线下联动营销，优化教学内容，有效融合营销技能、工匠精神与创新意识

疫情无情人有情，客户服务不中断。结合疫情期间金融服务特点，强化线上触达、线上触发和线上触成等营销技巧学习，借助网络，通过客群经营、短信编写、微信传播、线上沙龙主动给客户答疑解惑，全方位给客户提供随时随地的金融服务，金融让生活更美好。

教学全程融入课程思政，经历课前勤思广议、课中好学思辨、课后奇思妙想的学习过程，教师协助学生顺利达成能力目标；通过教师科学导学、课堂互动，激发学生学习主动性，引导学生反思质疑、促进创新，达成素质目标，最终实现营销技能、工匠精神与创新意识有效融合，让学生学会运用金融专业营销技能更好地服务客户，守护客户资产，共建和谐社会。教学效果如图 7-3-17 所示。

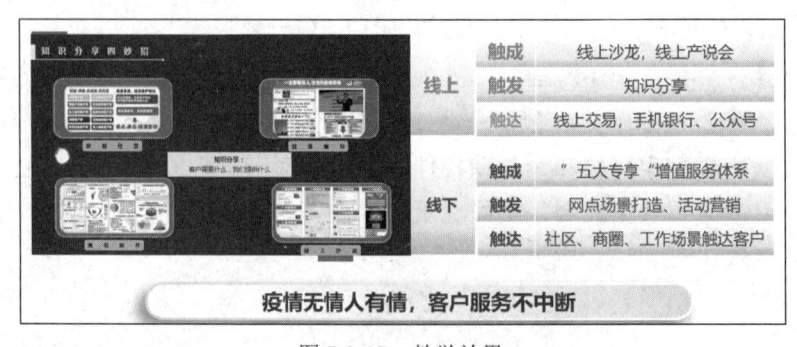

图 7-3-17　教学效果

**4. 产教融合全程贯穿，无缝对接金融岗位**

产教融合体现在学生进校前，"校银共建"培养目标；学生培养中"引银入校"，银行专家亲自授课，借助"校银共建"的校内外实践教学基地，按照金融行业的最新人才需求和岗位标准，优化、更新教学内容，以金融营销实战流程为主线组织实施教学，实现课程标准与行业标准精准对接，让学生依序经历"学案例、议技能、说话术、写方案、做实战、评效果"等六大学习环节，培养学生说、写、做、练、战等专业技能，学生熟悉并能灵活运用金融营销的实战技能，达成学生走出校门就可以服务金融客户，实现职业前与职业后的无缝连接，如图 7-3-18 所示。

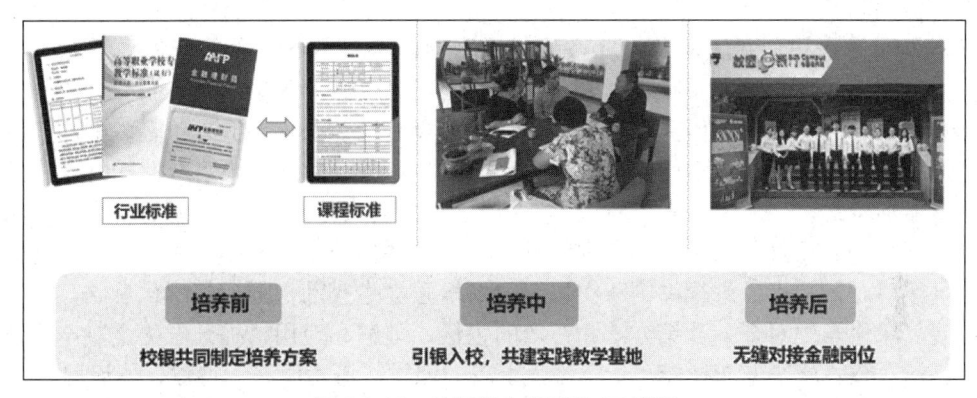

图 7-3-18　长尾客户盘活的 3T 模型

### 7.3.8　参赛教师感悟

2017 年，我从工作了 13 年的银行来到广东农工商职业技术学院任教，就是为了把银行工作的技能和金融培训的经验带给更多的学生。

2018 年，我曾与同事一起组队参加信息化教学比赛，取得了省赛一等奖，感受到了信息化教学对实现"以学生为中心"的教学价值及学生技能提升的明显效果，努力坚持在课堂推广信息化教学。

2019 年，我报名参加了由《中国培训》杂志社举办的"中国好讲师大赛"和"第五届全国职业院校微课大赛"，取得全国优秀讲师的称号和全国职业院校微课大赛优秀奖，学会了左右脑结合提升课堂教学水平的方法和技巧。

基于以上实践和积累，为讲好一门课，帮助更多的学生，提升国际金融专业的信息化教学水平，2020 年初，我带队报名参加了 2020 年"广东省职业院校技能大赛教学能力比赛"，历时 8 个月，这期间经历疫情在线直播教学的挑战，录制比赛视频，经过校赛、省赛和国赛遴选的层层选拔，取得校赛一等奖、省赛一等奖和国赛遴选二等奖的好成绩，总体而言有以下收获和感悟：

一是，领导重视，团队成员齐心协力是取得好成绩的关键。从年初的校赛启动，我们学校副校长亲自挂帅，教务处长、网络中心主任亲自指导，从校赛、省赛到国赛一轮轮邀请专家给我们组织演练和现场指导，并且让参加过教学大赛取得好成绩的教师进组辅导，一直帮助我们磨课、提炼和总结，才让我们提交的作品和视频越来越精彩；团队中除了课程负责教师的主动奉献、勇于担当和鼓舞士气，每位参赛教师都直接负责课程设计、课堂实录和模拟讲课，大家一起磨课、一起探索信息化手段在课堂应用、不断创新，才使得团队在比赛中不断取得好成绩。

二是，通过团队协作打造一门精品在线课程"金融产品营销"，提升了信息化教学设计及实施的能力和水平，真正实现"以赛促教"。通过 16 学时的课程设计，教学实施和提炼打磨，优化提升了整个课程的教学效果，学生普遍反映这门课是最实用落地的课程之一，教师在本课程中讲授的营销方法、话术和技巧能直接应用于金融客户服务中，尤其是传授的"以客户为中心""真诚服务客户""挖掘客户需求"等理念教客户理财，基于客户需求通过资产配置和产品组合为客户提供专业金融解决方案等金融营销理念及方法，对确立学生的职业素养、培养学生服务客户的专业技能和系统掌握金融营销理论和实务很有实用价值。

三是体现传承和创新，培养年轻教师，提升国际金融教学团队的整体教学水平。2018 年，我校财经学院陈院长带领我参赛，提升了我的信息化教学水平；今年我又带领三个年轻教师参赛，不仅通过我的言传身教培养年轻教师学会讲这门课，还提升年轻教师的授课能力和信息化教学水平，把这门萃取了我在金融行业 13 年营销实战的丰富经验的好课程传承下去，比赛中互相学习，实现"老带新"、学术传承和"薪火传递"；而且通过比赛中的精心打磨，实现模块化、场景化和实操化三维教学，通过对课程的有序编排，每 10 分钟精讲一个知识点，然后对该知识点进行举例和实战练习，增强学生互动，最后模型化总结，指导学生课后拓展，深化学生对金融营销方法和技巧的记忆、理解和应用，提升学生金融产品营销的说、写、做、练、战等专业技能，让学生爱上我的课堂，愿意听、记得住、能运用。

在提升教师教学能力的过程中，教学、科研和比赛三位一体，相得益彰，我们将"以赛促教""以研优教"，力争成为有理想信念、有道德情操、有扎实学识、有仁爱之心的四有好教师，立德树人，培育更好的社会主义接班人。

## 7.4 2020 年广东省省赛专业课程一组一等奖作品《揭秘产品成本》——李典、沈丽媛、古青菲、舒文芳

### 7.4.1 案例展示

案例展示如图 7-4-1～图 7-4-7 所示。

图 7-4-1　整体教学设计——课程定位　　图 7-4-2　整体教学设计——思政教学资源

图 7-4-3　整体教学设计——环境资源

图 7-4-4　整体教学过程一

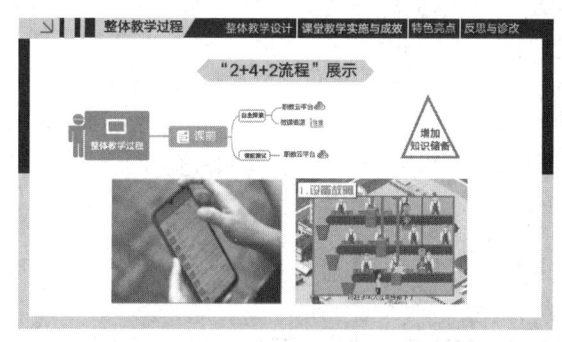

图 7-4-5　整体教学过程二

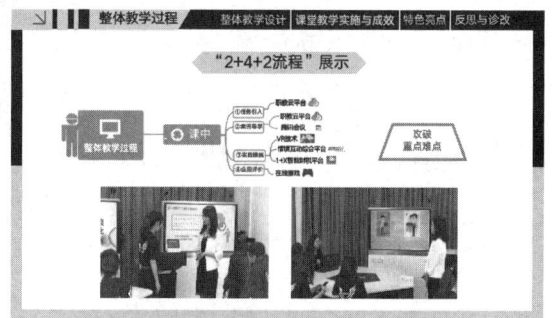

图 7-4-6　整体教学过程三

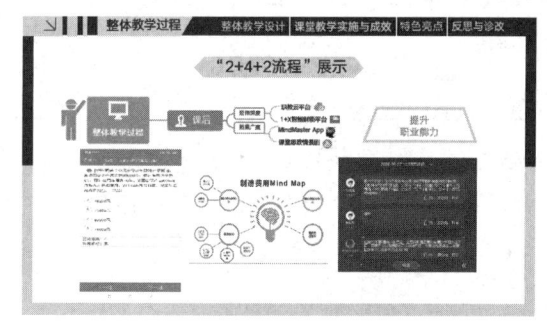

图 7-4-7　整体教学过程四

### 7.4.2　专家评价

该案例将课程思政通过时事新闻、经典案例、情景剧等形式贯穿到课程内容中，培养学生诚实守信、爱岗敬业、遵纪守法、团结协作的职业精神和素养；激发学生树立爱国、爱党、爱人民的情怀；求真务实、敢于创新的科学态度和能力；引导其树立正确的世界观、人生观和价值观。将"1+X 智能财税"平台的内容引入课程，将该平台的相关内容嵌入到课程的相关模块和知识中，既为考取相关证书打下了基础，又让学生接触了真实的业务。

### 7.4.3　教学分析

#### 1. 教学背景

在现代企业的生产经营管理中，成本核算与管理是企业日常工作的重要内容之一。成本核算与管理不仅可以反映和监督企业生产经营过程中发生的各种费用和支出，还能将成本核算与生产经营直接结合，运用科学的管理技术方法，对企业生产经营进行计划、组织、控制、核算、分析与决策等一系列的价值管理活动。党的十九大将"降成本"确定为实现"供需动态平衡，建设现代经济体系"的重要任务，因此，开展"成本会计"教学，揭秘产品成本具有重要意义。本次教学设计的内容是"揭秘产品成本"。

### 2. 学情分析

本课程的授课对象是高职院校会计专业二年级学生，他们已掌握了会计专业的一些基础知识和技能，了解了行业企业对会计职业的道德和素质要求。大部分学生普遍具有思维活跃，接受能力强的特点，但集中注意力较差，自制力也偏差，知识与技能运用能力不强，存在知识在手难以应用的学习困局。另外，学生普遍希望能在移动互联和虚拟仿真的情境中进行学习。

### 3. 教学目标

本课程以成本核算与管理岗位工作过程为基础，以学生为中心，以成果为导向，依据专业人才培养方案、课程标准、企业会计准则和"1+X 智能财税"职业技能等级标准，确定每节课的教学内容，确立知识、能力和素质三维教学目标。教学目标如表 7-4-1 所示。

表 7-4-1　教学目标

| 知识目标 | 能力目标 | 素质目标 |
| --- | --- | --- |
| ● 掌握成本会计核算的基本概念、方法和流程 | ● 培养学生产品成本核算与管理的能力<br>● 培养学生开展成本报告分析的能力，以及发现问题与解决问题的能力 | ● 培养学生成本服务的意识<br>● 培养学生诚实守信、爱岗敬业、精益求精、遵纪守法的综合职业素质 |

在课程教学中，强化学生素质目标的培养。"以立德树人"为根本任务，把培育和践行社会主义核心价值观和会计工作的良好职业素养融入每节课的教学过程中，贯穿于课前、课中和课后，线上与线下，将思政与课程良好结合，使学生在学习知识、掌握技能的同时，引导学生树立正确的思想观念、职业道德规范和价值取向。

### 4. 教学重点、难点

依据教学目标和教学内容，结合学情分析和学生学习的瓶颈，确定教学重点是掌握产品成本构成要素核算的程序和方法；教学难点是能正确归集与分配产品成本的构成要素。教学重点、难点如图 7-4-8 所示。16 学时的教学重点、难点如表 7-4-2 所示。

图 7-4-8　教学重点、难点

表 7-4-2　16 学时的教学重点、难点

| 16 学时的教学重点、难点 | | |
|---|---|---|
| 材料费用的核算与归集 | 教学重点： | 区分材料采购和入库时的实际成本法和计划成本法 |
| | 教学难点： | 熟练应用计划成本法核算材料采购业务 |
| 材料费用的分配 | 教学重点： | 能正确运用不同比例分配方法分配材料费用 |
| | 教学难点： | 熟练运用定额耗用量比例法分配材料费用 |
| 职工薪酬的归集与分配（上） | 教学重点： | ①理解工资总额的组成部分；②计算月薪制和日薪制下的计时工资 |
| | 教学难点： | ①能辨别和应用职工薪酬费用的原始记录；②熟练编制计件工资表和计时工资表 |
| 职工薪酬的归集与分配（下） | 教学重点： | ①掌握编制工资汇总表的方法；②掌握工资和福利费的分配方法 |
| | 教学难点： | 熟练完成工资和福利费分配 |
| 外购动力与折旧费用的核算 | 教学重点： | ①掌握核算与分配外购动力费用的方法；②掌握核算与分配折旧费用的方法 |
| | 教学难点： | ①能对外购动力费用和其他费用进行账务处理；②能核算与分配折旧费用 |
| 生产损失的核算 | 教学重点： | 掌握核算生产损失的方法 |
| | 教学难点： | 能区别不可修复废品损失与可修复废品损失的核算 |
| 制造费用的核算 | 教学重点： | ①掌握基本生产车间和辅助生产车间归集制造费用的方法；②掌握制造费用的四种分配方法 |
| | 教学难点： | 掌握并能编制制造费用分配表 |
| 辅助生产费用的核算 | 教学重点： | ①掌握填制辅助生产费用分配表的方法；②掌握编制辅助生产费用分配会计分录的方法 |
| | 教学难点： | 能填制辅助生产费用分配表 |

**5．环境资源**

（1）互动教学平台："职教云平台"和"得实平台"是通过互联网打造师生互动、生生互动、人机互动的信息交互平台，包括资源空间、教师空间和学生空间。资源空间存放教学资源；教师空间用于完成备课、授课、下发作业、与学生互动。学生使用学生空间开展线上学习，记录自身成长路线。课程实施中，以"职教云平台"为主，以"得实平台"为辅。互动教学平台如图 7-4-9 所示。

图 7-4-9　互动教学平台

（2）思政教学资源：整合政府机关微信公众号推文、学习强国 App、时事新闻视频、思

想政治情景剧等资源，教师将这些资源在课前、课中和课后传递给学生，培养学生的爱国主义情怀；培养学生诚实守信、热爱劳动、遵纪守法、自律谦让、团结协作的职业精神和素养；培养学生求真务实、敢于创新的科学态度和能力；引导学生树立正确的世界观、人生观和价值观。

（3）实操演练平台：通过在"情境互动教学综合平台"上开放任务，组织学生实操演练，系统自动评分，实时跟踪学习效果，帮助学生化解学习难点。实操平台如图 7-4-10 所示。

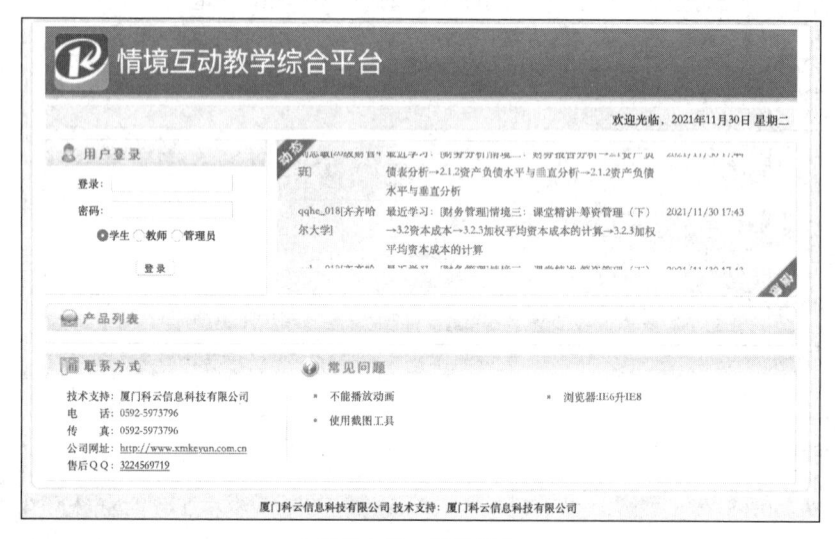

图 7-4-10　实操平台

（4）1+X 平台：学生通过"1+X 智能财税平台"完成材料核算、工资和社保核算、折旧核算、辅助生产费用核算等模块的实操；学生通过"1+X 财务数字化应用平台"完成固定资产折旧等业务的处理，学生体验到了真实的业务案例，实现职业与专业的无缝衔接。"1+X 智能财税平台"如图 7-4-11 所示。

图 7-4-11　"1+X 智能财税平台"

（5）VR 虚拟仿真技术：应用于材料核算、工资核算、计提折旧、辅助生产费用核算等成本会计业务流程的展示上，学生通过 VR 技术置身于一个具有视觉、听觉、触觉的三维工作场景，了解成本核算的实际工作环节和内容，并且能与之进行信息交互。

（6）3D 全息投影：通过全息投影的虚拟成像，提供空中动态显示，让学生身临其境地了解商品各项成本的构成因素，便于理解相关成本知识。

（7）"小度"人工智能机器人：将人工智能机器人"小度"引入课堂，利用互联网中的海量信息，通过知识问答等形式，随时实现人机互动，同时也提高了学生的学习兴趣。

（8）在线游戏：通过在线游戏开展小组接力、快问快答、学习总结等活动，提高学生学习主动性，让学生在玩中学，融会贯通地理解教学重点知识，改善传统教学呆板的学习模式。

（9）Stata 数据分析软件：利用 Stata 数据分析软件对学生课前和课后学习结果进行量化统计分析，掌握学生的课前和课后学习效果，并及时调整教学策略和教学内容。

（10）其他信息技术手段：采用"成本计算小程序"替代了用传统计算器对枯燥的成本分配数据进行计算的问题，在大大缩短了数据计算时间的同时，也大大提高了数据结果的准确性。通过"词云分析平台"，并结合"职教云平台"的调查内容，对学生反馈的关键词进行词频分析，并用可视化的方式，将高频词呈现出来，简单、直观地了解学生对知识点的掌握。通过"百度网盘"的云存储服务，可丰富课堂教学资源。通过"腾讯会议"实时专家云会议，了解行企专业发展动态。通过"MindMaster"App 搭建思维导图，实现知识延伸拓展。通过"讯飞"App，实时记录学生在课堂中的表现情况，实现对课堂的考核评价。

### 7.4.4 教学设计与实施

**1. 整体教学过程**

本课程的教学实施采用 MR 智慧课堂"2+4+2 流程"，分为课前、课中和课后三阶段：课前，两步引导学生自主学习；课中，四步推动课堂教学；课后，两步构建知识体系的教学结构模型，经历了疑、议、导、学、练、用、评七个流程。

课前，教师在"职教云平台"等互动教学平台创设任务情境，发布多项学习资源，学生通过观看微课、动画视频等资源，在线上自主预习理论基本知识，为解决课程学习任务增加知识储备；课中，教师利用多项学习资源和信息技术手段引导学生自主解决具体工作任务，帮助学生攻破重点/难点、提升技能；课后，学生在互动教学平台和实操演练平台上完成在线测试、拓展知识，教师通过互动教学平台答疑解惑，帮助学生提升岗位任职能力和职业工作能力。

**2. 具体教学过程**

在每节课的教学实施过程中，以学生为中心，充分发挥学生的主体作用，以成果为导向，将本课程的资源、多种信息技术手段和情景教学法、任务驱动法等教学方法有机融合，激发学生主动探究的学习兴趣，通过逐层推进的教学环节，以"案例导学"突破重点，以"实践操练"化解难点，以"点评总结"实现多维考核，强化核心职业能力的培养。具体教学过程如图 7-4-12 所示。

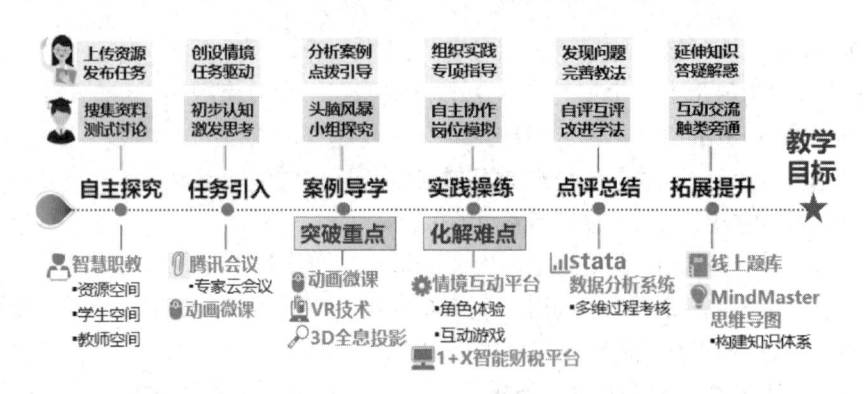

图 7-4-12　具体教学过程

### 3. 典型教学片段汇报

本节课的教学重点是对废品损失和停工损失的核算，以及对相关会计分录的编制。由于学生没有到企业工作过，对企业生产中发生损失的会计处理没有头绪，很难想象在废品损失、停工损失发生后会涉及哪些会计账户、怎样去核算，因此我们在破解教学重点时，采用情境教学法和任务教学法，通过校企合作的优势，将企业生产中的废品损失和停工损失的真实情况以拍摄动画和微课的形式呈现出来，让学生有身临其境的感觉。学生边看视频边思考，企业生产中发生的损失有哪些？发生的损失该如何处理？生产成本是增加了还是减少了？通过学生自己的思考，以及教师的引导和在信息化平台中呈现的资源，建立起对生产损失会计核算的思路和方法，辅以成本情景互动综合平台中的训练，拓展学生的专业技能，利用"腾讯会议"连线企业专家，为学生答疑解惑，通过"学习强国"中生产损失的实例呈现，培养学生爱岗敬业、精益求精、勇于创新的职业素养和品质。

### 7.4.5　教学效果

在教学评价中，学生对课程教学给予了 95.58 分的评价（见图 7-4-13）；在课程教学采取多种信息技术手段后，学生成绩明显提升，期末考试平均成绩提升了 6%左右，综合平均成绩提升了4%左右（见图 7-4-14）。

| 二级指标 | 评价得分 | 参评人数 | 平均得分 |
| --- | --- | --- | --- |
| 教学仪态自然大方，遵时守纪为人师表 | 373.75 | 130 | 2.87538 |
| 备课充分，讲课认真，不随意调停课，对学生要求严格 | 554.45 | 130 | 4.26538 |
| 注重学生自主学习和能力培养，关心学生成长 | 370.89 | 130 | 2.85308 |
| 作业批改认真，课后辅导、答疑及时 | 553.41 | 130 | 4.25692 |
| 讲授内容准确熟练，知识点和技能点明确 | 1711.45 | 130 | 13.16538 |
| 理论联系实际，能教会学生实知识（专业技能熟练，示范能力有力） | 1698.19 | 130 | 13.06308 |
| 教材及教学资料有助于学习，能拓宽学生掌握学科知识的信息面 | 856.44 | 130 | 6.58769 |
| 讲课思路清晰，口齿清楚，语言生动深入浅出，板书及演示文稿编排合理 | 1110.07 | 130 | 8.53923 |
| 注重启发，鼓励质疑，并给予思路引导 | 1472.38 | 130 | 11.32615 |
| 采用多种教学手段提高教学效果 | 1093.04 | 130 | 8.40846 |
| 课堂氛围活跃，能激发学生学习兴趣和主动性 | 1454.44 | 130 | 11.18769 |
| 教学效果好，学生课程知识得到巩固和提升 | 967.59 | 130 | 7.44308 |
|  | 12,216.1 | 130 | 95.58 |

图 7-4-13　课程教学评价

从"Stata 数据分析软件"中可以看出，一方面，对比课前和课后的测试分数结果，学习效果明显提升；另一方面，本班与未采用信息化技术手段教学的班级相比，学习效果明显提升。Stata 数据分析结果如图 7-4-15 所示。

**实施信息技术手段教学前**

| 分数段(等级)类别 | [100-90](优秀) | | (90-60)(良好) | | (80-70)(中等) | | (70-60)(及格) | | (60-0)(不及格) | | 缓考 | 缺考 | 舞弊 |
|---|---|---|---|---|---|---|---|---|---|---|---|---|---|
| | 末考 | 综合 | 末考 | 综合 | 末考 | 综合 | 末考 | 综合 | 末考 | 综合 | | | |
| 人数(34) | 8 | 16 | 11 | 12 | 10 | 2 | 1 | 4 | 4 | 0 | 0 | 0 | 0 |
| 百分比 | 23.53 | 47.06 | 32.35 | 35.29 | 29.41 | 5.88 | 2.94 | 11.76 | 11.76 | 0.00 | 0.00 | 0.00 | 0.00 |

末考 平均成绩：79.53　及格率：88.24%　标准差：13.27　最高成绩：96.00　最低成绩：45.00
综合 平均成绩：85.71　及格率：100.00%　标准差：9.26　最高成绩：97.00　最低成绩：62.00

**实施信息技术手段教学后**

| 分数段(等级)类别 | [100-90](优秀) | | (90-60)(良好) | | (80-70)(中等) | | (70-60)(及格) | | (60-0)(不及格) | | 缓考 | 缺考 | 舞弊 |
|---|---|---|---|---|---|---|---|---|---|---|---|---|---|
| | 末考 | 综合 | 末考 | 综合 | 末考 | 综合 | 末考 | 综合 | 末考 | 综合 | | | |
| 人数(49) | 24 | 27 | 9 | 14 | 9 | 7 | 6 | 1 | 1 | 0 | 0 | 0 | 0 |
| 百分比 | 48.98 | 55.10 | 18.37 | 28.57 | 18.37 | 14.29 | 12.24 | 2.04 | 2.04 | 0.00 | 0.00 | 0.00 | 0.00 |

末考 平均成绩：84.43　及格率：97.96%　标准差：11.65　最高成绩：100.00　最低成绩：55.00
综合 平均成绩：89.16　及格率：100.00%　标准差：8.12　最高成绩：100.00　最低成绩：69.00

图 7-4-14　学生成绩的比较

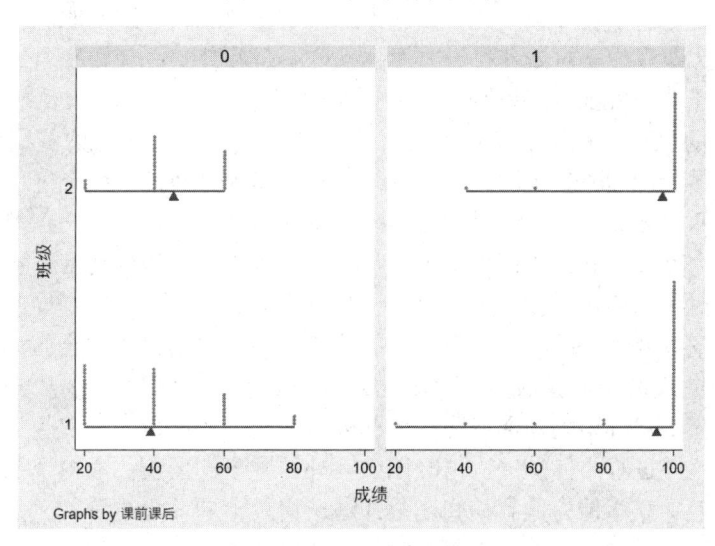

图 7-4-15　Stata 数据分析结果

在"问卷星"发布的针对本门课程的教学满意度调查问卷显示，有 62.10%的学生对本门课程的教学持非常满意态度，有 98.8%的学生对本门课程持认可态度。

### 7.4.6　特色与创新

**1. 利用"互联网+"手段激发学生内在动力**

教师利用多种信息技术手段，并通过混合式教学方法，使学生在移动互联的环境下实现自主、碎片化学习。通过生生协作、师生协作、人机协作，推动学生进行自我建构知识。

**2. 课程思政与"1+X"并举推进**

将课程思政通过时事新闻、经典案例、情景剧等形式贯穿到课程内容中，培养学生诚实守信、爱岗敬业、遵纪守法、团结协作的职业精神和素养；激发学生树立爱国、爱党、爱人民的情怀；培养学生求真务实、敢于创新的科学态度和能力；引导学生树立正确的世界观、人生观和价值观。将"1+X 智能财税平台"的内容引入课程，使该平台的相关内容嵌入到课程的相关模块和知识中，既为学生考取证书打下了基础，又让学生体验到了真实的业务。

#### 3. 全程学情诊断实现因材施教

学情诊断贯穿课前、课中、课后，并采取线上与线下的方式。课前诊断突出重点，课中诊断聚焦难点，课后诊断全面评价，利用现代信息技术与资源，如"职教云""词云""Stata 数据分析""问卷星"等多个平台，全面优化教学流程，学生总体分数明显提高。

#### 4. 数据精益求精，培养工匠精神

在成本核算与管理的每个工作环节中，成本数据的核算与分析不能有误差，在传授知识与训练技能的同时，注重培养学生爱岗敬业的习惯，精益专注、遵纪守法的职业精神和素养。

### 7.4.7 参赛教师感悟

教学能力大赛是衡量教师教学能力和水平的一个重要工具。在高职教育教学中工作的这几年，我积累了在课程教学与专业建设方面的一些心得和体会，使得我对参加教师教学能力大赛有些向往。于是，2020 年我毫不犹豫地报名参加了比赛，团队其他成员也都有各自的优点，她们活跃的思维、积极的工作态度、高效的工作过程深深感染着我，我们也相互鼓励、共同努力，最终在 2020 年的省赛中取得了一等奖的好成绩。整个过程下来，累并快乐着。对此，我有两点体会：第一，学校领导高度重视，近几年，学校一直重视信息化教学大赛和教师教学能力比赛，并为比赛提供了充足的后勤保障。从校内初赛到省赛前，学校多次邀请校内外专家对我们的作品提出宝贵的建议和意见，并给予详细的指导。此外，邀请专业拍摄团队进行课堂授课视频的拍摄。第二，团队成员齐心协力，精诚合作，共同拼搏。2020 年的省赛要求团队成员共同完成 16 学时的教学方案设计和教学实施报告等工作，每份教案、每个环节都需要仔细斟酌，所幸团队内部分工明确、齐心协力、取长补短，完成了比赛指定的要求。在这一过程中，也多次请教团队以外的同事和朋友，取得现在的成绩，也有他们的一份功劳。教师教学能力比赛使我在教师这一岗位上向前迈进了一大步，不仅提高了自身专业知识和技能，更使我对高职教育教学的方式方法有了更深刻的认识和理解，在当今变化迅速的内外部环境中，我将继续在日后的工作中，认真学习、积极思考，不断提升自己的专业素质和水平。

## 7.5 2020 年广东省省赛专业课程一组一等奖作品《有"备"而来，为会议保驾护航——会议筹备与组织》——邹宇君、周曦、周婉莹、罗琼玮

### 7.5.1 案例展示

案例展示如图 7-5-1～图 7-5-8 所示。

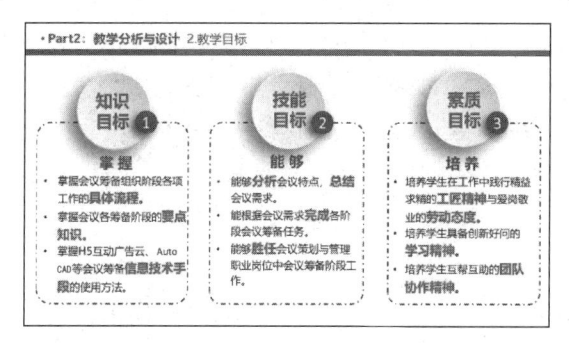

图 7-5-1　教学分析与设计——教学目标

图 7-5-2　教学分析与设计——信息技术与教学资源

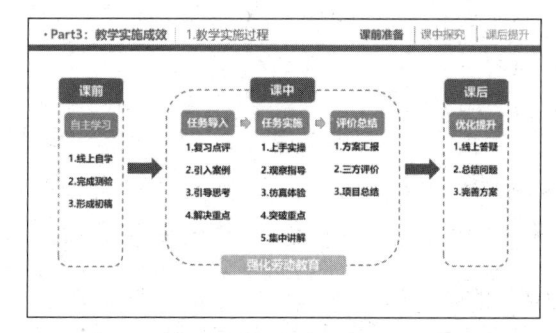

图 7-5-3　教学实施成效——总体教学流程

图 7-5-4　教学实施过程——课前准备

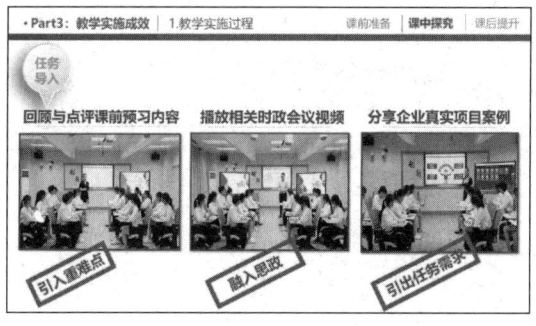

图 7-5-5　教学实施过程——课中探究，任务导入

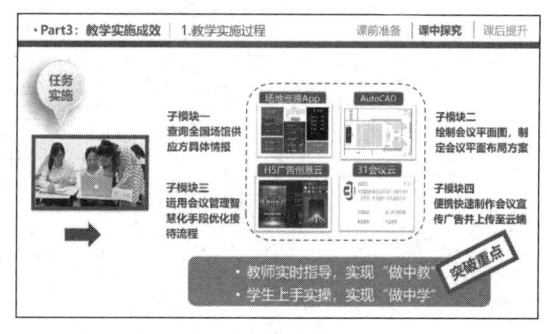

图 7-5-6　教学实施过程——课中探究，任务实施

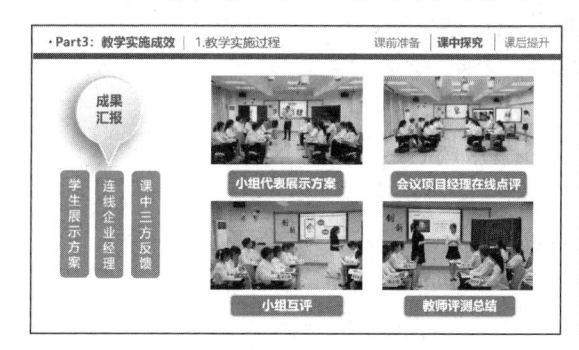

图 7-5-7　教学实施过程——课中探究，成果汇报

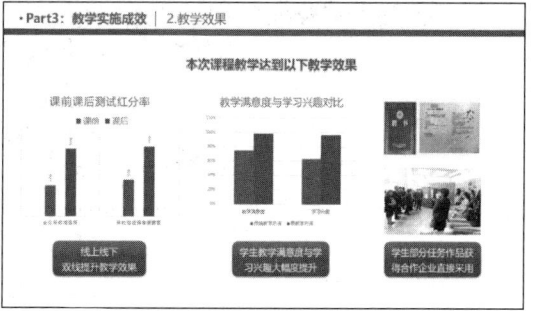

图 7-5-8　教学效果

## 7.5.2　专家评价

该教学设计能紧密结合职教 20 条中校企融合"双元制"模式，通过校企合编工作手册

式教材、共建教学资源库、企业人员参与教学等方式开展教学设计；能够将思政教育贯穿于各个教学环节中，将劳动精神教育、爱国主义教育、工匠精神教育等思政元素融入教学；同时通过合理应用各项信息技术，解决教学重点，突破教学难点，提升学生学习成果。

### 7.5.3 课程概况

#### 1. 教学内容

"办好一次会，搞活一座城"是习近平总书记在青岛上合组织峰会的重要指示。随着G20峰会、金砖五国峰会等国际顶级会议的成功举办，各地纷纷将会议业作为先导产业来培育或发展。会议的成功举办有赖于精心策划与准确执行，而会议筹备与组织工作是保证会议按计划开展、提升与会人员参会体验的重要组成部分。

本章节内容选取与设计基于"互联网+"背景下的会议策划公司项目经理岗位职业标准，对应"会议筹备与组织"技能开展教学，选自"会议策划与管理"课程第三模块，共16课时，由"会议选址""会议设计与布局""会议营销与宣传""会议接待准备"四个子模块组成。课程整体教学内容如图7-5-9所示。"会议筹备与组织"模块如图7-5-10所示。

图 7-5-9 课程整体教学内容

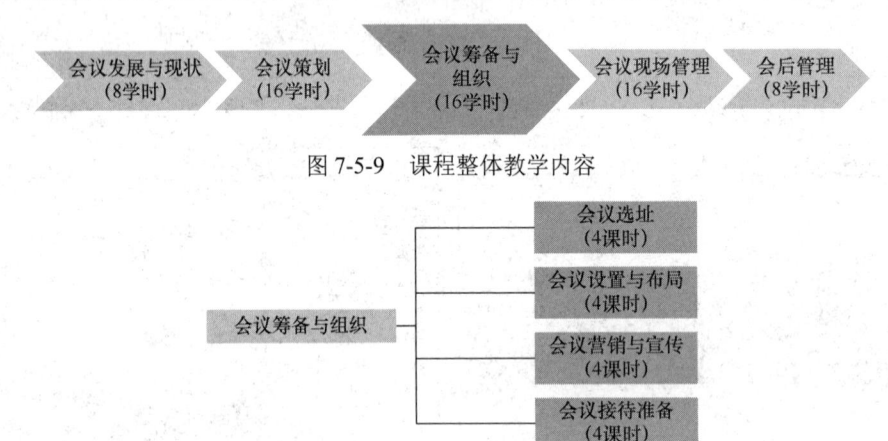

图 7-5-10 "会议筹备与组织"模块

"会议策划与管理"是"会展策划与管理"专业设置的专业核心课程，开设于大二第一学期。

#### 2. 教材分析

本课程选用全国高职高专会展策划与管理专业规划教材《会议策划实务》。同时选用了会议行业领先企业岗位工作手册《会议技能地图》作为辅助教材。

### 7.5.4 教学整体设计

#### 1. 学情分析

本课程的授课对象是高职会展策划与管理专业大二的学生，根据课前掌握的情况显示，这些学生有如下特征：掌握了各项会议计划和会议文案的撰写，对于会议的整体运作流程和会议类型特点也有了系统认识。学生普遍倾向于通过实操和体验性强的课堂活动来获得会议筹备组织的知识技能，认为传统理论的讲解枯燥乏味。对电子产品及互联网相关的信息技术应用有较高的兴趣，乐于在使用过程中摸索新功能、新亮点。

**2．教学目标**

本模块教学目标根据 2019 版人才培养方案及《会议策划与管理》课程标准制定，如图 7-5-11 所示。

| 知识目标 | 技能目标 | 素质目标 |
|---|---|---|
| •掌握会议筹备组织阶段各项工作的具体流程。<br>•掌握会议各个筹备阶段的知识要点。 | •能够分析会议特点，总结会议需求。<br>•能根据会议需求完成各阶段会议筹备任务。 | •培养学生在工作中践行劳动精神。<br>•培养学生具备严谨的工作态度和团队协作精神。 |

图 7-5-11　教学目标

**3．教学重点、难点**

本模块的四个子模块的教学重点如下。
（1）会议举办地选择方案的制定。
（2）会场对象和内容的设计。
（3）会议营销宣传方案的设计。
（4）会议接待策划方案的拟定。

本模块的四大单元教学难点如下。
（1）会议举办地点、场馆的对比与筛选。
（2）会场设计方案的针对性及可实施性。
（3）营销宣传方案的针对性及可实施性。
（4）会议接待服务实践操作的注意事项。

**4．教学设计思路**

理念与模式。本模块教学内容围绕"以学生为中心"的教学理念，以"立德树人"为目标，以学生为中心，以校企合作为切入点，构建混合式教学模式。

本课程采用"项目驱动，任务导向"教学模式。本专业的核心课程是"以能力为导向"进行设计的，实操性较强，其课程教学必须结合企业实际会议营销宣传活动展开。采取"项目驱动，任务导向"的教学模式，有利于学生"学中做，做中学"，实现教与做一体化，有效地培养学生的职业技能，达到毕业就能上岗、上岗就能上手的目标。

教学方法。教师教学方法包括任务驱动法、案例分析法、情景教学法。运用任务驱动法和案例分析法，并结合"智慧云""腾讯会议"和其他会议企业专业应用等多种信息技术手段，激发学生学习兴趣，增强实操效果与学生体验，提高课堂教学效率。同时，在部分环节还通过情景教学系统运用情景教学法，通过模拟体验来总结知识要点，提升教学趣味性。

学生学习方法。学生学习的方法包括自主学习法、合作学习法、探究学习法。

信息技术与教学资源。课程借助"职教云平台"拓展教学时间，保证教学一直"在线"；课中运用"国家会展专业资源库"与"会议案例资源库"拓宽了学生视野；"场地资源"App、"AutoCAD""31 会议云""H5 广告创意云"等专业会议信息技术的加持提升了学生的实操体验;"城市 VR 街景""会场 VR 资源库""会议灵境技术"克服课堂时空限制,让学生"身临"会议现场;"腾讯会议"把会议项目经理带进课堂教学,也让校企双师的答疑互动延伸至课后。信息技术与教学资源如图 7-5-12 所示。

图 7-5-12　信息技术与教学资源

### 5. 教学流程

| 阶段 | 教学环节 | 教学活动 | | 信息化技术与资源 |
| --- | --- | --- | --- | --- |
| | | 教师活动 | 学生活动 | |
| 课前 | 自主学习 | ➢ 发布材料与任务、掌握学情 | ¤ 自主学习完成测验<br>¤ 小组探究完成初稿 | • 职教云平台<br>• 会议技能地图 |
| 课中 | 任务导入 | ➢ 点评结果<br>➢ 提出意见<br>➢ 播放视频<br>➢ 引入案例<br>➢ 引发思考 | ¤ 小组讨论、归纳要点<br>¤ 分析总结、理清思路 | • 国家会展专业资源库<br>• 会议案例资源库<br>• 教学微课<br>• 思维导图 App |
| | 任务实施 | ➢ 实时观察指导,实现"做中教" | ¤ 上手实操各类会议筹备专业工具,实现"做中学"<br>¤ 通过各类信息技术手段提升理解,突破教学难点 | • 场地资源 App<br>• AutoCAD<br>• 31 会议云<br>• H5 广告创意云<br>• 短视频制作 App<br>• 城市 VR 街景<br>• 会场 VR 资源库<br>• 会议灵境技术 |
| | 评价总结 | ➢ 连线项目经理加入课堂<br>➢ 综合点评总结<br>➢ 在线点评学生方案(项目经理) | ¤ 汇报方案<br>¤ 模拟评委小组互评 | • 腾讯会议<br>• 职教云平台 |
| 课后 | 优化提升 | ➢ 组织线上讨论与答疑<br>➢ 邀请项目经理加入答疑 | ¤ 听取点评<br>¤ 总结问题<br>¤ 完善方案 | • 腾讯会议<br>• 职教云平台 |

## 6. 课程考核评价

本次教学采用全程多元评分方法,以教师、学生、企业作为三方评价主体,分别构建针对学生课前、课中、课后的课程评价体系,以学生对理论与技能的掌握情况、参与程度及课堂表现为评价标准,进行综合评分。如图 7-5-13 所示。

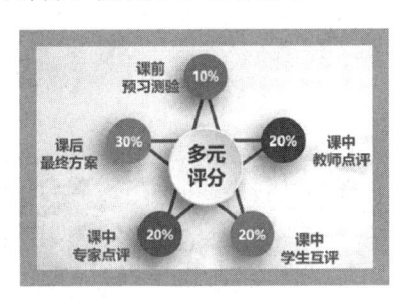

图 7-5-13　教学评价分值分配

### 7.5.5　课堂实施成效

#### 1. 教学实施过程

课前准备阶段。教师通过"职教云平台"发布预习资料及任务书,学生自习后在讨论区开展相应单元的专题讨论,完成线上测评和相应的初稿方案,为课堂教学奠定基础。

教师通过"职教云平台"查看学生测评、讨论情况及学生初稿,了解学生自习情况,掌握一手学情资料,并有针对性地调整学习任务。

课中探究阶段。任务导入:教师点评课前测评及方案初稿完成情况,随后播放案例视频和会议案例资源库中的相关案例,并在观看后与学生共同探讨和分析在各个会议筹备环节的工作要素。案例选择包括 G20 杭州峰会、金砖五国厦门峰会等在内的、近年来在国内举办的重要国际会议,使学生感受祖国的日益强大与国际地位的提升,提升民族认同感与自豪感。任务实施:针对四个子模块的知识结构特点,每课时均设置 1~2 个课堂任务,学生通过使用会议筹备专业工具上手实操,实现"做中学";教师在此期间密切观察学生完成情况,实时指导,实现"做中教",解决教学重点,同时开展劳动教育,引导学生在任务实施中践行劳动精神。其中,在"会议选址"子模块中通过使用"FreeMind 思维导图"辅助学生分析总结会议选址考察要素,随后,通过教学视频向学生展示会议举办地与场馆特色,在感受祖国大好河山之余,引导学生以会议工作者为榜样,培养劳动精神;随后指导学生通过多样化的互联网资源和"场地资源"App 分别查询全国会议目的地和会议场地具体情报,结合会议特点和需求,为会议选址方案提供事实依据。"会议选址"任务实施如图 7-5-14 所示。

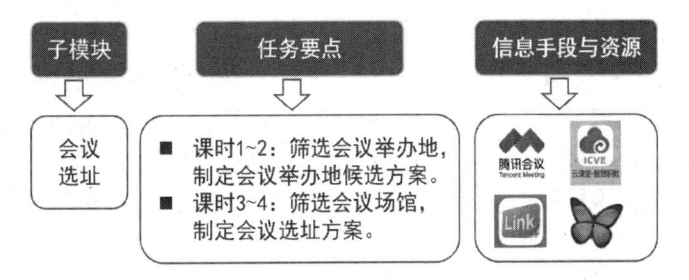

图 7-5-14　"会议选址"任务实施

在"会场设计与布局"子模块中，由企业通过"腾讯会议"及"职教云平台"下发真实案例项目，通过课前微课学习及课中"灵境技术"真实体验、"职教云平台"积极互动，以及教师知识点讲解分析，将课程中重难点一一击破。在企业项目完成，完善阶段，使用多项软件，如 AutoCAD、PhotoShop 等，使学生完成任务。并且在该过程中找出设计上的优缺点，并且教会学生拥有自主学习的能力及创新能力。在此过程中，弘扬中国文化，引导学生树立勤劳勇敢、爱岗敬业、诚实守信的实干精神和信念。"会场设计与布局"任务实施如图 7-5-15 所示。

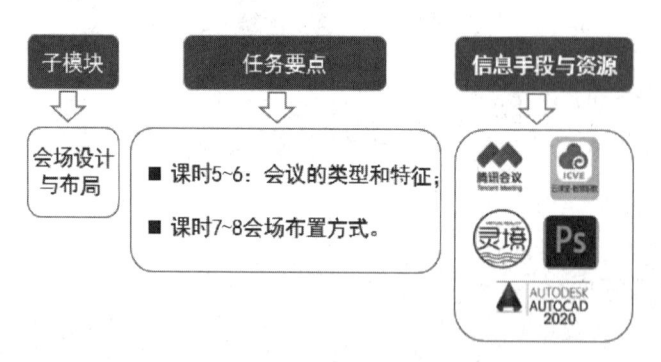

图 7-5-15 "会场设计与布局"任务实施

在"会议营销"子模块，利用"职教云平台"课堂实现课堂在线互动，利用"希沃授课助手"实现投屏展示与体验。运用通过"H5 互动营销广告创意云"制作平台，让学生可以直接将所学的宣传方式通过平台设计成会议营销宣传的作品，既能帮助学生深化宣传的多种方法的理论内容，又能让学生有实际操作的机会。引入"来画短视频制作平台"让学生能够实际掌握视频拍摄、视频编辑、特效等技术，让宣传视频更具创造性，进一步提高学生会议营销技能的掌握。利用"腾讯会议"与企业连线交流，通过企业评价与反馈，对学生提出进一步优化要求，让学生能秉承劳动精神，不断创新、不断打磨，完成一份符合企业要求的营销宣传方案。"会议营销"任务实施如图 7-5-16 所示。

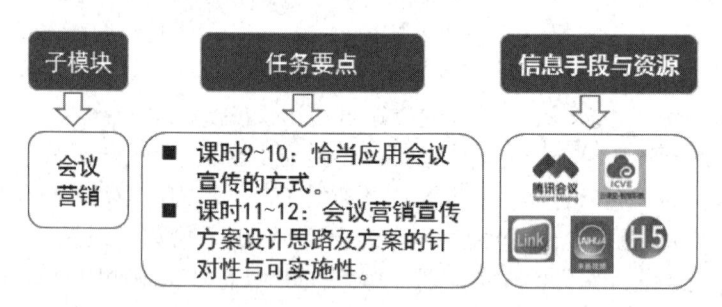

图 7-5-16 "会议营销"任务实施

"会议接待服务"子模块引入"31 会议云技术"，实现学生对会议接待智慧化管理的认知与践行，利用"情景教学系统"模拟仿真会议接待场景，展开会议接待服务实训演练，使学生在"身临其境"中自觉梳理、提炼接待准备的要点，并结合自身的思考及教师的指导主动发现接待准备与服务的不足，完善会议接待准备工作级会议接待策划方案，实现"做中学，做中教"。如图 7-5-17 所示。

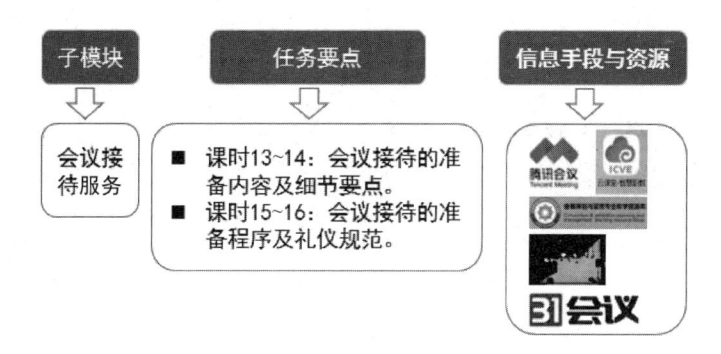

图 7-5-17 "会议接待服务"任务实施

在"会议选址"与"会议设计与布局"子模块中，还运用了"城市 VR 街景""会场 VR 资源库""会议灵境技术"等现实虚拟技术，增强了学生对会议举办地、场馆空间的直观感受，帮助学生理解会场真实情况，突破教学难点。

总结评价。学生将完成的任务成果上传至"职教云平台"，并对方案进行随堂展示，同时邀请企业项目经理参与课中三方测评。

课后提升阶段。在课后任务中，教师要求学生根据三方测评结果对方案进行优化与改善，同时还将在课后通过"腾讯会议"与会议项目经理共同开展线上答疑活动，解答学生疑难问题，提升"做中学，做中教"教学效果。

**2．教学效果**

线上线下双线提升教学效果。通过运用线上混合式教学平台，结合线下课堂教学，提升了学生的课堂参与积极性，提高了课前、课后的自习效率。根据"职教云平台"课前、课后对各单元知识点测试发现，课后学生对知识掌握程度有了明显提升。如图 7-5-18 所示。

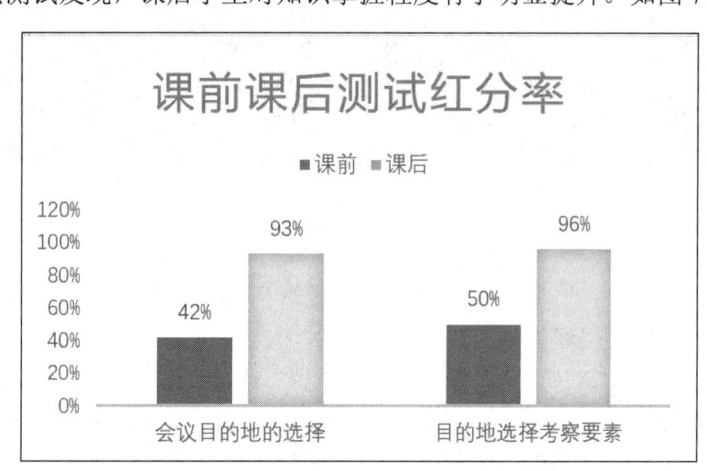

图 7-5-18 部分课后测评结果

企业专用 App 与项目经理增强技能运用。会议策划公司选址专用 App 的运用辅助学生快速了解会议场地实际情况，加深对选址流程的理解；企业项目经理的加入让学生在分析与筛选环节的着重考量有了更深刻的认识，学生的教学满意度与学习兴趣也有了较大提升。如图 7-5-19 所示。

图 7-5-19　课后部分调查结果

### 3. 学习成果广泛应用

一是，应用于一线工作，实现工学结合，知行合一。学生多次参与到校内活动与校外实习等会议场景中，运用专业知识和技能参与筹备和现场管理工作，受到主办方及与会人员一致好评。二是应用于多项赛事，实现以赛促教，教赛融合。学生近年来在国家级会展专业比赛中屡创佳绩。如图 7-5-20 所示。

图 7-5-20　学生参与校内外会议的布置、接待等工作

### 4. 创新特色

产教融合联动，校企合作提升学习成果。本教学内容中，采用行业领先企业成熟的《会议技能地图》作为工作手册式教材，构建了理论框架，同样来自企业的"会议案例资源库"为学生带来了最新行业知识与观念；教学案例及任务皆来源于企业真实会议，并在课堂教学与互动中通过虚拟现实技术与情境演练营造真实会议氛围，让学生在课堂中体会会议举办地的真实情况。学生所做方案也根据会议真实情境量身定制，并由会议项目经理对学生所做方案做出真实指导与点评，其中优秀方案将输出服务应用于真实会议需要。在校企双方联动的教学过程中，聚焦教学重点，突破教学难点，提升学生理论与实操水平。

劳动精神引领，思政教育升华课堂教学。本教学内容以任务导入的方式开展劳动教育，贯穿课前、课中与课后，通过督促、辅导学生打磨方案，尽善尽美地完成各单元任务，引导学生通过辛勤付出和创造性工作践行劳动精神。同时，以劳动精神为引领，在多个环节融入思政教育，其中包括微课视频选择杭州 G20 峰会、金砖五国厦门峰会等近年来在国内举办的重要国际会议，使学生感受祖国的强大，提升身份认同与自豪感；通过了解对比各个城市，领略祖国的地大物博，培养爱国情怀；在会议布局及会议营销单元鼓励学生通过作品设计等任务积极发扬创新精神小组分工完成任务；在会议接待准备环节引导学生秉持匠心、践行工匠精神，传承中华文明与优秀礼仪文化。此外，在完整的教学过程中，始终鼓励学生团队协作，在合作中互相督促与提升，锻炼团队协作精神。学生获奖情况如图 7-5-21 所示。

图 7-5-21　学生获奖情况

### 7.5.6　教学反思与诊改

**1. 教学反思**

小组学习为主，个别学生能力未充分展现。教学过程中，学生学习以小组协作为主，部分环节实行代表发言，在此过程中，可能存在个别同学"存在感"弱而不能充分开发、展现其潜在能力的情况。

设备资源有限，部分内容难以全员深度参与。在某些使用 VR 设备的环节，由于设备数量有限，任务规定时间内不能保证所有学生都能获得使用机会，因此部分学生对一些内容掌握了解的稍有不足。

**2. 教学诊改**

强化团队协作。教师在教学过程中加强培养学生的团队意识，团结并进，提升团队协作能力。教师秉持"以学生为中心"的教学理念，对能力较强的学生给予肯定，对能力不够突出的学生给予更多的关注与鼓励，结合适度调控，增强全员参与感，鼓励全体学生发挥自身价值。

优化资源配置。尽可能地通过可行途径获取更多的教学资源设备，在设备资源实在有限的情况下，实行设备资源在不同学时、不同环节、不同学生间的轮流有序使用。

### 7.5.7　参赛教师感悟

自 2018 年以来，我已连续三年参加教师教学能力大赛（原信息化教学大赛）。记得初次参赛的懵懂迷茫，未能领会信息化教学的真正意义，邯郸学步地一味模仿获奖案例，甚至连排版都照着写，结果是可想而知的惨败，就连系内选拔都没通过。第二次参赛时吸取了经验教训，在参赛前认真审视自己讲过的课程，在精心筛选后选定了自认为合适的方案，并根据课程特点做了相应设计，但对于比赛要求还是吃得不够透，最后还是止步于校内决赛。有了前两年的经验教训，自认为对于重进省赛拿到名次有了把握，准备重整旗鼓再战一次，却发现 2020 年的赛制有多项重大改变，其中影响最大的变化是要求团队所有成员都能够主讲，"人人都是第一主讲人"。这意味着我之前所积累的一些经验不再适用，再加上我们四人团队中另外三人是最长教龄不满两年的年轻教师，我再次变成了比赛的"小白"，一切都需要重新摸索。幸运的是，我们这支年轻的队伍最终取得了省赛一等奖的成绩，回顾这大半年的备赛、参赛经历，有以下感悟：

一是校领导、导师的重视与悉心指导。今年比赛受疫情影响，比赛时间、具体规则一直没有确定。尽管如此，校领导与导师们依旧组织线上集训，并在返校后第一时间组织线下演练、彩排。指导教师能够不厌其烦地为我们点评指导，不断提升作品的含金量。

二是后勤工作的无微不至。所谓"三军未动，粮草先行"，备赛过程中学校从视频拍摄到教学资源，再到决赛过程中多项细节安排，都为参赛队伍提供了大量帮助，解决了我们的后顾之忧，使我们可以专注于比赛。

三是参赛团队的全身心投入。我们是一支缺乏经验的年轻队伍，但初生牛犊不怕虎，我们团队凭借着对教学和比赛的一腔热血，在一次次错误中总结经验教训，虚心求教，不断打磨和优化参赛作品，终于在付出大半年的心血与拼搏后获得了应有的回报。

## 7.6  2020 年广东省省赛专业课程一组一等奖作品《匠守初心，展绘空间——主题展位设计与构建》——金晗、任欣颖、朱雪颖、朱一鸣

### 7.6.1  案例展示

案例展示如图 7-6-1～图 7-6-7 所示。

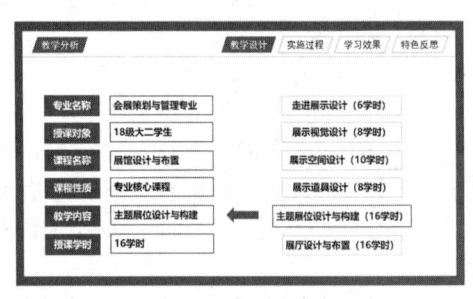

图 7-6-1  教学设计——教学分析

图 7-6-2  教学设计——教学重难点

图 7-6-3  实施过程——课前准备

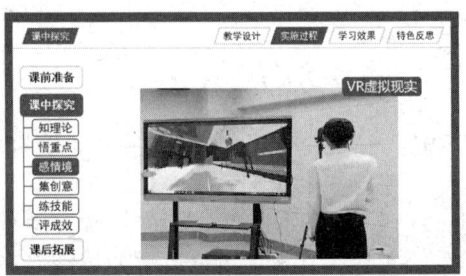

图 7-6-4  实施过程——课中探究一

图 7-6-5 实施过程——课中探究二　　　　图 7-6-6 实施过程——课后拓展

图 7-6-7 特色反思——特色亮点

### 7.6.2 专家评价

本作品从教学内容的选取、工作手册式教材的编写，到企业全真项目的实训都体现出产教的深度融合；结合课程实际需要，适度、有效地运用信息化技术，解决教学重点，化解教学难点；在教学实施过程中巧妙融入中华优秀传统文化，匠心贯穿课堂，润物无声。

### 7.6.3 教学整体分析

**1. 教学设计分析**

（1）授课信息。"展馆设计与布置"是校级旅游管理专业群——会展策划与管理专业的专业核心课程，课程开设时间为大二第二学期。先修课程为"会展概论""平面设计"，后续课程为"展览策划与营销"。

（2）教学内容分析。结合人才培养方案、课程标准、职业岗位典型工作任务分析，整合重组课程为六个学习情境。参赛内容选自学习情境五"主题展位设计与构建"，下设六个学习任务，共计 16 学时，是本课程的重要内容。课时分配及任务分配如图 7-6-8 所示。

（3）学情分析。授课对象为会展策划与管理专业大二学生，该阶段学生学习特征如下：

知识结构：学生已具备"会展概论""平面设计"等课程的基础知识，掌握会展策划的关键要点和展览展示设计基础知识；能力结构：学生具备平面设计、3D 设计等展览展示的设计技能，并能运用 3D Max 软件进行空间设计；认知结构：该阶段的学生成长于信息时代，具有较丰富的创意，乐于使用自主探究的平台进行学习，喜爱通过团队协作方式用信息化手段呈现学习成果。但由于实践经验所限，学生对展位的空间限定缺乏直观的认识。本课程根据学生整体和个体情况数据，准确设定教学目标，确定教学重点，预判教学难点，并根据各阶段学习情况及时调整教学策略。

（4）教学目标与重点、难点。教学目标是根据行业岗位标准及规程、专业人才培养方案、课程标准，并结合学生学情分析，确定参赛教学内容的教学目标。教学重点是根据教学目标、教学内容及学生掌握情况，梳理知识体系，结合案例解决重点，并根据教学重点设计板书和实操环节。教学难点是将教学内容中较抽象、较复杂、较深奥的部分预判为教学难点，并根据教学难点融入信息化手段。教学重点、教学目标及教学难点如图 7-6-9 所示。

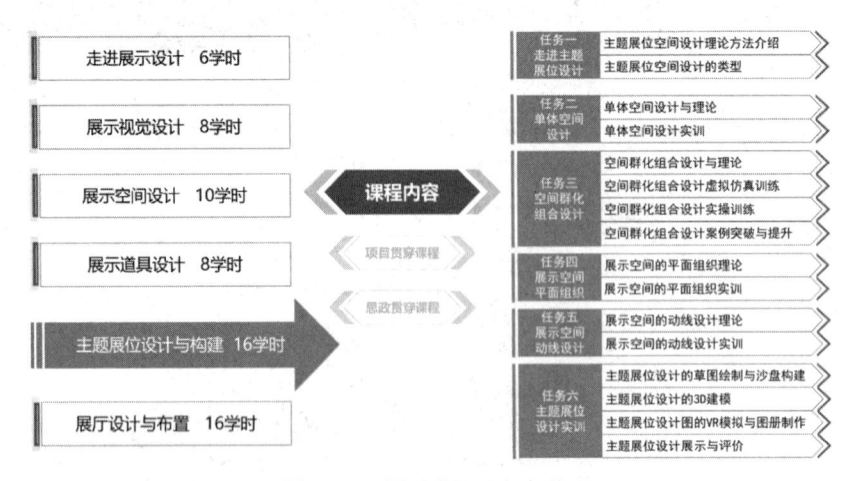

图 7-6-8　课时分配及任务分配

图 7-6-9　教学重点、教学目标及教学难点

### 2. 教学模式

在"以学生为中心"的教学理念下，采用混合式教学模式，构建符合本课程特点和实际需求的"一个全真项目，两重空间体验，三阶平台实训"教学模式。利用虚实结合的方式，解决实训耗材费用高、实训场地空间大、空间限定难理解的教学难题，突出学生主体地位，全面提高人才培养质量。

一个全真项目是指实训项目来自企业发布的全真项目需求；两重空间体验是指虚实空间技术的结合使用；三阶平台实训包括课堂实训、企业实训、实训效果现场展示。

### 3. 教学方式和教学方法

"教法"是为有效解决本课程教学内容的重点、难点，突出"以学生为中心"，采用案例教学、情境教学等方式，突出学生的参与性，强调师生互动，增强学生感性认知，加强学生对课程和岗位的理解，引导、启发学生积极主动思考，提高学生分析问题能力。

"学法"是指学生运用自主学习法、小组探究法等方法开展学习实践，师生共同完成课堂学习，并针对学习和实践反馈，及时调整教学，体现灵活的教学组织形式。

### 4. 教学资源及信息化手段运用

**教学环境。**本课程的教学环境主要在多功能智慧教室、会展设计与布置实训中心、数字展厅进行全方位的理实一体化教学。理论教学部分主要在多功能智慧教室完成，实操部分主要在会展设计与布置实训中心完成，课程学习成果在数字展厅进行展示。本课程实训教学环境能够适应实践教学需要，集教学、培训、职业技能鉴定和技术服务为一体，符合实训教学条件建设标准，已被评为省级校内实践教学基地、校级创新创业实践基地。

**教学资源。**本课程使用《展示设计》和自编工作手册式教材，积极引入企业案例，补充教材内容，健全知识结构体系，突出教学重点、难点，丰富教育内涵。本课程于 2015 年被评为校级精品资源共享课，2018 年被评为校级精品在线开放课程，目前网站累计访问次数已达 12 余万次。为了更加有效地开展教学活动，将技术优势与教育规律相结合，本课程在"职教云平台"上导入六大类教学资源：微课库、案例库、作品库、习题库、游戏库、App 库。数字化教学资源将技术与教学融合，为学生的课前自主学习和课后拓展提供了丰富的教学资源，推动校企资源共建共享，深化产教融合。如图 7-6-10 所示。

图 7-6-10　教学资源

信息化手段。本课程以"职教云平台"为基础进行教学全流程管理,采用多种信息化手段开展教学和实操体验,解决学生对空间限定方式认识不足的难点,实现设计效果由平面向立体的转移,带给学生一虚一实的两重空间体验。

图 7-6-11　信息化手段

### 7.6.4　教学实施过程

**1. 16 学时教学组织安排**

按照教学计划,本次教学内容为学习情境五——主题展位设计与构建,分为六个任务,共 16 学时。教师将"教、学、做、展、评"融入教学全过程,有效转换学生学习地位。授课班级分小组进行活动,学生按照"3-6-3"模式开展实践活动,成为课前知识探索者、课堂项目践行者及课后拓展主导者。

**2. 教学组织实施**

课前:教师整合数字化教学资源(微课库、案例库、作品库等),根据教学目标,激发学生完成课前三部曲。① 观:通过教学资源库进行自主学习;② 解:教师发布课前任务,通过企业全真任务驱动,学生组队完成实训任务;③ 测:学生完成课前摸底测试,教师根据测试结果调整教学进度,给予针对性指导。

课中:教师使用云课堂,实现与学生沟通和成绩统计,完成混合式教学,对学生进行针对性辅导,使学生主动探索教学意义,实现成果导向。如图 7-6-12 所示。

图 7-6-12　课中探究

知理论：根据课前学生自主学习中遇到的问题，实现实时真实案例教学，直观讲解主题展位的要点和技巧。悟重点：使用思维导图梳理知识要点，统计分析学生自主学习的难点。把握课堂教学重点、难点，调整教学进度。感情境：将全息投影、VR 虚拟现实等技术引入课堂，达到空间的扩大感和沉浸式体验，实时模拟真实情境教学。集创意：使用头脑风暴法，开拓学生思维，明确展位设计风格、确定主题展位设计框架，提高学生团队协作能力。练技能：开展任务导向的实操练习，绘制展位设计图、利用沙盘模拟展位搭建、3D Max 软件建模渲染，搭建展示空间，完成主题展位设计方案，强化教学重点。评成效：学生将设计方案放入企业数字展厅进行设计成果展示。通过自我评价、小组互评、教师评价、企业评价、社会评价等维度进行评价。通过"知、悟、感"帮助学生完成理论学习，梳理知识要点，模拟真实情境，通过信息化手段突破教学难点。通过"集、练、评"开拓学生思维，完成实操练习，形成设计图册，强化教学重点。设计成果通过数字展厅进行展示和多维评价。课后：教师通过"职教云平台"布置作业，进行学习和答疑，开启新一轮混合式教学。学生完成作业，形成设计作品。教师鼓励学生将设计思路、过程、成果等学习过程进行记录，并分享到"抖音""微博"等社交平台进行互动，多渠道收集设计创意，多方位开拓设计思维。同时，教师指导优秀作品参加全国大学生会展策划大赛等相关竞赛，坚持"以赛促教、以赛促学"。教学组织与整体安排如图 7-6-13 所示。

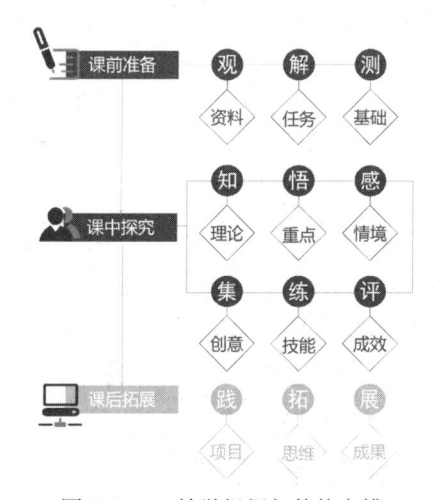

图 7-6-13　教学组织与整体安排

### 3．教学应变

为应对疫情的影响，确保"停课不停学"，及时调整教学策略，充分利用信息技术和网络技术开展线上教学。同时，丰富颗粒化教学资源，校企合作开发数字展厅，完善智能化、交互性、信息化的教学资源建设，满足疫情期间学生自主学习的需求。

### 4．教学评价设计

为了对过程性评价进行针对性、有效性地管理，有效统计学生的学习情况，设计了学生自评、小组互评、教师评价、企业评价和社会评价的五维评价体系，将多方评价数据进行统一收集和分析。如图 7-6-14 所示。

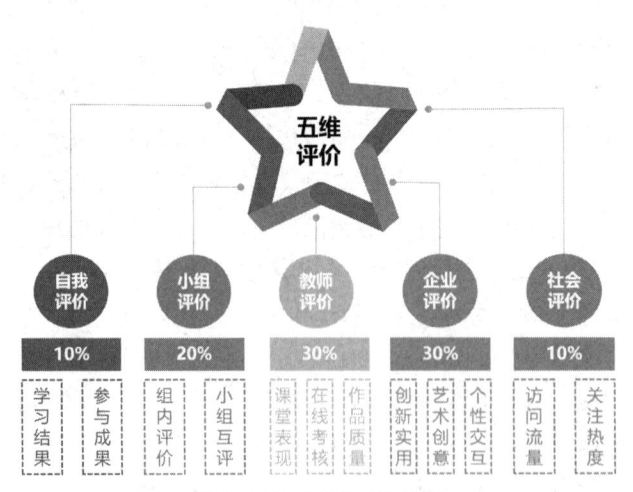

图 7-6-14  五维评价体系

### 7.6.5 学习效果

**1. 课堂教学生动有效**

激发学习兴趣。将现代化教具和信息化手段融入课堂教学,把静态、枯燥的知识点转为动态、可视化的教学资源,营造生动活泼的教学气氛,使用深入有效的教学互动,激发学生学习兴趣。

提升学习效果。通过虚实结合,突破空间局限,优化传统课堂,有效解决难点,使学生身临其境地理解抽象知识,根据学生学情,提高对空间的认知能力,帮助学生理解和巩固所学知识,提升学习效果。

提高教学质量。与新技术、新工艺、新规范整合,使用理实一体化的授课场所,有利于发展学生的抽象思维,改善课堂教学效率,提高教学质量。如图 7-6-15 所示。

图 7-6-15  课堂教学生动、有效

**2. 学生成果广泛应用**

学生能将设计融入主题展位作品中呈现。设计作品的成型既是学生知识技能的展示,更是小组团队合作的成果,真正实现工学结合,学以致用。

课堂作品进企业,实现知行合一。优秀的课堂作品被企业采纳,做到项目真实落地。同时，项目学生受邀参与主题展位的搭建，熟悉展位搭建的工作流程。优秀学生能够获得企业的实习推荐信。

课堂作品进一线，实现工学结合。课堂作品除了在学校进行展示，还能够在更多场所展示，如党建展、文化展、商业展等。课堂作品强调创新能力，获大学生创新创业项目省级立项，创新创业取得实效。

课堂作品进赛场，实现以赛促学。积极组织学生参加各类大赛，连续六年在国家级、省级大赛中获奖（含国赛特等奖），实现学赛结合、教学相长。学生成果如图7-6-16所示。

图7-6-16 学生成果

### 7.6.6 特色与反思

**1. 教学特色**

（1）匠守初心：促产教融合，践行劳模精神（见图7-6-17）。

图7-6-17 匠守初心：促产教融合，践行劳模精神

对标岗位，深化产教融合。紧跟行业发展需求，将教学资源与企业需求结合，为行业培养人才。注重产教融合，校企合作共同开发教学资源。企业专家进课堂，课堂学习入企业，实现校企双元育人。

爱岗敬业，传承劳模精神。以习近平总书记关于劳动教育的论述为指引，对照学校高素质应用型人才培养目标，宣传企业行业典型先进事迹，培养劳动意识，端正劳动态度，感悟和践行劳动精神。

精益求精，践行工匠精神。将"匠心"贯穿课堂，提升学生职业素养，促进学生高质量就业。鼓励学生与队友并肩，与细节"较真"，与技术"对话"，从多维度不断突破自我，不断磨砺技艺，培养学生精益求精的工匠精神。

（2）展绘空间：提高教学效率，推进三全育人（见图 7-6-18）。

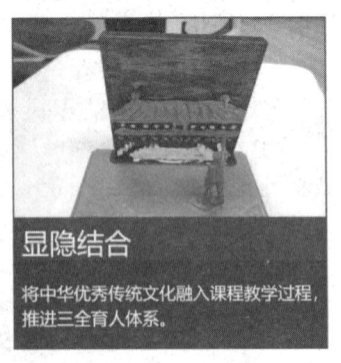

图 7-6-18　展绘空间：提高教学效率，推进三全育人

虚实结合，提高教学效率。利用 VR 虚拟现实、全景漫游、数字展厅，解决学生对空间认识的不足；利用沙盘建模和 3D 打印，实现设计效果由平面向立体的转移，带给学生一虚一实的两重空间体验。

显隐结合，落实课程思政。以立德树人为根本任务，将中华优秀传统文化和中国梦融入课程教学过程，推进"全员、全过程、全方位"的三全育人体系，引导学生树立正确的世界观、人生观和价值观，提升文化自信。

（3）数字展厅：抗疫情保教学，引新规入课堂（见图 7-6-19）。

图 7-6-19　数字展厅：抗疫情保教学，引新规入课堂

适应性开发，应变特殊时期。为应对疫情的影响，确保"停课不停学"，及时调整教学策略，充分利用信息技术和网络技术，开发数字展厅，推动智能化、交互性、信息化的教学资源建设。

跃进式发展，紧跟行业趋势。受疫情影响，国内外会展行业基本停滞，会展业深受冲击，数字展厅应运而生。会展行业新规范是关键信号，预示数字展厅将更加规范化。课程紧跟行业新工艺新规范，将数字展厅引入课堂教学，受到学生、企业、行业、社会高度认可。

**2．教学反思**

（1）应对学情变化，不断更新教学资源。

反思：面对职教扩招 100 万的发展改革，生源在基础能力、知识需求等方面存在较大的差异，对教学提出了更高的要求。

改进：为应对生源结构发生变化，应针对性设计出多种契合学生年龄、背景、结构等差异的案例，针对不同能力梯度学生进行个性化教学，真正做到因材施教。打造双师型师资队伍建设，校企共同开发和建设课程资源。

（2）顺应时代发展，推动课程转型升级。

反思：面临会展产业转型升级，对行业品牌化、市场化、专业化的要求不断提升，对人才的培养有了更高的需求。

改进：为紧跟会展行业新规范、新趋势，实时调整会展人才需求定位，细化课程定位，与行业协会合作，全面提升学生快速学习、终身学习、自我学习的能力。

### 7.6.7　参赛教师感悟

教师教学能力大赛为教师提供了展示教学水平、师德师艺的舞台，也搭建了一个互相学习、共同进步的平台。四次参加教师教学能力大赛的经历，从失败到获奖，让我在反思中成长、在探索中受益、在累积中提升。

（1）功夫在平时，日积月累方能厚积薄发。虽然从组队到省赛决赛有将近 9 个月的备赛时间，但是需要准备的素材也相当多。因此，在日常的教学过程中要不断探索适合学生学情的教学方法，开发信息化教学资源，建设颗粒化教学资源，在教学内容上挖掘思政元素，在实操过程中贯穿工匠精神和劳动精神，日积月累，不断完善，才能在备赛过程中信手拈来，厚积薄发。

（2）爱拼才会赢，坚持不懈方能善作善成。比赛是激烈残酷的，备赛是疲惫不堪的，但我坚信越努力，越幸运。从组队选题、材料撰写、视频拍摄，到现场决赛，我们需要梳理课程定位、重组教学内容、设计学习情境、优化教学模式、调整教学设计、完善评价体系……每个环节都做到极致，每个细节都要精雕细琢，不忘初心，坚持不懈，不辜负每份努力，不后悔每份付出。

（3）柴多火焰高，众志成城方能百战不殆。2020 年的赛制对比往年更加重视团队的合作，四人团队的组合中，老将有经验、新手善创新。从疫情期间的视频会议到恢复教学后的夜以继日，有激烈争论后的茅塞顿开，有消沉沮丧时的鼓励打气，众志成城，对作品的每个细节不断打磨，反复锤炼，力求精益求精，提交最满意的作品，展现最完美的我们！

## 7.7  2020年广东省省赛专业课程一组一等奖作品《Go Digital—助力中国新外贸》——易勇、王华、黄冬梅、林愉青

### 7.7.1  案例展示

案例展示如图7-7-1~图7-7-5所示。

图 7-7-1  学情分析

图 7-7-2  信息化学习平台

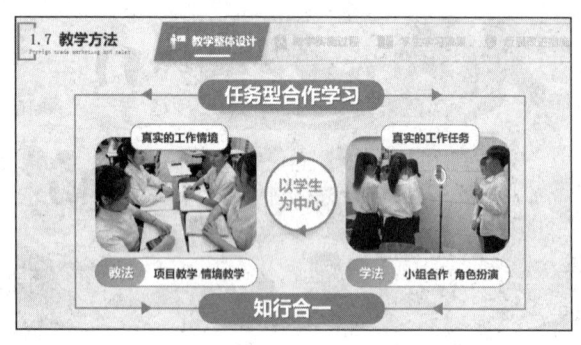

图 7-7-3  任务型合作学习

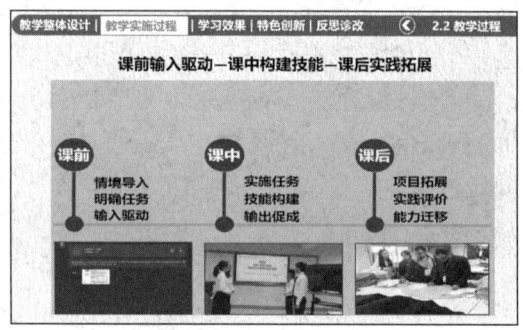

图 7-7-4  教学实施过程

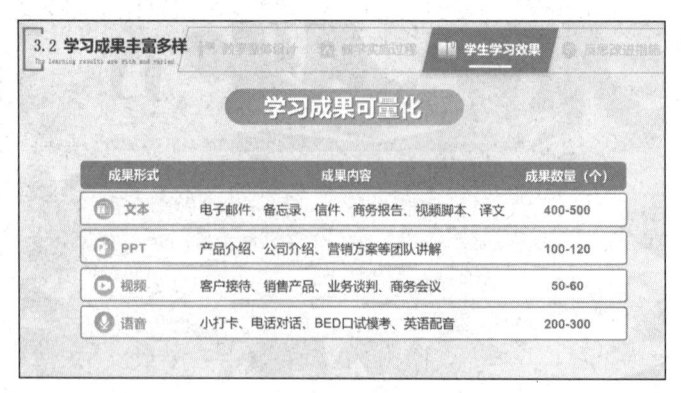

图 7-7-5  学生学习效果

## 7.7.2 教学分析

### 1. 教学背景

"剑桥商务英语"是一门"英语+商务"的跨学科综合技能课程，具有鲜明的职业性与实践性，旨在培养学生在涉外商务环境中运用英语进行沟通交流并解决问题的能力。在"成果导向，任务驱动"理念指引下，课程通过系统的商务英语听、说、读、写、译的训练，开展真实职场项目及完成具体工作任务，力图夯实学生语言基础、提高学生商务技能、培养学生职业素养，助力中国新外贸。

本课程在整个专业课程体系中起着承上启下的关键作用，既是先导课程技能的综合应用，也是后续课程的语言技能支撑，与先导课程与后续课程协同，通过产教融合，培养全球化和"互联网+"背景下具备"英语语言能力+商务核心技能+职业文化素养"的高素质复合型技术技能人才。

### 2. 学情分析

本课程的授课对象是商务英语专业二年级学生，他们的英语基础较好，多数学生获得了英语能力证书，适合全英教学，但缺乏商务知识，需要拓展商务知识，提高商务技能与职场能力。

### 3. 教学目标

根据教学背景和学情分析，梳理出知识目标、能力目标和素质目标如图 7-7-6 所示。

知识目标
1. 掌握线上线下营销、销售、售后服务的相关英语词汇、语块与表达用语；
2. 掌握营销组合4P要素与社交平台营销的新动态；
3. 掌握线上线下介绍公司、介绍产品、销售话术与业务谈判的沟通技巧；
4. 掌握在交易会接待客户、带客户参观公司与工厂的接待礼仪与沟通技巧。

能力目标
1. 能指定并讲解简单的社交平台营销方案；
2. 能用英语琉璃地进行公司介绍、线上线下产品推广、销售与业务谈判；
3. 能在交易会或公司得体地接待外国客商，建立业务关系；
4. 能有效进行跨境电商售后服务，维护业务关系。

素质目标
1. 提升"中国制造"的民族工业自豪感与文化自信；
2. 提高团队沟通、合作能力；
3. 提升解决问题的能力与创新能力；
4. 提高服务意识、诚实守信、爱岗敬业、精益求精的职业素养。

图 7-7-6　教学目标

### 4. 教学重点、难点如下

教学重点、难点如下。

| 教学重点 | 教学难点 |
| --- | --- |
| 在跨境电商平台介绍产品与公司； | 在线销售产品，直播带货； |
| 劝导购买话术与业务谈判技巧； | 制作产品推广视频与公司网页； |
| 有效接待沟通，维护客户关系。 | 跨文化业务谈判。 |

### 7.7.3 教学设计与实施

（1）教学单元设计

| 教学模块 | 教学内容 | 教学目标 | 时间分配（学时） |
| --- | --- | --- | --- |
| 一 | 策划营销方案 | 能进行"社交平台营销方案"的正式商务讲解。 | 2 |
| 二 | 制作公司宣传网页 | 能够撰写逻辑清晰、结构合理、语言流畅的公司简介，并通过网页形式呈现。 | 2 |
| 三 | 口头介绍公司 | 能够在商务场合对公司介绍。 | 2 |
| 四 | 在线销售产品 | 能直播带货，利用社交平台在线销售产品。 | 2 |
| 五 | 制作产品推广视频 | 能制作简单的产品推广视频，并在跨境电商平台推广。 | 2 |
| 六 | 参加涉外展会 | 能与客户有效沟通，建立业务关系。 | 2 |
| 七 | 陪同客户参观工厂 | 熟悉客户工厂参观的流程、活动安排，能与客户有效沟通。 | 2 |
| 八 | 现场进行业务谈判 | 能拟定简单的销售合同与订单。 | 2 |

（2）教学过程实施

| | 课前准备—情境导入，自主学习 |
| --- | --- |
| 教学手段 | 启动"职教云平台"，预先浏览华为、联想等公司网站，制作公司展示的PPT，并学习公司介绍的相关微课，具体要求如下：<br>1. 通过"职教云平台"发布公司官网链接、布置学习任务与课前测试、掌握课前学情；<br>2. 通过"速课网"录制词汇语块微课；<br>3. 通过"小打卡"完成主题词汇语块的语音打卡。 |
| 设计意图 | 1. 提前储备主题核心词汇，为课堂输出成果做好知识准备；<br>2. 学生充分进行课前输入驱动，分组浏览具有代表性的公司网站，并对相关材料进行分析、整理，制作公司展示的PPT；<br>3. 教师了解第一手学情资料，发现学生的薄弱知识点，优化教学方案，更有针对性地解决学生问题。 |
| 教师活动 | 1. 发布任务：在"职教云平台"上发布公司网站链接、公司介绍音频与在线测试题目、"小打卡"发布词汇语音打卡任务；<br>2. 录制微课：在"速课网"制作词汇语块PPT语音微课，并将其发布到"职教云平台"上；<br>3. 掌握学情：在"职教云平台"的后台查看学生浏览链接、测试情况与疑惑提问的情况，记录第一手学情资料；在"小打卡"后台查看学生打卡质量，记录第一手学情资料；<br>4. 优化教案：根据学生反馈及时修改教学内容，优化教学方案。 |
| 学生活动 | 1. 领取任务：在课程微信群知悉预习作业任务与学习提示，领取任务单；<br>2. 完成任务：完成"职教云平台"上的学习任务，根据网页浏览情况，制作介绍公司的演讲PPT、提出困惑与问题；<br>3. 学习微课：学习PPT语音微课，并到微信小程序"小打卡"进行语音打卡。 |
| 学习成果 | 团队成果<br>1. 公司介绍的文本；<br>2. 小组讨论结果（"职教云平台"）； |

(续表)

| | |
|---|---|
| 学习成果 | 个人成果：<br>1. 利用"小打卡"进行词汇语音打卡一次；<br>2. 阅读填空题答案（"职教云平台"）；<br>3. 自主学习的笔记。 |

**课中学习—环节一 学习成果汇报（5min）**

| | |
|---|---|
| 教学手段 | 1. 通过PPT展示各小组在课前准备阶段制作的PPT；<br>2. 通过"职教云平台"发布测验与抢答等课堂活动；<br>3. 通过"小打卡"展示词汇语音打卡作业；<br>4. 通过小组竞赛提高学生参与度、激发学生的学习热情。 |
| 设计意图 | 1. 让学生掌握主题词汇语块及其运用；<br>2. 培养学生团队合作精神与竞争意识；<br>3. 为开展教学奠定词汇基础。 |
| 教师活动 | 1. 检测学习成果：通过PPT展示问题，同时在"职教云平台"上发布词汇测试与抢答活动；<br>2. 纠正错误：展示"小打卡"的词汇语音打卡作业，纠正高频错误；<br>3. 归纳小结：根据学生作答情况，总结、归纳词汇用法。 |
| 学生活动 | 1. 汇报学习成果：通过"职教云平台"上的抢答活动进行小组间的比拼；<br>2. 修正错误：根据"小打卡"的词汇语音作业点评，修正错误，解决问题；<br>3. 归纳改进：总结归纳词汇语块的运用要点。 |
| 学习成果 | 团队成果：<br>抢答与测试成绩。<br>个人成果：<br>词汇笔记。 |

**环节二 驱动：企业教师技能讲解（10min）**

| | |
|---|---|
| 教学手段 | 通过校企合作，邀请企业教师通过实践案例讲解公司简介在商务场合的应用，以及在实践操作中出现的问题与解决方法。 |
| 设计意图 | 1. 加深学生对公司情况的理解；<br>2. 联系理论与实践，培养学生实际操作能力；<br>3. 培养学生理论联系实际的能力。 |
| 教师活动 | 1. 企业教师案例分享：邀请企业教师通过现场教学的形式介绍公司，分享相关案例经验；<br>2. 企业教师与学生互动：协助企业教师进行师生互动提问；<br>3. 企业教师归纳小结：对企业教师讲解的重点进行归纳总结。 |
| 学生活动 | 1. 分析案例：聆听企业教师案例实践经验；<br>2. 思考提问：进行批判性思考，提出问题；<br>3. 对企业教师讲解内容进行思考与总结。 |

（续表）

| 环节二 驱动：企业教师技能讲解（10min） ||
|---|---|
| 学习成果 | 个人成果：<br>1. 企业专家经验分享笔记；<br>2. 问答现场互动。 |
| 环节三 驱动：商务案例（15min） ||
| 教学手段 | 1. 使用 PPT 展示教学课件；<br>2. 在 British Council Learn English（英国文化协会英语学习平台）网站上展示公司简介的演讲音频案例；使用"职教云平台"与学生进行随机互动。 |
| 设计意图 | 1. 学生从情绪上进入公司简介现场，身临其境地体验商务情境，产生角色代入感，完成任务驱动；<br>2. 观摩演讲者自信、放松的风采与学习他们的沟通技巧；<br>3. 学习讲解内容结构、演讲用语与演讲技巧。 |
| 教师活动 | 1. 呈现案例：播放华为企业文化演讲片段引导学生体验公司简介现场情境，观摩演讲者的风采、播放一个 TED 演讲；<br>2. 引发思考：引导学生思考演讲的语言与非语言沟通技巧。 |
| 学生活动 | 1. 分析案例：观看华为企业文化演讲片段，体验公司简介现场情境，观摩演讲者的风采与沟通技巧；观看 TED 演讲，思考语言与非语言沟通技巧；<br>2. 讨论与思考：积极参与现场交流与"职教云平台"互动。 |
| 学习成果 | 团队成果：案例分析讨论<br>个人成果：通过"职教云平台"进行互动交流。 |
| 环节四 促成：演讲技能之声音控制（15min） ||
| 教学手段 | 分析典型案例，学习成功的演讲如何进行声音控制；<br>使用"职教云平台"开展小组 PK 活动，并组织课堂互动环节；<br>通过"职教云平台"实现学生自评、生生互评。 |
| 设计意图 | 结合 BEC 口语测试标准，分析公司演讲的案例，学习在演讲中如何进行声音控制，包括舞台表现力、声音的节奏速度及音调等方面。 |
| 教师活动 | 1. 分析案例：组织学生分析案例，归纳有效演讲的声音特点；<br>2. 引发思考：组织各小组学生展示公司简介的片段，根据表现力、声音的节奏速度及音调，对学生的演讲提出改进建议。 |
| 学生活动 | 1. 分析案例：分析公司简介的案例，总结有效演讲的声音特点；<br>2. 技能强化：选取公司演讲片段进行展示，根据"BEC 英语考试"口语部分要求，在表现力、声音的节奏速度以及音调等方面进行改进。 |
| 学习成果 | 个人成果：<br>1. 微演讲（1min）；<br>2. 课堂笔记。 |
| 环节五 促成：演讲技能之肢体语言（10min） ||
| 教学手段 | 1. 分析典型案例，学习演讲中如何控制肢体语言；<br>2. 使用"职教云平台"开展小组 PK 活动，并组织课堂互动环节；<br>3. 通过"职教云平台"实现学生自评、生生互评。 |
| 设计意图 | 分析介绍公司的演讲案例，学习演讲者如何控制肢体语言，包括表情、眼神交流、手势、体态等方面。 |

(续表)

| 环节五 促成：演讲技能之肢体语言（10min） | |
|---|---|
| 教师活动 | 1. 分析案例：组织学生分析演讲案例，归纳成功的演讲者的肢体语言的特点；<br>2. 引发思考：组织各小组学生展示介绍公司的片段，根据表情、眼神交流、手势、体态等方面，对学生的演讲提出改进建议。 |
| 学生活动 | 1. 分析案例：分析公司简介的案例，总结有效演讲的声音特点；<br>2. 技能强化：选取公司演讲片段进行展示，根据"BEC 英语考试"口语部分要求，在表现力、声音的节奏速度以及音调等方面进行改进。 |
| 学习成果 | 团队成果：小组 PK 成绩。<br>个人成果：强化肢体语言的训练。 |
| 环节六 评价：自我评价与改进（15min） | |
| 教学手段 | 结合"促成"阶段总结的演讲的声音特点与肢体语言，组织学生以小组为单位对课前阶段准备的演讲内容进行进一步加工，并通过小组 PK 的方式在班级范围内选出最佳表现小组。 |
| 设计意图 | 1. 培养学生语言表达能力；<br>2. 提高学生口头介绍公司的能力；<br>3. 培养学生的评价能力。 |
| 教师活动 | 1. 组织讨论：组织学生进行小组讨论，就本小组对介绍公司的内容进行润色加工；<br>2. 攻克难点：在学生讨论期间参与到学生小组讨论中，有针对性地指导各小组完成学习任务。 |
| 学生活动 | 1. 自我评估：结合上述步骤所学的结构与语言知识，对本小组的课前公司简介查漏补缺；<br>2. 自我改进：就本小组模拟现场介绍公司进行润色加工。 |
| 学习成果 | 团队成果：<br>1. 小组展示介绍公司的内容；<br>2. 改进课前准备的公司介绍文本。 |
| 环节七 评价：学生互评与教师点评（15min） | |
| 教学手段 | 1. 组织小组展示学习成果；<br>2. 通过"职教云平台"的投票环节实现学生自评、生生互评。 |
| 设计意图 | 1. 学生展示学习成果，在学习成果的展示中进一步加深对公司的理解；<br>2. 从其他作品中借鉴、学习优秀内容，对自己的作品进行提升。 |
| 教师活动 | 1. 评估学习成果：组织各小组在限定时间内展示学习成果；<br>2. 指导改进学习成果：对各小组学习成果进行点评，并提出进一步改进建议。 |
| 学生活动 | 1. 展示学习成果：在限定时间内展示小组学习成果；<br>2. 互评学习成果：对其他小组的学习成果进行点评并提出修改建议；<br>3. 提升改进学习成果：归纳、总结其他小组与教师提出的修改建议，并在课后对小组学习成果进行进一步提升。 |
| 学习成果 | 个人成果：<br>1. 相互借鉴优秀学习成果；<br>2. 形成课堂笔记。 |
| 环节八--总结（5min） | |
| 教学手段 | 1. 使用"职教云平台"对学生学习的情况进行评价；<br>2. 通过 PPT 展示本次课的学习内容。 |

(续表)

| 环节八--总结（5min） | |
|---|---|
| 设计意图 | 1. 培养学生总结归纳能力；<br>2. 提高学生自评与互评能力。 |
| 教师活动 | 1. 通过思维导图展示课堂所授内容；<br>2. 解答学生关于课堂提出的问题。 |
| 学生活动 | 1. 利用思维导图复习课堂所学知识；<br>2. 就课堂疑难问题进行提问。 |
| 课后拓展—淘宝创业项目 | |
| 教学手段 | 学生将介绍公的演讲视频上传到"抖音"平台上，并通过"用户关注度"反馈市场的接受程度；试运营淘宝店铺，为中小企业制作公司简介视频。 |
| 设计意图 | 1. 将学生课堂所学应用到实际操作中；<br>2. 将学习成果"可视化"以激发学生学习的积极性。 |
| 教师活动 | 1. 指导实践：指导学生将介绍公司的演讲视频上传至"抖音"平台并通过市场反馈，检验学生的学习成果；<br>2. 指导实践：指导学生运营淘宝店铺，将制作公司简介视频的技能运用到商务实践中。 |
| 学生活动 | 1. 参与实践：将介绍公司的演讲视频上传至"抖音"平台，并通过市场反馈，检验学习成果；<br>2. 参与实践：在教师的指导下运营淘宝店铺，将介绍公司简介视频的技能运用到商务实践中。 |
| 学习成果 | 参与创业实践。 |

### 7.7.4 教学效果

把企业真实项目引入教学，实施任务驱动，提升学生核心职业技能，推动教师技术研发，实现文科类专业的产学研结合。教师运营的微信公众号推送原创文章近 80 篇，为近 5000 名订阅者不定期推送关于 BEC 备考技巧与资源、时事资料、拓展知识、学习方法等视频、音频、图片与文本资料，为学生及社会人员提供持续、便捷的拓展学习资源支持。

### 7.7.5 特色与创新

**1. 联动式企业全程介入教学模式**

本次 16 学时的教学内容的选取与重构、课堂活动的组织与实施、课后技能的提升与迁移及学习成果的考核与评价都以企业真实项目为依托，确保企业全程介入，真正体现成果导向、项目驱动和产教融合，实现了教学内容、教学主体、教学场所和教学评价的双元性。做到了课前开拓和课后延伸，达成了课程的知识目标、能力目标和素质目标。

**2. 体现外语学习与民族文化自信融合，注重培养职业素养和综合人文素养**

在"英语+商务"有机融合的商务英语课程中，贯穿课程思政教育，引导学生树立文化自信和民族自豪感，在跨境电商新业态的时代大背景下，立足中国，走向全球，将中国产业推向世界，助其融入世界经济。同时，课程注重培养爱岗敬业的劳动精神和职业素养，同时注重综合人文素养，重点培养自我管理能力与团队协作能力，以及批判性思维和可持续发展能力。

### 7.7.6 参赛教师感悟

我们团队在比赛过程中不断打磨作品，学习新的教学理念与教学方法，对于教学能力的提高无疑起到了非常重要的促进作用。参加比赛不仅需要长期的经验积累，团队成员的通力合作，更需要学校的支持与指导。参加教学能力比赛像是一条漫长、痛苦而又精彩的道路，必须经过挫折，不断地对作品进行推翻重组，近乎苛刻地打磨每个设计、每句表述，但付出的努力终将转化为知识、经验、成就，让人满载而归。

## 7.8 2020年广东省省赛专业课程二组一等奖作品《荣华历四时，人间芳菲日——露地花卉栽培与应用》——许雯、黄敏、容伊梨、岳海林

### 7.8.1 案例展示

案例展示如图 7-8-1～图 7-8-8 所示。

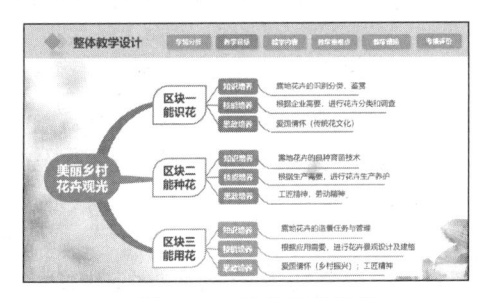

图 7-8-1 整体教学设计

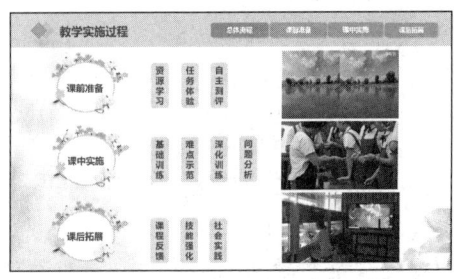

图 7-8-2 教学实施过程

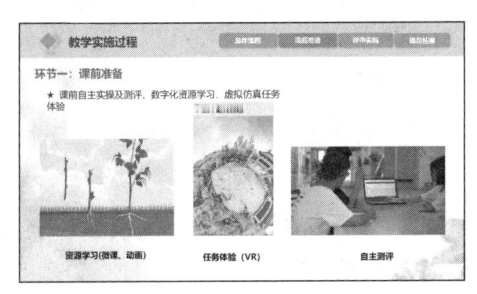

图 7-8-3 教学实施过程——课前准备

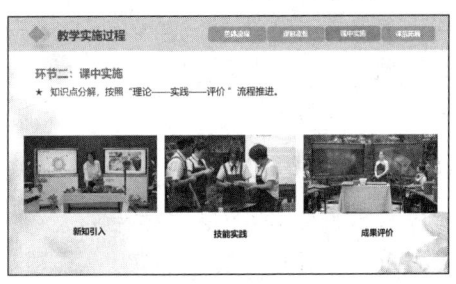

图 7-8-4 教学实施过程——课中实施一

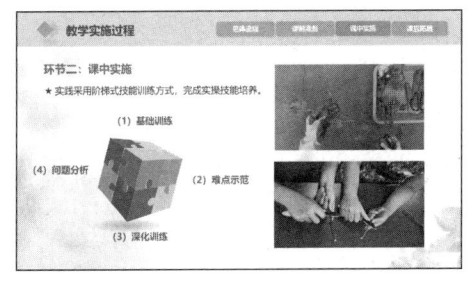

图 7-8-5 教学实施过程——课中实施二

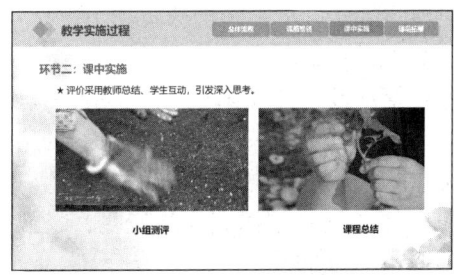

图 7-8-6 教学实施过程——课中实施三

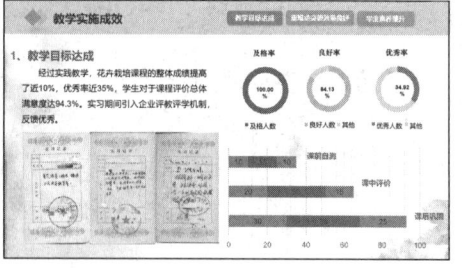

图 7-8-7　教学实施过程——课后拓展　　　　图 7-8-8　教学实施成效

### 7.8.2　专家评价

该案例以实训传统教学问题为思考出发点，做出了改进和提升，依托虚拟仿真实验平台、VR 体验、网络学习空间、手机投影系统、微课等技术与资源开展教学。同时以花卉为起点，借助实训内容，融合劳动教育，课程思政，在花卉育德中打造了特色课堂，培养学生树立了正确的价值观。

### 7.8.3　教学分析

#### 1. 教学背景

"花卉栽培"是高职园艺技术专业核心课程之一，该课程实操性强、内容广，主要包括各类花卉的繁殖、养护、应用等技术，是培养合格的园艺专业高技能型人才必不可少的课程之一。但传统的教学模式不能激发学生的学习兴趣，教学效果不理想，没有办法适应现代职业教育对人才培养目标的要求。

本课程在传统教学的基础上，以高职教育培养技能应用型人才为原则，着力用现代信息技术改造传统教学，重点解决实训教学中"进不去、看不见、动不了、难再现"的难题。突出技能训练，按照"项目式教学设计，任务驱动教学安排"的模式进行教学设计，体现"教学内容融合工作任务、技能训练紧贴生产实际、培养过程立足岗位需求"的人才培养理念。

#### 2. 学情分析

本课程的授课对象是园艺技术专业大一的学生，以往年的教学情况为基础，结合教务处往年学生完成作业情况、学习成绩，从心理、考情、命题、错题、课堂评价等多维度评价出发，用发展性（形成性）评价的理念，诊断并找出学生的闪光点和学习中的不足，并改进学习方法。经过综合分析，学情分析如下：

（1）知识基础。学生已经学习过前置课程"植物与植物生理"，具备植物学基本知识，对植物生命活动及生长规律有一定了解；学生在前置课程中已经学习了"初步设计"课程，具备一定的景观美学知识，掌握基本的设计要素。

（2）技能现状。能够熟练使用显微镜，观察植物器官的特征，了解花卉的基本构造；能根据植物生长发育规律制定相应生产措施，改良植物生长环境条件；能够熟练应用常见农用工具进行辅助栽培。

（3）学习特点。班级女生居多，喜爱花卉，对于花卉栽培兴趣浓厚；但是这些学生对于传统作物劳动技能的实操不够积极，并且主观认为该课程的知识陈旧，实操部分的劳动强度大；学生对于信息化技术应用有热情，75%以上学生具备常规软件应用基础和展示能力。

**3．教学目标**

根据教学背景和学情分析，梳理出知识目标、技能目标和素质目标如图 7-8-9 所示。

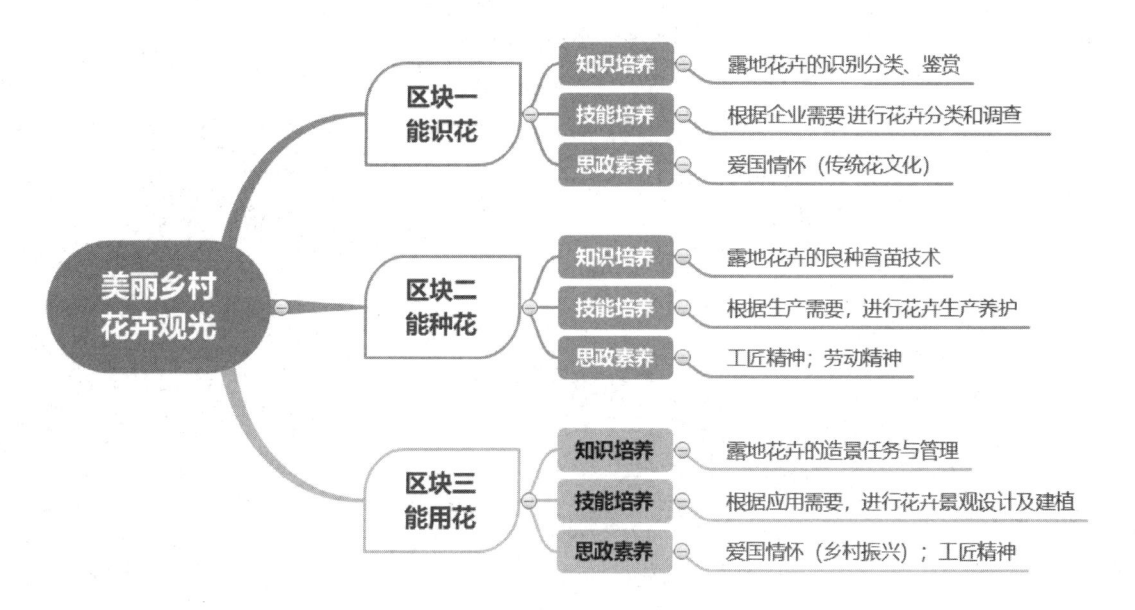

美丽乡村花卉观光
- 区块一 能识花
  - 知识培养：露地花卉的识别分类、鉴赏
  - 技能培养：根据企业需要进行花卉分类和调查
  - 思政素养：爱国情怀（传统花文化）
- 区块二 能种花
  - 知识培养：露地花卉的良种育苗技术
  - 技能培养：根据生产需要，进行花卉生产养护
  - 思政素养：工匠精神；劳动精神
- 区块三 能用花
  - 知识培养：露地花卉的造景任务与管理
  - 技能培养：根据应用需要，进行花卉景观设计及建植
  - 思政素养：爱国情怀（乡村振兴）；工匠精神

图 7-8-9　教学目标

**4．教学重点、难点**

教学重点、难点如图 7-8-10 所示。

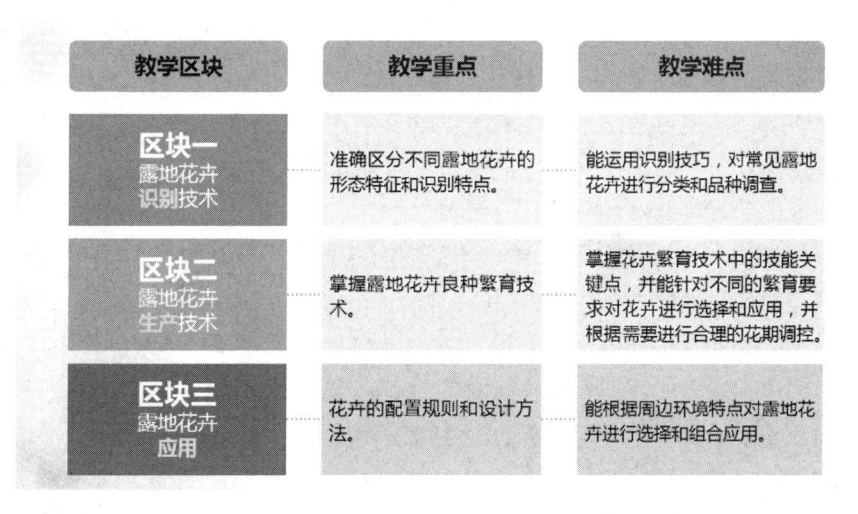

| 教学区块 | 教学重点 | 教学难点 |
| --- | --- | --- |
| 区块一 露地花卉识别技术 | 准确区分不同露地花卉的形态特征和识别特点。 | 能运用识别技巧，对常见露地花卉进行分类和品种调查。 |
| 区块二 露地花卉生产技术 | 掌握露地花卉良种繁育技术。 | 掌握花卉繁育技术中的技能关键点，并能针对不同的繁育要求对花卉进行选择和应用，并根据需要进行合理的花期调控。 |
| 区块三 露地花卉应用 | 花卉的配置规则和设计方法。 | 能根据周边环境特点对露地花卉进行选择和组合应用。 |

图 7-8-10　教学重点、难点

### 7.8.4 教学设计与实施

**1. 教学实施流程**

本设计通过乡村振兴花卉观光一体化建设流程，串联识别、繁育、应用三大模块，将思政培养贯穿其中，形成"百花靓四时，卉馨扬花乡"的主题任务。让学生在体验项目式驱动的同时，掌握知识技能，增强情感体验。如图 7-8-11 所示。

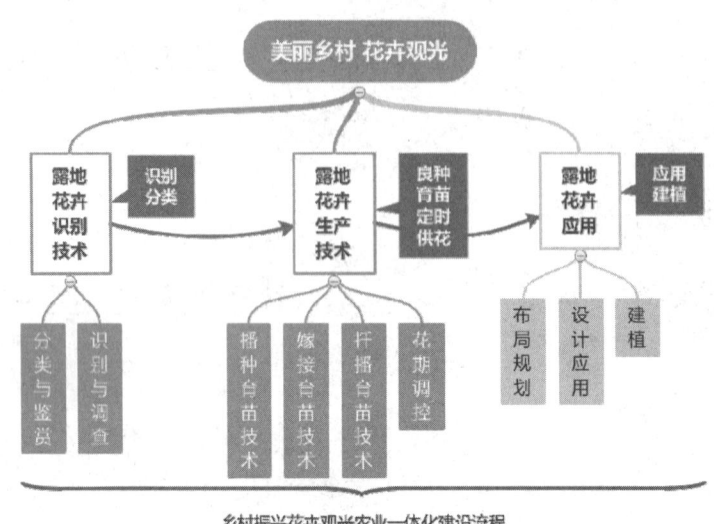

图 7-8-11 教学实施流程

**2. 教学过程实施**

环节一：课前自主学习（30~50min）

（1）任务导入：学生通过教学平台阅读教师拟定的学习任务单，明确本次课程学习内容及任务；

（2）资源学习：学生对教学平台上数字教学资源进行自主学习；

（3）难点反馈：学生通过课前学习测验反馈自主学习过程。

环节二：课中学习实践（2学时，90min）

教学组织以知识点为单位进行分解，每个知识点采用"理论——实践——评价"的流程推进。实践环节分为四步，通过"技能基础训练——难点操作示范——实操深化训练——问题反馈分析"进行颗粒化的教学设计，结合教师、自评、组间评定多维度评判，对于未掌握的相关知识学生进行实操修正，真正理解学习难点，掌握实际的关键操作。

（1）小组自主实操：学生分组进行自主实操。

（2）教师难点演示：针对教师的演示，学生对难以掌握的重点、难点进行进一步的强化训练。

（3）技能深化训练：分析学生在操作过程中教师所发现的问题及各组观察员在网络学习

平台上发布的问题。

（4）问题反馈分析：分析学生操作过程中教师所发现的问题及各组观察员在网络学习平台上发布的问题。

评价部分采用教师总结、学生互动等方式，引发学生深入思考。教学过程实施如图 7-8-12 所示。

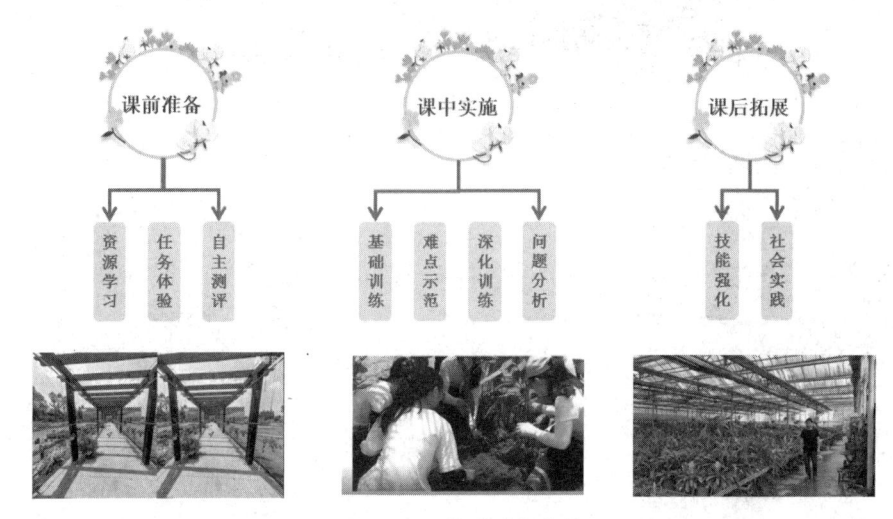

图 7-8-12　教学过程实施

### 7.8.5　教学效果

经过实践教学，学生的整体成绩提高了近 10%，优秀率（85 分以上学生）提高了近 35%，学生对于课程评价总体满意度达 94.3%。结合顶岗实习，在学生实习期间引入企业评教评学机制，收集反馈信息，总结经验，通过反馈评价和数据跟踪，学生对花卉栽培类的顶岗实习反馈很好，并且实习单位也给予了学生较高的评价。

### 7.8.6　特色与创新

#### 1．项目为导向，任务为驱动，线上线下环环相扣

结合企业生产岗位需求，创建项目式学习情境，采用颗粒化的教学结构，将目标逐层分解，帮助学生理顺实践思路，通过目标递进的方式逐层化解学习难点。

#### 2．信息技术新，参与样式多，迎合个性化教学需求

从教学内容、教学过程、教学巩固、知识拓展四个方面进行改进，开展形式多样的参与互动，给学生深刻的学习与实践体验，运用平台数据追踪，有效分析不同学生的学习情况，适应不同学生的个性化需求，真正做到以学生为中心。同时，在疫情期间，可以运用已建设资源，进行线上授课，满足学生疫情期间的学习需要。

#### 3．增强劳动技能，融合传统文化，在花卉育德中打造课程特色

借助实训内容，将劳动教育融合其中，同时将我国传统花卉文化、花卉产业价值的认同感及对花卉栽培的责任意识，培育学生正确的劳动观念，增强学生职业荣誉感。如图 7-8-13 所示。

图 7-8-13　特色与创新

### 7.8.7　参赛教师感悟

自从成为一名高职教师以来，在教学过程中一直能感受到各方面的压力，爆炸的资讯时代，发达的高新科技，在线网课、慕课、微课等。为了能与学生同步递进，了解他们所想，我们团队也一直做着不断的努力。从 2017 年开始以微课参赛，到 2018 年在线精品课程建设、2019 年教学能力大赛，再到 2020 年教学能力大赛及校级微课群建设等，经验的不断累计和常识，让我们有了自己的实践感受，很荣幸获得了 2020 年省赛专业二组的一等奖，主要有以下几点体会：

一是学校的平台。我校领导高度重视信息化教学工作，在数字资源开发、信息化教学环境建设和相关政策制定上都给予了大力支持，在参赛过程中学校给予了极大支持，多次让我们参赛教师参加相关指导培训，讨论总结，每次都受益匪浅，也让我们团队在比赛过程中不断地学习，认识到自身的不足，有针对性的逐一完善。

二是团队的合作。时至今日，教学能力大赛已经不再单纯地比拼主讲教师的能力，从参赛的两年来，感受颇深，尤其是 2020 年，其比赛任务之艰巨，过程之细致，提问之详尽，已绝非一人之力可以独揽，团队的力量在这里非常凸显。我们团队四员女将，都是本门课程的一线教师，对教学内容熟悉，了解学生顶岗实习需求，其中三人均是微课大赛及在线课程建设的主要负责人，无形中为我们的比赛提供了较好的基础条件。

三是一往无前，认真打磨。整个参赛过程中，我们的团队成员不计得失，付出了绝对的时间和精力，沉下心来不断打磨作品，凭着一往无前的勇气和努力，竭力向前。在未来的教学中，我们将会以此为开端，继续在职业教育教学的道路上不断思考。

## 7.9　2020 年广东省省赛专业课程二组一等奖作品《"智"造前线，使"料"所及——供料单元安装与调试》——李敏、罗旭、林奕水、刘宇容

### 7.9.1　案例展示

案例展示如图 7-9-1～图 7-9-6 所示。

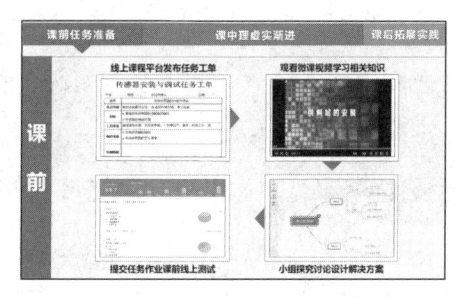

图 7-9-1　课前

图 7-9-2　课中一

图 7-9-3　课中二

图 7-9-4　课中三

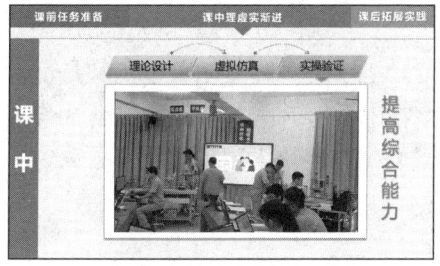

图 7-9-5　课中四

图 7-9-6　课后

### 7.9.2　专家评价

该案例面向典型工作任务，对接"1+X"证书，秉承"工作中学习，学习中工作"的教学理念，以项目为导向，任务驱动式教学。自主开发虚拟仿真软件，突破教学难点；利用校企"双环境"实施教学，采用基于工作过程的项目导向任务驱动教学方式，将实际工作领域中的行动与教学环节紧密结合，体验工作中解决问题的实际流程，实现懂原理、会分析、能操作的教学目标，极大地提升了学生的岗位自豪感与认同感。

### 7.9.3　整体教学设计

#### 1. 教学设计

本案例选自"自动化生产线安装与调试"课程，该课程是电气自动化技术专业的核心课程。该课程面向制造企业自动控制系统生产、安装及技术改造岗位的三个典型工作任务：自动化系统安装与调试、自动控制系统运行与维护、自动化系统技术改造，对接两个"1+X"证书"工业机器人操作与运维""工业机器人应用编程"的职业技能等级标准（中级）的六个核心技能点：机械安装与调试能力、电气联结与调试能力、故障检测与处理、操作编程及仿真、单元运维测试、外围设备联结控制，遵循学生成长规律和教学规律，秉承"工作中学习，学习中工作"的教学理念，以项目为导向，精心设计了六个教学项目。本次参赛作品选自课程中第二个项目——供料单元安装与调试，如图 7-9-7 所示。

图 7-9-7　课程教学内容设计

供料单元是自动化生产线系统重要的组成部分，涉及机械安装与调试、电气联结、气动系统安装调试、传感器安装调试、控制程序编写调试等职业技能要求。教材的选用《自动化生产线组建与调试——以亚龙 YL-335 为例（三菱 PLC 版本）第 2 版》，采用项目化教学，以工作任务为依托组织教学。项目二的教学内容为五个任务，将知识重点和技能难点分解，由易到难，由单一到复杂，逐步解决，并将德育教育、劳动教育及职业素养的培养有侧重点地分解到各个任务的教学设计中，授课学时共计 16 学时，如图 7-9-8 所示。

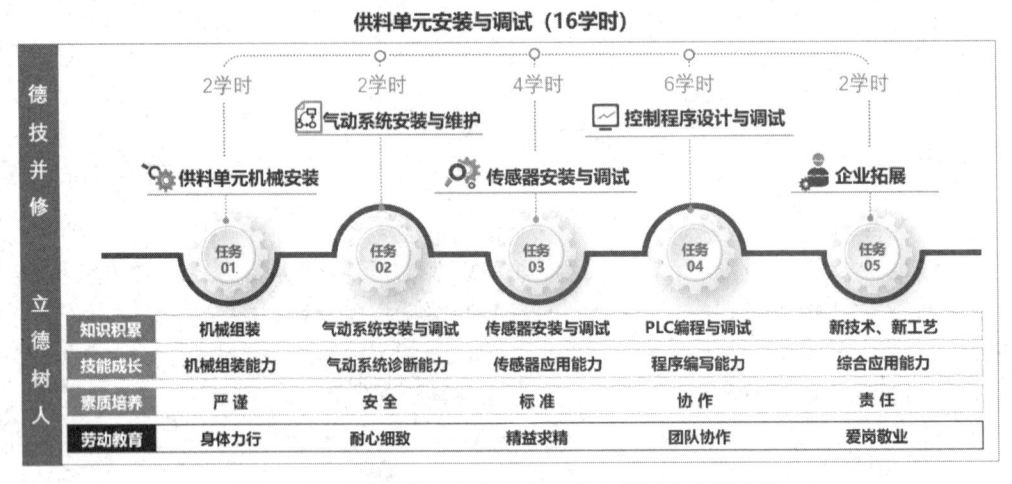

图 7-9-8　参赛项目"供料单元安装与调试"教学设计

## 2．学情分析

本课程的授课对象是电气自动化技术专业高职二年级学生。通过前一个项目的学习，学生对自动化生产线的组成和系统各单元的功能已基本掌握。本课程还需要学生具备传感器的相关基础知识及掌握 PLC 控制程序的基本编程方法。这些知识和技能通过前导课程"传感器与检测技术"和"PLC 应用技术"的学习，学生已经掌握，但应用理论分析问题和解决问题的能力不足，逻辑思维能力相对偏弱，如图 7-9-9 所示。

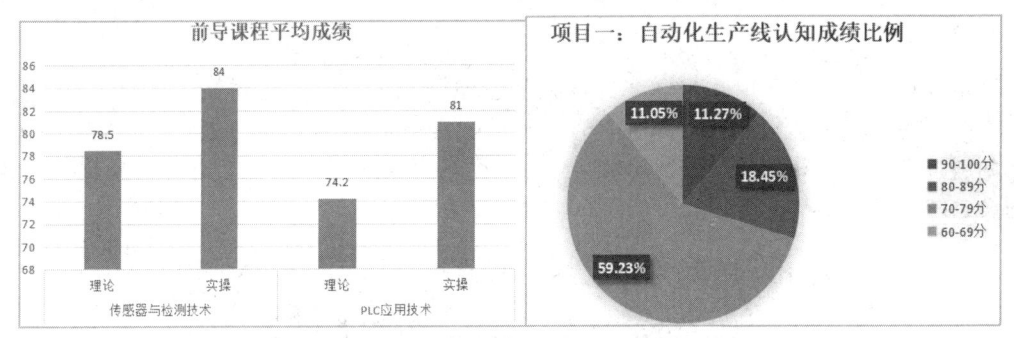

图 7-9-9 学生知识基础

通过课程平台数据显示,学生普遍理论分析问题和解决问题能力较弱,沟通与团队合作能力较强;通过课前对学生进行问卷调查,学生更喜欢以实际动手操作为主的上课形式,喜欢交互式的学习方式,喜欢使用多媒体动画、视频等可视化的教学资源(见图 7-9-10)。

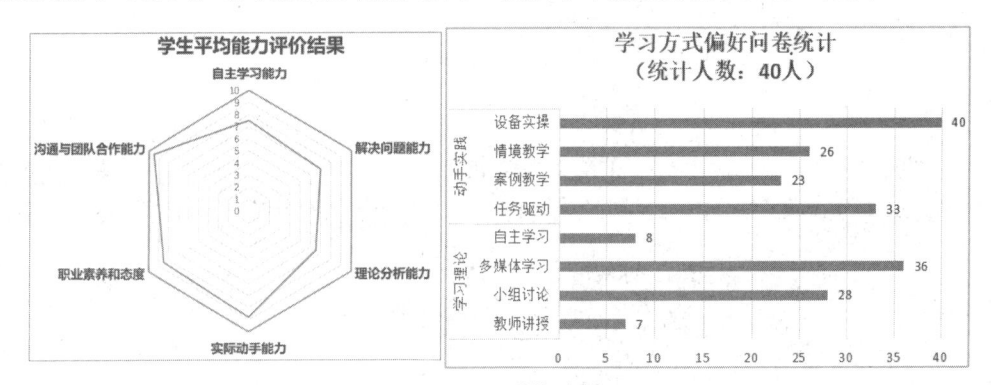

图 7-9-10 学情分析

### 3. 教学目标

根据专业人才培养方案,依据课程标准和对接的职业技能要求,结合以上学情分析和专业培养目标,确定了项目二"供料单元安装与调试"的教学目标和教学重点、难点,如图 7-9-11 所示。

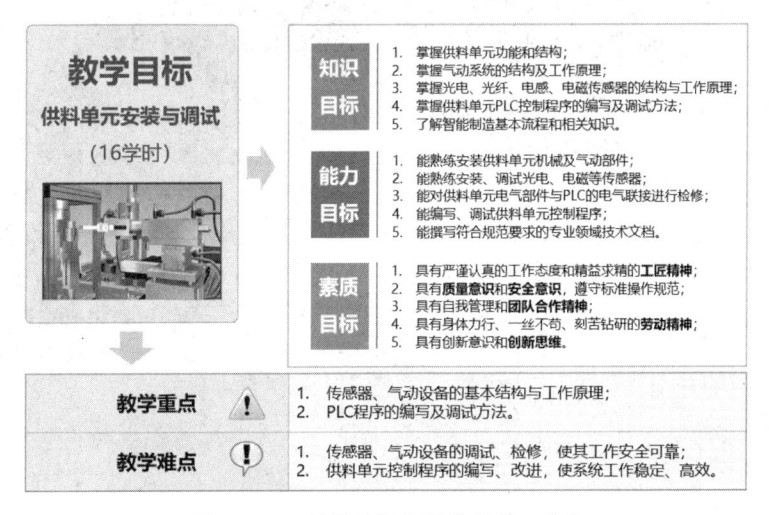

图 7-9-11 教学目标和教学重点、难点

### 4. 教学资源

选用《自动化生产线组建与调试——以亚龙 YL-335B 为例（三菱 PLC 版本）第 2 版》作为本课程的教材，选取现代加工业具有代表性的自动化生产线产品仿真工业现场——实训平台为载体。组建"校内教师+企业专家"的双师素质师资团队，自主开发自动化生产线虚拟仿真系统，建设丰富的课程教学资源，如图 7-9-12 所示。

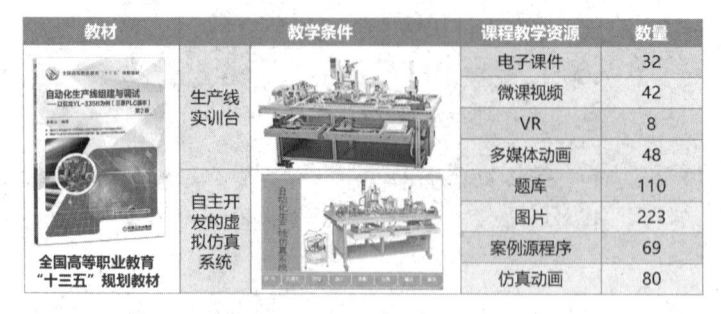

图 7-9-12　教学资源

### 5. 教学策略

为了达成教学目标，结合学生的学情和认知规律，本课程教学遵循"以学生为中心"的教学理念，采用"线上+线下"混合式教学模式和理实一体化教学模式，如图 7-9-13 所示。

图 7-9-13　"线上+线下"混合式教学模式

"线上+线下"混合式教学模式。将课程的数字化资源上传到网络课程平台上，开通在线开放课程，依托在线课程平台和虚拟仿真系统，拓展了课堂空间；组织学生进行课前自学、课中互学和课后研讨，扩展了课堂学习时间，实现了"线上+线下"混合式教学。

理实一体化教学模式。通过设定教学任务和教学目标，师生双方边教、边学、边做，全程构建素质和技能培养框架，丰富课堂教学和实践教学环节，提高教学质量。在整个教学环节中，理论和实践交替进行，直观和抽象交错出现，突出学生动手能力和专业技能的培养，充分调动和激发学生学习兴趣。

教学方法。本教学设计了多重能力培养教学环节，采用任务驱动法、示范演示法、小组讨论法、头脑风暴法等方法开展教学，有效突出教学内容的重点，有效解决项目技能的难点，达成教学目标。如图 7-9-14 所示。

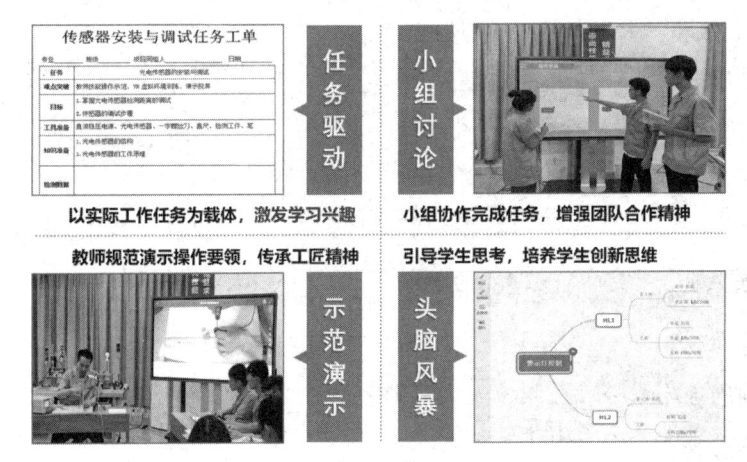

图 7-9-14 教学方法

信息技术手段。自主开发了自动化生产线虚拟仿真系统，模拟真实生产线工作现场，辅以 VR 技术、投屏示范演示、云班课网络课程平台及多媒体资源等信息技术手段辅助教学，帮助学生认识设备结构，掌握关键操作，变抽象为形象，突出教学知识重点，突破教学难点，如图 7-9-15 所示。

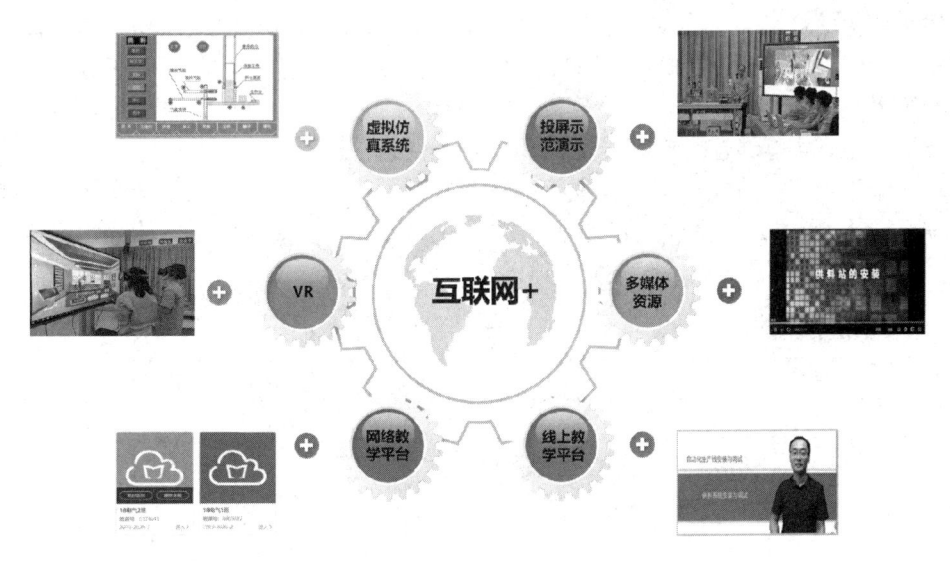

图 7-9-15 信息技术手段

### 7.9.4 课堂教学实施

**1. 教学实施设计**

按照"课前任务准备—课中理虚实渐进—课后拓展实践"三个阶段实施教学，如图 7-9-16 所示。教学实施过程与工作过程相对应：发布任务产生问题、点评互评分析问题、教师讲授解答问题、优化修改测试方案、设备实操解决问题、检查评价总结问题、拓展改进完善问题。

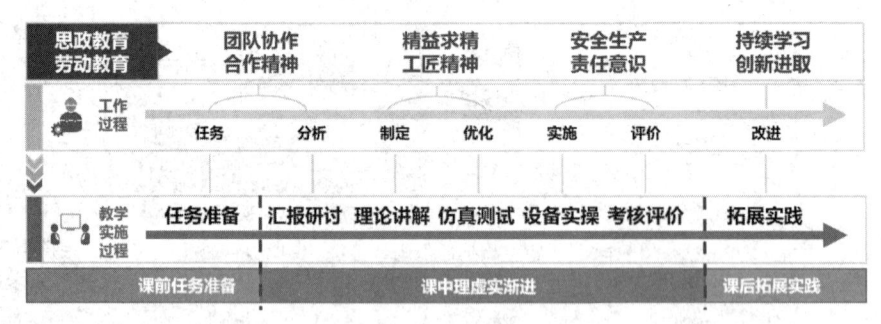

图 7-9-16　教学实施设计

在教学实施的各阶段中，按照教学内容的特点和要点，有针对性地将思政教育和劳动教育有机融入教学实施的各环节中，健全德技并修机制，弘扬工匠精神，提升学生综合职业素养，达到以学生为中心、以提升学生职业能力和职业素养为教学目的。

课前，通过课程网络课程平台发布学习任务，学生下载操作工单，自主学习供料单元气动系统、传感器、推料控制等相关知识，小组协作探讨，分析问题解决方案，并完成课前测试。教师通过学生反馈信息和测试结果，调整教学策略，为课堂教学实施做准备。

课中，教师点评课前测试，明确课堂任务。小组汇报课前准备情况，教师点评、小组互评、分析研讨，教师讲解理论知识重点，组织学生小组讨论、自主探究、设计理论解决方案。利用可视化的视频、动画等教学资源，帮助学生掌握供料单元的工作原理和设备操作调试的要点，探索技术原理；运用投屏技术示范演示标准规范操作，培养学生职业技能和职业素养；利用虚拟仿真系统和 VR 技术开展仿真训练，优化完善方案，通过虚拟仿真后再到实训设备平台上进行实操验证，提高学生解决实际问题的能力。

课后，学生分组进行拓展训练，进行市场调研，了解最新的自动化生产线产品，撰写相关文献综述，提升学习能动性，拓宽视野，提升学生专业研究能力，培养持续学习能力和创新思维，进一步提升专业综合能力。

**2．教学实施过程**

| 教学环节 | 教师活动 | 学生活动 | 设计意图 |
| --- | --- | --- | --- |
| 课　中 | | | |
| 第 5 学时：光电传感器的安装与调试（实训） | | | |
| 1.小组汇报<br>（5min） | 1. 组织学生分小组上台汇报课前任务学习成果；<br>2. 对学生汇报情况进行点评。 | 1. 汇报课前学习成果；<br>2. 根据教师的点评进行修改。 | 1. 让学生进一步了解供料单元中光电传感器和电磁传感器的种类、功能及常用调试方法；<br>2. 激发学生学习兴趣，培养自我管理和团队合作精神。 |
| 2.原理探究<br>（10min） | 1. 图解光电传感器的基本结构（重点）；<br>2. 结合动画演示讲解光电传感器的工作原理（重点）。 | 倾听教师授课，参与课堂讨论。 | 1. 通过图片、实物讲解，突出光电传感器的基本结构（突出重点）。 |

（续表）

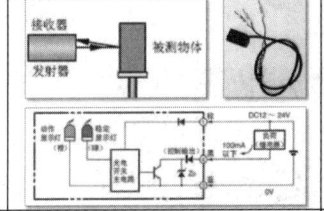

| | | | |
|---|---|---|---|
| 2. 原理探究<br>（10min） | |  | 2. 通过动画演示让学生直观观看光电传感器的工作过程，突出光电传感器的工作原理，帮助学生理解及掌握工作原理（突出重点）。|
| 3. 示范演示<br>（10min） | 1. 教师操作演示光电传感器的调试方法；<br>（难点） 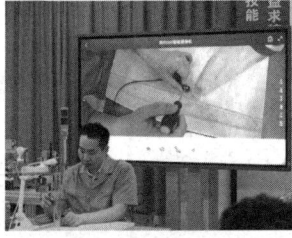<br><br>2. 教师演示光电传感器的安装与测试。  | 1. 倾听教师讲解，观看教师演示操作；<br>2. 模仿教师操作光电传感器的调试、安装与测试；<br>3. 在VR虚拟环境中练习光电传感器的调试；<br>4. 填写任务工单并提交至云课。<br><br>传感器安装与调试任务工单 | 1. 在VR虚拟环境中练习光电传感器的调试可以避免因操作不当对传感器造成的损坏，同时有针对性地加强调试训练，突破调试技术难点（突破难点）；<br>2. 教师操作演示突出标准操作规程，从文档整理到设备操作，全方位培养学生严谨认真的工作态度。|
| 4. 学生练习<br>（18min） | 1. 指导学生在VR虚拟环境中练习光电传感器的调试；<br>2. 指导学生进行光电传感器的实物调试；<br><br>3. 指导学生在供料单元上进行光电传感器的安装与测试。 | 1. 在VR虚拟环境中练习光电传感器的调试；<br><br>2. 利用实物练习光电传感器的调试； | 1. 通过VR虚拟环境进行光电传感器的调试练习，避免操作错误，有针对性地加强调试训练，突破光电传感器调试的教学难点。<br>2. 通过实际设备操作让学生掌握光电传感器的调试、安装及测试方法，培养学生一丝不苟、刻苦钻研的劳动精神；<br>3. 通过光电传感器的实物调试、安装与测试，培养学生遵守标准操作规程，注重安全意识，养成良好职业素养。|

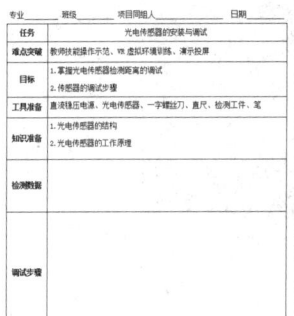

（续表）

| | | | |
|---|---|---|---|
| 4. 学生练习<br>（18min） |  | 3. 在供料单元上进行光电传感器的安装与测试。  | |
| 5. 小结<br>（2min） | 1. 教师归纳光电传感器的调试步骤和注意事项； <br><br>2. 教师归纳光电传感器的安装步骤和注意事项。  | 1. 倾听教师讲解；<br>2. 牢记光电传感器调试和安装的步骤和注意事项。 | 1. 归纳操作步骤帮助学生牢记操作过程；<br>2. 注意事项可减少学生练习过程的误操作，培养学生精益求精的工匠精神。 |
| 第 6 学时：电磁传感器的安装与调试（实训） ||||
| 1. 原理探究<br>（10min） | 1. 图解电磁传感器的基本结构（重点）； 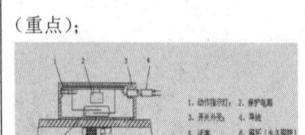 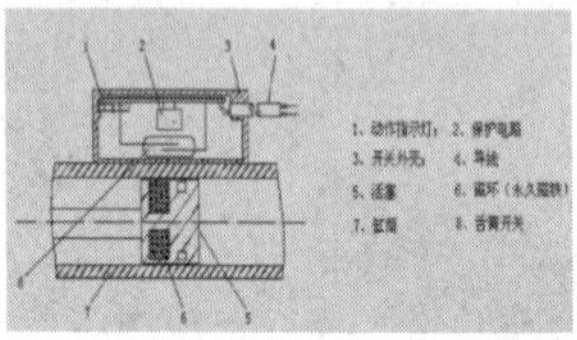<br><br>2. 结合动画演示讲解电磁传感器的工作原理（重点）。 | 倾听教师授课，参与课堂讨论。  | 1. 通过图片、实物的讲解，突出讲解电磁传感器的基本结构（突出重点）；<br>2. 通过动画演示让学生直观地看到电磁传感器的工作过程，重点了解电磁传感器的工作原理，帮助学生理解及掌握电磁传感器的工作原理（突出重点）。 |
| 2. 示范演示<br>（10min） | 1. 教师操作演示电磁传感器的调试方法（难点）；  | 1. 倾听教师讲解，观看教师演示操作；<br>2. 模仿教师操作电磁传感器的调试、安装与测试；<br>3. 在 VR 虚拟环境中练习电磁传感器的调试；<br>4. 填写任务工单并提交至云班课。 | 1. 在 VR 虚拟环境中练习电磁传感器的调试可以避免因操作不当对传感器造成损坏，同时有针对性地加强调试训练，突破调试技术难点；<br>2. 教师操作演示突出标准操作规程，从文档整理到设备操作，全方位地培养学生严谨认真的工作态度。 |

第 7 章　2020 年教学能力比赛案例

（续表）

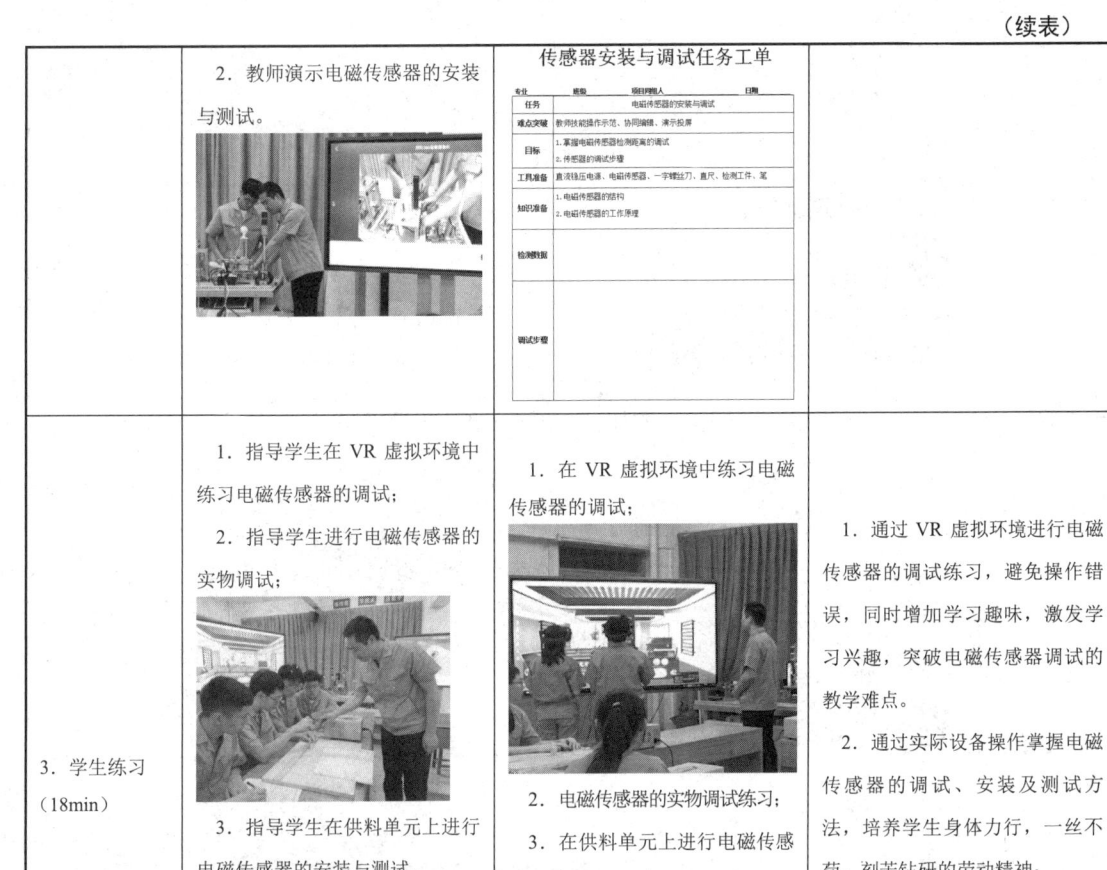

| | | | |
|---|---|---|---|
| | 2. 教师演示电磁传感器的安装与测试。 | 传感器安装与调试任务工单<br>专业　班级　项目负责人　日期<br>任务：电磁传感器的安装与调试<br>重点突破：教师技能操作示范、协同编辑、演示投屏<br>目标：1. 掌握电磁传感器检测距离的调试<br>2. 传感器的调试步骤<br>工具准备：直流稳压电源、电磁传感器、一字螺丝刀、直尺、检测工件、笔<br>知识准备：1. 电磁传感器的结构<br>2. 电磁传感器的工作原理<br>检测数据<br>调试步骤 | |
| 3. 学生练习<br>（18min） | 1. 指导学生在 VR 虚拟环境中练习电磁传感器的调试；<br>2. 指导学生进行电磁传感器的实物调试；<br>3. 指导学生在供料单元上进行电磁传感器的安装与测试。 | 1. 在 VR 虚拟环境中练习电磁传感器的调试；<br>2. 电磁传感器的实物调试练习；<br>3. 在供料单元上进行电磁传感器的安装与测试。 | 1. 通过 VR 虚拟环境进行电磁传感器的调试练习，避免操作错误，同时增加学习趣味，激发学习兴趣，突破电磁传感器调试的教学难点。<br>2. 通过实际设备操作掌握电磁传感器的调试、安装及测试方法，培养学生身体力行，一丝不苟，刻苦钻研的劳动精神；<br>3. 通过电磁传感器的实物调试、安装与测试，培养学生遵守标准操作规程，注重安全意识，养成良好职业素养。 |
| 4. 考核评价<br>（5min） | 1. 发布测试题目；<br>2. 分析测试结果。 | 参与在线测试，提交测试结果。 | 1. 通过在线测试分析，教师了解学生对知识的掌握程度，对后继教学进行针对性的改进；<br>2. 通过测试让学生清楚自身对知识的掌握程度，同时也可与其他学生进行比较，激发学生上进心。 |
| 5. 总结<br>（2min） | 1. 教师总结光电传感器和电磁传感器的调试、安装注意事项； | 1. 倾听教师讲解；<br>2. 牢记注意事项"三多"和"三要"； | 1. 通过强调注意事项"三多"和"三要"，加强培养学生操作过程的质量意识和安全意识； |

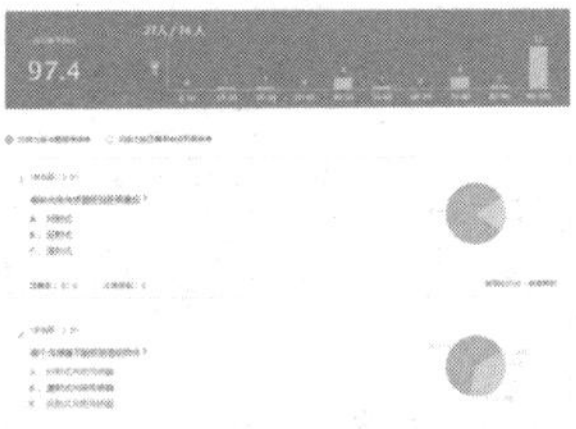

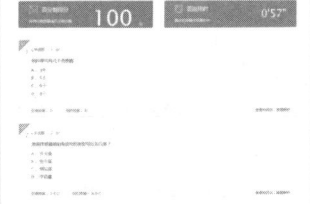

(续表)

| | | | |
|---|---|---|---|
| | 2. 三多：多思考、多动手、多交流； 3. 三要：安装要断电、接线要准确、安全意识要牢记。 | 3. 牢记严格遵守操作规程，养成良好职业素养。 | 2. 培养学生严格遵守操作规程、精益求精的工匠精神。 |
| | | 课　后 | |
| 拓展训练 | 1. 发布任务：了解视觉传感器相关知识及其特点、应用； 2. 向学生推送相关资料； 3. 回答学生疑问。 | 查阅视觉传感器相关资料，了解视觉传感器工作原理及在工业生产线上的应用，整理学习笔记。 | 传感器技术发展非常迅速，大量智能化的传感器不断涌现，通过对新型传感器的学习，培养学生探索精神、创新意识和创新思维，增强学生对行业新技术的了解。 |

### 7.9.5　教学成效

**1. "理、虚、实一体化"渐进式教学，突出培养工匠精神**

理论设计阶段：运用动画、微课等多媒体信息技术，教师讲解知识重点，学生学习理论知识，提高学生的分析问题的能力；虚拟仿真阶段：设备组装任务采用 VR 技术、控制程序设计任务采用自主开发的虚拟仿真系统进行仿真实训；设备实操阶段：设计与组装任务经过虚拟仿真后再进行设备实操验证，突破技能难点。在实操验证阶段，如果学生发现新的问题，再回到理论分析阶段，不断发现问题、分析问题、解决问题。采用"理、虚、实一体化"渐进式教学，突出培养了学生一丝不苟、精益求精的工匠精神，提升学生的职业综合能力。

通过对比，经过项目二的教学，学生分析问题和解决实际问题能力都有所提高，学生综合能力与专业能力都得到提升，如图 7-9-17 所示。

**2. 采用混合式教学模式，确保了教学效果**

依托网络课程平台发布学习资源和学习任务、检查学习状态、检验学习成果，充分调动和激发了学生的学习兴趣，满足了学生个性化的学习需求，学生的自主学习能力得到了提高。本项目的难点多为工作原理，抽象难理解，利用学生喜欢的微课视频、多媒体动画等信息化手段解析重点，通过虚拟仿真系统和 VR 技术等虚拟技术破解难点，确保了教学效果。项目考核成绩达到教学目标。同时，教学评价结果显示，学生对教学方法和教学效果给予了较高的评价，如图 7-9-18 所示。

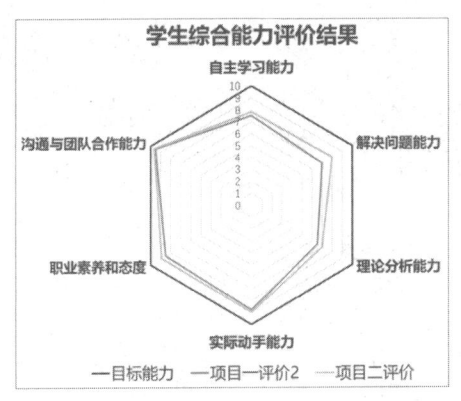

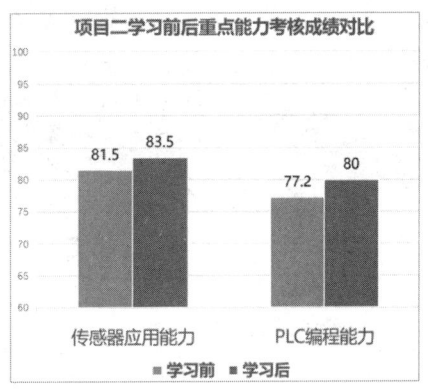

图 7-9-17  学生综合能力及专业能力提升

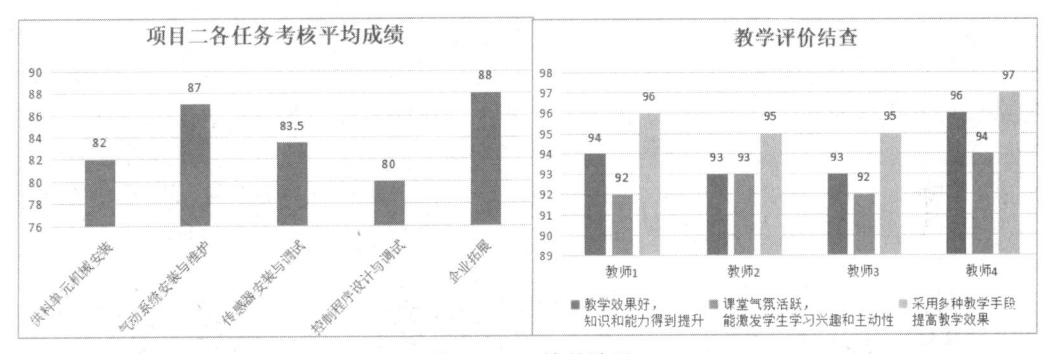

图 7-9-18  教学效果

### 3. 德技并修，学生职业素养提升

在本教学过程中，以自动化生产线供料单元安装与调试为导向，结合机械安装、工艺设计、参数优化、传感器精准调试、控制程序编写与调试等任务环节，培养学生勤于动手、身体力行的劳动精神和一丝不苟、精益求精的工匠精神；通过规范学生操作，培养了学生严谨认真的工作态度，强化了生产质量意识和安全意识；通过小组协作完成任务，培养学生团队合作精神；通过头脑风暴等教学方式及课后拓展训练，培养了学生的创新意识和持续学习能力；通过企业拓展学习，拓宽了学生视野，增强了学生岗位责任意识，增进职业自豪感。

## 7.9.6 教学反思与诊改

### 1. 特色与创新

自主开发仿真软件，突破教学难点。本课程教学的难点有两个：一是，技能难点；控制程序需要反复调试才能达到最佳的控制效果。课程组自主开发的仿真软件能直观地呈现生产线的工作过程，帮助学生分析故障，方便学生修改程序，尽快掌握自动化生产线控制与调试方法。二是，教学组织上的难点；本课程实训设备价格昂贵、工位有限，给教学组织带来困难。仿真软件不受时间、设备、场地的限制，方便教学。实际教学时先进行仿真，成功后再进行实际操作，极大地提高了教学效率与教学效果。特别是在线下教学不方便开展的特殊时期，依托自动化生产线仿真软件，顺利开展了线上教学，取得了良好的教学效果。自主开发的自动化生产线虚拟仿真系统如图 7-9-19 所示。

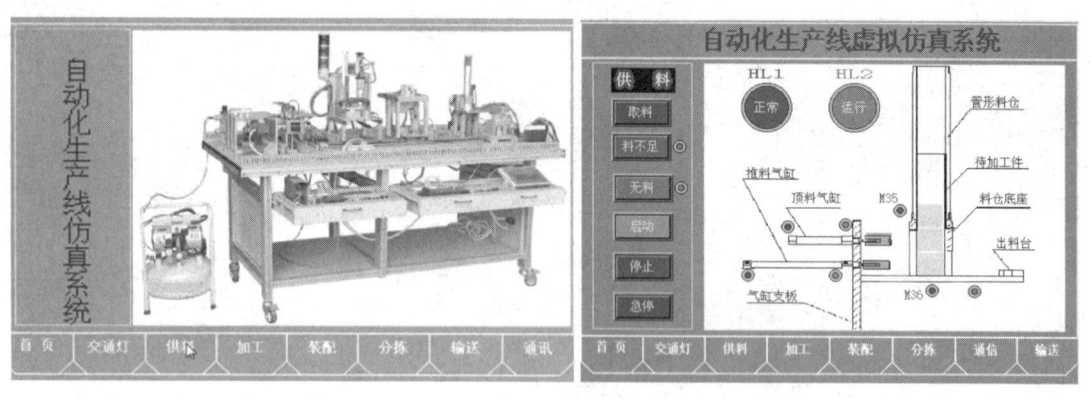

图 7-9-19　自主开发的自动化生产线虚拟仿真系统

校企协作，增进岗位自豪感。利用校企"双环境"实施教学，采用基于工作过程的项目导向任务驱动教学方式，将实际工作领域的行动与教学环节紧密对接，体验工作中解决问题的实际流程，实现懂原理、会分析、能操作。每个项目结束后，赴合作企业进行现场教学，让学生全面了解我国智能控制领域的最新成就，了解自动化生产线在中国制造中的地位，增进职业自豪感，培养学生热爱专业、热爱岗位的情感，引导学生树立为中国制造贡献力量的责任意识与担当。企业教学现场如图 7-9-20 所示。

图 7-9-20　企业教学现场

### 2. 不足与改进

课程网络平台数据不能全面体现学生的个体差异。目前，主要采用"云班课平台"采集"教与学"的全过程的信息，开展教学与实践的考核与评价，监测学生的学习效果，及时调整教学策略，但学生个体差异是多维度的。例如，有的学生逻辑思维能力较弱，有的学生性格内向，不擅长沟通，这些差异仅通过"云班课平台"信息还不能全面体现。

教学资源建设跟不上智能制造行业快速发展的变化。多年课程建设的积累为学生提供了丰富的数字资源。但随着智能制造行业的快速发展，自动化生产线相关新技术、新工艺也发生着日新月异的变化，设备更新较快，教学资源的开发建设需要一定周期，更新速度跟不上智能制造行业快速发展的变化。

在改进策略方面，目前采用的方式主要是教师在课堂内外多与学生沟通，了解学生的性格特点，对基础较弱的学生加强培训，对性格内向的学生积极引导和鼓励，促进学生之间的相互了解，根据学生个体差异调整分组方案和任务设置。下一步的改进思路是自主开发或寻求合作企业，将大数据分析、人工智能技术运用到教学信息的采集和分析中，做到精准测评、快速反馈、科学引导，实现个性化培养。与合作企业加强教学资源建设的合作力度，紧跟技术发展和设备更新速度，及时更新补充数字化教学资源，培养适应现代工业智能制造产业发展的复合型技术技能人才。

## 7.9.7 参赛教师感悟

"传道、授业、解惑"是一名师者的责任，然而随着教龄的增长，我却发现要做到这些真的不容易。特别是身处如今的这个时代，各种先进的职业教育理念不断更新、各种新技术层出不穷，高等职业教育正处在深刻的变革中。与同行交流、向先进学习是我参加此次教师教学能力比赛的初衷，通过此次比赛我有如下体会。

要热爱职业教育事业。热爱这份事业才能保持做事的激情，才有改革的动力。自2000年开始，我国的高等职业教育已经走过了二十个年头，二十年来高等职业教育规模、质量都发生了翻天覆地的变化，我有幸见证了职业教育从弱到强的全过程，作为一名高等职业教育工作者，我感到非常自豪，从心底热爱这份事业。

要熟悉专业课程。作为一名有着二十年教龄的"老"教师，曾经以为对自己上过的专业课程已经非常熟悉了，然而通过此次比赛我才发现，我们对课程的研究还远远不够。我们要加强对课程的研究，做到"精熟"才能根据学生的学情科学地设计教学内容、选择合适的教学方法，达到最佳的教学效果。

要关注教学方法与教学手段的改革。时代在变、技术在发展，教学方法、手段也要与时俱进。如今虚拟仿真、VR等数字技术飞速发展必将给教育带来深刻变革，作为教师要主动适应新环境、学习新技术、应用新技术，用新技术改造传统课堂，提升教学吸引力、提高教学质量。

# 参 考 文 献

[1]《国家职业教育改革实施方案》
[2]《加快推进教育现代化实施方案（2018-2022 年）》
[3] 王鑫"互联网 + 教育"背景下高校教师专业发展路径 [J]. 继续教育研究，2017(1):92-94.
[4]《中国教育现代化 2035》
[5] 李静. 后慕课时期"SPOC"在职业教育中应用的可能路径探析 [J]. 职教论坛，2016(12):82-85.
[6] 袁久和.我国高校虚拟教学研究热点与动态研究[J].当代教育论坛，2019,(06),80-88.
[7] 陈欣然.智慧教室构建综述[J].电子技术与软件工程，2018（2）：148-149.
[8] 王东.未来教室的教育功能研究——以 S 市"未来教室变革课堂教学项目"为例[D].华东师范大学，2016.